살루톤! 호주 뉴질랜드
Saluton! aŭstralio · novzelando

서길수 교수의 거꾸로 여행얘기

경세원

Copyright © 2001
Exclusive rights by kyongSaeWon.
Publishing Co. Ltd.
All rights reserved.
No part this book may be reproduced
in any form or by any means without permission
in writing from the publisher.
1st printing 2002

The Sponsoring editor : Kim Anselmus
Production Supervisor : Park Seuk-Keun
The editor : Hwhang Soon Hee
Book Design : Lee Dae Hoon
Text Designer : Kim Hye Ryon, Kim Sung Gyom
Illustrator : Kim Hye Ryon

ISBN 89-8341-052-3 04980

Printed in Republic of Korea

뉴질랜드—Bay of Islands의 Piercy Rock
베이오브아일랜드에서 동쪽 끝에 위치에 있는 Piercy Rock는 가는 손가락같은 모양을 해서 Cape Brett라고도 불리워진다. 물이 맑아 물 속 깊숙한 곳까지 바위가 들여다' 보인다.

해밀턴시의 로토루아 호수 Lake Rotorua

로토루아란 마오리어로 제2의 호수(roto=lake, rua=two)를 의미한다. 실제로 로터루아 호수는 타우포 호수 다음으로 북섬에서 두번째로 큰 호수이다. 평화롭게 노니는 흑조를 보며 아름드리 나무아래서 여유를 부려봐도 좋을 듯 싶다.

케리케리의 레인보우폭포

베이오브아일랜드 케리케리(Kerikeri)에 있는 레인보우 폭포(Rainbow falls)는 5km의 폭포수가 바위 가장자리로 시원하게 떨어져 내린다. 태양이 비춰지면 분지까지 무지개빛으로 물들어 감탄사가 절로 나오게 한다.

뉴질랜드—마운트쿡 Mt. Cook

마운트쿡은 해발 3,753m의 뉴질랜드 남섬의 최고봉으로 국립공원으로 지정되어 있다. 이 산을 중심으로 하여 3,000m가 넘는 18개의 봉우리와 골짜기를 메우는 수많은 빙하에 의해서 형성되는 서던알프스의 산맥은 실제로 '남반구의 알프스'라는 별명이 무척 어울린다.

뉴질랜드—와이라케이 지열발전소(Wairakei Geothermal Power Station)
와이라케이 지열발전소는 큰 냄비의 표면 안에 열파이프가 가라앉아 있는 형태이며, 이는 터어빈의 높은 압력에 의해 형성되고, 이 열권은 거대한 에너지의 원천이다. 땅속에서 나오는 열로 발전을 하며, 평지가 안개에 쌓여 있는 듯 요란한 소리와 함께 수증기가 솟아오르는 모습이 화학공장을 연상시킨다.

Pohutukawa 나무(위)와 꽃(왼쪽)
해안가 바위근처의 Pohutukawa나무의 꽃으로, 뉴질랜드에 마우리족이 도착하면서 부터 이꽃을 볼 수 있었다. 빨간 장식적인 깃털을 가진 이 꽃은 그들 고향의 전통을 한번에 느끼기 충분하다.

팬케잌 바위 The Pancake Rocks
Porari 강입구쪽에 위치해 있는 푸나카이키의 Pancake Rock은 바다의 오랜 침식에 의해 회색의 팬케잌 모양을 한 환상적인 외관으로 보는 이들로 하여금 감탄을 일게 한다.

◀통가리로 국립공원 내 누가루호 산
누가루호 산(Mt. Ngauruhoe)은 2500년전에 화산활동에 의해 형성된 것이며, 지금까지 계속 화산활동이 일어나며 열기와 가스 계속 분출되고 있다. 봉우리에 근접한 워킹 트레킹시, 이곳의 화산활동의 움직임이 일면 가능한 멀리서 보는 것이 좋겠다.

▲오클랜드 박물관에 소장된 마오리 유물

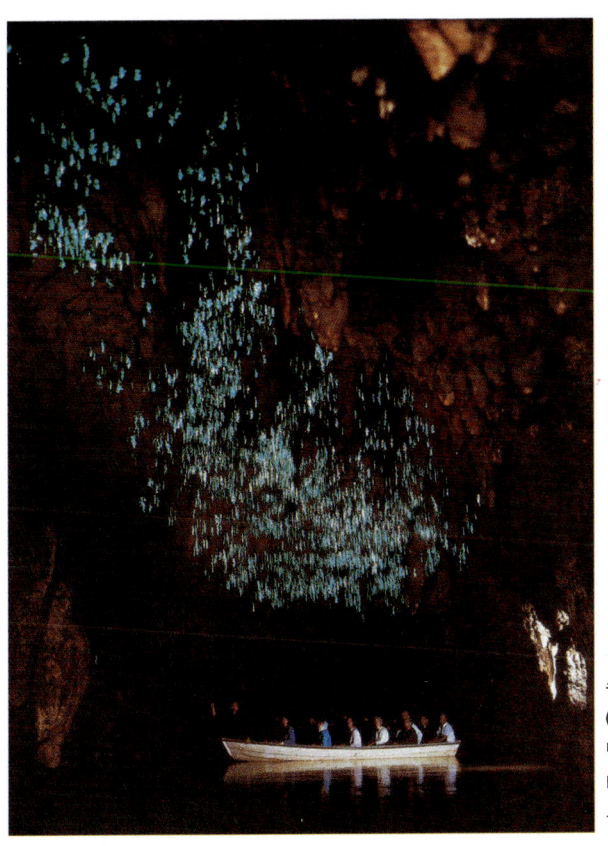

◀반딧불 벌레가 자라는 동굴, Waitomo Caves
수많은 석굴 중에 가장 많이 알려져 있는 와이톰(Waitomo)엔 수많은 반딧불과 곤충들이 동굴의 벽과 지붕에 퍼져 살아간다. 어두운 동굴을 배를 타고 관람하다 보면 푸르르며 영롱한 빛을 내는 무더기 반딧불의 아름다운 모습을 볼 수 있다.

▶ Tongaporutu river, Taranaki
북타라나키(North Taranaki)해안안에 흐르는 Tongaporuru강은 New Plymouth에서 35마일(56㎞)떨어져 있으며, 타스만해(Tasman Sea)의 결과로 깍여지는 듯한 모래바위 절벽이 형성되었다.

▼루아페후 산의 해질녘 모습
청동빛 구름이 우아하게 드리워진 거대한 루아페후 산(Mt. Ruapehu 2,797m)이 핑크빛으로 물들어지고 화산으로 인한 경석토의 붉은 빛과 하얀 눈이 조화롭다.

머드 풀 Mud Pool

머드 풀은 끝없는 매혹의 원천이다. Whakarewarewa(와카레와레와)의 Mud Pool이 넘치는 소리는 마치 냄비 안의 죽이 끓어 솟아오르는 것과 같다. 살아있는 머드풀(Mud Pool)의 끓어 솟아오르는 모습은 마치 작은 은빛 개구리가 뛰노는 모습과 같아 개구리못으로 알려져 있다.

타우포 호수 Lake Taupo

뉴질랜드에서 가장 넓은 호수. 타우포라는 이름은 어느 마오리족 추장이 이곳을 둘러본 다음 농사를 지으며 정착할 만한 가치는 없다는 생각에 '다시 생각해보자'라는 뜻의 '타푸에하루루 Tapuaeharuru'라고 말한 데서 유래되었다고 한다.

에어즈록(Ayers Rock)의 일몰

에어즈 록은 높이 338m, 면적 3.3㎢, 둘레 9.4m에 달하는 거대한 바위로 표면은 매끄럽고 적갈색을 띠고 있다. 에어즈 록의 아름다움을 가장 제대로 볼 수 있다는 '에어즈록 선셋 뷰잉 에어리어', 태양신과 그 어떤 교감이라도 나누는 듯 시간에 따라 제 빛을 달리하던 에어즈록. 에어즈 록 주위에 만발한 이름모를 야생화로 더욱 신비로운 느낌이 든다.

망구 국립공원

밀두라(Mildura)의 북쪽에 위치해 있는 Mongo 국립공원은 호주에서 발견된 태조의 인간의 증거의 알 수 있는 곳이다. 원주민의 추상화를 비롯한 많은 유적들을 볼 수 있을 뿐만 아니라 캠프에도 참여할 수 있는 경험도 동시에 할 수 있는 곳이다.

타즈마니아(Tasmania), 포트 켐벨 아일랜드(Port Cambell Island)
수천년 동안의 침식의 결과로 형성된 이곳 Port Cambell 섬은 석회암으로 이루어져 있다. 깍아지른 듯한 바위들이 태즈매니아의 쪽빛 바다와 너무나 조화롭게 어울린다.

마운트쿡의 마켄지 마을, 양떼 모는 전경
마운트 쿡은 산악지대 특유의 불안정한 기상때문에 그 웅대한 모습을 확실하게 보려면 행운이 필요하다. 날씨가 맑은 날에 올려다보는 하얗게 솟은 봉우리는 감동적이기조차 하다. 여름에 조차 눈이 쌓여 있는 이곳에 양을 모는 양치기 소년의 모습이 한가롭게만 보인다.

노란지 바위의 원주민 추상화(위)
노란지(Nournagie Rock)의 큰 절벽 밑에 원주민들이 그려놓은 경이로운 추상화들이 선명하게 나타나 있다. 물감의 원료는 바위가루를 나무에서 나오는 진에 이겨서 그린것이고, 바위가루는 그 바위와 같은 성질의 것, 나무진 또한 자연산 접착제이기 때문에 그렇게 오래동안 선명하게 남아 있을 수 있는 것이다. 유네스코가 지정한 인류의 유산이 된 이유를 알 수 있다.

아르미댈(Armidale) 동쪽 끝의 울로뭄비 (Wollomombi)폭포(오른쪽)
Dorrigo-Armidale길의 가까이에 위치한 이 폭포는 400m보다 높이 떨어지며, 그 폭과 넓이가 대단히 커 매우 와일드하고 모험적으로 보여 보는 것 만으로도 경이로움을 느끼게 한다.

롯네스트 섬의 암초와 바위들
프리맨틀(Fremantle)에서 16km떨어진 Rottnest Island는 수많은 작은 호수와 거울같이 맑은 물과 야생 조류들로 가득차 있는 경관이 너무나 빼어난 곳이다.

올가산의 돔형의 바위들
애버리지는 마운트 올가를 카타 추타라고 부르는데, 이는 "많은 머리"를 의미한다. 총 면적 35㎢, 둘레가 22km이며 크고 작은 36개의 여러가지 돔형의 바위가 모여있는 바위산이다. 가장 높은 바위는 546., 바위와 바위사이는 깊은 계곡이 나 있고 이 계곡에는 이 지역에서만 볼 수 있는 식물들이 무성하다.

레이크필드 국립공원 내의 매력적인 개미언덕(ant hills)
개미언덕을 보는 순간 그 크고 견고한 개미 언덕에 매료되고 만다. 몸길이가 1㎝ 정도에 불과한 그 미물들이 만든 흙무덤은 상대적으로 비교하자면 인간이 만든 어느 축조물보다 크다.

울프 운석 분화구(Wolf Creek Crater)
서호주 국립공원에서 독특한 형태와 거대한 세계에서 두번째로 큰 운석의 분화구의 볼 수 있다(가장 큰 운석의 분화구는 Arizona에 위치해 있다). Wolf Creek Crater 국립공원은 거대한 모래사막이며, 5만년 전에 떨어진 운석으로 인한 이 분화구는 넓이가 854m이며, 50m 정도의 깊이로 파여 있다.

Macquarie Island
태즈매니아의 서쪽에서 1500㎞떨어진 곳에 위치해 있는 이곳은 많은 바다 동식물을 연구하는데 중요한 곳이며 관광지로 또한 세계적으로 매우 유명한 곳이다.

파도바위(Wave Rock)
퍼스에서 344km 동쪽에 있으며, 밀려오는 큰 파도가 일순간 굳어 버린 것 같은 형상에서 이름이 붙여졌다. 수많은 시간 동안 땅이 깎이고 깎여 파도 모양같이 멋진 모습이 연출됐다.

오페라하우스(Opera House)
시드니의 얼굴이 된 오페라하우스는 14년에의 오랜 공사 끝에 1973년에 완성되었다. 오페라 하우스는 스웨덴에서 수입한 105만 6,000장의 하얀 타일로 덮여 있는데, 이 하얀 조가비를 연상시키는 돔은 오렌지 조각을 잇대놓은 데서 착안한 디자인이라고 한다. 이 건축물은 1957년 국제공모전에서 32개국 232점의 경쟁작을 물리치고 우승한 덴마크의 건축가 요른 우쭌의 작품으로 하늘과 땅 어느 각도에서 보아도 전체적인 모습이 보이도록 디자인하였다.

Ulru(Ayers Rock-Mount Olga)
하늘에서 바라본 멀리 해질녘의 마운트 올가의 돔 바위들이 매우 아름답게 다가온다. 울루루 국립공원을 관람할 경우 유의할 점은 이곳이 애버리지의 성지라는 점을 항상 염두에 두어야 한다는 점이다.

책머리에 들어가는 말

"당신이 가 본 60여 개국 가운데 가장 추천하고 싶은 나라는?"

국내외에서 강연하면서 이런 질문을 받을 때마다 나는 대답했다.

"나이가 들면 여름에는 캐나다의 록키산맥, 겨울에는 뉴질랜드 남섬에서 살고 싶습니다."

"나이가 젊다면요?"

"무한히 도전할 곳이 있는 호주를 들 수 있겠죠!"

그런데 유럽에서 널리 읽히는 영국의 여행 월간지 <콩드 나스트 트래블러>가 독자 3만 명을 상대로 조사하여 뽑은 월드 베스트를 보면 1위 캐나다, 2위 뉴질랜드, 3위 말레이시아, 4위 부탄, 5위 호주였다. 사람들의 느낌이란 대체로 비슷한 모양이다. 여기서 주목할 것은 이 기행문의 무대가 되는 뉴질랜드와 호주가 2위와 5위를 차지하였다는 것이다.

내가 호주와 뉴질랜드 여행을 기획한 것은 1992년이다. 1960년대부터 시작한 세계여행을 마무리하기 위해 1990년 <시베리아 횡단열차>, <동유럽 민박여행(1)>, <동유럽 민박여행(2)> 같은 여행기 3권을 펴내고, <카리브해의 고도 쿠바>라는 새 기행문을 쓰고 있는 중이었다.

"호주 뉴질랜드 편을 먼저 써 주면 어떨까요?"

당시 '호주투어'라는 여행사의 이사로 있던 제자 이유미의 제안이었다.

"두 나라를 여행하는 동안 호텔은 모두 여행사에서 제공하겠습니다."

항상 국제 거지처럼 다니던 여행에 비해 파격적인 조건까지 제시하였다. 그렇지 않아도 가보고 싶었던 대양주이기 때문에 쿠바 여행기 집필을 미뤄놓고 바로 자료수집에 들어갔으나 당시만 해도 국내에서는 두 나라에 대한 자료가 많지 않았다. 주로 일본과 영국에서 나온 자료들을 참고하여 여행계획을 면밀하게 짜면서 현지에서 민박을 해 줄 수 있는 사람들과 편지 연락을 하는데 몇 달이 걸렸다.

1992년 겨울, 드디어 58일간의 여행계획을 들고 김포공항을 떠났다. 하루하루가 정말 환상적이었다. 마치 고향처럼 낯설지 않은 뉴질랜드의 남북섬을 혼자 돌아다니며 자연의 아름다움과 다정한 인정을 곳곳에서 맛보았고, 모험심을 마음껏 발휘해 볼 수 있는 호주에서는 살인적인 더위와 사진기와 비디오촬영기 렌즈 안에까지 먼지가 들어오는 사막의 폭풍에서도 마냥 행복했다.

그러나 1993년 2월 신변에 뜻하지 않은 일이 생겨 여행을 중도에서 그만 두고 열흘 일찍 귀국해야 했으며, 자의반 타의반 외유처럼 중국으로 가서 한 학기를 보내야 했다. 그런데 중국에 있는 동안 나에게 일생일대의 전기가 찾아왔다. 1986년부터 중국을 다니기 시작해 1990년, 1991년 이미 고구려 발해의 땅을 돌아다니기 시작했던 나는 이 절호의 찬스를 이용해 고구려와 발해의 유적을 찾아내는데 모든 시간과 정력을 쏟았다. 그리고 그 넓은 만주 땅에서 고구려의 첫 수도와 두 번째 수도, 그리고 100개가 넘는 고구려 산성을 찾아내면서 완전히 고구려 역사로 빠져 들어가 버린 것이다. 세계 100개국을 여행하겠다는 목표도, 세계 여행기 10권을 내겠다는 계획도 모두 던져버리고 시간만 나면 만주로 달려갔다. 그리고, 1994년 '고구려 특별대전', 고구려연구회 설립, 1998년 <고구려 역사유적 답사> 출판 같은 큰 일을 해낼 수 있었다.

이처럼 세계 여행을 접고 고구려에 빠져 있으면서도 한 가지, 약속한 호주.뉴질랜드 기행문을 마치지 못한 것이 늘 마음의 빚으로 남아 있었다. 그래서 1996년 겨울, 그 빠진 부분을 메우기 위해 다시 호주 땅을 밟아 기행문을 완성하였으나 여러 가지 사정 때문에 책으로 나오지 못한 채 날이 가고 해가 지났다. 이제 고구려 연구가 궤도에 올라서고 마음의 여유가 생기니 세계 여행이라는 잠재의식이 조금씩 꿈틀대기 시작하였다. 그래서 다시 호주.뉴질랜드 여행기를 다시 꺼내 들었다. 그런데 그 사이에 세상이 많이 바뀌었다.

'한국인이 가보고 싶은 나라 1위 - 호주'
'뉴질랜드 여행자, 한국이 영국 다음으로 2위'

그리고 홈페이지들을 검색해 보니 참으로 많은 여행정보들이 홍수를 이루고 있었다. 한참을 망설였다. 그러나 호주와 뉴질랜드, 두 나라 전 지역을 완전히 카버하는 기행문은 아직도 나와 있지 않았다. 또 여행지를 안내하는 글은 많았지만 두 나라를 역사적인 측면에서 보거나 현지에 사는 사람의 삶에 대한 깊이 있는 관찰이 아직은 부족하다는 생각이 들었다. 여러 전문가들과 상의하여 책을 내기로 결정하였다. 아직은 아쉬운 점이 많지만 앞으로 고쳐가자는 마음으로 조금 더 간추리고 작은 제목들을 붙였으며, 큰아들 상원이의 여행기에서 내가 가보지 못한 곳이나 젊은 배낭족들을 위해 필요한 정보들을 뽑아서 덧붙였다.

　문화란 자연을 바탕으로 인간이 만들어 낸 것이다. 그러나 나의 여행 철학은 인간이 만들어낸 문화보다는 자연과 인간 그 자체에 대한 관심이 더 크다. 그렇기 때문에 이 여행기를 읽는 이들은 문학적 감동이나 문화에 대한 자세한 접근이 부족하다는 생각이 들 것이다. 그러한 감동은 읽는 이들이 직접 현장에서 느껴보기 바라며 글쓴이는 다만 그곳으로 가는 길을 안내하고, 그곳 자연을 있는 데로 그렸으며, 그곳에 사는 사람들의 삶을 담담하게 기록했을 뿐이다. 이 책을 바탕으로 하여 좀 더 많은 사람들이 호주와 뉴질랜드를 찾아가 많은 것을 느끼고 생활을 활력을 얻는 계기가 되기를 바란다.

　끝으로 이 작은 책이 나오기까지 많은 사람들의 도움을 받았다. 이 책을 읽으면서 보시겠지만 호주와 뉴질랜드 각지에서 수많은 에스페란티스토들이 아무런 대가도 없이 참으로 많은 도움을 주었다. 그들이 아니었다면 나 또한 여행지나 안내하는 기행문을 쓸 수밖에 없었을 것이다. 이 책은 호주투어의 이유미 사장의 강력한 기획의지가 없었다면 시작조차 어려웠을 것이며, 경세원 출판사의 김영준 사장, 황순희 실장 , 김혜련 씨, 이대훈 씨의 적극적인 제작의지가 없었다면 끝내 책으로 나오지 못했을 것이다. 이 모든 사람들에게 감사의 뜻을 전하는 바이다.

　　　　　　　　　　40일간의 시베리아횡단열차 여행을 기획하며

　　　　　　　　　　　　　　　　　　2001년 12월 4일　　어연 서길수

첫째 마당 뉴질랜드

첫째 마디 — 뉴질랜드 남섬

한 겨울의 여름 준비 · 28
이거 어느 나라 비행기인가? · 29
뉴질랜드 남섬 도착 · 30
남쪽섬의 수도 크라이스트처치 · 32
노후생활하기 좋은 곳, 크라이스트처치 · 34
뉴질랜드에 150개의 태권도 클럽 · 37
마운트쿡으로 가는 길 · 38
후커계곡 트랙킹 · 41
테즈먼빙하의 장관 · 44
퀸스타운으로 가는길 · 46
흥분된 하루, 스키퍼스 캐년 · 48
퀸스타운에서 보낸 세밑 · 54
피아노 아르바이트하는 퇴직 농부 · 56
티아나우의 하루 · 57
밀포드 사운드로 가는 길 · 61
신비한 피오르드, 밀포드 사운드 · 63
키 서미트의 장관 · 65
4인승 경비행기로 티아나우 출발 · 67

둘째 마디 — 뉴질랜드 북섬

뉴질랜드의 수도 웰링턴 · 72
민박집의 고양이 사진 앨범 · 74
웰링턴 시내구경 · 76
웰링턴→타우포 호수→해밀턴 · 79
62세 노총각의 이민사 · 80
마오리란 보통이란 뜻 · 83
뉴질랜드 에스페란토 대회 · 85
로토루아의 마오리 전설 · 85
지옥의 문에서 타라외라 호수까지 · 87
팡가레이의 휘틀러 씨 · 91
베이오브 아일랜즈 · 93
다도해의 구멍섬 · 95
북섬 관광을 하루만에 마치다니? · 96
지금 마우리족이 어디 있느냐? · 99
조용한 공항, 정겨운 이별 · 101
오클랜드의 한국식당 · 102
오클랜드 역사 한눈에 보는 박물관 · 105
이민 1세대, 현지 전문가가 되길 · 106
조금 가지고 부자로 사는 나라 · 110

둘째 마당 호주

첫째 마디 — 남부 호주

아델라이드로 가는 길 · 118
아델라이드의 유일한 강 트랜스는 호수다 · 120
유명 학생들과의 2주간 수업 · 122
남호주의 서울식당 · 124
일주일에 하루는 이렇게 마시고 논다 · 126
호주에서는 모자를 쓰자 · 128
오른쪽엔 목적, 왼쪽엔 머리 · 130
세계 오팔의 수도, 쿠버 페디 · 131
인구의 3분의 1이 지하에 산다 · 134
남부호주의 최고 절경 캥거루섬 · 140
바다표범과 함께하는 실베이 · 142
바닷가 돌조각 작품전, 리마커블 록스 · 144
수입 동물에 병들어 가는 환경 · 147
토끼와의 전쟁 · 149
한 폴란드 이민 1세의 애환 · 150
나에게 기쁨이란 없었다 · 152
한국보다 약간 비싼 대학 등록금 · 154
교통비 비싸 국내여행도 어렵다 · 156
각지의 회원들의 민박초대 · 157

둘째 마디 — 서부 호주

서부 호주의 수도 퍼스의 첫날 · 162
파도바위 관광 · 165
집 열쇠 건네주며 마음대로 쓰시오 · 167
호주 경제의 현황과 문제점 · 169
대학생의 65%가 평생교육 받는 어른들 · 171
퍼스를 식혀주는 프리맨틀 의사바람 · 172
호주에 효녀가 많다 · 174
호주 서남해안 관광 · 176
한반도 12배 큰 서호주에 인구는 140만 · 179
영상 47도의 혹서, 시원한 휴식을 주는 밤하늘 · 180
프랑스 청년, 자전거로 7년간 세계를 · 183
인간과 돌고래의 악수 · 186
허트리버 왕국을 찾아서 · 188
3만원에 허트리버 왕국 국민이 되다 · 190
왕국이 발행한 우표는 실제 사용되는가? · 191
국왕폐하 단독 인터뷰 · 193
UN 가입신청을 냈다 · 195
헌법은 없고, 법률은 있다 · 195
황야의 묘비, 사막의 돌기둥 · 198

서북호주 — 서상원리포트

호주 서북부를 달린다 · 200
절경의 13계곡 캐서린 · 202
캐서린에서 카카두로 · 203

셋째 마디 — 북부 호주

에어즈록으로 가는 길 · 206
마운틴 올가와 석양의 에어즈록 · 207
신비한 에어즈록의 해맞이 · 210
사막에 우뚝 솟은 에어즈록을 오르다 · 211
킹스캐넌 사파리 · 217
원주민 식사, 사막의 캠핑 · 219
숨겨진 비경 킹스캐넌 · 221
사막 골짜기에 감추어진 에덴동산 · 224
북호주의 수도 다윈 · 229
인류의 유산, 카카두 국립공원 · 232

넷째 마디 — 동남부 호주

대륙을 가로질러 맬버른으로 · 242
필립섬의 팽귄 퍼레이드 · 245
그레이트 오션 로드 · 247
시드니 구경 · 250
47일만에 서울로, 공항에서 때아닌 교육세미나 · 253

다섯째 마디 — 태즈매니아와 동북부 호주

남극에서 가장 가까운 섬 태즈매니아 · 258
여기도 한국음식점이 · 260
150년 넘은 옛집에 140살 소나무가 · 262
호주의 별미 캥거루고기 · 264
한국식당은 적자, 가축 값은 폭락 · 266
죄수들의 한이 맺힌 이글혹 · 268
극악 범죄자들의 감옥, 포트아더 · 270
100 미터 짜리 거목 숲, 마운트 필드 · 272
시내관광에서 만난 한국 대학생들 · 275
이민, 충분히 생각하고 오라 · 276
조국과 현지 교육, 이중성이 아니라 다양성 · 277
호바트에서 케엔즈로 · 280
나이 50이 넘어 번지점프라니, 미쳤군, 미쳤어! · 281
낙하의 공포가 영원한 감동으로 · 282
자, 뛰자 푸른 창공으로! · 286

석양의 멋, 해변의 승마 · 288
산호초 만리장성 · 291
자격증도 없이도 스쿠버다이빙 가능하다 · 292
하늘에서 바라보는 산호초 만리장성 · 294
물 속의 신비를 캐는 스쿠버다이빙 · 297
축하합니다, 스쿠버다이빙도 성공! · 300
쿠란다로 가는 길, 스카이레일 · 303
쿠란다, 고원의 원주민 춤 · 307
브리스베인의 케이 여사의 기막힌 사연 · 312
이혼하면 남자는 거지가 된다 · 314
일본 자본이 만든 골드 코스트 · 316
골드코스트의 부동산 · 318
싼 관광상품은 비지떡이다 · 320
이민의 목적은 경제뿐이다 · 323
호주는 거친 다이아몬드다 · 325

첫째 마당 : 뉴질랜드

첫째마디
뉴질랜드 남섬

한 겨울의 여름 준비

뉴질랜드의 위치
뉴질랜드는 한국으로부터 9,500km 호주로부터는 1,600km 떨어져 있고, 남위 34도~47도 사이에 위치해 있으며 길이는 1,600km쯤 된다. 총면적은 북섬, 남섬, 스튜워트섬 그 외 작은 섬들을 모두 합쳐 270,534km² 영국보다는 약간 크고 일본보다는 작으며, 미국의 콜로라도주와 비슷, 남한의 2.7배, 남북한을 합친 한반도의 1.3배이다.

12월 26일(토) 김포 출발, 영하를 한참 내려가는 추운 서울에서 섭씨 30~40도를 오르내리는 남반구의 여름을 상상하는 것은 그리 쉬운 일이 아니다. 지난날의 여름철 해외여행을 되새기고, 또 여름여행을 기준으로 나와있는 여행 책자들을 참고하여 대강 여행준비를 하였지만 막상 떠나려 하니 현실적인 문제가 하나 걸렸다. 당장 집을 나설 때 어떤 옷을 입고 갈 것인가 하는 것이다. 여름옷을 입고 가자니 출발하기 전에 감기에 걸려서 여행 초기부터 여행에서 가장 중요한 건강관리가 엉망이 되겠고, 겨울옷을 입고 가자니 이번에 계획한 58일 내내 그 두터운 겨울옷을 짊어지고 다닐 생각을 하니 어깨가 저절로 무거워진다.

'공항 화장실에서 여름옷으로 갈아입을까, 아니면 비행기 안에서 갈아입을까?'

생각, 그리고 또 생각 끝에, 아래는 여름, 위는 겨울을 선택하기로 하였다. 아래는 여름 바지를 입고, 위에는 속에 여름옷을 입고 그 위에 두터운 오리털 파커로 중무장을 한 뒤, 떠나기 전 공항에서 아내에게 파커만 벗어 놓고 가는 기발한(?) 방법을 택

▶김포출발 — 아래는 여름 바지를 입고, 위에는 속에 여름옷을 입고 그 위에 두터운 겨울옷으로 중무장을 한 뒤, 떠나기 전 공항에서 아내에게 파커만 벗어놓고 가는 방법을 택했다. 요즘은 겨울옷을 맡아주는 항공사도 있어 편리해졌다고 한다.

뉴질랜드 — 남섬
Newzealand - South Island

한 것이다.

저녁 9시 발 시드니 행 콴타스 QF178기는 어둠을 뚫고 남쪽으로 나르기 시작하였다. 세계 50개국 이상을 여행하면서도 아직까지 오세아니아주를 여행하지 못했던 것은 싼 비행기표를 구할 수 없었기 때문이었다. 그런데 콴타스와 대한항공이 호주에 취항하게 되면서 싼 비행기표가 나왔고, 아델라이드에서 열흘 동안 에스페란토를 강의하는 조건으로 항공여행비가 나왔으며, 호주투어에서 호텔비를 대겠다는 제안이 들어왔다. 호주와 뉴질랜드를 어느 정도 둘러볼 수 있는 일정표를 만들어 보니 58일이 걸린다. 겨울방학 두 달간을 모두 남반구에서 보내게 된 것이다. 어쨌든 미지의 세계를 가는 나그네의 마음은 항상 설레게 마련이다. 자, 이제 떠나자! 마음은 이미 남반구에 가 있다. 하지만 여행꾼은 이럴 때 잠을 푹 자 두는 것이 제일 중요하다는 것을 이미 터득하고 있다. 그리고 그렇게 생각하면 어떤 자리에서나 잘 잘 수 있는 것이 프로다. 가자! 우선 잠으로!

뉴질랜드의 기후
한국과 같이 사계절이 분명하지 않으며, 하루에도 시간대에 따라서 기온차가 있어, 가장 더운 12, 1, 2월에도 가끔 가벼운 외투가 필요하기도 하다. 기온은 여름에 대략 섭씨 20도에서 25도이며, 가장 추운 6, 7, 8월의 겨울에는 기온이 섭씨 10도에서 15도로 일부 산악지역을 제외하고는 땅이 어는 경우는 많지 않다. 한국과 달리 이곳에는 겨울에 주로 비가 많이 내리나 한국과 같이 집중으로 쏟아지는 장마는 없다.

이거 어느 나라 비행기인가?

눈을 뜨고 보니 4시 20분이다. 비행기는 이미 오세아니아대륙을 바라보며 날고 있다. 시계를 6시 20분으로 두 시간을 더해 주었다. 원래 한국과는 한 시간 차이인데 호주가 썸머타임을 실시하는 여름이기 때문에 두 시간을 더한 것이다. 9시간 반을 비행하였으니 유럽이나 미국으로 가는 시간과 거의 맞먹지만 시차가 크게 나지 않아 피로가 훨씬 적고 생활리듬을 그대로 살릴 수 있어 참 좋은 여행지라는 생각이 든다.

예정 시간보다 좀 이른 8시 5분에 시드니 국제공항에 착륙하였다. 뉴질랜드 크라이스트쳐치행 비행기가 11시 15분이니 아직도 3시간이나 남았다. 그러나 이 3시간이 지루한 것은 아니다.

한국과의 시차
한국보다 3시간 빠르며, 한국이 오전 9시일 때 뉴질랜드는 정오가 된다. 여름(10월초부터 3월까지)에 시행되는 서머타임 기간에는 한국보다 4시간이 빠르다.
호주는 한국보다 1시간이 빠르며, 서머타임 기간에는 2시간이 빠르다.

여행하는 사람은 어디에서나 배울 것이 있고, 주위를 잘 살피면 즐겁고 희한한 일이 쌓여 있기 때문이다. 우선 화장실에 가서 세수를 하고 통과여객을 위해 항공사가 마련한 라운지로 갔다. 시원스럽게 이착륙하는 비행기가 바라보이는 라운지에서 무료로 제공하는 차를 마시면서 곧 시작될 여행을 점검해 보았다.

크라이스트처치행 비행기 안,

"이거 어느 나라 비행기인가?"

기내 방송이 영어가 아니라 일본어부터 시작된다. 기내판매 안내책자(Qantas Sky Shop)는 아예 일본어로 되어있고, "7일 안에 일본의 집 문 앞에 배달", "가볍게 여행하세요" 등 일본 손님들의 입맛을 맞추고 있었으며, 일본 월간지까지도 비치하는 등 마치 일본 국내선을 떠오르게 한다. 부자가 대접받는 것이 어제 오늘의 얘기는 아니지만, 호주의 자존심은 어디에 있는지!

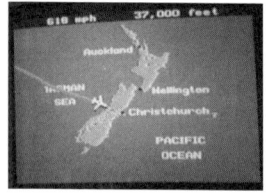

비행기 안의 모니터가 크라이스트처치에 도착하는 것을 알리고 있다.

뉴질랜드 남섬 도착

시드니를 이륙한지 2시간 반, 오후 4시 10분, 뉴질랜드의 남섬에 있는 크라이스트처치에 착륙하니, 미리 연락을 받은 디워(Dewer)씨가 마중을 나와있었다. 조용하고 차분한 크라이스트처치의 분위기처럼 잔잔한 미소로 손님을 맞는 디워씨와 나는 서로 초면이다. 세계에스페란토협회에서 발행하는 연감에서 크라이스트처치 대표를 찾아 편지를 했더니 자기 집에서 민박을 시켜주겠다고 해서 맺은 인연이다. 이렇게 민박을 하면 몇 가지 좋은 점이 있다. 모두 에스페란토라는 세계공통어를 하니 대화가 자연스럽고, 그들의 생활상을 그대로 접할 수 있으며, 무엇보다도 공짜로 재워주니 경제적으로 큰 도움이 된다. 공항 은행에서 신용카드로 뉴질랜드 돈 500달러를 꺼낸 뒤, 조용한 전원주택인 디워 씨 집에 도착하였다.

🦘 뉴질랜드 입국

뉴질랜드를 방문하는 기간이 3개월 이내인 경우는 비자가 필요없다. 오클랜드 공항에 도착하면 먼저 수화물을 찾고 입국절차를 밟으면 된다. 입국심사대에서 순서를 기다려 여권과 녹색 입국카드, 흰색 농산물 검역 및 세관신고서를 제출하면 세관 공무원의 몇 가지 통상적인 질문을 한 후 입국카드를 보관하고 입국도장을 찍은 여권과 흰색 세관신고서를 돌려준다.

제법 넓은 디워씨 집의 단독주택에는 단 세 식구와 바둑이 한 마리가 함께 산다. 텔레콤 회사의 엔지니어인 디워 씨의 부인은 일본인이고 그 일본 부인이 데리고 온 고등학교 3학년 짜리 딸이 하나 있다. 집에 도착하자마자 손수 저녁식사 준비를 시작하여 맛있는 오무라이스를 내어놓는다. 식사 도중 뒤늦게 귀가한 딸 이와나미 양과 뉴질랜드 고등학생들의 생활에 대해 얘기를 나누었다. 깨끗하고 순진하게 생긴 고3 짜리 소녀는 일본인 관광객을 상대로 기념품을 파는 가게에서 아르바이트를 하고 있을 정도로 대학입시에 대한 중압감이 전혀 없다.

"내년에 회계학과나 전기과에 가려고 한다. 전기과를 고려하고 있는 것은 여학생이 공대를 가면 장학금이 많기 때문이다"

어느 대학이냐가 아니라 어떤 것을 전공할 것인가를 걱정하는 학생들이 부러웠다. 그러나 "앞으로 미국이나 일본에 가서 직장을 가지고 싶다"는 장래 희망을 듣고 어머니가 있는 뉴질랜드를 대학 공부하는 곳으로 택한 것이지 이 곳에서 살겠다는 것은 아니라는 것을 알 수 있었다.

식사를 마치고 휘파람을 불며 유쾌하게 설거지를 마친 디워씨와 밤늦도록 이런 저런 얘기를 나누며 뉴질랜드의 첫 밤이 깊어 간다.

뉴질랜드의 교통

★항공
웬만한 도시는 에어뉴질랜드와 안셋뉴질랜드가 전국 31개 도시를 연결하고 있다. 뿐만아니라 규모가 작은 Mt.Cook Airline과 Eagle Air, Air Nelson등이 있다. 대개 공항이 기차역이나 버스터미널보다 시내에서 멀다. 최소한 탑승 30분 전에는 공항에 도착하여야 하므로 스케쥴을 넉넉히 짜는 것이 중요하다.

★버스
뉴질랜드를 여행하기에 가장 좋은 교통수단은 버스다. 도시와 도시간을 연결하는 시외버스는 보통 코치라고 부르는데 시설이 안락한 대형버스를 운행하기 때문에 편안한 여행을 할 수 있다.

★기차
기차노선이 많은 편은 아니지만 뉴질랜드의 노선은 경치가 아름답기로 유명하다. 기차표 예약은 0800-802-802로 걸면 전국 어디에서나 무료로 예약이 가능하다. 모든 기차에서는 금연임을 명심해야 한다. 객실은 물론 복도나 화장실에서도 금연이다. 술을 휴대하고 탑승하는 것도 금지되어 있다.

◀크라이스트처치의 에스페란티스토 디워씨는 조용하고 차분한 크라이스트처치의 분위기처럼 잔잔한 미소로 맞아주었다

"넓이는 일본만큼 큰데 뉴질랜드 전국의 인구는 3백50만 밖에 안되고 그것도 75%가 북섬에 살고, 북섬보다 넓은 남섬에는 87만 명 남짓 밖에 살지 않는다. 국민의 80%가 유럽인, 15%가 원주민인 마오리족이고, 나머지 5%는 아시아, 피지, 사모아 등지에서 온 사람들이다."

"전국에는 4천7백만 마리의 양이 살고 있어 주민보다 13배 이상이 더 많다."

"오클랜드 사람들은 남부섬에서 사는 사람들보다 더 빨리 달린다."

남섬의 수도 크라이스트처치

12월 28일 새벽 5시 기상, 방안 온도가 봄가을 불 안 땐 아파트 방처럼 낮지만 담요가 좋아선지 침대 안은 따뜻하다.

다워 씨가 차려준 토스트와 콘프레이크로 식사를 하며 얘기를 나누다 8시 반쯤 차로 출발, 먼저 켄터베리(Canterberry) 대학 캠퍼스를 둘러보았다. 숲 속에 띄엄띄엄 박힌 건물들은 대학이라고 하기에는 오히려 별장지대라고 하는 것이 좋을 정도이다. 콘크리트 건물 숲 속에서 북적대는 한국 대학 캠퍼스에 익숙한 나는 이 곳 대학을 보면서 오히려 낯선 느낌을 가졌다. 현지 교민들의 말에 따르면 이곳 켄터베리 대학은 유학에 최적지라고 한다. 미국이나 일본의 번창한 도시에 비해 건강한 도시이기 때문에 나쁜 곳으로 빠질 곳이 없다는 것이다.

대학을 지나 가까운 부쉬(bush)로 갔다. 내가 지금까지 알고 있었던 부쉬란 말은 수풀이나 덤불 정도였으나 뉴질랜드에서의 부쉬는 전혀 다른 곳이었다. 시내에 이 도시가 생기기 전부터 있던 밀림상태를 그대로 남겨놓는 것을 부쉬라고 한다. 맑은 물, 신선한 공기, 고운 새소리 등 그야말로 별천지다. 리카턴

크라이스트처치 Christchurch

드넓고 기름진 캔터베리 평야의 중심부에 자리한 남섬 제1의 도시, 약 35만여 명의 인구가 살고 있는 남섬의 정치, 경제, 문화, 관광의 중심지인 크라이스트처치. 도시자체가 공원이라고 할 만큼 예쁘고 아름다워 '가든 시티'라는 애칭을 가졌음. 영국 옥스포드 대학내 크라이스처치 기숙사 출신들이 이곳에서 이상적인 마을을 건설하기위해 계획하여 이루어 진 곳이며 도시 가운데를 흐르는 에이본 강을 따라 추억의 다리까지 산책로를 걷다보면 그림처럼 아름다운 이 도시의 매력에 누구나 도취되고 만다. 처음 사람들이 꿈꾸었던 '영국 밖에서 가장 영국다운 도시'가 실현된 곳이 바로 이곳이며, 뉴질랜드 전체를 대표하는 예술·문화의 중심지로 불리기도 한다.

(Riccarton)이라는 이 부쉬는 그다지 넓지는 않지만 호젓하고 좋은 곳이었다.

부쉬를 나와 시내로 가는 데는 해글리(Hagley)공원을 지나게 된다. 182만 평방미터(약 60만평)의 넓은 공원에는 10만평 짜리 식물원과 켄터베리 박물관이 있다. 공원을 거니노라면 크라이스트처치는 공기 맑고 하늘 맑은 봄날 같은 도시라는 느낌이 든다. 한적한 하늘에 날아가는 비행기 소리조차 정겹게 들리고 지나가는 사람들에게 인사가 저절로 나온다. 여기도 짜증이란 단어가 있을까?

식물원과 미술관에 이어있는 박물관은 대단히 특징적인 박물관이다. 유럽의 박물관들이 그리스, 이집트 등의 문화를 훔쳐다 진열한 것이라면 이 곳은 현지의 역사를 충실하게 발굴하여 전시하였다는 점에서 친근함을 느낄 수 있었고, 유럽의 박물관에서 느꼈던 거부감을 전혀 느낄 수 없었다. 특히 남극에 관한 수집품, '모아'라는 사라진 새의 알과 생태, 마오리 원주민의 생활상, 개척시대의 시가지 재현 등이 인상적이었으며, 진열방법도 관람자가 직접 단추를 눌러 원하는 새의 노래 소리를 들어볼 수 있도록 하는 등 수준급이었다. 딱딱하게만 느꼈던 박물관이란 관념을 깨주는 곳으로 인구 35만의 도시가 갖고 있는 박물관으로는 세계 최고의 하나가 아닌가 하는 생각이 들었다.

헤글리공원 Hagley Park
크라이스트처치의 안에 있다기 보다 오히려 해글리 공원안에 크라이스트처치가 있다고 생각이 들 정도로 큰 공원이며, 30만 크라이스트처치 시민들의 휴식처이다. 북헤글리 공원과 남헤글리 공원으로 나뉘어져 있으며, 조깅코스, 사이클도로, 크리켓경기장 등 각종 시민을 위한 공간이 준비되어 있다.

캔터베리박물관 Canterbury Museum
60만평의 각종 휴식시설이 잘 갖추어진 헤글리(Hagley)공원안에 캔터베리박물관이 있다. 뒤에 맥도걸미술관(McDougal Art Gallery)이 있다.
개관 : 10:00~17:00
요금 : 무료

Backpacker 서상원* 리포트 (1)

♪ 크라이스트처치 ─ 대성당
우리는 우선 대성당 안에 들어가서 탑에 올라가기로 했다. 2$였지만 ISIC카드를 보여주자 1.5$으로 깎아 주었다. 탑에 신나게 올라가면서 계단 수를 세었는데 수용이도 134계단이라고 했고 나도 134계단으로 세었다. 그런데 다 올라가니 133계단이라고 했다. 혹시 유령이 만들어 놓은 계단을 올라간 것이 아닐까 하는 생각이 들었다.

*서상원, 1976년생, 현재 공군 장교.
초등학교 때 아버지와 39일간 유럽에서 가족 배낭여행, 중학교 때 동생 서상욱이와 단 둘이서만 유럽을 50일간 여행한 뒤 "등자루 메고 유럽에 가다"라는 책을 썼고, 일본, 미국, 멕시코, 쿠바까지 여행하며 아버지가 갔던 길을 뒤따른다. 1995년 아버지가 갔던 뉴질랜드·호주를 상원이도 누비고 다녔다. 비록 아버지가 갔던 길을 갔지만 어찌 그 느낌까지도 같겠는가! 더 알뜰하고, 더 자세하고, 더 높고, 더 멀리 돌아본 상원이의 금싸라기 메모들을 곁들여 등자루(배낭은 한자, 背囊) 메고 호주 뉴질랜드 가는 등자루족들에게 생생한 톱새 정보를 제공한다.

대성당 Cathedral

시 중심에 위치해있는 영국 고딕양식의 성당으로 크라이스트처치의 상징이다. 탑 안쪽으로 올라가면 전망대가 있어 날씨가 맑은 날에는 남 알프스 산봉우리를 볼 수 있다. 1864년에 착공되어 1904년에 완공되었다. 34m짜리 전망대의 계단은 2사람이 비켜가기 어렵게 좁지만 올라가면 동쪽은 시가지, 서쪽으로는 광활한 Hagley 공원의 아름다움이 보인다. 대성당 앞 광장의 하얀 줄은 첨탑의 그림자가 시간을 가리키는 해시계 역할을 한다.

시내에 들어와서는 먼저 관광안내소를 찾았다. 남쪽섬 전체 지도는 물론 갖가지 정보가 잘 정리되어 있었고, 내일 아침에 타고 떠날 시외버스 표도 이곳에서 살 수 있었다. 시내 구경은 이 관광안내소가 출발점이 된다. 에이번강의 뱃놀이를 위해 출발하는 곤돌라도 여기서 떠나고, 시의 중심인 대성당까지도 직선으로 불과 몇 분만 걸어가면 된다.

크라이스트처치는 큰 도시가 아니기 때문에 시내 구경에는 그다지 많은 시간이 걸리지 않는다. 시내 관광의 최고 지점은 역시 영국 성공회가 지은 대성당이다. 이 도시의 상징인 대성당에는 이른 아침부터 관광객들이 몰려드는데 일본인이 대부분을 차지한다. 34미터의 전망대를 걸어서 올라가는 계단은 두 사람이 간신히 비켜설 수 있을 정도로 좁은데 나무로 된 천장이 특이하다. 전망대에 올라서니 시내 전체가 한 눈에 들어온다. 그러나 어떤 이유에서 그런 것인지는 모르지만 테라스 둘레를 모두 창살로 막아버려 시내 사진을 찍는 데도 카메라 렌즈를 사이에다 내밀고 찍어야 하기 때문에 옹색하기 짝이 없었다.

노후생활하기 좋은 곳, 크라이스트처치

시내 관광을 대강 마치고 서둘러 콜롬보가에 있는 한국 식당

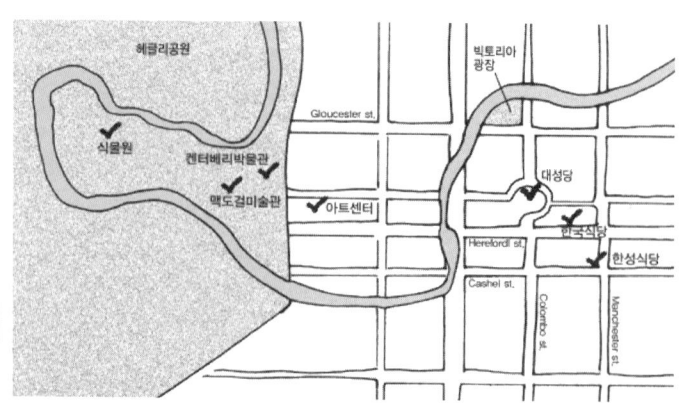

Christchurch
크라이스트처치 시내 주요부

을 찾았다. 전화번호부에서 서울 코리아 식당(Seoul Korea Restaurant)을 찾아 낸 것이다. 낯선 도시에 가서는 가능하다면 먼저 한국 식당을 찾게 되는데, 한국 식당에 가면 대부분 현지 동포들이 발행하는 우리말 소식지가 있어서 동포에 대한 소식을 쉽게 알 수 있을 뿐 아니라 현지에 대한 여러 가지 새로운 정보를 얻을 수 있기 때문이다.

"처음에는 호주를 가려고 했었는데, 호주는 이미 기반이 잡힌 나라이기 때문에 미지의 세계인 뉴질랜드를 선택하였습니다. 뉴질랜드는 사람들이 정직하여 살기 좋은 나라입니다."

식당을 연 지 3년이 된다는 주인 신현길 씨는 뉴질랜드로 이민 오게 된 동기를 이렇게 말하고, "왜 인구가 많은 오클랜드에 정착하지 않고 크라이스트처치까지 왔습니까" 라는 질문에는 이렇게 대답하였다.

"오클랜드는 상업도시이고 크라이스트처치는 교육도시입니다. 사실 투쟁하여 돈벌려면 한국이 좋지요. 그러나 조용한 삶을

 크라이스트처치의 식당

★한국식당
주소 : 137 Hereford Street
태권도 사범 이준현 씨가 운영하는 한국식당
전화 : 03-337-2716
영업 : 월~토요일 12:00~14:30
　　　월~일 17:00~21:00

★한성식당
주소 : 165 Cashel Street
다양한 한국 음식과 중국 음식을 맛볼 수 있다.
전화 : 03-365-4337
영업 : 11:00~23:00

▲크라이스트처치 도시를 유유한 물결로 구불구불하게 흐르는 에어번 강(Avon River). 바닥의 수초가 물살에 흔들리는 것이 다리 위에서도 보일 정도로 물이 맑다. 강가는 잔디와 버드나무 가로수로 장식된 그린벨트의 모습이다.

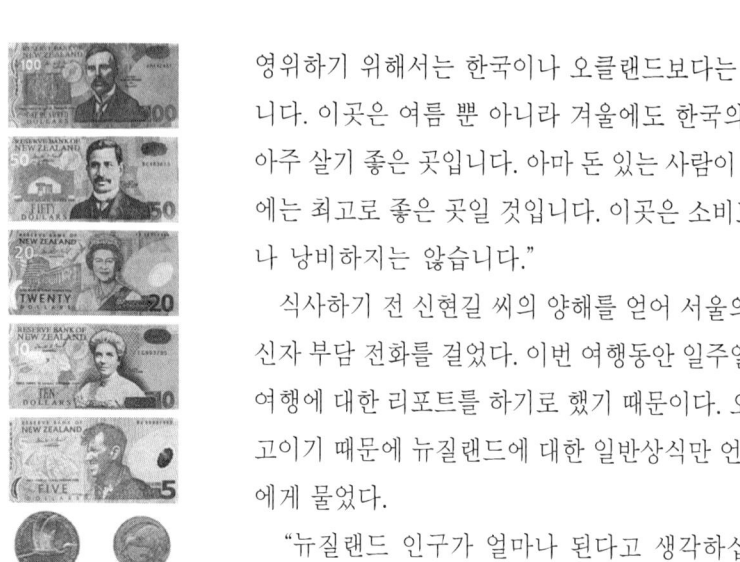

뉴질랜드의 통화
뉴질랜드 달러는 보통 N$라고 표기하며, 왼쪽 윗줄부터 $100, $50, $20, $10, $5 (지폐), $2, $1, ¢50, ¢20, ¢10, ¢5(동전) 순이다.

뉴질랜드의 음식
뉴질랜드에는 여러 가지 전통 음식과 수입한 음식들이 있으며, 목초지에서 키운 양, 사슴 고기의 주요 생산국으로서 낙농제품이 풍부하며 가격이 저렴하다. 거의 모든 종류의 과일을 상점에서 살 수 있으며, 뉴질랜드 사람들은 주요 식사로 생선 또는 고기와 야채를 균형 있게 섭취하며, 또한 감자, 쌀, 파스타를 먹는다. 보통 저녁을 주된 식사라고 여긴다. 레스토랑, 커피숍, 포장판매, 패스트푸드 점 등 많은 다양한 종류의 식당이 있으며, 고급 레스토랑에서 간단한 음식을 먹을 수 있는 곳에 이르기까지 다양하다. 뉴질랜드 음식뿐 아니라 주요도시에는 다양한 각국의 음식 및 한국식당을 비롯해 전통 음식을 취급하는 식당도 찾을 수 있다.

영위하기 위해서는 한국이나 오클랜드보다는 이 곳이 더 좋습니다. 이곳은 여름 뿐 아니라 겨울에도 한국의 가을 날씨 같아 아주 살기 좋은 곳입니다. 아마 돈 있는 사람이 노후생활을 하기에는 최고로 좋은 곳일 것입니다. 이곳은 소비도시입니다. 그러나 낭비하지는 않습니다."

식사하기 전 신현길 씨의 양해를 얻어 서울의 ㄱ 방송국에 수신자 부담 전화를 걸었다. 이번 여행동안 일주일에 한 번씩 나의 여행에 대한 리포트를 하기로 했기 때문이다. 오늘은 첫 번째 보고이기 때문에 뉴질랜드에 대한 일반상식만 언급하면서 진행자에게 물었다.

"뉴질랜드 인구가 얼마나 된다고 생각하십니까?"
"한 1억 정도 아닙니까?"
"많이 줄여서 다시 한 번 말씀해 주세요"
"5 천만이요"
"그것은 뉴질랜드에서 사육하는 양의 마리 수에 가까운 것이고 인구는 훨씬 적습니다"

그러나 끝내 2천만 이하로는 내려가지 않았다. 인구 350만이라는 것은 상상도 못하는 것이고, 이것이 사실은 뉴질랜드에 대한 한국인의 일반적 인식 정도였던 것이다.

식사를 마친 뒤 손님으로 온 이철훈 씨로부터 현지 사정을 들었다. 4인 가족 한달 생활비가 현지 돈으로 2,500 달러(한국 돈 약 100만원)이면 충분하다고 한다. 생활비가 적게 든다는 것인데 그 예로서 골프를 들었다.

"20개 코스가 있는데, 1년 골프 회원권이 10~16만원이고 그린 피는 한 번에 10달러(400원)입니다. 물론 겨울에도 가능한데 주로 노인들이 즐기는 운동입니다."

내가 크라이스트처치의 맑은 공기를 예찬하자 "겨울에는 벽난로에 장작을 때기 대문에 매연이 심하다"고 한다. 나는 속으로 '어찌 서울만 하겠는가' 하고 되새겼다.

뉴질랜드에 150개 태권도 클럽

오후 2시부터는 디워 씨 집으로 모인 에스페란토 회원들과 대화를 나누었다. 주로 공무원이나 교사로 있다가 정년퇴직한 분들인데 모두들 먹을 것을 조금씩 가져와 조그마한 파티장이 되었다. 대화 내용은 주로 사회보장제도에 관한 것이었다. 모든 노인들은 국민연금을 받고 또 회사에서 특별계좌에 연금을 부어가면 최고 급여액의 60% 까지 받는다고 한다. 국민 모두가 받는 국민연금은 일주일에 15달러로 디워 씨 부인의 딸이 받는 아르바이트 비용 220 달러보다 상당히 낮았다. 다른 선진국에 비해 연금 수준이 낮다고 했더니 "생활조건이 좋다. 국가에서 교외까지 포장하였는데 그런데 드는 비용은 내지 않고 나에게만 많이 달라고 할 수 없다" 는 애국론을 폈다. 그들은 전 국민 일인당 외채가 2만 달러나 된다는 사실을 스스로의 일로 걱정하고 있었다.

한편 의사나 간호원, 공인회계사들이 외국으로 떠나는 현상을 걱정하고 있었다. 주로 호주나 미국으로 떠나는데 월급은 많이 받지만 물가도 그만큼 높다는 것을 계산하지 않는다고 안타까워하였다. 최근에는 홍콩, 대만, 월남 그리고 유럽에서는 네덜란드인들이 이민으로 많이 들어오는데, 그 가운데 유럽인 가운데는 역이민이 많고 월남인들은 3년 뒤 영주권을 따면 호주로 떠나는 사람이 많아 인구가 늘지 않는다고 귀띔해 준다.

저녁에는 혼자서 코리안 레스토랑이라는 한국식당을 갔다. 세계의 나그네라고 자부하고 국제적인 밥통을 가지고 있다고 큰소리 치는 내가 저녁에 또 한국 식당을 찾아가는 것은 현지 음식이 싫고 한국 음식을 먹고 싶어서가 아니라 두개 밖에 없는 한국식당이니 두 개 모두 가 보고 싶었기 때문이다. 17달러 짜리 불고기를 먹으며 주인 이준현 씨로부터 뉴질랜드에서 보급된 태권도에 대해서 들었다. 인구 350만의 뉴질랜드에 150개의

 크라이스트처치의 숙소

★Millennium
주소 : 4 Cathedral Square Christchurch, South Island, New Zealand
전화번호 : 03) 365-1111
팩스번호 : 03) 365-7676
e-mail : central.res@cdlhms.co.nz
Web : www.cdlhotels.co.nz
등급 : 5star
객실수 :179
객실가격 : (단위:NZD) 더블 및 트윈 : 225~263
위치 : 크라이스트처치 공항 - 택시로 20NZD정도 거리, 크라이스트처치 다운타운에 위치

★Charlie B's
대성당 에서 걸어서 3분 거리, 버스터미널에서 무료 픽업서비스 제공.
주소 : 265 Madras Street
전화 : 03-379-8429
무료전화 : 08800-224-222
가격 : 도미토리- n$12
트윈 N$32

★Cental City YHA
깨끗한 인상을 주는 YHA 매일 아침 버스 터미널과 기차역에서 픽업서비스 제공
주소: 237 Manchester Street
전화: 03-379-9535
비용: 도미토리 N$19
트윈 N$42

 한국으로 연락하기

★전화
00 + 82(한국 국가번호) + 0을 뺀 한국의 지역번호 + 전화번호
한국통신 직통 교환원 서비스 000-982 (TNZl), 080-099-0200(Clear)
★우편
한국으로 우편물을 붙일 경우 일반 편지 기준으로 N$1.50이다.

★세관

세관 검사는 적색 또는 녹색 검사대에서 세관검사를 받게 된다. 적색검사대는 세관 검사를 받아야 할 승객이 통과하는 곳으로 농산물 검역 및 세관 신고서의 질문에 'YES'라고 대답한 승객은 세관 검사를 받게 된다. 녹색 검사대는 세관 신고물품이 없는 승객이 통과하게 되며, 이 곳을 통과하는 승객도 검사직원의 임의 검색을 받게 되기도 하며, 마지막 검사는 농수산부 직원에게 받게 되는데 이때 흰색 농산물 검역 신고서와 세관 신고서를 제출하면 된다. 뉴질랜드의 면세 범위는 개인의 신변 용품, 뉴질랜드 달러 700$이하의 물품, 담배 200개비 혹은 250g의 엽연초나 시가 50개비, 양주 또는 알코올성 음료 1.125ℓ, 4.5ℓ의 포도주나 4.5ℓ 맥주 등이다.

★공항 이용 안내

뉴질랜드에서는 도착시에도 면세품을 구입할 수 있는데 모든 비행기의 도착시간에 맞추어 두 개의 큰면세점이 운영되고 있다. 모든 입국절차가 끝난 후 출구로 나오면 왼쪽에 단체 관광 환영대가 있으며 단체로 온 승객은 이곳에서 현지가이드를 만나게 된다. 또는 승용차나 캠퍼밴을 대여하려 할 때에도 이 곳을 이용하면 된다.

★출국

모든 국제선의 출국 수속은 1층에서 하게되며, 해당 항공사 카운터에 항공권, 수화물, 여권을 제시하고 탑승권을 받는다. 뉴질랜드를 출국할 때에는 N$ 20의 공항세를 지불해야 하며 1층이나 2층에 있는 뉴질랜드 은행에서 구입하면 된다. 12세 이하의 어린이는 공항세가 면제되는데 이때에는 반드시 은행으로부터 면제증을 탑승권에 부착받아야 한다. 또한 오클랜드에 도착하여 24시간 이내만 머물고 출국하는 승객도 면제증을 받을 수 있다. 출국장으로 들어갈 때 공항세, 탑승권을 검사하며 출국심사대에서 여권과 미리 작성한 출국카드를 제출한 후 출국 도장을 여권에 받으면 된다.

★출입국시 주의사항

뉴질랜드 공항의 모든 청사 내에서는 금연이며, 전 국내선 구간에서도 역시 금연이다.

클럽이 있으며, 크라이스트처치에만 해도 네 군데 클럽에 사범이 3명이 있다고 한다. 이준현 씨도 태권도 사범으로 북섬에서 3년 남섬에서 7년을 가르쳤는데, 최근 뉴질랜드에 한국음식을 알리겠다는 포부를 가지고 요식업에 투신하였다고 한다.

디워 씨와의 마지막 밤은 그의 인생이야기를 듣느라 또 늦었다.

"아들은 같은 회사에 근무하고 딸은 마운트쿡에서 근무하고 있는데 이혼한 부인은 혼자 산다"로 부터 시작해 "일본인 관광객 여행안내인인 일본인 아내는 뉴질랜드 살면서도 가끔 일본여자로 행동해 부담이 될 때가 있다"는 등등, 그리고 "뉴질랜드의 이혼율은 30%다"라는 통계까지.

벤이라는 개가 내가 자는 방 앞에서 들어오려고 해 잠자는데 방해가 되었다. 모두 귀여워하는데 나 혼자 괄시할 수도 없고, 왜 방에다 개는 키우는지...

마운트쿡스로 가는 길

12월 29일, 오늘은 다음 행선지로 떠나는 날이다. 생전 처음 만난 디워 씨지만 이틀동안 서로를 많이 알게 되었고 무엇이던지 물어볼 수 있는 허물없는 사이가 되었다. 아침 식사를 하면서 마지막으로 궁금한 점을 물었다.

"지금 살고 있는 집은 시세가 얼마나 나갑니까?"
"150,000달러입니다"

한국 돈으로 6천만원, 한국의 집 팔아서 좋은 집 사고 공기 좋은 곳에서 매일 골프 치는 여유 있는 노인들의 모습이 떠오른다.

8시 30분, 하루 한 번 밖에 없는 시외버스가 수도를 떠난다. 대부분 여행객들인데 시외버스 외에도 몇몇 관광버스들이 함께 출발하였다. 드넓은 평원에 구역을 나눈 방풍림, 그리고 그 안에 사슴, 양, 소 들이 한가로이 풀을 뜯는 목장 풍경이 끝없이 이어져 여행의 단조로움을 벗어나게 해 준다.

9시 50분, Ashburton에서 10분간 쉬었다가 출발한 차는 10시 37분 Geraldine에 도착해 30여분간 정차한다. 아이스크림을 사먹으며 한가롭게 시골 도시를 구경할 수 있었다. 제럴딘을 떠난 뒤부터는 산길을 달린다. 눈 덮인 산을 향해 달리는 산 길 옆에도 산등성이마다 양떼들이 풀을 뜯는 목장들이 이어진다. 11시 50분 Fairlie를 지나 12시 5분 Burke Pass를 지나자 고원지대가 나타나는데 그렇게 건조한 곳인데도 모두 목장을 일구어 놓았다.

12시 25분, 드디어 사막 속의 푸른 호수 테카포에 도착하였다. 호수가 건너다 보이는 식당에서 점심 식사를 하면서 천천히 호수를 감상하였다. 점심은 볶음밥, 닭찌개, 소시지에다 물 한 컵 까지 해서 10달러이니 비싼 편은 아니다. 짧은 시간이나마 테카포 호수 가를 거닐며 구경하려 했으나 갑자기 쏟아지는 비 때문에 불가능했다. 식당 안에서 바라보는 비 내리는 호수도 아름다웠다.

 **마운트쿡 Mount Cook**

크라이스트처치에서 차로 4시간, 비행기로 50분 거리에 있으며, 3,766미터 높이의 마운트쿡은 꼭대기가 눈으로 덮힌 거대한 봉우리들의 장대한 외관을 자랑하며 국립공원으로 지정되어 있다. 뉴질랜드의 최고봉인 마운트쿡은 가장 많은 관광객들의 방문을 받는 관광지로 유명하다 '남반구의 알프스'로 불리며, 2,500m가 넘는 산이 200개 이상, 3,000m가 넘는 산도 18개나 된다. 원주민은 마운트쿡을 아오라키(Aoraki)라고 불렀는데, 눈을 뚫고 나온 산이란 뜻이다.

약 1억5천만년 전에는 이 주변이 해저였는데, 지구의 조산활동과 빙하 침식 등에 의해 현재와 같은 모습으로 변했다고 한다. 일년에 약 200일은 비가 내리므로 맑은 날을 보는 것이 좀 어렵다. 날씨가 좋은 날, 경비행기를 타고 주변을 돌아보는 관광은 모든 사람에게 미술의 세계를 열어주며, 빙하 위로 착륙할 때의 스릴은 잊지 못할 추억이 될 것이다.

마운트쿡에서 크라이스트처치로 가는 도중에 있는 호수로 산뜻한 에메랄드 그린의 테카포호수는 신비 그 자체이다

마운트쿡 교통

★비행기
마운트쿡 항공이 크라이스트처치, 퀸즈타운, 로터루아에서 각각 운행한다.

★버스
인터시티와 마운트쿡 노선은 모두 크라이스트처치와 퀸즈타운을 잇는 버스가 마운트쿡을 경유한다. 인터시티 버스로 크라이스트처치에서 약 6시간, 퀸즈타운에서 약 4시간 소요된다. 마운트쿡 버스로 크라이스트처치에서 약 5시간, 퀸스타운에서 약 5시간 소요된다.

★그 밖의 방법
HIGHWAY 80-번을 계속 따라 58km를 차로 운전해 오다보면 고속도로 8번이 나온다.
거기에는 매일 운행되는 경비행기와 버스편이 있는데 크라이스트처치와 퀸스타운 구간의 버스들이다. 또한 스키장비가 달린 비행기와 헬리콥터가 연중 운행을 하므로 마운트쿡의 만년설을 가까운 산 정상에 올라서도 볼 수 있다.

우리가 타고 온 버스는 퀸즈타운 행이기 때문에 테카포에서 마운트쿡으로 가는 버스로 갈아탔다. 마운트쿡 행 버스는 앞쪽 절반만 사람을 태우고 뒤쪽 절반은 짐칸으로 쓰는 아주 특이한 운영을 한다. 인구가 많지 않은 나라에서 운영의 묘를 살리는 좋은 아이디어라는 생각이 들었다. 오후 1시 출발한 버스가 5분쯤 가니 테카포 군사기지가 나오는데 군 병영 같지가 않고 마치 휴양지 별장 같다. 자작나무가 많이 있는 것을 보니 고도가 상당히 높아진 것 같다. 1시간 50분쯤 달리니 오른쪽에 비행장이 나타나고 뉴질랜드의 알프스 최고봉(3,767m)인 마운트쿡이 웅장한 모습을 나타낸다.

3시에 드디어 마운트쿡에 도착하였다. '마운트쿡을 보지 않으면 뉴질랜드에 온 보람이 없다' 고 하는데, 유명한 관광지가 뜻밖에 한가롭다. 시설도 많지 않지만 유럽이나 한국의 관광지를 연상한 나는 적막하다 할 정도로 방문객들이 적은데 놀랐다. 정기 노선버스를 절반 나누어 한쪽만 승객용으로 사용한 이유를 알 수 있었다. 호주투어에서 주선해 준 호텔 트레블롯즈에 여장을 풀었다. 마운트쿡에 도착했으나 정작 이 뉴질랜드 최고의

▲ "마운트쿡을 보지 않으면 뉴질랜드에 온 보람이 없다" 라고 말하는 뉴질랜드의 최고봉 마운트쿡

정상은 모습을 감추고 좀처럼 기침을 하지 않는다. 그러나 산자락에 흘러내리다 일시 정지한 빙하들이 금방이라도 굴러 떨어질듯 꿈틀거리는 모습만 보아도 이곳에 온 본전은 찾은 것 같다. 1년이면 200일이 비가 온다니 오늘도 비가 오는 것이 이상할 것은 없으나 야속한 생각이 든다. 내일 날씨가 개이기를 비는 수밖에 없다.

먼저 여행안내소에 들렸으나 이미 문을 닫은 뒤라서 슈퍼에서 라면과 초콜릿을 사와 간단히 저녁식사. 비가 오고 호텔이 동네에서 좀 떨어진 점도 있지만 너무 조용하여 좀이 쑤실 정도였다. 신혼여행이나 부부들이 조용히 여행하기 좋은 곳이란 생각이 들었다. 일찌감치 젖은 옷 말리고 목욕한 뒤 오늘 모은 관광안내 팜플렛을 읽으며 테아나우까지의 일정을 확정하고, 호텔 로비에 있는 안내소에 가서 내일 관광을 두 가지 신청하였다. 이곳에서는 뭐니뭐니해도 스키비행기 타고 테즈먼빙하에 착륙해 보는 것이 최고이고, 그 다음에 후커빙하나 테즈먼빙하 가까이가 그 장엄한 절경을 감상하는 것일 것이다. 9시 45분, 크라이스트처치의 디워씨 한테서 전화가 왔다. 키 서미트 등산이 걱정되어 전화했다며, 그 곳은 갑자기 추워지고 비가 오고 하니 절대 혼자 가지 말라고 신신당부한다. 참 고마운 일이다.

후커계곡 트랙킹

12월 30일, 7시에 일어나 보니 날씨가 개어서 기분이 좋았다. 깨끗하게 세수한 주위에 비친 햇살도 아름답고 호텔 뒤뜰에 찾아온 토끼 한 쌍도 귀엽기 그지없다. 그러나 비행기를 타기로 한 9시가 가까워 오자 다시 비가 내리기 시작한다. 이렇게 해서 오전 일정인 테즈먼빙하 착륙은 무산된 것이다. 이럴 때마다 쓰는 혼잣말이 있다.

 산행

★GOVERNORS 숲 트랙

왕복 1시간정도로 가까운 거리이며, 공동으로 쉴 수 있는 쉼터와 덤불숲 사이를 시작으로 코스가 시작된다. GOVERNORS코스는 무난한 코스로 사람들에게 잘 알려진 코스이기도 하다.

★BOWEN 숲 트랙

10분코스 알파인 가이드 도로 건너편에서부터 시작되며 토토리, 소나무숲 등이 있으며 마운트쿡 트래블로지 호텔입구에서도 시작이 가능하다.

★RED TARN 트랙

2~3시간 왕복코스로써 공동쉼터에서 시작하여 다리를 건넌다. 그리고 약간 경사진 곳을 따라가다 보면 RED TARN이라는 곳이 나오는데 파노라마틱한 마운트쿡의 광경과 계곡 등이 펼쳐진다.

★KEA POINT 트랙

2~3시간 왕복코스이며 마운트쿡 마을에서도 귀환이 가능하며 WHITE HORSE HILL 주차장에서도 1시간 거리면 왕복이 가능하다.

★HOOKER계곡 트랙

마운트쿡 마을에서 첫 번째 만나는 흔들다리까지는 1시간 왕복, 두 번째 흔들다리까지는 2시간 왕복, 후커호수까지는 4시간 왕복으로 마운트쿡에 있는 관광안내서에서나 흰말언덕 캠핑지역에서 시작이 가능하며 캠핑지역 시작부터 30분 정도를 단축시킬 수 있다. 계속 후커강을 따라 두 번 정도 흔들다리를 지나가게 되면 STOCKING 계곡 쉘터(shelter)에 도착하게 된다. 계속 강을 따라 가게 되면 후커 글래시아 호수에 도착하게 된다.

산행(계속)

★ SEALY TARN 트랙
에너지가 많이 필요한 트래킹코스인만큼 후커계곡의 절경인 광경과 마운트쿡의 봉우리들이 당신의 흐르는땀을 씻어줄 것이다. 여름에는 알프스 꽃들이 만발하고 아름다운 TARN의 광경들이 트래킹한 보람을 느끼게 할것이다.

★ TASMAN 계곡 산행
타스만 계곡 도로는 비포장 도로로 파란 호수 주차장과 쉘터까지는 10km 정도 드라이브하여야 한다.

★ BALL SHELTER 산장루트
파란 호수가 있는 주차장을 떠나 오래된 볼 산장로드까지 가다 보면 타스만 빙하가 눈에 띄인다. 볼셀터 산장까지의 가는 시간은 3~4시간이 걸린다. 볼셀은 역사적으로 잘 알려진 볼산장과 아주 가깝게 근접해 있으며, 빙하와 마운트쿡의 만년설을 볼 수 있는 높은 봉우리들을 볼 수 있다. 모래 벽쪽을 지날 때에는 길이 별로 좋지 않아 주의를 요한다. 만약, 볼산장을 이용하려면 1박당 N$8을 지불하여야하며 숙박하지 않더라도 관광안내서에 이름을 남기고 만약의 사태시 조치를 취할 수 있도록 본인의 필적을 남기는 편이 좋다.

"하늘이 다음에 다시 한번 오라는군!"

오전 일정이 날아갔으니 이젠 어떻게 할 것인가? 오후 2시에 테즈먼빙하 버스관광을 신청해 놓았으니 그 때까지 무언가 다른 코스를 한 군데 더 보아야겠다는 생각이 들어 우선 스키용품을 파는 가게에 가서 바지 위에 입는 비옷과 배낭 덮개 등을 사서 완전무장을 하였다.

비 속에서도 계곡 트랙킹이나 부쉬(bush) 워킹을 떠나는 팀들이 많다. 절반 이상이 일본인 관광객인데 이 일본인 관광객을 상대하기 위해서 상점 점원도 일본인들이 많고 안내원들로 모두 일본인들이라서 마치 일본 국내 같은 착각이 들고, 일본인들 덕분에 유럽이나 미국에서 겪었던 백인에 대한 콤플렉스를 전혀 느낄 수 없을 정도이다. 일본인들은 단체관광 뿐 아니라 소수 그룹이 와서 차를 빌려 관광하는 사람들도 많다. 뉴질랜드에서는 자동차의 운전대가 일본처럼 오른쪽에 있기 때문에 렌트카가 쉽지만 상대적으로 한국사람에게는 불편한 점이다.

필자는 어떤 팀에 들지 않고 혼자 다녀오기로 하였는데 어떤 길이 안전한지 알 수 없어 10여명이 함께 출발한 일본 팀을 따라 갔다. 해발 760 미터에 있는 마운트쿡 국립공원 사무소를 떠나 들판을 한참 걷다 보면 빙하에서 흘러내려 오는 강을 만나는

▶ 해발 760미터에 있는 마운트쿡 국립공원 사무소를 떠나 들판을 한참 걷다 보면 빙하에서 흘러내려 오는 후커계곡의 외다리를 만나게 된다

데 여기서 외다리를 하나 건넌다. 조금 가면 후커 빙하에서 내려오는 물줄기와 뮬러 빙하에서 시작한 물줄기가 만나는 지점에 다다르게 되는데 여기서 바라보는 경치는 급류에 할퀴고 찢겨 파인 계곡 때문에 아름다움보다는 자연에 대한 경외감을 느끼게 한다. 여기서부터는 후커계곡으로 들어가는데 여기서 다리를 하나 더 건너야 한다. 바위 절벽 중간을 깎아만든 길을 조심스럽게 따라가 다리를 지나며 아래를 내려다보면 엄청난 탁류가 좁은 계곡을 터져 나가느라고 용트림하는 기세가 대단하다.

계곡을 들어서면 마운즈쿡의 웅장한 모습이 나타나고 양쪽에 빙하를 이고 있는 산들이 나타나는데 오늘은 날씨 때문에 허리 아랫부분 밖에 볼 수가 없다. 비가 와서인지 길에 물이 많아 신발 속으로 물이 들어와 걷는데 몹시 불편하다. 얼마쯤 가니 대피소가 하나 나오는데 시계를 보니 벌써 12시 15분이다. 2시 오후 관광 시간을 맞추려면 이제 돌아가야 한다. 빙하계곡은 이제야 시작되는데, 또 다시 중얼거리게 된다.

'하늘이 다시 한 번 오라는군! 몽블랑이나 카나다 록키산맥

마운트쿡의 숙소

허미티지 호텔, 마운트쿡 모텔, 샬렛, 백패커가 있어서 다양한 가격으로 서비스를 공급하고 있다. 캠핑지역으로는 WHITE HORSE언덕 캠핑지역과 후커계곡 도로 끝에 있다. 이 캠핑지역에는 시설이 제한되어 있으며, 각자 캠핑지역 사용에 대한 회원 가입이 필요하며 겨울철에는 물, 화장실 사용이 불가능하다. 또한 눈이 많이 내리는 곳이기 때문에 도로 또한 막힐 수 있는 가능성이 많다. 위의 시설을 모두 갖춘 곳이 있는데, 그 곳은 마운트쿡 마을에서 20km 떨어진 Glentanner 공원이다.

주소 : Mount Cook National Park Mount Cook, South Island, New Zealand
객실수 : 104
위치 : 마운트 쿡 국내공항에서 택시로 15분 정도 거리

엄청난 탁류가 좁은 계곡을 터져 나가느라 용트림하는 기세가 대단한 후커계곡의 트래킹

에서 본 거와 비슷하겠지'

돌아오는 길은 갈 때보다 몇 배 힘들었다. 신발에 물이 들어와 발이 화끈거리고 오랜만에 많이 걸었더니 다리도 아프다. 보통 여행을 시작할 때 첫 일주일은 다리도 아프고 힘이 드는 기간이다. 다행히 첫 다리를 건너니 비가 그치고 햇빛이 비쳐 확 트인 마운트쿡을 볼 수 있었다. 돌아오는 들판에 핀 이름 모를 꽃과 나무들이 많아 지루하지가 않았다. 특히 마을 주위에 꽃들판을 이룬 코니 루핀(connie lupin)은 그 굵은 선이 주위의 높은 산들과 잘 어울렸는데 알고 보니 그 꽃은 뉴질랜드가 원산지가 아니고 유럽에서 수입한 것이라고 한다.

태즈먼 빙하의 장관

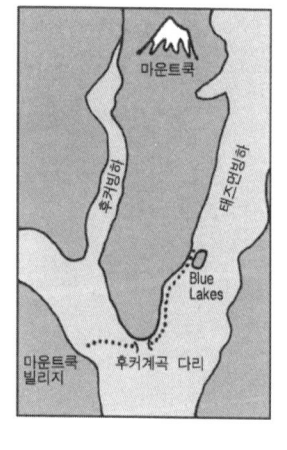

마을에 돌아오니 오후 1시 45분, 2시 출발 관광버스를 타려면 시간이 별로 없다. 우선 양말을 사서 탱탱 부르튼 발에 신으니 그것만 해도 살만하다. 그리고 슈퍼에 가서 빵과 음료수로 간단히 점심식사.

2시 정각에 태즈먼빙하 버스관광이 시작되었다. 마셜이라는 젊은 안내인이 동행을 했는데, 동양인들이 알아듣기 쉽도록 또박또박 쉬운 영어로 말해 주어 편안했다. 후커빙하에서 내려오는 강줄기가 태즈먼 계곡과 만나는 지점에 있는 로드 다리(road bridge)를 건너 태즈먼계곡로(Tasman Vally Rd)를 따라 가다 보면 두 개의 물줄기가 흐르는 것을 볼 수 있는데 하나는 맑은 물이고 하나는 탁한 물이다. 탁한 강은 바위와 흙들이 빙하에 부딪치며 녹아들어 오기 때문에 흐리고, 맑은 물줄기는 빗물이 모여 흐르기 때문에 맑다고 한다. 그러나 탁한 강물도 호수에 다다르면 돌가루들이 가라앉기 때문에 아주 맑은 물색을 낸다. 도중에 웨이크 필드(Wakefield)라는 어마어마하게 큰 폭포가 있었는데 그냥 지나가는 것을 보면 여기서는 그 정도 폭포가 그다지 중요한 볼거리가 아닌 모양이다.

빙하 전망대(Terminal Lake of Tasman River) 주차장에 도착하여 언덕을 올라가는데 생전 처음 보는 식물들이 많아 마치 사막지대에 온 것 같다. 마셜씨는 식물에도 박식하여 묻는 것마다 친절하게 스펠링을 알려 주고 약초와 독초까지 구분해 주어 많은 도움이 되었다. 사막 식물처럼 키가 크고 에네껭처럼 생긴 식물은 스파니아드(Spirnird)라고 하는데 황금색이라 보통 골든 스파니아드라 하고 사람 키를 넘을 만큼 큰 것은 자이안트 스파니아드라고 한다. 붉은 초롱꽃 같이 생긴 것은 폭스 글로브(Fox Globe)인데 작은 것은 심장약에 쓰이나 큰 것은 독이 들어 있다는 경고. 들판에 지천으로 피어 있는 작고 노란 들꽃은 호크위드(Hawkeweed)라고 하는데 소나 양들이 이 풀을 먹지 않아 농장에서 가장 골치를 앓는 천덕꾸러기 미녀라고 한다. 위장병에 좋다고 가르쳐 주는 노랑꽃(St Johns Wort)은 호크위드보다 조금 더 크다.

전망대에 오르는 동안 다시 빗방울이 떨어져 이 곳 날씨가 얼마나 변덕스러운가 가히 짐작할 수 있었다. 이 전망대는 가장 쉽게 해발 1000m 높이에서 태즈먼 빙하와 남 알프스의 절경을 즐길 수 있는 곳인데 비가 오기 시작하자 갑자기 가스가 끼어 이 곳에서 제대로 경치를 감상하려면 며칠 동안 차분히 기다려야 하겠다는 생각이 들었다. 동네에 돌아오니 4시 10분, 퀸스타운 행 버스가 출발하려면 아직 1시간 반이나 남았다. 오늘 일을 기록해야 하는데 잠이 쏟아지기 시작한다. 그러나 잠은 버스 속에서 자야지!

▲ 골든 스파니아드(Golden Spirnird)

퀸스타운으로 가는 길

🦘 애로우 타운 Arrow Town
퀸스타운에서 20km를 가면 아직도 골드러시 당시의 건물 대부분을 그대로 사용하고 있는 애로우 타운이 있다. 골드러시에 온 초기 중국인들의 정착촌도 현재 보존되어 그들의 그 때의 생활상 등을 잠시나마 생각하게 하는 곳이다.

오후 5시 45분, 허미티지 앞을 출발한 버스는 호텔과 유스호스텔을 하나하나 들러서 몇 안 되는 손님을 싣고 마운트쿡을 떠난다. 운전사가 호텔이나 유스호스텔 안으로 들어가 손님을 모시고 나오기 때문에 필자도 운전사를 따라 내려가 유스호스텔을 잠깐 구경할 정도로 여유 있고 한가롭다. 이 곳은 확실히 적당히 개발되어 있으면서도 때묻지 않은 천혜의 관광지다. 이번 버스도 역시 앞쪽 반만 승객용으로 20석을 마련한 차인데 중간에 비행장에서 몇 사람을 내려 주고, 트위젤(Twizel)에서 크라이스트처치와 퀸스타운에서 온 버스들을 만나 저녁 식사도 하고 손님과 짐도 서로 받아 싣는다. 바쁜 기색이 보이지 않는다.

8시 30분, 큰 고개를 넘는데 건조한 기후 때문인지 주위가 마치 사막처럼 황량하다. 고개를 넘자 비로소 도랑에 물이 흐르고 찻길 따라 흐른 도랑은 개천이 된다. 개천가에만 아름드리 버드나무가 자라고 있어 물줄기를 이어가더니 9시쯤 되자 전나무, 소나무 등을 조림한 곳이 나온다. 산에 가끔 찔레가 있었으나 아직도 황량한 주변은 계속된다. 9시 8분 태라즈(Taras)에 도착할 때쯤 해가 뉘엿뉘엿 넘어가기 시작한다.

▶ 적당히 개발되어 있으면서도 때묻지 않은 천혜의 관광지, 퀸스타운으로 가는 길

9시 25분 테라즈를 떠나 얼마 안가 큰 강이 나오고, 차는 그 강을 끼고 석양을 달린다. 크롬웰에 거의 다가갈 무렵 넓은 강이 댐처럼 막혀 한쪽으로 좁게 흐르는데 그 곳에 다리를 놓았다. 버스는 이곳에 잠깐 머물러 이 다리를 감상하는 시간을 갖는다. 물론 운전사의 친절한 설명이 곁들여 진다. 운전사는 운전만 하는 것이 아니라 오는 도중 중요한 관광지에 대해 친절하게 설명해 주고 승객이 묻는 질문에 자세하게 대답해 주는 아주 훌륭한 관광안내원이기도 하다. 다리를 건너 퇴적층처럼 이루어진 평원에 있는 마을이 크롬웰이다. 두 딸을 데리고 마중 나온 한 엄마가 개구쟁이 딸을 데리고 차에서 내린 친구를 만나 무척 즐거워 한다. 한 여름을 친구 가족과 보내며 즐기는 모습이 아름답다.

9시 50분, 크롬웰을 떠날 때까지도 아직 훤했는데, 한숨 자고 났더니 깜깜한 밤중이다. 10시 40분, 아마 퀸스타운에 도착한 모양이다. 그러나 버스는 정류장으로 가지 않고 한 사람 한사람 모든 승객들을 집 앞까지 데려다 주고 정류장에 도착한 것은 11시였다. 내가 지금까지 60개국 남짓 여행했지만 이렇게 친절한 운전사를 처음 보았다. 역시 넓고 기름진 곳에 사람은 적게 사니 인심이 남아 있구나 하는 생각이 들었다. 차가 도착하자 몇 안남은 승객들은 모두 자기 집으로 돌아갔는데 나만 홀로 남았다. 내가 운전사에게 제시한 데일 짐머메인이란 호텔은 퀸스타운에 없다며 데려다 주지 않은 것이다. 나는 관광회사에서 예약해 준 것이니 틀림없다며 전화번호를 주고 찾아달라고 부탁하였다. 한참동안 공무를 마치더니 마지막 손님 호텔을 찾기 시작한다. 결국 데일 짐머메인이란 호텔이 아니라 민박을 소개해주는 조직의 책임자 이름이었고, 전화를 받은 남편이 아내를 깨워 민박할 집 전화번호를 알려 주었다.

택시를 타니 시외로 나와 조금 가더니 어느 집 앞에 세워 준다. 집 앞에는 브래그(Bragg)라는 라틴 풍의 중년 남자 한 분이 기다리다 반갑게 맞아 준다. 현관에서는 주인 아주머니가 악수를 청

퀸스타운 Qreenstown

여왕이 살기에 알맞는 곳이라는 이름이 붙을 만큼 맑은 고원의 공기 속 짙푸른 와카티푸 호반가에 펼쳐진 그림같이 아름다운 휴양도시. 서던알프스와 피오르드 지역으로 가는 관문으로 스키와 국제적 휴양지로 수많은 관광객들이 붐비기도 한다.

시내 중심부는 10여 분이면 모두 돌아볼 정도로 작지만 관광객들이 몰리는 곳으로 각종 숙박시설이 즐비하고 위락시설이 많다. 특히 퀸스타운에서의 번지점프, 래프팅, 계곡에서의 제트보트, 승마, 골프, 스카이다이빙 등 다양한 레포츠가 관광객들의 발길을 잡는 곳이다.

▲ 라틴 풍의 중년 남자 브래그씨와 인심 좋게 생긴 아주머니는 한국손님을 처음 맞는다며 즐거워 한다

레포츠의 도시 퀸스타운

★제트보트 Jet Boat

깎아지른 바위절벽 사이로 흐르는 좁고 급류가 심한 숏오버강에서 시속 70~90km의 속도로 빠르게 강을 내려오는 아주 스릴만점의 레포츠이다.

★레프팅 Rafting

퀸스타운 주변에서는 급류와 주변경관이 뛰어난 숏오버강, 카와라우강, 랜즈보러강 등에서 즐길 수 있으며, 시간은 약 3시간에서 4시간이 걸린다.

★스키 Ski

퀸스타운 주변에는 코로넷 피크 스키장과 리마커블 스키장 두군데가 있으며, 두 곳 모두 오세아니아 최고의 규모를 자랑한다. 한국과 계절이 반대라는 특성상 스키철은 7월에서 9월이며, 많은 관광객들이 스키를 즐기려 이 작은 도시에 몰려든다.

★번지점프 Bungy Jumping

퀸스타운에서 가장 인기있는 레포츠 중의 하나이며, 이 곳이 원조이기도 하다. 43m, 69m, 102m, 300m(헬리번지) 등이 있으며, 번지점프를 하는 회사도 여러 곳이 있다. 이 중 A.J Hackett 번지점프가 가장 일반적이다.

번지에 성공하면 티셔츠와 사진, 비디오 테이프(옵션) 등을 주며, 증명서도 발급을 해준다. 좀 비싸지만 원조에서 해보는 번지도 좋은 추억을 제공할 것이다.
http://www.queenstown-nz.co.nz를 참조.

한다. 한밤중에 나타난 불청객을 따뜻하게 맞아주는 인심이 눈물겹도록 고맙다. 한국 손님은 처음 맞는다고 즐거워하며 대접해주는 홍차 한 잔을 마시며 이런저런 얘기하다 보니 12시가 넘었다. 이 곳은 목욕탕, 이곳은 화장실, 집안을 안내하는 아주머니 따라 집을 둘러보니 아래층 방 4개도 모두 비어 있다. 집은 구석구석 깨끗하게 정돈되어 있다. 화장실에는 큰그릇에 장미꽃잎을 넉넉하게 담아놓아 인조 방향제를 비치한 화장실에만 익숙해 있던 나를 놀라게 했고, 장미꽃잎 위에 얇고 하얀 테이프로 리본을 접어서 얹어 놓은 이 집 주부의 섬세한 마음이 나를 감동시켰다.

"굿 노아잇"

잠자기 전 브레그 씨 부부가 한 이 인사말은 영어의 "굿 나잇"이다. 소위 키위(Kiwi) 영어라고 부르는 뉴질랜드식 영어이다. 불과 2, 3일 지났지만 몇 가지 키위영어식 모음은 쉽게 익힐 수 있었다. 투다이(today), 시븐(seven) 등.

흥분된 하루, 스키퍼스 캐년

12월 31일, 아침 7시 반, 브레그씨 부부와 함께 아침식사를 하였다. 와카티푸 호수를 내려다보는 산허리에 지은 브레그씨의 집 정원에는 갖가지 꽃이 피어 있고 설악산 8부 능선 이상에서만 볼 수 있는 마가목과 자작나무가 잘 어울려 있으며, 양배추 같은 채소도 약간 심어져 있다. 거실에는 부모님이 물려주었다는 오래된 물건들이 적당한 자리에 놓여 있고, 크리스마스 추리 옆에 있는 난로 안에는 주먹만큼 큰 솔방울이 그득하다.

오늘 오전은 퀸스타운을 관광하였다. 퀸스타운 교외에서 대협곡으로 넘어가는 고개에서 내려다보는 경치는 양 쪽이 모두 절경이다. 남쪽을 내려다보면 한적한 퀸스타운 교외와 시원한 와카티푸 호수가 한 눈에 들어오고, 북쪽으로 내려가면서 보는 진기한 기암괴석이 모두 일품이며, 깎아지른 듯한 절벽 중간에 낸 구불구불한 길을 달리는 짜릿한 맛은 다른 세계에 온 것을 실감나게 한다. 이러한 절벽길은 대협곡을 들어가는 동안 계속되며 어떤 곳에서는 100m나 되는 절벽을 만나 탄성을 지르게 한다. 대협곡을 따라 급하게 흐르는 강이 쇼토버강이다.

스키퍼스 캐년 Skipper Canyon
크라이스트처치에서 퀸스타운으로 들어오는 입구에 있는 협곡으로 번지점프와 제트보트, 래프팅이 유명한 곳이다. 뉴질랜드를 찾은 배낭족들이 비싼 가격에도 불구하고 번지점프를 위해 이 곳까지 올 정도이다.

이처럼 험악한 대협곡에 끝까지 길이 날 수 있었던 것은 이곳이 한 때 노다지를 캐던 금광들이 많았기 때문이다. 현재는 완전히 폐광이 되었지만 관광지로 개발되어 골드럿시는 계속된다. 고개를 넘어 한참 가면 고무보트를 타고 계곡의 급류를 타고 내려오는 래프팅(Rafting)의 출발지인 딥 크리크(Deep Creek)에 다다른다. 다음에 다시 이 곳에 오면 꼭 한번 해보고 싶은 것이 래프팅이다. 2~4m 되는 폭포가 3개 있는데 이런 급류를 보트를 탄 채 떨어져야 하기 때문에 상당히 위험이 크다고 한다. 래프팅을 하다 얼굴에 시퍼런 멍이 든 한 일본 청년은 그래도 다시 해 보고 싶다고 그 매력을 자랑한다.

10시 반, 금광에 도착하였다. 옛날 금광 그대로 놔둔 채 관광객을 맞으며, 옛날 금을 찾고 내버렸던 모래를 퍼다 쇠바구니에 담고 물로 금을 찾아내는 일을 해 볼 수 있도록 하고, 당시 광부들의 일상생활을 알 수 있도록 해준다. 차도 한 잔 씩 대접하고, 간단한 기념품도 팔고 있어 폐광

▲옛날 금광 그대로 놔 둔 채 관광객을 맞으며, 옛날 금을 찾고 내버렸던 모래를 퍼다 쇠바구니에 담고 물로 금을 찾아내는 일을 해 볼 수 있도록 하여 폐광된 광산을 관광지로 잘 이용하고 있는 뉴질랜드인들의 슬기

◀고무보트를 타고 계곡의 급류를 타고 내려오는 딥크리크(Deep Creek)의 래프팅(Rafting)

스카이라인 곤돌라
퀸스타운의 뒤쪽에 위치해 있는 봅스 힐(Bob's Hill)로 올라가는 곤돌라로 정상의 전망대에서는 퀸스타운의 시가와 와카티푸 호수의 그림같은 전경을 볼 수 있다. 전망대 외에도 레스토랑, 기념품 가게, 커피숍 등이 있다.

된 광산을 관광지로 잘 이용하고 있는 뉴질랜드인들의 슬기를 엿볼 수 있는 곳이다.

광산에서 15분쯤 올라가면 대협곡을 가로지르는 큰 다리가 나온다. 이 다리를 지나면 계곡을 벗어나 아이룸(Arum)이란 산 위의 평탄한 곳에 옛날 광부들의 생활터전이 나온다. 스키퍼 학교가 보존되어 있고, 무덤이 많은 묘지가 있는데, 비석에 한문으로 새겨진 중국인 묘도 있고, 1882년에 죽은 12살짜리 소년의 묘도 있다. 사람이 사는 데는 어디나 기쁨과 슬픔이, 그리고 삶과 죽음이 함께 있는 것이 아닌가!

내려오는 길에 스키퍼 다리에서 하는 번지 점프(Bungy Jump)를 구경하였다. 수 십 미터나 되는 다리 위에서 발에다 줄을 매고 뛰어 내리는 것인데 퀸스타운에서 가장 스릴 있는 운동이라고 한다. 뉴질랜드에서 개발했다고 자랑하는 운동인데 안내를 맡았던 죤 씨는 "번지점프는 돈이 100달러 이상 있는 사람이나 지능지수(IQ)가 100 이하인 사람만 한다"고 비꼰다. 나는 단숨에 100 달러씩 쓸 수 있을 만큼 돈이 없고, 다행히 지능지수도 100이 넘어 직접 뛰어 내리지는 않았다.

그렇다고 여기까지 와서 자동차만 타고 왔다가 갈 수는 없다. 그래서 가볍게 스피드와 스릴을 맛볼 수 있는 제트 보트를 타기로 했다. 제트 보트 가운데서는 쇼토버 강의 쇼토버 제트(Shotover Jet)가 가장 유명한데다가 내가 택한 관광코스를 도는 도중 돈만

▶배낭족을 위한 여행안내소(The Backpacking Specialists)에 가서 남자처럼 호탕하고 유쾌한 아주머니로 부터 많은 정보를 모았다

더 내면 되기 때문에 안성맞춤이다. 제트 보트는 모터를 쓰지 않고 제트 분사로 나가기 때문에 급류는 물론 바닥에 자갈이 있는 얕은 곳도 엄청난 속도로 거침없이 달린다. 제트 보트를 타는 곳은 번지 점프를 하는 다리 밑에 있기 때문에 바로 탈 수 있었다. 모두 구명조끼를 입고 손잡이를 단단히 잡아야 한다. 엄청난 속도로 달리는 보트는 때때로 절벽에 부딪칠 듯 아슬아슬하게 스쳐 가고, 보트 밑에서 드르륵 소리가 날 정도로 얕은 자갈밭을 긁고 지나가며, 강에 설치해 논 난파선 같은 구조물에 부딪치기도 한다. 15분 간의 곡예가 끝나고 선착장에 도착하니 그 곳에서 타고 올라갈 손님들이 기다리고 있고, 우리 차도 이미 그 곳에 와 기다리고 있다. 물벼락을 맞은 일행은 마치 사지를 함께 헤쳐 나온 전우들처럼 상기된 얼굴로 돌아오는 차에 올랐다.

퀸스타운 — 숙박
★Thomas's Hotel on the Waterfront
전화 : 03-443-7180
숙박비 : 도미토리 N$16.5~18
절약형 트윈 N$49
★The Black Sheep
전화 : 03-442-7289
숙박비 : 도미토리 N$18~, VIP VS1 할인
★Doco Backpackers
전화 : 03-442-7284
숙박비 : 도미토리 N$17
트윈 N$38, BBN N$1 할인

Backpacker 서상원 리포트 (2)

♬스키퍼스 캐년에서의 짜릿한 번지점프!!!

나는 범지점프가 무서웠으나, 죽지는 않겠지, 그냥 떨어지자는 생각을 가지고 계속 줄을 섰다. 드디어 내 차례가 왔다. 아무생각도 없었다. 그냥 앉아있으니 이름이 뭐냐, 어느 나라에서 왔느냐 등등의 질문을 한다. 아마 긴장감을 덜어주기 위해서인가 보다. 발을 꽁꽁 묶은 다음에 드디어 사형대와 같은 곳에 세워졌다. 이미 주머니의 동전 등은 가방 안에 넣어놓고 온 후다. 가방은 그냥 건물 안에 두고 오면 이따가 래프팅 시작되는 곳에 갖다 준다고 한다. 주머니에는 염주만을 넣어 놓았다. 그리고 목에는 여권 등이 들어있는 지갑을 메고 있었다.

막상 점프대에 서고 보니까 장난이 아니다. 태연한 척 하며 손을 흔들었지만 공포 그 자체다. 흔히들 밑을 내려다보면 겁나지만 앞만 보라는데 앞을 보니 더 겁난다. 여기를 뛰어내릴 생각을 하다니, 생각만 해도 아찔하다. 밑에는 아무것도 없다. 미끄럼틀에서 뻔히 보이는 바닥을 향해 뛰어내리는 것과는 차원이 다르다. 뒤에서는 마이크하며 카운트가 시작됐다. 겁먹은 한국인 소리를 듣지 않기 위해 아미타불을 외웠다. 포, 드리, 투, 원, 번지!!! 나는 '원' 하는 소리와 함께 뛰었다. 장난이 아니었다. 자, 이제 뛰자 하는 정신을 가지고는 도저히 뛸 것 같지가 않아서 카운트 셀 때 다른 생각을 했다. 그러다가 그냥 무의식적으로 뛴 것이다. 제정신을 가지고는 절대 못 뛰는 것이다. 그래서 그런 방법을 쓴 것이다. 폼은 정상적인 폼인 것 같았다. 나는 굉장한 속도 때문에 무서울 줄 알았는데 오히려 그 반대다. 왜 이렇게 늦게 내려 하는 생각이 먼저 들었다. 공기 저항을 받으면서 자유낙하 시에 무중력상태를 느꼈다. 이때 힘을 빼면 하나도 안 무서운데 인간은 힘을 주게 마련이다. 정말 102m 높이는 높은 모양이다. 거의 5,6초 동안 떨어졌다. 빨리 떨어지고 끝내고 싶은데 왜 이리 늦게 떨어져 하는 생각이 들었다. 떨어진다음에 다시 튕겨져 올라갈 때 드는 생각은 '오…… 다시 한 번 자유낙하를 느끼겠구나' 하는 생각뿐이었지 다른 생각은 들지 않았다. 몇 번을 튕겼는지 잘 기억이 안난다. 참! 그리고 처음 떨어질 때 공중에서 내 염주가 같이 떨어지는 것을 보았다. 주머니에서 빠진 것이다. 그래도 그것이 나는 것을 볼 정도로 정신은 있었나보다. 너무 황당한 경험이어서 계속 소리를 내었다. 번지점프도 했는데 그것도 못 외칠 것이 뭐있으랴. 보트를 타니까 나를 내려준 사람이 Very Nice한단다. 정말 좋았는지 아니면 내려오면 인사치레로 그런 말을 해주는 건지 모르겠지만 기분은 좋았다. 또 강의 중지도에 내려서니 나보다 먼저 뛰었던 사람이 둘 있는데(그보다 앞선 사람들은 제트보트를 타고 떠났다) 위에서는 저들끼리만 얘기하다가 나더러 잘 뛰었다고 그런다. 웬만하면 말을 안걸던 사람이 나한테 먼저 와서 그런 말을 하는 것 보니까 잘뛰긴 잘뛰었나보다.

퀸스타운에서 보낸 세밑

오후에는 시내구경을 나왔다. 연말년시를 퀸스타운에서 지내려는 수많은 젊은이들이 거리를 메우고 있다. 먼저 안세트 항공사에 가서 비행기 좌석을 예약하고 표를 끊었다. 근무하는 아가씨는 보는 사람이 즐거울 정도로 친절하여 마치 배우가 연기를 하는 것 같다. 환하게 웃는 얼굴, 이것이 돈 들이지 않고 하는 일곱 가지 보시 가운데 하나라는 불교 교리가 떠오르면서, '자기 남편한테도 저렇게 잘 할까 아니면 돈 받는 직장이라 그럴까?' 하는 쓸데없는 생각도 들었다.

오후 내내 배낭족들을 위한 여행안내소(The Backpacking Specialists)에 가서 남자처럼 호탕하고 유쾌한 아주머니로부

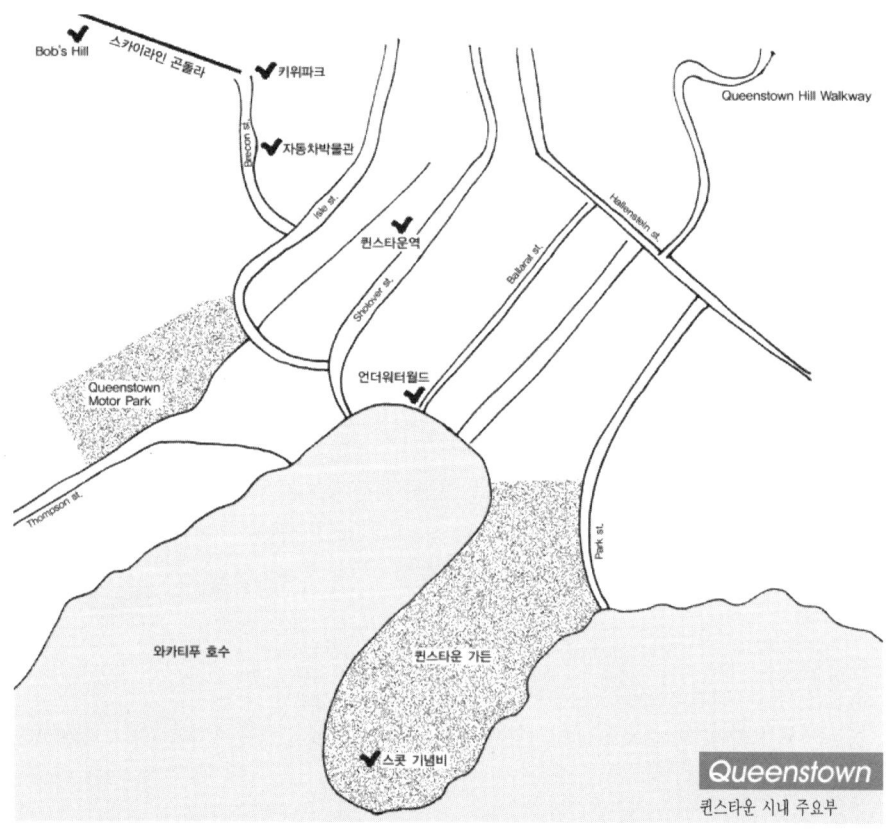

터 많은 정보를 모으고, 거리와 호숫가를 둘러보고 의자에 앉아서 쉬고 있는데 한 일본 젊은이가 와서 민박에 대해서 묻는다. 혼자 적적하던 차에 대화가 되는 길손을 만나 함께 저녁식사를 한 뒤 곤돌라를 타고 봅스 힐이란 뒷산을 올라갔다. 급경사인 440미터 산을 3분 만에 올라가는 이 곤돌라는 세계에서도 몇 번째 안 되는 유명한 것인데 멀리 호수와 가까이 바둑판 같은 시내를 내려다보고 있노라면 빠르다는 생각이 전혀 들지 않는다. 정상에 있는 식당에서 신소재개발 연구소에 근무한다는 우에다라는 청년과 대화를 나누며 세밑을 보내는 것도 나그네의 멋이 아니겠는가!

   자기가 자는 호텔에서 함께 자자는 일본 청년의 권유를 뿌리치고 그 시끄러운 도심을 벗어났다. 거리는 온통 마시고, 춤추고, 떠들고, 호르라기 부르고, 불꽃 터뜨리고, 광란하는 젊은이들로 가득 찼다. 마치 옛날 우리나라 크리스마스 같다. 그러나 이것이 전통적인 행사는 아닌 것 같다. 브레그씨 같은 어른들은

퀸스타운의 음식점
★The Stonewall Cafe
open : 월~토요일 07:30~16:00, 18:00~21:30, 일요일 휴업
전화 : 442-6429
★Pizza Hut
open : 매일 11:30~22:00
전화 : 442-9670
★Gourmet Express
open : 매일 09:00~21:00
전화 : 442-9619

▼ "여왕이 살기에 어울리는 도시" 퀸스타운의 전경

이웃과 조용히 한 밤을 지낸다고 한다. 브래그씨는 아침 떠날 때 자기들이 늦을 것이라며 나에게 집 열쇠를 주었다. 11시 20분쯤 차고로 들어가 차고 셔터를 내리고 안으로 들어갔다. 그래 일찍 자자, 내일이 새해이지만 항상 새로 맞는 새날 아닌가! 그리고 나는 음력설을 지내니까!

피아노 아르바이트하는 퇴직 농부

퀸스타운 — 교통
★비행기
마운트쿡 항공과 안셋뉴질랜드 항공이 있다. 크라이스트처치에서 50분, 마운트쿡에서 40분 소요. 그밖에 남섬의 각지, 북섬의 오클랜드, 웰링턴 등지에서 직항편이 운항하고 있다.
★버스
인터시티, 마운트쿡이 노선을 갖고 있다. 인버카길, 더니든, 췌스트랜드의 프란츠 조헤프, 폭스빙하, 피오르드랜드의 티아나우, 밀포드사운드, 루트번 등지에서도 있다. 마운트쿡 사에서는 마운트쿡으로 가는 직항편도 운행한다.

1월 1일, 7시 15분, 브레그씨가 깨워서야 일어났다. 8시 차를 타야 하는데 안 일어나니 깨운 것이다. 바나나까지 곁들인 근사한 아침 식사가 기다리고 있었다. 짧은 시간이지만 브레그씨의 부러운 노년 생활을 들었다.

"직업이 무엇입니까?"

"34년간 농부였는데 정년퇴직을 하였습니다."

"지금은 어떻게 지내고 계십니까?"

"현재 와카티푸 호수 유람선에서 아르바이트를 하고 있습니다."

"무슨 아르바이트인데요?"

"피아노를 연주하고 있습니다."

농부가 정년퇴직을 하였다는 것도 의아했지만, 아르바이트로 피아노를 연주하고 있다는 말에 깜짝 놀랐다.

'농부가 피아노를 연주한다'

물론 뉴질랜드는 농업국가이고 농부의 수준이 높다는 것은 알았지만 이 이야기는 나에게 커다란 감명을 주었다.

'그렇다 무슨 직업을 갖느냐가 중요한 것이 아니라 거기서 어떻게 사느냐가 중요하다'

우리는 흔히 직업을 가지고 삶의 질을 평가해 버리는 습성이 있다. 그것은 옛날부터 내려온 직업에 대한 편견이 아직도 우리의 피에 흐르고 있기 때문이다. 그래서 어떤 사람이 어떤 직업을 갖게 되면 그 직업에 따라 삶의 질이 결정되어 버리는 것이고, 이것은 자연스럽게 우리 몸에 베어 있었던 것이다. 우리 나라에 경제공황이 생겼을 때 직장일 외에는 아무 것도 못하는 실업자들이 경제적인 문제보다 훨씬 더 큰 마음 고생 하는 것을 보았다. 바로 일만 하고 돈만 벌지 삶의 질이 없었던 것이다. 열심히 농사지어 돈을 벌면서도 피아노를 치는 여유 있는 생활을 하다가, 나이가 들자 퇴직하여 그 취미생활을 아르바이트로 연결하여 즐겁게 사는 초로의 부부에게서 큰 것을 배웠다.

버스 정류장까지 나를 태워다 준 브레그 씨는 집에 온 손님을 차로 배웅하는 것은 당연한 것이라는 듯 정말 즐겁고 자연스럽게 대해 주었다. 연말연시라 호텔에 방이 없어 민박을 했는데 오히려 호텔보다 가족적 분위기를 느낄 수 있어 좋았고, 또 맘씨 좋은 브레그 씨 부부를 만나 퀸즈타운에서 향기로운 추억을 남겼다.

티아나우의 하루

8시 약간 넘어 떠난 시외버스는 호숫가에 이어져 있는 멋진 코스를 달린다. 작달막한 나무에 핀 노란꽃이 들판과 언덕, 사방에 널려 있어 눈길을 끈다. 2시간 뒤 티아나우에 도착하였다. 티아나우는 원주민이었던 마오리족 말로 '비처럼 물이 넘치는 동굴'이란 뜻인데, 쓸 때는 TE ANAU라고 쓰지만 현지에서 들은 발음은 모두 '티아나우'라고 했다.

12시가 넘어야 호텔에 들어갈 수 있어 호텔에 짐을 맡기고 시내구경을 떠났다. 이번 여행에서는 호주투어란 회사에서 내가 원하면 모두 호텔에서 잘 수 있도록 주선해 주어 지금까지

▲마우리족 언어로 "비처럼 물이 넘치는 동굴"이란 뜻의 티아나우 (Te Anau) 호수

티아나우 Te Anau

넓이 372㎢의 남섬 최대의 호수인 티아나우 호수에 자리잡은 호반도시. 도시의 중심부인 밀포드거리와 호반을 따라 늘어선 가로수의 바람 속을 거니노라면 지상의 평화·마음의 평안을 느낀다. 싱싱한 바닷가재요리(Crayfish, 일명 Lobster)가 또한 일품이다.

티아나우 — 교통

★비행기
크라이스트처치에서 3시간 소요, 퀸스타운에서 30분, 웰링턴에서 크라이스트처치를 경유하여 5시간, 오클랜드에서 6시간 30분 소요

★버스
인터시티, 마운트쿡이 노선을 갖고 있다. 기점은 퀸스타운이고, 2시간 30분 소요.

▲히라노 씨는 원래 프랑스어를 전공했는데, 이곳에 와서 여행하다 보니 너무 좋아 계속 남아 여행하고 연구를 하다 보니 전문가가 되어버렸다고 한다.

내가 한 해외여행 가운데서 가장 화려한 외출이었다. 내 여행 스타일은 기본이 민박이고, 민박을 할 수 없는 곳에서는 유스호스텔 정도가 내 수준이었다. 그러나 이번 여행에서는 필요할 때는 가끔 편안한 호텔에서 잘 수 있어서 대단히 편안하다.

호숫가에는 아름드리 나무들이 늘어서 있고 한가한 도로 안 쪽에는 모텔이나 배낭족을 상대로 하는 여관들이 늘어서 있는데 화단들을 예쁘게 가꾸어 놓아 가던 발걸음이 저절로 멈추어진다. 여관 앞에는 '방 없음(No Vacancy), 방 있음(Vacancy)'이라고 내걸려 있기 때문에 방을 쉽게 잡을 수 있다. 어떤 배낭족 여관에는 하룻밤 자는데 15달러(우리 돈 약 6,000원)라고 내걸려 있어 젊은 배낭족들에게도 큰 부담이 되지 않겠다는 생각이 들었다.

안내책자에는 관광안내소에 가면 박물관도 있고 자료가 많다고 했으나 뉴질랜드 전역에 관한 것은 많았으나 티아나우에 관해서는 새로운 것이 없었다. 일본인이 운영하는 Koromiko treck 사무실을 찾아 나섰다. 일본에서 뉴질랜드에 관해 맨 먼저 책을 쓴 히라노 씨를 만나보고 싶었고, 또 가능하면 좋은 코스에 대한 안내도 받기 위해서이다. 자동차 여행을 하는 사람들이 기거하는 캠프장에 있는 한 건물을 간신히 찾아갔더니, 히라노 씨가 한 일본인에게 Trecking에 대해 설명하고 있었다.

히라노 씨는 원래 프랑스어를 전공하였는데, 이 곳에 와서 여행하다 보니 너무 좋아서 계속 남아 여행하고 연구하다 보니 전문가가 되어버렸다고 한다. 그리고 자기가 여기서 연구하고 체험한 것을 기반으로 하여 책을 펴냈을 뿐 아니라, 이 곳에 오는 외국인들을 안내하는 조그마한 회사를 꾸렸다. 히라노 씨는 이렇게 해서 자기가 원하는 곳에서 계속 살면서 먹고 사는 문제도 해결하는 일석이조의 일을 해 내고 있다. 현재 이 회사에는 8명이 일하고 있는데 모두 뉴질랜드와 산이 좋아서 이 곳에 와서 6개월간 일하는 자유기고가들이라고 한다. 겨울이 되면 일본은

여름이기 때문에 이 곳 산에 와서 일을 하며 글을 쓴다고 한다. 하고 싶은 일을 하며 사는 사람들, 그런데 이 사람들이야말로 뉴질랜드, 그것도 티아나우 주위의 산악에 대해서는 현지 사람들보다 더 전문가들이다.

이제 일본인들은 깃발 따라 우루루 몰려다니지만 않는다. 개인들이 특별한 여행을 즐긴다. 히라노 씨는 이런 사람들을 위해 프로그램을 만들었는데, 현지인들이 만든 것보다 더 다양하고 좋다. 나는 요금이 비싸서 이용하지 않았지만 일본인들에게는 비싼 것도 아니고, 이왕이면 일본어로 듣고(영어를 어느 정도 한다고 하더라도 실제로는 한계가 있기 때문에 자국어로 자세하게 듣는 것이 공부가 많이 된다) 돈도 일본인에게 주고 있으니 이 회사가 잘 될 수밖에 없다.

호텔에 돌아와 체크인하고 오랜만에 국물 맛 좀 보고 싶어 중국 음식점에 갔으나 점심시간이 끝나 문을 닫았다. 저녁까지는 아직 시간이 있어 말을 타는 관광에 참여하였다. 말을 타 보는 것은 미국의 옐로스톤과 그랜드 캐년에서 타본 뒤 이번이 세 번째다. 시설이나 운영이 미국만은 못했지만 단돈 6,000원에 말을 타 볼 수 있다는 그 자체가 매력이었다.

▲티아나우에서는 단돈 6,000원에 말을 타볼 수 있었다.

Backpacker 서상원 리포트 (3)

♪Mirror Lake의 만년설!!!

이번 겨울에는 눈을 못 볼 줄 알았는데 눈을 보게 될 줄이야! 만년설이라서 그런지 굉장히 두껍고 딱딱했다. 쌓여있는 것이 아니라 완전히 굳어 있었다. 만년설로 뒤덮힌 곳이 아니라 이제 만년설이 위로 시작되는 부분에 찻길이 있어서 만져볼 수 있었던 것이다. 그런데 그 위에 흙이 많아서 좀 지저분했다. 그런데 그 곳에서 신기한 것을 보았다. 눈으로 된 동굴을 본 것이다. 원래는 눈으로 한참 쌓여 있는 것인데 그 안에 물이 흘러서인지 동굴이 된 것이다. 크기는 사람이 서서 들어가도 위로 약 50cm정도 남을 정도로 큰 크기의 반지름을 가지고 있다. 굉장히 깊어서 사람이 인공적으로 판 것 같다는 느낌도 들었다. 확인하지는 못했다. 우리가 만년설을 만져보기도 하고 눈 동굴을 보기도 한 곳에는 바로 또 자동차 터널이 시작된다. 굉장히 긴 터널인데 이 밀포드사운드까지 가는 길을 가로막는 산맥을 관통하는 터널인 것이다. 터널안은 좀 내려가는 경사로인데 간신히 2차선 분량만큼 뚫어놓았다. 우리가 가는 방향이 아래 방향이기 때문에 물이 그 안으로 졸졸 흘렀다. 조명시설같은 것은 되있지 않고 차안에 불을 키면 창문에 반사되서 위험하기 때문에 차안은 완전히 깜깜하게 하고 헤드라이트만 켠 채로 가야했다. 차안이 진짜 껌껌하고 나가는 구멍은 바늘구멍만해서 옆사람도 안보인다.

저녁에 다시 그 중국 음식점에 갔다. 그러나 이번에도 중국인 단체 때문에 자리가 없다며 7시 반에 오라고 한다.

'인연이 없나보다'

슈퍼에 가서 적당히 때우고 오후 7시 반에 농장견학 관광에 참여하였다. 참가자는 서사모아에서 군용기로 왔다는 미국인 부부와 나 모두 셋 뿐. 관광안내를 맡은 데이비드씨가 지프차에 우리 셋을 싣고 도착한 곳은 자기 집 목장. 마음씨 좋게 생기고 키가 큰 데이비드 씨는 자기 집과 목장을 안내하며 어떤 관광 안내책에도 없는 관광이라며 웃었다. 피오르드가 좋아서 3년 전에 이 곳으로 이사왔다는 데이비드씨는 농장만 가지고는 수입이 부족해 관광안내도 겸한다고 한다. 80에이커(약 97,000 평)에 사슴 200마리 가지고는 작은 농장에 속하며, 최소한 100에이커는 넘어야 된다는 말이다.

석양에 농장을 거닐며 함께 얘기하는 것은 정말 상쾌하였다. 양들과 염소의 생활, 사슴의 특성, 대만인이 좋아하는 녹용과 한국인이 좋아하는 녹용, 수 마일 떨어진 곳에서 끌어오는 수도관, 양몰이 개의 시범, 등등 농장을 한 바퀴 돌고 나니 2시간이 훌쩍 지나간다. 집에는 아내와 아들 딸이 있는데 모두 함께 일한다.

아들은 여름 한철만 이 곳에서 관광안내를 하고 겨울에는 와나까의 스키장에서 일한다고 한다.

얘기하다보니 내일 갈 밀포드 사운드 관광도 이 회사 상품이다. 농장으로는 부족해 아르바이트로 관광안내를 한다지만 조그마한 사무실까지 가지고 있는 어엿한 사장님이다. 돌아올 때는 야생동물 보호소(Wildlife conservation)에 들러 갖가지 이름 모를 동물들을 구경하였다.

▲마음씨 좋게 생긴 데이비드씨의 집과 목장 견학. 어떤 관광 안내책자에도 없는 특별 코스다

밀포드 사운드로 가는 길

1월 2일(토), 아침 8시 밀포드 사운드를 향해 출발하였다. 오늘 안내인은 어제 목장에서 만났던 아들 크리스(Chris)인데 키가 훤칠하게 크고 아주 착한 소년같이 생긴 청년이다. 하얀 마이누까 나무 꽃 숲이 계속된다. 가시나무인 카프로스마(Coprosma)와 샛노란 꽃 스카치 블룸(Scotch Bloom)이 적당히 섞여있어 조화를 이룬다. 냇가에는 하얀 물새와 양떼들이 노닐고 건너편 절벽은 병풍처럼 이어져 절경을 이룬다. 맥케이 크리크(Mackay Creek)에 다다르니 골짜기에 이렇게 넓은 곳이 있을까 할 정도로 드넓은 들판이 나왔다. 산 머리와 허리에 감고 도는 구름은 그야말로 구름같다.

거울호수(Mirror Lake)를 보고 출발한 차는 조금씩 산길을

▲거울호수(Mirror Lake)

◀맥케이크리크(Mackay Creek)에 다다르니 골짜기에 이렇게 넓은 곳이 있을까 할 정도로 드넓은 들판이 나왔다. 산 머리와 허리에 감고 도는 구름은 그야말로 구름같다

오르기 시작하면서 너도밤나무(beech)가 깨끗하고 늘씬하게 솟아있는 숲을 달린다. 너도밤나무는 이파리에 따라 빨간 너도밤나무(red beech), 은빛 너도밤나무(silver beech), 산 너도밤나무(mountain beech) 등 여러 가지 종류가 있는데 아름드리 너도밤나무로 꽉 들어찬 숲에 간신히 뚫린 길을 달리는 기분은 뭐라고 표현할 수 없는 상쾌한 기분이 든다.

밀포드 사운드 - 교통
★비행기
티아나우와 퀸스타운에서 마운트쿡 항공이 운항한다.
★버스
인터시티, 마운트쿡 등 회사의 노선 버스가 퀸스타운, 티아나우를 기점으로 운행한다.
★자동차
티아나우에서 밀포드 사운드까지의 길은 좁고 구불구불하며 대부분이 흙탕길이다. 렌터카 보험이 안 될 정도로 사고가 많이 나는 길로 유명하다.

1시간 반 만에 케스케이드 크리크에 도착하여 20여 분간 휴식한다. 8시를 전후하여 티아나우를 떠나 밀포드 사운드나 루트번 트랙을 가는 대부분의 관광객들은 여기서 만나게 된다. 여기서 티아나우 까지는 77km, 목적지인 밀포드 사운드까지는 43km가 남았다.

10시 정각 디바이드(Divide)를 지난다. 자세하게 눈여겨보았다. 오후에 이 곳에서 키서미트를 오를 것이기 때문이다. 디바이드를 넘자 아름다운 계곡의 숲이 나타난다. 계곡 물이 정말 깨끗하고 신비할 정도로 비취색을 띤다. 10시 6분, 폴스 크리크(Falls Creek)에서 10여 분간 정차한다. 바로 길가에 쏟아져 내리는 폭포도 볼 만 하지만 구름에 쌓인 주위 경관이 우리를 완전히 압도한다. 주위 분위기가 캐나다 록키산맥의 빙하를 연상시키는 경치이지만 록키에 비해서 무언가 우리 감각에 맞고 설

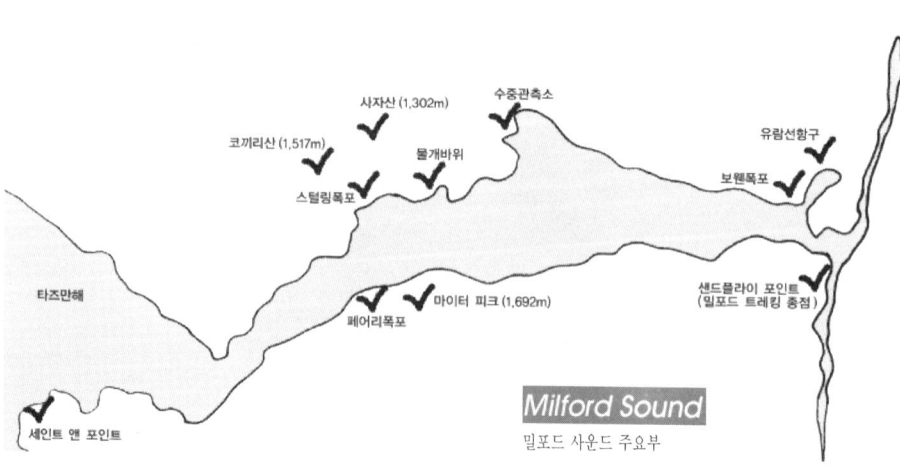
밀포드 사운드 주요부

악산 골짜기 같은 기분이 든다. 만년설이 가까워지며 스치는 구름에 닿은 절벽들이 윤기가 나 보인다.

10시 20분, 골짜기에 작은 평원이 나타나며 강렬한 인상을 주는 원형무대가 나타난다. 멕퍼슨스 써크(Macphersons Cirque)라는 이 곳은 문자 그대로 원형극장이다. 빙하들이 길가에 널려 있고, 고산식물들이 낮게 번져 있으며 수많은 실폭포들이 여기저기서 흘러내리며 장관을 이루고 있다.

곧 이어 함머(Hommer) 터널을 통과하는데 불도 켜 있지 않고 천정에서 물방울이 뚝뚝 떨어지는 으스스한 굴이다. 마치 손오공이 눌려있던 바위를 빠져 나오듯 어마어마한 바위산을 빠져 나오니 하얀 만년설을 머리에 인 높고 큰 산들이 끝없이 이어져 있다. 10시 55분 밀포드 사운드(Milford Sound) 항구에 도착하자마자 기다리고 있던 배를 타고 11시부터 2시간 동안 유람항해를 하였다.

▲밀포드 사운드에서 유람항해

신비한 피요르드, 밀포드 사운드

밀포드 사운드는 정말 비경이다. 빙하 때문에 직벽으로 깎인 절벽은 1,000m가 넘어 전형적인 피요르드식 해안을 이루고 있다. 1769년 영국인 제임스 쿡 선장이 6개월 간에 걸쳐 대단히 정확한 지도를 작성할 때도 발견하지 못할 정도로 후미진 곳이었다. 170년 전까지도 미답지였던 이 신비의 피요르드는 이제

Backpacker 서상원 리포트 (4)

♪신선이 사는 곳에서의 공짜 위스키 한 잔!!!
　선착장에 올라가 밀포드 사운드의 비경을 감상하기로 했다. 비가 와서 구름이 잔뜩 끼었지만 오히려 신선이 사는 곳 같은 풍경을 해서 더 멋있었다. 또 오늘따라 비가 와서 폭포가 더 많이 늘어난 것 같았다. 여기 있는 폭포들은 영구 폭포들이 아니란다. 물이 있으면 떨어지고 없으면 그냥 없어지는데 오늘은 비가 왔기 때문에 여기저기에 폭포가 생겼다. 물론 영구 폭포들도 있다. 그런 영구 폭포들은 모두 이름이 있다. 그 중에 위스키 폭포라는 것이 있었는데 순수한 위스키폭포의 물을 담아오면 선착장에서 위스키를 한잔 준다고 한다.

일년에 수십만 명의 관광객들이 세계 각지에서 몰려들어 찬사를 아끼지 않고 있다.

배가 출발하여 얼마 안 가서 오른쪽에 바위에 부딪쳐 물보라를 이루며 바다로 떨어지는 보웬(Bowen)폭포의 장관을 볼 수 있다.

신드베드 계곡을 지나 천야만야한 왼쪽 절벽을 감상하며 지나가다 오른쪽 전면을 멀리 바라보면 그림 같은 장면이 시야에 들어온다. 멀리 하얀 눈에 덮인 팸브로크 산(Pembroke Peak, 2,044m)을 배경으로 그 앞에 코끼리산과 사자산(1,302m)이 서로 마주 보고 앉아 있고 그 사이 계곡으로 흐르는 물이 끝에 와서는 바다로 직접 떨어지는데, 이것이 바로 스털링(Stirling)

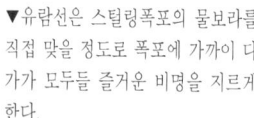

▲꿈쩍 않고 낮잠을 즐기는 바다표범을 바로 옆에서 볼 수 있는 것도 밀포드 사운드 관광의 즐거움 중 하나다

폭포이다. 푸른 산에 만년설과 빙하로 뒤덮힌 배경에 150m 이상이 되는 폭포가 바다로 직접 떨어지는 광경은 장관이다. 마이터봉(Mitre Peak, 1,692m)에서 유람선은 기수를 돌려 천천히 반대편 절벽 밑을 따라 돌아온다. 돌아올 때는 스털링폭포의 물보라를 직접 맞을 정도로 폭포에 가까이 다가가 모두들 즐거운 비명을 지르게 한다. 꿈쩍 않고 낮잠을 즐기는 바다표범을 바로 옆에서 볼 수 있는 것도 또 다른 즐거움이다.

▼유람선은 스털링폭포의 물보라를 직접 맞을 정도로 폭포에 가까이 다가가 모두들 즐거운 비명을 지르게 한다.

오후 1시 5분 항구를 떠난 차는 10여분 달리다 투타카강(Tutoko, 2,756m)에서 잠깐 멈춘다. 1863년 이곳을 처음 탐험한 제임스 헥터 경이 그 곳에서 만난 마오리족 추장의 이름을 따서 붙인 이름이라고 한다. 1시 30분에는 차슴강(The Chasm Cleddan River)에서 폭포동굴을 구경하였다. 땅 속에 폭포가 계속되는 신비한 곳인데 밖에서 볼 수가 있다.

2시 15분 터널을 지나 원형극장 들판에 도착하니 크리스의 아버지가 세살박이 손녀 킴바를 데리고 와 있었고, 한쪽에서는 베리씨와 칼룸 씨가 나무를 때서 물을 끓이고 있다. 길쭉한 주전자 밑에 불을 땔 수 있도록 했는데 나무를 때 차를 끓이는 장면이 주위 경관과 그렇게 어울릴 수가 없었다. 차나 커피 가운데 골라서 한 잔씩 하며 모두들 마치 야유회 온 것처럼 즐거운 시간을 보냈다. 누가 손님이고 누가 안내원이고 구별이 없어지고 아기까지 함께 어울린 것이다.

▲땅 속에 폭포가 계속되는 신비한 곳 - 차슴강(The Chasm Cleddan River)의 폭포동굴

나는 키서미트 하이킹을 하고 싶다고 했더니 토요일과 일요일은 운전사가 휴가라서 키서미트 등반은 안 한다고 한다. 나 혼자라도 올라가려고 마음먹었기 때문에 일행에게 함께 갈 것을 권유해 보았더니 노인과 뚱뚱한 여인을 빼고 6명이 찬성이다. 흰 사람당 10달러씩 걷어 주고 키서미트를 오르기로 결정, 안내는 차를 끓이던 두 젊은이가 맡았다.

키서미트의 장관

오후 3시, 디바이드에 도착하여 잠깐 쉰 뒤 15분쯤 출발. 이곳은 2박 3일 동안 40km를 가는 루투번 트렉의 시발점이기도 하다. 오르는 길은 비교적 완만하고 잘 다듬어져 있어 하이킹이

▲키서미트로 가는 방향을 알려주는 이정표

키아(Kea)

 밀포드 사운드 Milford Sound

세계적 보호지역으로 지정되어 있는 사우스랜드 지방(티아나우, 또 남단으로는 인버카겔, 스튜어트 섬을 포함)의 북단에 위치한 피요르드 지역의 밀포드 사운드는 깊이 16km나 되는 협만으로 타스만해 출구 옆에 위치해 있다.
피요르드 지역은 빙하의 침식으로 이루어진 날카로운 계곡과 깎아지른 절벽 등이 수없이 이어지는 뉴질랜드 최대의 국립공원이기도 하다. 변화무쌍한 자연과 원시의 입김은 우리를 황홀경으로 몰아넣는다. 이 곳은 옛날 마오리가 그린스톤을 캐던 곳이기도 하며, 주변에 솟아 있는 1,000m가 넘는 수많은 암벽들로부터 절벽을 통해 폭포들(높이 160m의 보웬폭포, 높이 146m의 스트링 폭포 등)이 협곡으로 쏟아져 내린다.

라는 말이 어울릴 정도로 평이하다. 올라가는 동안 낯선 식물과 새에 대한 공부를 했다. 자작나무 비슷하지만 빨간 꽃이 피는 푸치아(Fuchia), 이파리가 7개인 세븐 핑거, 에네껭처럼 로우프 만드는데 쓰는 플렉스(Flax) 따위, 밸버드(Bellbird) 와 키아(Kea)같은 새들도 만난다. 키아 하니까 생각나는 것이 있다. 마운트쿡에서 본 자연보호 캠페인 팜플렛에 이렇게 적혀 있었다.

"키아에게 먹이를 주지 마십시오. 관광객들이 자꾸 먹이를 주기 때문에 키아는 스스로 먹이를 구하는 능력을 상실해 가고 있습니다."

자연보호의 새로운 시각을 보여주는 내용이었다.

바위에 묻은 빨간색이 빨간 이끼 때문이라는 것도 여기서 처음 알았다. 4시에 호덴(Howden)산장과 호수로 내려가는 길과 키서미트로 올라가는 길이 갈라지는 곳에 도착하였다. 이정표의 지시대로 올라가니 4시 15분 키서미트 꼭대기에 다다랐다. 꼭대기는 제법 널찍하여 여기저기 돌아다니며 사방을 돌아보았다. 이 산꼭대기가 분수령이 되어 Eglington-Waiau강과 Greenstone-Clutha강의 근원지가 되기 때문에 두 강의 키(Key)가 되는 산의 최고봉이라고 해서 키서미트라고 했다고 하는데 해발 919m로 그렇게 높은 편은 아니다. 다란 산맥과 아일사 산맥 사이의 홀리포드 계곡이 한 눈에 보이는데 이 계곡을 통해 오늘 다녀온 밀포드 사운드까지의 도로가 나 있다.

4시 반에 하산하여 한 시간만인 5시 반에 디바이드에 도착하였고, 차를 타고 호텔에 도착하니 6시 50분이었다. 간단히 라면을 끓여 먹고 8시에 여행센터에 도착하였다. 8시에 티아나우 동굴에 가는 관광을 신청해 놓았기 때문이다. 예정보다 20분 늦게 출발한 유람선은 호수를 건너서 9시에 동굴 입구에 다다랐다. 먼저 동굴 입구에 있는 안내소에서 주의사항과 반딧불을 내는 야광충의 생태에 대해 설명하였다. 지금까지 세계 각국의 아름다운 종유동굴을 많이 보았지만 이처럼 반딧불을 보기 위해 동굴을 찾는 것은 처음이다. 마치 하늘에 떠 있는 별들처럼 무수하게 많은 반딧불을 바라보며 새삼 자연의 신비함을 느꼈다.

호텔에 돌아오니 밤 11시. 오늘 일정은 적어도 이틀간의 일정을 하루만에 해치웠기 때문에 무척 피곤하다. 아무리 피곤해도 비디오 배터리는 충전시켜야 한다. 이 곳은 전기 코드 가지가 세 개이고, 스위치도 밑으로 내려야 켜지고 올리면 꺼져 자꾸 실수를 한다.

4인승 경비행기로 티아나우 출발

1월 3일, 오늘은 남섬을 떠나 뉴질랜드의 수도인 웰링턴으로 가는 날이다.

일찍 일어나 모든 준비를 하고 있는데 8시 좀 넘어 승합차를 타고 온 한 젊은이가 나를 찾는다. 이미 내 이름을 외우고 있는 젊은이는 밝은 표정으로 악수를 청하며 "서 선생이시죠? 저는 죤입니다"라고 자기 소개도 잊지 않는다. 이 곳에서는 모두 자기 이름을 밝히고 상대방 이름을 불러주어 듣는 사람으로 하여금 친근감을 느끼게 하고 기분을 좋게 한다. 작은 공동체에서 가

 티아나우(Te Anau)
티아나우는 피요르드랜드 산들을 걷는 트랙킹 또는 밀포드 사운드 같은 곳으로 가는 투어의 기점이 되는 도시이다.

◀전세내서 몰고 가는 기분의 4인승 경비행기로 티아나우 출발

티아나우 — 교통
★비행기
마운트쿡 항공이 구내 각지의 주요 도시에서 운항한다.
크라이스트처치에서 3시간 소요, 퀸스타운에서 30분, 웰링턴에서는 크라이스트처치를 경유하여 5시간, 오클랜드에서 6시간 30분 소요
★버스
마운트쿡과 인터시티 노선이 있다.
기점은 퀸스타운이고, 2시간 30분 소요

족처럼 생활할 수 있는 시간과 공간이 있기 때문에 가능한 일이지 손님이 많다면 불가능한 일일 것이다. 내 비행기 표를 받아 보더니 호주머니에 집어넣는다. 이렇게 해서 탑승수속이 모두 끝난 것이다.

비행장에 도착해 보니 내가 마지막 손님이었다. 오늘 함께 갈 손님은 나 말고 초등학교 5, 6학년 학생으로 보이는 꼬마 둘 뿐이고 타고 갈 비행기도 비행사까지 모두 4명이 탈 수 있는 단발 프로펠러 기이다. 나를 마중 나온 죤은 손님을 모셔오는 운전수이고, 탑승수속을 하고 짐을 싣는 직원이며, 또 직접 조종을 하는 파일럿이다. 꼬마 둘은 뒷좌석에 앉고 나는 파일럿 옆에 앉았다. 원래 9시 출발 예정이었으나 손님이 다 타자 15분이나 일찍 출발한다. 잔디밭 활주로를 가볍게 날아오른 비행기는 바로 북쪽을 향해서 날아간다. 내 앞에도 조종간이 있어 마치 내가 비행기를 전세 내서 몰고 가는 기분이다. 아침을 여는 목장의 평화로운 풍경, 아름다운 구름 사이로 웅장한 자태를 뽐내는 알프스 연봉들, 그리고 넓게 자리잡은 호수들, 오늘 아침에는 뜻하지 않게 창공에서 남섬의 경치를 만끽한다.

퀸스타운에 도착하자 죤은 내 짐을 꺼내 들더니 공항 대합실 안까지 들어가 탑승수속까지 모두 마쳐주고 나서

"미스터 서, 해브 어 나이스 데이"

하고 마지막 인사를 한다. 나도 "땡큐 베리 머치"가 저절로 나온다.

10시 25분발 크라이스트처치행 비행기는 20분 늦게 출발. 오늘은 날씨가 좋아 며칠 전 실패한 마운트쿡의 장관을 하늘에서 감상할 수 있었다. 기내 방송에서 마운트쿡이 보인다는 안내가 있어 왼쪽을 보니 커다란 테카포 호수가 보이고 그 뒤로 하얀 눈에 덮인 마운트쿡이 구름 사이로 우뚝 솟아 있다. 비행기 안의 승객은 95%가 일본인들이다.

11시 20분 크라이스트처치에 도착하니 디위 씨가 나와 있었

다. 오후 1시 15분 출발하는 웰링턴행 비행기 시간까지 남은 2시간을 함께 보내려 일부러 공항까지 나온 것이다. 두 시간을 어떻게 보낼 것인가 생각하는 나에게 데이비드씨는 "얼마 전에 개관한 남극박물관에 가 보자"고 제안하였다. 남극 박물관은 공항 근처에 있는데 개관한 지 오래 되지 않아 관광 안내책에도 나와있지 않았다. 최첨단 영상시스템과 실물 재현을 이용하여 남극의 모든 것을 보여준다. 남극탐험의 역사, 동물의 세계, 빙하 등등. 남 북한이 모두 남극조약에 가입하고 있다는 사실과 아울러 한국이 남극에 기지를 가지고 있다는 사실도 지도에 표시해 놓았다. 뜻밖에 좋은 구경을 할 수 있게 해 준 디워 씨와 함께 점심식사를 하며 "남극에 한 번 가고 싶다"고 했더니, "10년 전까지도 이 곳에서 비행기로 다녀오는 관광이 있었다. 그런데 10년 전 그 비행기가 남극에서 추락하는 바람에 중단되었다"고 한다.

"아차, 내가 11년 늦었군"

둘째마디
뉴질랜드 북섬

뉴질랜드의 수도 웰링턴

 웰링턴 가는 길

★비행기
오클랜드에서 1시간, 로터루아에서 1시간 15분, 크라이스트처치에서 45분 뉴질랜드 항공, 안셋뉴질랜드 항공이 국내 각지에서 오는 편을 운항.
★버스
인터시티, 마운트쿡, 뉴먼즈 등 4개 회사 모두가 웰링턴으로 오는 노선 있음.
★페리
픽턴에서 하루 3~4편 운항.

출발이 20분 늦어져 2시 25분에야 웰링턴에 도착하니 서튼(Sutton) 부인이 차를 가지고 마중 나와 있다. 우선 타고 온 차가 현대의 엑셀이라서 "차가 어떻냐"고 물었더니, 엄지손가락을 올려 보이며 "훈다이 최고"라고 자랑한다. 시내로 들어오는 동안 아주 짙은 빨간색 꽃이 핀 가로수가 인상적이어서 이름을 물어 보았더니 원주민인 마오리 말로 포후투카와(Pohutukawa)라고 하는데 유럽인들이 와서 크리스마스 츄리라고 부른다고 한다.

웰링턴에서의 내 스케줄은 서튼 여사가 자세하게 마련해 놓았다. 외국 손님을 많이 안내해 본 그녀는 먼저 빅토리아산으로 나를 안내한다. 반소매 옷만 입은 노인은 강한 바람 때문에 추위하면서도 세계에서 가장 아름다운 항구라고 자랑이 그치지 않는다. 남편이 해군이라 세계 여러 나라를 많이 가 보았지만 웰링턴이 최고라고 했다며 말 도중에 유난히 남편에 대한 얘기가 많이 나온다.

차로 시내에 내려온 우리는 식물원으로 갔다. 식물원 공식 안내원 자격을 가진 그녀는 "이 나무는 1905년에 심어졌다", "여기는 정원사 숙소다", "이 장미 밭은 누가 언제 기증하였다",

▶ "훈다이 최고"라고 자랑하는 웰링턴 서튼부인의 차는 현대의 엑셀

"이 길의 이름은 무엇 때문에 누구의 이름을 붙였다" 등등 끝없이 계속된다. 아주 잘 꾸며진 식물원이었다. 교육관에서는 누구든지 와서 책과 비디오를 보며 새와 나무에 대해 공부할 수 있으며, 공원은 산책만 하는 것이 아니라 주로 노인들이지만 열심히 동식물의 생태를 연구하는 곳으로 활용되고 있다. 학생들도 신청하면 단체로 와서 공부를 할 수 있기 때문에 식물에 대한 공부를 할 때는 교실에서 책만 가지고 하는 것이 아니라 여기 와 직접 보며 할 수 있는 것이다. 장미원은 4시 반에 문을 닫지만 그 다음부터는 파티나 피로연 하는 시민들에게 대여해 주는 등 시

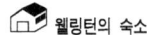

■ 웰링턴의 숙소
★Downtown Wellington Backpackers
주소 : Opposite Railway Streetation
전화 : 04-473-8482
숙박비 : 도미토리 N$1 더블N$18
　　　　더블 N$21 싱글N$32
★Port Nicholson YHA
주소 : Canbridge Terrace Street &
　　　Wakefield Streets
전화 : 04-801-7280
숙박비 : 트윈 N$17

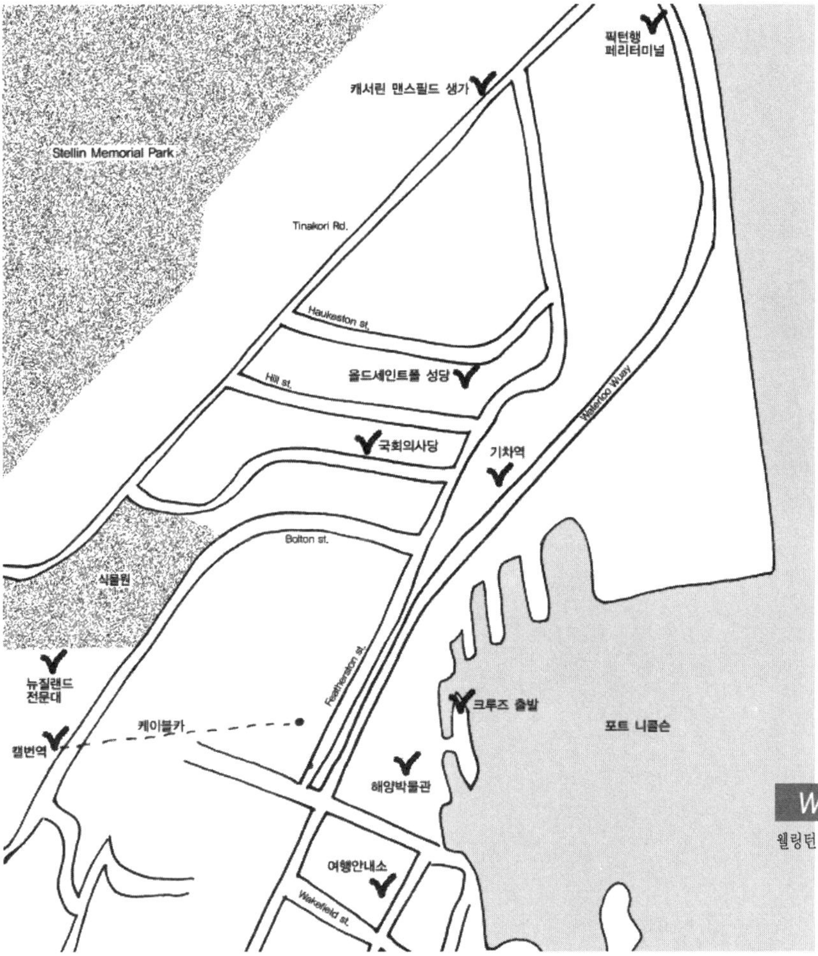

Wellington
웰링턴 주요부

국회 의사당 parliament building

국회 의사당은 관청가의 중심을 이루고 있는 현대식 건물이다. 그 특이한 외관 때문에 벌집 이라고도 불린다. 건물 내에는 수상 집무실을 비롯하여 각료들의 집무실도 있다. 이 건물과 부속되어 의사당과 국회 도서관이 있는데, 이 건물들은 또 지극히 고풍스럽다. 가이드 투어에 참가하면 의사당을 비롯하여, 뉴질랜드 건국 기본 문서인 '와이탕기 조약' 사본 등을 볼 수 있다. 즉, 어떤 비상 사태가 발생하더라도 10일 정도는 일상 시와 똑같이 집무를 볼 수 있도록 시설이 잘 갖추어져 있다는 것이다.

주소 : Molesworth Street
전화 : 404-71-9999
개관 : 월~금 09:00~17:00
　　　　토 10:00~16:00
　　　　일 13:00~16:00
요금 : 무료

설을 잘 이용하고 있었다.

도중에 정말 야하게 입고 이상한 머리를 하고 가는 젊은이들을 보자 숨기지 않고 "요즘 젊은이들은 이상하다"고 자기 주장이 분명한 할머니다. 할머니라고 하기에는 너무 젊게 활동한다. 식물원 안내 뿐 아니라 매주 목요일에는 불구자들을 위해 병원에서 밥을 타다가 13군데 집에 배달하는 자원봉사를 하고, 특히 소년단 활동과 아마추어 무선에 열심이다. 그래서 항상 바쁘다는 이 젊은 할머니는 "힘들면 천천히 오라"며 달리듯이 앞장을 선다.

케이블카를 타고 산 위를 올라갔다. 빗방울이 떨어지기 시작하였지만 천문대, 관상대, 해시계 등 빼지 않고 다 본 뒤 시내로 내려 왔다. 일요일이라 그런지 관광객들 빼 놓고는 길에 사람들이 별로 없고 한산하다. 집에 돌아오는 도중에도 쉴새없이 설명하면서 모르는 단어가 나오면 메모하고 솔직하게 묻는다. 영어는 나보다 잘하겠지만 에스페란토는 가끔 막히는 단어가 있는 모양이다.

민박집의 고양이 사진 앨범

오늘 내가 민박할 집은 13층 짜리 아파트 12층에 있다. 한 25평 정도 되어 보이는데 거의 절반 정도를 거실로 쓰고 있다. 입구에 부엌이 있고 그 곳에다 전화를 놔두어 두 가지 일을 동시에 처리할 수 있게 하였다. 거실에는 책상, 책꽂이, 텔레비전 등 필수품들이 꽉 차 있으나 잘 정돈되어 있다. 내가 잘 방은 침대 하나에 각종 에스페란토 책과 아마추어 무선 송수신기가 설치되어 있다. 그 옆 큰 방에는 침대와 컴퓨터가 있는데 부부의 침실이면서 동시에 작업실이다. "옛날에는 자동차가 한 대면 못살 것 같았는데 지금은 컴퓨터 한 대 가지고는 못산다"고 컴퓨터를 예찬한다.

"샤워를 저녁에 합니까, 아침에 합니까?"

"아침에 합니다."

"몇 시에 일어나십니까?"

"일곱 시에"

"그러면 먼저 하고 내가 그 다음에 하겠습니다."

내가 보기에는 그다지 중요한 것 같지 않은데 샤워 순서부터 정하자고 서두른다.

"타월은 이것을 쓰고, 젖으면 여기서 꺼내 쓰세요"

"세탁할 것 있으면 내어놓으세요"

대강 안내가 끝나자 앨범을 한 권 보여 준다. 그런데 그 앨범에 붙어 있는 사진은 모두 사람이 아니라 고양이다.

"이름은 란셀렛이고 1981년 10월 22일 생이고, 얼마 전 수술을 해서 지금은 누워있는 중입니다. 이번에 서 박사가 온다고 해서 그 기념으로 이발을 했답니다. 나는 여행할 때 남편 사진과 고양이 사진을 가지고 다니는데 고양이 사진이 훨씬 큽니다."

한 식구가 된 지난 8년 동안 고양이의 성장사를 자식 얘기하듯 길게 설명하며 한 번 안아보라고 건네준다. 나에게는 약간 부담이 되는 순간이지만 서튼 부인에게는 중요한 얘기다. 이것이

올드 세인트 폴스 처치

1866년에 세워진 목조 건축물이다. 원래는 교회 건물이었지만, 현재는 정부가 관리하는 비종교적인 공공 건물이다. 교회는 그 주변에 새 건물을 지어서 이사했다. 외관은 작아 보이지만 아름다운 스테인드 글라스가 신비한 분위기를 연출한다.

주소 : Mulgrave St.
전화 : 04-473-6722
개관 : 월~토요일 10:00~17:00
요금 : 무료

해양 박물관 Maritime Museum

웰링턴 하버 보드 근처에 있다. 그다지 넓은 장소는 아니지만, 뉴질랜드와 관계되는 배의 모형이나 옛 선구들이 진열되어 있다. 찬찬히 둘러보자면 반나절은 걸릴 정도다. 주위에 창고가 많아서 이곳이 오래된 항구 도시였음을 일깨운다.

주소 : Queen' Wharf
전화 : 04-472-8904
개관 : 월~금 09:30~16:00
       토·일 13:00~16:30
요금 : 어른 N$2 학생 N$1

◀서튼부인은 한식구가 된지 8년이 됐다는 고양이 란셀랫의 성장사를 자식 얘기하듯 길게 설명하며 한번 안아보라고 건네준다

케이블 카 cable car

웰링턴 배후에 있는 언덕 중턱을 주택지로 개발하면서 생긴 부대 시설이다. 현재는 훌륭한 교통 기관으로 한몫하고 있는데, 표고 차는 120m 이며 전체 길이는 610m이다. 새빨간 동체의 케이블카를 타고 언덕을 한번 왕복하면 웰링턴 관광의 하이라이트를 경험한 셈이다. 언덕 위에는 전망대와 킥당이 있다. 이 곳에서 시 중심부와 웰링턴만의 멋진 전경을 감상할 수 있다.
전화 : 04-472-2199
개장 : 월~금 07:00~22:00
　　　토 09:20~18:00
　　　일 10:00~18:00
요금 : 편도 N$1 왕복 N$1.7 토·일은 편도 N$1.5 왕복 N$2.5

무슨 인연들일까!

항구를 내려다보며 저녁식사를 하였다. 빵이 참 맛있었다. 저녁 식사를 마치고 단어맞추기를 하며 이야기는 계속되었는데 피곤하다는 할머니가 새벽 2시가 되어서야 비로소 잠자리 든다고 한다.

웰링턴 시내구경

1월 4일(월), 7시가 다 되어 일어나 커튼을 젖히니 빽빽한 숲이 꽉 차 있다. 아침 일찍 라이안이라는 청년이 인터뷰를 왔다. 웰링턴에 있는 라디오 방송국에서는 일주일에 한 번씩 에스페란토 방송이 나가는데 그 프로를 맡고 있는 라이안이 세계 에스페란토 협회 임원이 왔다는 소리를 듣고 특별 대담을 녹음하러 온 것이다. 나는 주로 뉴질랜드 남섬 여행에 관한 것과 세계 에스페란토 운동에 대하여 얘기하였다.

오전 중에는 혼자서 웰링턴 시내구경을 나섰다. 그 동안 너무 오랫동안 자연만 보다가 인간이 사는 곳, 그것도 질서정연하고 깨끗한 웰링턴에 오니 반가움이 솟는다. 먼저 천천히 시내를 걸으며 항구를 돌아본 뒤, 뉴질랜드에서 하나밖에 없는 국립박물

국립 박물관

언덕 위에 위치해 있는 네오 클래식(Neo-classic)풍의 훌륭한 건물이다. 1층이 박물관이고 2층이 미술관이다. 박물관에는 주로 초기 식민시대의 유물이나 마오리족의 조각 및 생활 용구 등이 진열되고 있다. 미술관에는 뉴질랜드 작가 이외에도 영국, 미국, 오스트레일리아 등 영국계 여러 나라 화가들의 작품이 많이 소장되어 있다. 내부에는 49개의 종이 수납되어 있다. 매일 10시~16시45분까지 개관되며 무료이다.
전화 : 04-385-9609
개장 : 매일 10:00~16:45
요금 : 무료(기부)

관을 찾아갔다. 원주민 마오리족의 고향이라고 할 수 있는 폴리네시아, 멜라네시아, 미크로네시아의 문화와 풍습을 소개하는 태평양관에는 다른 나라에서는 볼 수 없는 특이한 물건들을 많이 수집해 놓았다. 경제사를 전공하는 나로서는 그 가운데서도 뉴칼리도니아, 탕가, 솔로몬, 산타크로스 등등 태평양 각지에서 모아온 화폐들이 관심 있었다. 돌, 조개, 동물이나 사람의 이빨 등등 우리 원시 문화와 유사한 초기 화폐들을 직접 볼 수 있었다. 마오리 홀에는 마오리의 집회장, 나무조각품, 무기, 25m나 되는 카누 등이 전시되어 있는데 마오리의 나무조각은 무게가 있으면서도 대단히 섬세하여 인상적이었다.

빅토리아 산 Mt. Victoris

표고 196m의 이 산은 바다와 가깝기 때문에 전망이 뛰어나다. 그래서 마오리인들은 이곳을 '하늘이 보는 곳'이라 불렀다고 하는데, 웰링턴 시 전역과 먼 바다를 동시에 관망할 수 있다. 이 곳은 늘 바람이 세차게 부니까 모자 등이 날아가지 않도록 조심해야 한다. 산 정상에는 남극 탐험으로 유명한 버드 소장의 기념비가 서있다. 삼각추 모양을 한 이 특이한 조형물은 밤에 보면 마치 남십자성이 빛나는 것처럼 보인다고 한다. 빅토리아 산 일대는 시내 제일의 고급 주택지로 알려져 있다. 그러나 경사가 너무 가팔라서 도로에서 집까지 연결되는 전용 엘리베이터를 놓은 집들도 있다고 한다.

오후에는 뉴질랜드 소년단의 잼버리대회에 참석하였다. 10개국에서 7,000여 명이 참석하였는데 캠핑이나 극기훈련만 하는 것이 아니라 실질적으로 생활에 도움이 되는 많은 훈련을 쌓고 있었다. 예를 들면 목공, 자전거 조립, 자전거 및 오토바이 타기, 자동차 바퀴 갈기, 심지어는 땅을 파는 굴삭기 운전까지 직접 해보는 다양한 기능을 훈련시키고 있었다. 이런 훈련도 조를 짜 가지고 조별로 하는 것이 아니고, 대회 기간 동안 자기 취미와 능력에 따라 연습하고 참여하여 카드에다 도장을 받는 형식을 취하고 있었다. 한나절 동안 참여하면서 우리 나라도 소년단

◀10개국에서 7,000명이 참석하는 뉴질랜드 소년단의 잼버리대회는 극기훈련 뿐만 아니라 실질적으로 생활에 도움이 되는 많은 훈련을 쌓는다.

활동이 앞으로 이런 방향으로 나아가야 한다는 생각을 하였다.

저녁에는 써튼씨 부부의 결혼 40주년을 축하하기 위해 태국 음식점에서 저녁 식사를 하면서 그들의 삶에 대해서 얘기를 나누었다. 남편은 원래 영국 런던 출신의 선원이었다고 한다. 써튼 부인이 근무하고 있는 학교의 영국인 선생을 만나러 왔다가 우연히 알게 되어 결혼까지 하게 되었는데, 말년은 결국 뉴질랜드에 정착하게 된 것이다. 신랑은 당시 27살이었고 신부는 26살이었는데 43년이 지난 오늘날 이제 남편은 70, 그리고 서튼 부인은 69살이 된 것이다. 아들 하나, 딸 하나가 있으나 모두 자기 갈 길을 가고 이제 두 노인만 남은 것이다. 그러나 그들은 결코 고독하거나 할 일이 없는 나약한 노인 생활을 하지 않는다. 써튼 씨는 정년퇴직을 한 뒤 67세가 되는 1990년부터 야생동물 보호 일을 맡아서 하고, 라틴아메리카 협회도 책임지고 있으며, 청소회사를 경영하기도 하는 맹렬한 할아버지다. 보이스카우트와 아마추어 무선은 부부가 함께 하는 취미이고, 에스페란토 운동은 부인만 하는 것이지만 부인을 이해하고 열심히 도와주면서 본인도 간접적으로 많이 참여하고 있다. 왜냐하면 부인이 파스포르타 세르보라는

▲서튼부인은 아마추어 무선에도 열심이다.

Backpacker 서상원 리포트 (5)

♪ 주민들의 교통수단으로도 이용되고 있는 케이블카!!!

케이블카 승강장에 갔다. 일반요금은 1.5$ 이지만 우리는 국제학생증을 내보이고 1$로 할인을 받았다. 가격이 좀 싸다 생각하고 또 타는 승객들이 관광객이 아니라 일반인 같은 사람도 많이 있어서 보니 이 케이블카는 올라가면서 세 군데 정거장이 있는데 그 중 한 군데는 빅토리아 대학교이고 나머지도 주택가이다. 이 케이블카는 실용적으로 관광객들을 위해서도 이용되고 또 주민들을 위해서도 이용되는 것 같았다. 차안에서 이 케이블카의 제원을 보았다.

WELLINGTON CITY CABLE CAR
스위스 엔진 (HABEGGER사, 1979년 제조)
정원 : 100명, 속도 : 5 m/s, 트랙길이 : 609m, 운행하는 높이 : 119m
또 운행시간은 월에서 금요일까지는 오전 7시부터 오후 10시까지였고 토요일, 일요일, 공휴일에는 오전 9시부터 오후 10시까지였다. 내려서 가격표를 보니까 여러 가지 제도가 있었다.

케이블카 요금

	편도	왕복	10회
어른	1.5	2.5	9.5
어린이	0.7	1.4	6.5
학생	1.0	2.0	6.5
Snr Citizen	1.0	2.0	6.5
가족왕복		8.0	

조직을 통해서 웰링턴을 방문하는 모든 에스페란티스토들을 무료로 재워주고 안내하기 때문에 이 때 남편도 오늘처럼 함께 참여하는 경우가 많다고 한다. 서로 상대방을 격려하고, 하는 일을 후원해 줘 가면서 열심히 사는 노부부가 참 아름다워 보였다.

> 웰링턴의 음식점
> ★한강 Hangkang Korean Restaurant
> 주소 : 45 Ghuzmee Street
> 전화 : 04-499-5570
> 비용 : N$10~25
> ★Sakura
> 주소 : 181-195 Wakefield Street
> 전화 : 04-384-5806
> 영업 : 화~토 12:00~14:00, 18:00~23:00
> 비용 : N$20~30

웰링턴 → 타우포 호수 → 해밀턴

1월 5일 아침 8시 10분, 프레드 씨가 승합차를 가지고 왔다. 오늘은 프레드 선생과 함께 웰링턴을 떠나 북쪽 헤밀턴시까지 660㎞를 여행하기로 하였다. 프레드 선생은 고등학교에서 수학을 가르치는 선생인데 해밀턴에서 열리는 뉴질랜드 에스페란토 대회에 참석하러 가는 중이어서 함께 동승하기로 한 것이다. 프레드 선생은 외국의 에스페란티스토와 함께 여행할 수 있어서 좋고 나는 현지의 지성인과 함께 북섬에 절반 이상을 달려볼 수 있다는 행운을 얻은 것이다. 떠난 뒤 30분쯤 지나니 왼쪽에 카피티(Kapiti)섬이 보이는데 150년 전 원주민이었던 마오리족이 살던 곳이라고 한다.

뉴질랜드 학교의 제도에 대해서 얘기하는 동안에 차는 인구 2만의 레빈(Levin)시를 지나면서 끝없는 목장이 계속된다. 목장은 키 큰 방풍림들이 질서정연하게 서 있어 지루하지가 않았다. 이어서 파머스톤(Palmerston)을 멀리 오른쪽으로 바라보며 북쪽으로 계속 달린다. 파머스톤은 프레드 선생이 대학을 다녔던 곳이라며, 옛날 대학시절 매주 목요일 밤 아르바이트를 했던 자신의 얘기에서부터 남섬의 남쪽에서 웰링턴 다음으로 큰 도시가 파머스톤이고 인구는 8만밖에 안되지만 뉴질랜드에서 가장 큰 대학이 있다는 자랑까지 거침이 없다.

프레드 선생의 대학생활 얘기를 듣다 보니까 자연스럽게 프레드 선생의 일생에 관한 얘기도 시작되었다. 프레드 선생의 아

> 일반 이민

대부분 일반이민, 점수제 이민, 기술이민, 독립이민 등으로 알려져 있다. 주 신청인의 학력 또는 자격, 경력, 연령 등의 3가지 기본 조건에서 점수를 취득하고 정착 요소(Settlement factors)에서 최고 7점까지 취득하여 총 24점 이상을 취득하면 뉴질랜드 일반 이민(General Skills Category)의 신청 자격이 주어진다. 주지하여야 할 사항은 신청 자격이 주어진다는 것이지 영주권 승인이 된다는 것은 아니다.

버지는 인도에서 근무하는 영국군이었기 때문에 여섯 살에서 열 네 살까지 인도에서 학교를 다녔다. 1945년 영국으로 돌아가서 살다가 1952년 뉴질랜드로 이민을 오게 되었다. 1952년에 뉴질랜드 정부는 영국으로부터 이민을 모집하기 위해 배 2척을 무료로 운영하고 있었다. 당시 많은 사람들이 이 이민선을 타게 되는데, 뉴질랜드까지 무료로 수송해주는 것은 물론 직업도 주고 아파트까지 주었다고 한다. 그 대신 그 직장에 2년간 의무적으로 근무해야 했다. 52년 당시 22살이었던 프레드 선생은 (1930년생) 백 여명의 젊은이를 포함한 수많은 가족들과 함께 파나마 운하를 건너서 7주간의 항해 끝에 뉴질랜드에 도착하였다. 이민선을 탄 사람들은 주로 영국사람들이었지만 네덜란드 사람도 일부 섞여 있었다. 오스트레일리아를 택하지 않고 뉴질랜드를 택한 이유를 묻자, 오스트레일리아를 가면 10파운드(20달러)만 보조해 주지만 뉴질랜드 이민선을 타면 집에서 뉴질랜드까지 배 태워 주고 웰링턴 가는 기차표까지 모든 것이 완전 무료였기 때문이라고 한다.

9시 54분 부우스(Buus)를 지난다. 부우스란 숫소라는 뜻인데 프레드씨는 "부우스에서는 우유가 많이 생산된다. 세계에서 숫소한테서 우유가 나오는 유일한 도시이다."라고 설명하면서 유쾌하게 웃었다. 북섬의 간선도로를 달리는데 차가 거의 없고 가끔 자동차를 만나면 반가울 정도이다. 국도에는 자전거 여행자가 많고 마라톤을 하는 사람들도 자주 보인다.

62세 노총각의 이민사

"왜 승용차를 사지 않고 봉고를 타고 다닙니까?"
"학생들을 태우고 야외에 나가 농구나 배구를 하는 것이 취미이기 때문에 좀 큰 차를 산 것입니다."

학생이 600명인 작은 학교인데 방과 후나 휴일에는 그렇게 학생들을 데리고 함께 운동을 하러 다니는 것이 일이라고 한다. 결국은 그 얘기 가운데서 아직 결혼을 안 한 62세의 총각이라는 사실이 밝혀졌다. 자기는 학생들이 자식이라는 것이다.

"왜 결혼을 않고 아직 총각입니까?" 라는 질문에 "모르겠다. 간단치가 않다." 라고 대답을 한다. 이유가 없어서가 아니라 이유가 많아서 문제라는 뜻인 것이다. 유럽인이나 미국인 같으면 쉽게 그 이유를 털어놓을텐데 뉴질랜드 노총각은 굳이 그 이유를 밝히려 하지 않는다.

11시 8분, 망가외카(Mangaweka)라는 도시에 들어서는데 길가에 비행기 까페가 있다. 비행기 까페란 오래된 비행기를 지상에 고정시켜 놓고 까페로 사용하는 것이다. 특이하다는 생각이 들어서 차를 한 잔 하고 가기로 하였다. 비행기 안에 들어서자 정말 선량하고 지적으로 생긴 아주머니 한 분이 장사를 하고 있는데, 간단한 스낵도 함께 팔고 있었다. 비행기 안에는 양쪽으로 긴 의자가 놓여 있고, 사이사이에 찻잔을 놓을 수 있는 탁자가 있으며, 양쪽 벽에는 비행기의 역사를 설명하는 사진들이 걸려있다. 비행기 사진 외에도 번지점프, 래프팅 등에 관한 사진이 붙어 있

> 🦘 **뉴질랜드의 교육**
> 뉴질랜드는 매우 효과적이고 합리적이며, 또한 높은 수준을 지닌 교육 시스템을 자랑하고 있다. 교과 과정은 각 단계별로 달리하며, 그에 따른 폭 넓은 선택 과목을 제공함으로써 학생들에게 다양한 배움의 기회를 제공하고 있다. 일부 학교는 외국인을 위한 영어 교육을 지원하기도 한다.
> 초등 교육은 5~6세 까지이며, 이 과정이 끝나면 primary와 intermediate 중 선택해서 계속 교육을 받게 된다. Intermediate schools은 primary school의 한 부분이지만, 요즘은 form 1, 2 라는 이름으로 나누는 학교가 많다. High schools은 form 3(year 7)부터 시작이며, form 5까지는 junior 과정이고, 그 이후를 senior 라고 부른다.

◀오래된 비행기를 지상에 고정시켜 놓고 사용하는 망가외카의 비행기 까페에서 차 한 잔을 했다(원 안은 내부모습)

는데 이곳 망가와카의 랑기티케이(Rangitikei)강이 이러한 번지점프나 래프팅으로 유명하기 때문에 선전하고 있다고 한다.

　이 비행기는 1945년 건조된 DC3란 비행기로서 처음에는 공군기였다고 한다. 나중에 농업용으로 전용되어 주로 비료를 주는 일을 맡아서 했는데 1986년부터 까페가 되었다고 한다.

　"어떻게 해서 비행기로 까페를 하게 되었는가"

　"처음에는 이 역사적인 비행기가 없어지는 것을 막기 위해서 보존하려고 샀다. 그런데 주위에서 까페를 해보라고 권유해서 시작한 것이다."

　취미가 직업이 되었다는 대답이다.

　11시 20분, 망가와카를 출발하면서부터는 원주민의 언어인 마오리어에 대해서 얘기가 시작되었다. 이민을 처음 왔을 때 웰링턴에서 공무원 생활을 하던 프레드 씨는 교사가 되기 위해서 파머스톤에서 대학공부를 했었다고 한다. 그런데 62세의 이 총각은 다시 통신대학에 들어가 마오리어를 배우기 시작한 것이다. 뉴질랜드에는 이런 통신대학에서 배우는 성인들이 상당수를 차지하고 있고 이러한 평생교육을 상당히 중요시하고 있다고 한다. 현재 마지막 단계인 4급 과정을 하고 있는데 1년에 한 번씩은 회화 시험과 함께 주말 합숙에 참여해야 한다고 한다. 이 합숙훈련은 마라이(Marai, 회의장이란 뜻)라는 마오리 촌에서 하게 되는데 보통 60~70명이 함께 생활을 한다고 한다. 이 때는 공부도 해야 하고 마오리 말로 4~5분간 연설도 해야 된다고 한다. 전문가인 프레드 선생에게 "마오리란 말은 무슨 뜻이냐"는 내 물음에 이렇게 대답한다.

▶뉴질랜드의 원주민 마오리족은 서기 925년경에 남태평양 하와이 섬 근방에서 추정되는 하와이키 섬에서 카누를 타고 뉴질랜드로 이주해 온 것으로 전해진다

마오리란 보통이란 뜻

"마오리라는 말은 보통이라는 뜻이다. 마시는 식수를 특별한 물이라고 하고, 냇가에 그냥 흘러가는 보통 물을 마오리 물이라고 한다고 한다."

11시 47분이 되자, 하얀 눈이 덮인 루아페후(Ruapehu, 2797m)산과 나우루호에(Ngauruhoe, 2291m)산이 왼쪽 멀리 모습을 드러냈다. 이 두 산은 통가리로 트랙이라고 해서 뉴질랜드가 화산국이라는 사실을 일깨워 주는 대단히 좋은 트램핑 루트이다. 차는 산 옆구리를 따라서 달린다. 이 산은 고도가 높아 겨울에는 북섬에서 눈이 가장 많이 오는 곳이기 때문에 눈이나 얼음 때문에 길이 차단되는 경우가 많다고 한다. 12시가 지나자 사막 국립공원을 지나면서 숲 속 길 곳곳에 새나 토끼 등 야생동물들이 차에 치어 죽은 시체들이 자주 보인다. 이렇게 나무가 많은 곳을 사막이라 하니 이해가 가지 않았다.

12시 반쯤 되자 멀리 유명한 타우포 호수가 보인다. 타우포 호수는 뉴질랜드에서 제일 큰 호수이다. 겨울이나 여름 모두 관광객이 많이 찾아오는 곳으로 와이카토 강을 비롯한 많은 강들이 흘러들고 있다. 호수 주위에는 숲이 우거져 있고, 수상스키, 요트, 캠핑장 같은 관광객들이 쉬며 즐길 수 있는 시설들이 아주 잘

타우포호수

호수의 남쪽에 타우포 시내가 있으며 겨울에는 1만6천명의 인구가 여름이면 6만명으로 불어난다. 이곳에 거주하고 있는 한국교민은 8-9가정이며 교민들 대부분은 크라이스트처치, 오클랜드 등 타 지역에서 살다가 1994~95년쯤 이주해 왔다고 한다. 교민들이 주로 종사하고 있는 생업은 목재 수출, 숙박업, 식당 등으로 적은 교민숫자에 비해 업종은 다양한데. 과열경쟁이 없고 방문객들 대부분이 유럽 사람들이므로 다른 지역의 교민 업소들이 한국의 경제위기로 함께 어려움을 겪었던 것에 비해 타우포 교민들은 영향을 전혀 받지 않았다.

타우포시는 큰 회사들이 관광지로 개발하자고 해도 강경하게 자연 그대로를 유지해오고 있는 곳으로 천혜의 자연을 그대로 이용한 레포츠나 관광, 그리고 사슴목장 관련업이 유망하다. 타우포호수의 물이 깨끗해서 조깅하다가 그냥 마시기도 한다

◀뉴질랜드가 화산국이라는 사실을 일깨워주는 루아페후(Ruapehu) 산

타우포 호수로 가려면
오클랜드에서 비행기 50분, 자동차로 3시간 30분, 로토루아에서 자동차로 1시간 소요

타우포 호수 주변의 관광지
★지열발전소
와이라케이 지열발전소가 있는데 관광명소 중 하나이다. 땅속에서 나오는 열로 발전을 하는데 평지가 안개에 쌓여 있는 듯 요란한 소리와 함께 수증기가 솟아오르는 모습이 화학공장처럼 보인다.

★와이라케이 공원
로토루아와 함께 타우포에도 지열공원이 많다. 새벽에 방문한 공원은 마치 부슬비가 내려 온 산이 산불이라도 난 듯 금방 귀신이라도 나올 듯한 으시시한 모습이다. 흰 수증기와 끓어오르는 진흙 그리고 쉭쉭 소리를 내면서 솟아나오는 수증기는 땅 전체가 부글부글 끓고 있는 것 같았다.

★크레이터 오브 문
마치 달 표면 같다고 하여, Crator of Moon 이라고 별명이 붙은 곳이다. 와이라케이 공원과 더불어 어느 것 하나라도 사람의 관심을 끌기에 충분하지만 인근의 와이타푸 원더랜드, 와카레와레와 등 너무나 유명한 곳이 많아서 상대적으로 관광객이 덜 찾는 곳. 진흙이 가마솥의 팥죽처럼 부글부글 끓고 있는 머드풀은 여기가 제일 크고 왕성하다.

되어 있다. 아침 식사를 제대로 안 해, 제대로 된 식당을 찾기 위해서 한참 돌아다녔다. 길가에는 주로 인스턴트 식품밖에 없기 때문에 식당을 찾는데 시간이 좀 걸렸던 것이다. 여기서도 비행기를 이용한 맥도날드 식당이 있었으나 들어가 보지는 않았다.

장거리 주행이기 때문에 타우포에서 충분히 쉰 다음에 2시 40분 출발하였다. 출발한 지 얼마 안 되어 와이라께이(Wairakei)공원을 지나는데 길옆에 바로 지열발전소가 보인다. 이 지대는 대지열 지대인데 그 지열을 이용해서 발전을 하는 곳이라고 한다.

3시 47분, 티라우(Tirau)를 지나는데 산세가 마치 우리나라처럼 생겨 친근감이 든다. 낮은 산이 이어져 큰 산으로 올라가는데 왼쪽에 와이카토 강을 끼고 차는 달린다. 강가에 소나무와 버드나무들도 우리 나라와 많이 비슷하다. 4시 7분 캠브리지를 지나 30분에 오늘의 목적지인 해밀턴에 도착했다. 해밀턴에 있는 와이카토 대학에 가서 뉴질랜드 에스페란토 대회의 참가신청을 하고 거기에 참가한 회원들과 오래간만에 많은 사람들을 만나서 담소를 나누었다. 이 대회는 일본에서도 참여하고 있고, 한국에서도 두 명이 더 참석하고 있었다.

오늘은 긴 여정 동안에 본 것도 많고, 들은 것도 많고, 배운 것도 많았다. 잔잔하게 웃으면서 끝없이 토해내는 프레드 선생의 경험담과 넓은 지식 때문에 하루를 뜻깊게 보낸 것이다.

▶뉴질랜드에서 제일 큰 타우포 호수는 숲이 우거져 있고, 수상스키, 요트, 캠핑장 같은 관광객들이 쉬며 즐길 수 있는 시설들이 아주 잘 되어 있다.

뉴질랜드 에스페란토 대회

1월 6일 아침 6시 30분 기상, 상쾌한 캠퍼스의 아침이다. 오전 10시에 개막식을 가졌는데 개막식 전 현지 라디오와 인터뷰를 가졌다. 이 개막식에서는 특별히 아시아 에스페란토 운동에 대해서 필자가 강연을 하였다. 점심 식사 후 현지 회원의 안내를 받아 헤밀턴 시내에 나가 환전도 하고 비행기표도 사는 등 나머지 여행일정을 준비하고, 박물관도 보는 등 간단히 시내구경도 하였다.

4시 30분까지는 배를 타고 와이카토 강을 유람하였다. 전 회원이 타고 천천히 강을 거슬러 올라가는데 주위의 경관은 정말 아름다웠다. 한가롭게 조정경기용 배를 몰고 미끄러져 가는 젊은이들, 넓은 강 가의 정원에서 낚시질하는 가족들, 강 가 길을 자전거로 달리는 개구쟁이들, 한 시간 반 동안의 유람은 숲으로 우거진 주위 경관과 회원들과의 대화가 있어서 즐거웠다.

저녁에도 한국 및 각국의 참가자들이 자기 나라에 대해서 강연을 하였다. 대회는 대체적으로 강연을 듣는 프로그램이 많았었는데 모두 진지하게 들으면서 질문을 많이 하는 것이 특색이었다. 중간의 티타임에는 당번을 정해서 스스로 차도 끓이고 빵도 준비하는데, 84세의 할머니까지도 "응, 이번은 내가 당번인데" 하면서 열심히 뛰는 것을 보고 '젊다', '늙었다'는 것이 모두 마음에 달렸다는 것을 알 수 있었다.

로토루아의 마오리 전설

1월 7일, 오늘은 대회에 참가한 모든 회원들이 함께 로투루아로 관광을 가는 날이다. 아침 9시 헤밀턴을 출발하였다. 현지 회원들에 따르면 헤밀턴은 뉴질랜드에서 가장 비옥한 땅이라고

🦘 헤밀턴

오클랜드에서 남쪽으로 약 1시간 30분 거리에 있으며, 와이카토 지방의 중심도시다. 이 지역은 근교 낙농, 원예지구로 유명하며, 특히 우유와 치즈, 버터의 주요 생산지이다. 이 곳은 초기 백인 이주민과 마오리 원주민 사이에 벌어졌던 전쟁터 중 가장 격심했던 지역이었다. 남반구 최초로 1958년에 세워진 몰몬교회가 있고 1987년 문을 연 와이카토 박물관이 있다.

🌲 헤밀턴의 볼 만한 곳

★와이카토 역사 미술 박물관
마오리족의 공예품과 근대 미술의 전시 등 두 가지 측면으로 전시되어 있다. 가장 큰 볼 거리는 마오리 전투용 카누이다.
위치 : 1 Grantham St.
전화 : 838-6606, 6533
개관 : 10:00~16:30
요금 : 무료

★센터리얼 분수
분수의 도시에서 중심이 되는 분수로서 시 창설 100주년을 기념하여 만들어졌다. 밤이 되면 조명이 밑에서부터 위로 비추어 낮과는 또 다른 아름다움을 연출한다.

🦘 로토루아 Rotorua

뉴질랜드에서 11번째 가는 규모의 도시이며, 북섬 제1의 관광지인 인구 약 70,000명의 도시인 로토루아.
"두 번째 큰 호수"의 뜻을 가진 로토루아 호수를 중심으로 주위에 관광객들을 위한 각종 숙박시설과 송어양식장, 아그로돔, 폴리네시안 풀, 와카레와레와 민속촌 등 관광객들을 위한 시설과 화산지대의 간헐천 등이 많은 관광객들을 기다리고 있다. 또한 저녁에는 각 호텔에서 마오리족들의 민속춤인 하카춤을 감상하며, 그들의 전통식인 항이식을 즐길 수도 있다. 오클랜드에서는 버스로 약 3시간 30분 소요.

▲ 로토루아 박물관

WAI-O-TAPU
물색이 여러 가지인 이곳은 와인색과 옥색이 장관이다. 아무 곳에서나 물을 만지면 안 된다. 손이 위험하다. 10:30에 특별한 쇼가 있다.

Rainbow
Farm show는 양털깎기와 개가 양을 모는 모습 등을 보여주는데 중간에 관객들이 함께 참여해서 어린양에게 우유도 준다.
쇼타임—10:30, 11:45, 1:00, 2:30, 4:00

한다. 땅이 좋아 농사가 잘 되고, 또 세계에서 가장 훌륭한 명마들이 여기에서 태어난다고 한다. 특히 경마용 명마들은 많이 외국에 수출된다고 한다. 땅만 비옥할 뿐만 아니라 평원이 넓어서 보통 한집이 10 헥타르쯤 되는 큰 땅을 가진 집들도 많이 있다고 한다.

잠시 후 켐브리지를 지나는데, 원래 이 곳에 큰 도시를 세우려고 했는데 해밀턴에 큰 강이 흐르기 때문에 그 쪽에다 도시를 세웠다고 한다. 켐브리지는 벌채가 금지되어 있기 때문에 삼림이 아주 무성하게 자라고 있는 곳이기도 하다. 40분쯤 지나 티라우(Tirau)를 지나자 해발 500미터의 고원을 지난다. 고원에는 갈대로 지붕을 엮은 집들이 자주 보이는데, 코르타데리오(kortaderio)라는 갈대를 사용해서 지은 이러한 집을 현지 마오리말로는 토에토에(toetoe)라고 부른다고 한다.

10시가 넘어서 한참 달리니까 로토루아(Rotorua)가 보이기 시작하였다. 로토루아는 마오리 말로 로토-루아-누이-아-카우(Roto-rua-nui-a-kahu)를 줄인 것인데, 이 말은 카후에서 두 번째로 큰 호수라는 뜻이라고 한다. 로토는 호수라는 말이고 루아는 두 번째라는 말이기 때문에 두 번째 호수란 뜻을 갖는다. 회원 가운데 마오리말을 가르치는 선생이 있어서 아주 자세한 설명을 들을 수 있었다. 유럽인들이 뉴질랜드를 발견하기 600년 전 마오리족들이 태평양에서 이 곳으로 카누를 저어 왔는데 그 문화가 가장 잘 보존되어 있는 곳이 바로 이 로토루아라고 한다. 그렇기 때문에 많은 지명과 동식물 등이 마오리어로 되어 있다는 것을 알 수 있다.

롱고하타(Ngongohata)에 들어서면서 호수를 한 바퀴 도는 길과 만나게 되고 호수가 한눈에 들어온다. 한 회원이 호수에 대한 전설을 들려주는데 우리 나라의 전설 따라 삼천리와 매우 흡사하다.

옛날에 호수가에 살고 있는 히네모아(Hinemoa)라는 처녀와 호수 가운데 있는 모코이아(Mokoia)라는 섬에 사는 투타네카이(Tutanekai)라는 젊은 청년이 서로 사랑을 하고 있었다고 한다. 그런데 불행하게도 이 두 집은 서로 종족이 달라 양쪽 집이 이 두 사람의 결혼을 반대했다고 한다. 그래서 남자가 피리를 불면 여자가 밤중에 수영을 해 가서 만났는데, 그 처녀는 물 길을 때 사용하던 조롱박으로 만든 물동이를 이용해서 섬으로 헤엄치곤 했다고 한다. 한 번은 처녀가 섬에 도착했는데 너무 추워서 온천에 몸을 담그고 있었다고 한다. 어떤 사람이 물을 뜨러 오자 남자처럼 낮은 목소리로 변성을 해서 자기를 방어하면서 기회를 봐서 총각이 오기를 기다렸다고 한다. 한 참 뒤 총각이 왔으나 너무 늦고 추워서 총각 집에 가서 함께 잤다고 한다. 아침에 집안 사람들이 두 사람이 같이 자는 것을 보고 큰 난리가 났으나 결국은 이 두 사람의 결혼을 허락하고, 두 부족들이 가까이 지내기 시작했다는 아주 해피엔딩으로 끝나는 얘기였다.

WAIMANGU
와이망구는 3번이나 화산이 폭파하였는데 15(화이트 크로스)에 가면 산쪽으로 커다란 십자가가 보인다. 그곳은 1903년에 간헐천이 분출했을 때 관광객 4명이 사고를 당해서 그 자리에 십자가를 꽂아두었다고 한다.
와이망구의 꽃이라고 일컫는 18번은 주기적으로 물의 수위가 변하고 물의 온도는 섭씨 80도이다.

호수가 굉장히 큰 호수이기 때문에 한 바퀴만 도는데 차로도 상당한 시간이 걸린다. 우리는 왼쪽으로 호수를 돌기 시작하여 한 15분 지나자 휴게소가 나타났다. 여기서 아침 티타임을 가졌다. 뉴질랜드 사람들은 서양사람들과 마찬가지로 회의 때나 무엇을 할 때든지 아침 식사시간과 점심 식사시간 중간에 한 번씩 차 마시는 시간을 가지는데 여행하는 도중에도 휴게소에서 이 차 마시는 시간을 갖는 것이다. 여기에서 약 30분 동안 차를 마시면서 호수와 그리고 계곡에서 흐르는 맑은 물과 아름드리 나무들이 하늘을 치솟아 있는 아름다운 경치 속에서 아주 즐거운 시간을 보낼 수 있었다.

AGRODOME
팜쇼도 하고 농장을 한바퀴 둘러보며 키위농장과 양과 사슴들에게 사료도 직접 줄 수가 있다.

스카이 라인
곤도라를 타고 올라오면 로토루아를 한 눈에 볼 수 있고 각종 레포츠를 즐길 수 있어 모든 사람들이 즐거워하는 곳이다.
곤도라 : N$12

지옥의 문에서 타라쉬라 호수까지

11시 10분쯤 출발해서 마오리들의 회의장을 구경한 뒤, 11시 25분 티키 테레(Tiki Tere)에 있는 지옥의 문이라는 곳에

지옥문 Hell's Gate

지옥문은 호수 북동부에 위치해 있다. 공항에서 몇km 떨어진 지점에서 오른쪽으로 돌아 조금만 가면 나온다. 주변은 온통 연기와 잿빛 뜨거운 물이 솟아나오고, 바위들은 노랗게 되어 있다. 또한 유황냄새로 가득하다. 입장하는 곳에서는 어느 나라에서 왔냐고 묻고 나서 그 나라의 말로 쓰여진 안내서를 준다. 가격은 N$6

Whakarewarewa village(간헐천)
화카레와레와 빌리지는 하루 두 번 haka 콘서트를 한다. 간헐천 외에도 여러 가지 볼거리가 많다.

도착하였다. 이 곳에는 문에서부터 상당히 몸이 으스스함을 느낄 만큼 제목도 '헬스 게이트' 라고 써 있고, 지옥에 들어가는 문도 악마의 입처럼 무시무시하게 그려 놓았다. 뿐만 아니라 유황냄새가 코를 찔렀고 땅에서 솟아오르는 지열 때문에 연기가 피워 올라 지옥의 문을 실감나게 하였다. 약 40분 정도 구경하는 동안에 연기가 솟아오르는 곳, 물이나 진흙이 부글부글 끓는 곳 등등 금방 화산이 폭발할 것 같으면서도 그 이상 진행은 되지 않은 그야말로 지옥과 비슷한 경치를 볼 수 있었다. 우리 나라에는 이런 곳이 없기 때문에 참 특이하고 볼 만한 곳이었다.

문 앞으로 나오는데 이런 곳에도 맑은 물이 흐르고, 맑은 물에는 연꽃이 아름답게 피어있으며, 그 옆 덤불에서는 공작새가 새끼를 데리고 한가롭게 모이를 쪼고 있는 광경을 볼 수 있었다. 마치 우리 시골에서 닭을 풀어놓고 키우듯 공작새를 풀어놓고 있어서 지옥에서 보는 한가로운 천사들의 모습과 같았다.

지옥의 문 관광을 마치고 국도를 따라서 로토루아 시가지 쪽으로 가다가 시가지에 조금 못 가서 화카레와레와(Whakarewarewa) 산림공원을 만나고, 여기서부터 로토루아-티 와이로아(Te Wairoa)간 국도를 따라서 왼쪽으로 굽어 들어간다. 산림공원의 이름에 걸맞게 나무로 가득 찬 숲 속 길을 가다보면 아름다운 호

▶문에서부터 상당히 몸이 으스스함을 느낄 만큼 제목도 헬스 게이트라고 써 있고, 지옥에 들어가는 문도 악마의 입처럼 무시무시하게 그려 놓았다

수를 만나게 된다. 현지에는 티키타푸 호수(Tikitapu)라고 쓰여 있는데 영어로는 블루레이크, 이어져 있는 호수는 그린레이크라고 부르고 있었다. 그린레이크와 블루레이크는 높은 둑으로 나뉘어 있어 위에서 내려다보면 양쪽 호수의 색깔이 한 쪽은 파란색, 한 쪽은 초록색으로 분명하게 나뉘어 환상적인 자연의 조화를 나타내고 있다.

우리 일행은 바로 이 블루레이크, 즉 티키타푸 호수 앞에서 점심식사를 하였다. 싸 가지고 온 점심을 삼삼오오 모여서 자유스럽게 대화하면서 먹는 맛은 가족나들이 와서 점심식사를 하는 분위기와 같았다. 호수에는 수상스키를 배우는 사람들이 많았는데, 7살쯤 되는 어린이가 수없이 실수하면서도 끝내 수상스키를 배워 가는, 그리고 그것을 열심히 도와주는 부모의 노력이 참 아름답게 보였다.

식사를 마치고 1시 반쯤 블루레이크와 그린레이크 사이에 있는 전망대에 가서 양쪽 호수를 구경하였다. 산에는 아주 특이한 나무들로 꽉 차 있다. 마치 야자나무 같기도 하고 종려나무 같기도 한 나무를 현지인들은 silver fern이라고 하는데 마오리말로는 마마코라고 불렀다. 동행한 폭스 씨는 마마코도 퐁가(ponga, silver fern)와 페키(feki) 두 가지가 서로 다르다며 그 차이를 열심히 설

Polynesian Spa
노천온천 : 이 곳은 어른들만 이용할 수 있으며, 시간제한은 없다. 필히 수영복을 지참해야 한다. 수영복 대여비가 만만치 않다. 남녀 혼탕이다.
private pool : 이곳은 가족이 같이 이용할 수 있고 수영복이 필요 없지만 30분의 시간밖에 주어지지 않는 곳이다

◀그린레이크와 블루레이크는 높은 둑으로 나뉘어 위에서 내려다보면 양쪽 호수의 색깔이 한 쪽은 파란색, 한쪽은 초록색으로 분명하게 나뉘어 환상적인 자연의 조화를 나타내는 티키타푸 호수

명해 주었으나, 나에게는 이 두 가지가 거의 비슷하게 보였다.

호수를 출발하여 2시 30분쯤, 타라외라(Tarawera) 호수 가에 있는 티 와이로아(Te Wairoa) 매몰촌에 도착하였다. 이 매몰촌은 호수 건너편에 있는 타라외라산에서 분출한 화산재 때문에 한 마을이 완전히 파묻혀 버렸는데, 그 마을을 다시 재현을 시켜서 관광지로 활용하고 있는 것이다. 당시의 상황을 알 수 있도록 잘 보존하고

▶티 와이로아(Te Wairoa) 매몰촌—티 와이로아 매몰촌은 호수 건너편에 있는 타라외라 산에서 분출한 화산재로 인해 한 마을이 완전히 파묻혀 버린 마을을 다시 재현시켜 관광지로 활용하고 있는 곳이다.

정리를 잘 했는데, 특히 당시 나무에 걸린 재봉틀을 죽은 나무에 그대로 걸어 놔 두고 있어 당시의 상황을 상징적으로 잘 표현하였다. 구경하는 동안 물 속에서 노니는 잉어에게 먹이를 준다던가, 아름다운 사슴들이 뛰는 들판을 볼 수 있어 넓고 한가로운 면도 구경할 수 있었다.

매몰촌을 구경하고 호숫가를 쭈욱 돌다 보니까 멀리 화산이 폭발했던 타라외라산이 보였다. 이 매몰촌에서 그 화산까지 갔다 오는 관광코스가 있는데 이번에는 그 화산코스에는 참가하지 않았다. 그 산에는 1886년 대폭발 때 생성된 거대한 분화구가 마치 지옥의 문처럼 하늘을 향해서 입을 벌리고 있다고 한다.

▲1886년 대폭발 때 생성된 거대한 분화구가 지옥의 문처럼 하늘을 향해서 입을 벌리고 있는 타라외라 산

팡가레이의 휘들러 씨

3시 30분이 넘어서 호수를 출발하여 되돌아오는 길에 운전사가 로토루아 공항까지 데려다 주었다. 5시 45분 출발을 한 오클랜드행 비행기 위에서 내려다보는 로토루아 호수는 한 폭의 그림처럼 아름다웠다. 오클랜드에서 비행기를 바꾸어 타고 6시 50분 다시 이륙하였다. 8인승 비행기라고는 하지만 4명 밖에 타지 않아 상당히 적적한 비행기는 좁은 육지 위를 나르기 때문에 양쪽에 바다가 보이는 환상적인 경치였다. 같은 비행기 삯을 내고 자가용 비행기처럼 경비행기를 타고 재벌 대접을 받는 여행은 뉴질랜드 여행의 또 다른 맛이다.

7시 30분 팡가레이(Whangarei)에 도착하였다. 공항에는 75세의 휘들러 씨가 차를 가지고 마중을 나와 있었다. 휘들러 씨는 몇 년 전 한국에 왔을 때 우리 집에서 민박을 했던 분이기 때문에 마치 가족을 만나는 것처럼 반가워했다. 사실 뉴질랜드 여행을 계획할 때 오클랜드 북쪽은 크게 신경을 쓰지 않았는데 휘들러 씨가 뉴질랜드에 오면 반드시 자기 집에 들려야 한다고 몇 번 당부하여 계획에 포함시킨 것이다.

이 곳 지명을 왕가레이(Whangarei)라고 쓰는데 현지의 발음으로 들어보니 분명히 팡가레이라고 발음하고 있었다. 인구 4만의 팡가레이는 크지도 작지도 않은, 적당히 인간답게 살 수 있는 규모라는 생각이 들었다. 시내로 들어가는 도중에 항구에는 수 없이 많은 요트들이 정박되어 있는데 여기에서는 자동차를 가지는 것이 소원이 아니라 요트를 가지는 것이 소원이며, 우리가 현재 자동차를 가지는 이상으로 요트는 부의 상징이 되고 또 자존심이 된다고 한다. 이 요트 정박소에는 이 현지 사람들만이 아니라 각국에서 와서 정박한다고 한다. 휘들러 씨도 몇 년 전까지만 해도 요트를 가지고 있었는데 이제는 나이가 들어서 요트 타기가 힘들어 팔아버렸다고 한다.

10여 분 달리니까 바로 집에 도착하였다. 계곡 언덕 위에 지은 아담한 집인데 창문을 내다보면 바로 계곡이다. 부인은 휘들러 씨 보다 훨씬 키가 크고 눈이 후리후리하여 활달한 거인 같은 인상을 주었다. 그러나 부인은 그런 인상과는 달리 "비행기에서 식사를 했느냐?", "저녁 준비는 이미 되어 있다"는 등 아주 자상한 면을 보여 주었다. 식사를 하고 나서 내일 준비를 했다. 멀리서 찾아온 친구를 위해서 피아노를 쳐 보여 주고, 파아노를 치겠느냐, 차를 마시겠느냐, 텔레비전을 보겠느냐 등 여러 가지로 친절을 베풀었다.

오늘 일정을 되돌아보면 몇 천리를 달린 것 같은 감이 든다. 침대에 돌아온 뒤에도 휘들러 씨는 시간이 없겠지만 졸리지 않으면 보라며 침대 머리맡에 몇 가지 에스페란토 책을 마련해 놓고, 저녁에 자다가 목이 마르면 마시라고 물병과 컵도 가져다 놓고, 자기의 한국 방문 때 찍었던 사진 앨범도 갖다 놓는 등 무엇인가 해주고 싶어 어쩔 줄을 모른다. 여행할 때 아름다운 경치보다는 때때로 이처럼 가족처럼 환영하는 집에서 묵는 것도 여행 중 향수를 달래는데 좋다. 몸이 피곤해서 11시쯤 잤는데, 휘들러 씨와 얘기할 시간이 짧았던 것이 못내 아쉬웠다.

▶ 팡가레이의 휘들러 씨 부부. 부인이 훨씬 키가 크고 눈이 후리후리하여 활달한 거인 같은 인상이다.

베이 오브 아일랜즈

1월 8일, 6시에 기상해서 샤워를 하고 7시에 출발을 하였다. 오늘은 베이 오브 아일랜드(Bay of Island)를 구경가기로 한 날이다. 75세의 휘들러 씨가 안내를 하기로 해 직접 차를 몰았다. 베이 오브 아일랜드를 굳이 우리말로 옮긴다면 다도해, 즉 섬이 많이 있는 만이라는 뜻이다. 출발하자 빗방울이 좀 떨어지는 것 같았는데 휘들러 씨는 이미 우산을 두 개 준비하고 있었다. 비가 오건 안 오건 오늘은 일단 베이 오브 아일랜드를 보기로 일정이 이미 잡혀 있는데 비 때문에 집에서만 쉴 수는 없는 것이다. 길에 오고가는 차들 중에는 오래된 자동차들이 아주 많았고, 길 주위의 숲엔 뉴질랜드 삼나무(Flax)와 소나무, 그리고 카모(kamo)라는 오스트레일리아산 키 큰 나무들이 꽉 차서 웅장한 감을 주었다.

아홉 시가 거의 다 되어서 파이히아(Paihia)라는 곳에 도착하였다. 이 파이히아는 다도해를 보는 기점이 되는 곳이다. 짧은 시간이지만 남아 있는 15분 동안에 잠깐동안 마을을 구경하였다. 여기에는 윌리암 기념 교회라는 곳이 있는데 1828년 최초의 선교단이 와서 머물렀던 교회이다. 그러니까 170년의 역사를 가진 교회다. 교회 안에는 큰 노퍽(norfork)소나무가 한 그루가 서 있는데 1835년에 심은 것으로 뉴질랜드에서 가장 오래된 것이라고 한다. 이 노퍽 소나무는 마치 전나무처럼 웅징하고 힘차게 가지를 뻗은 것이 특징인데 여기 외에도 중요한 곳에는 대부분 이 나무가 심어져 있다. 노퍽이란 영국 동부의 한 주의 이름이기 때문에 많은 사람들이 이 나무를 영국에서 가져왔다고 하지만, 휘들러 씨는 '이 나무의 원산지는 태평양의 어떤 다른 섬인 것으로 알고 있다'고 했다.

9시에 유람선이 파이히아를 떠났다. 배가 떠난 지 10분쯤 지나서 배가 멈칫하고 휘들러 씨가 가리키는 곳을 바라보았더니 멀리 떨어진 섬에서 배 갑판에 타고 있는 사람들을 망원렌즈로

파이히아
베이오브아일랜드의 중심도시로 오클랜드에서 240km 쯤 떨어져 있다. 파이히아는 마오리어로 '좋다'라는 뜻의 파이와 영어의 히어(here)가 합쳐진 것이다. 뉴질랜드에서 최초로 세워진 교회인 세인트 폴 교회(St. Paul church)가 있다. 이 교회는 1823년 헨리와 윌리엄스 형제에 의해 건설된 석조 건물로 원래는 목조였으나 1925년에 석조로 개조되었다.

러셀 섬 Russell Island

파이히아에서 페리를 타고 10분쯤 가면 닿는 섬으로 오클랜드로 수도가 옮겨지기 전까지 뉴질랜드의 수도였다. 마오리가 처음 도착했을때는 '코로라레케'라고 불리웠으나, 부족간의 싸움으로 혼란스럽자 마오리 대표가 이들을 철수하게 했다. 이 와중에 유럽인들과 마오리간의 싸움이 일어난 결과, 유럽인들이 정착을 하게 되었다. 와이탕이 조약 이후 이름을 러셀로 바꾸고 7개월 간 수도 역할을 하였다.

케리케리 Kerikeri

마오리의 농경중심지로 고구마 농장이 활발했던 지역이다. 마오리어로 "계속 땅을 판다"라는 뜻으로 19세기 초 유럽의 선교사들이 서양식 농기구와 농경법을 도입하여 농경문화가 번성했다. 1819년에는 선교 본부가 세워져 뉴질랜드 기독교 전파에 초석이 된 곳이다. 1822년 존 버틀러 목사가 지은 캠프하우스는 뉴질랜드에서 가장 오래된 유럽풍 목조 건물이며 1832년 지어진 스톤 스토어(stone store)는 가장 오래된 석조건물이다.

사진을 찍고 있었다. 지금 찍으면 돌아올 때 그 사진을 찾을 수 있다는 것이다. 배가 떠나자 세 명의 여자들이 표를 받고, 또 팔 것을 내놓고, 청소를 하고, 열심히 움직이기 시작하는데 그 가운데 한 사람은 이미 사진 살 사람들 신청을 받고 있었다.

15분 쯤 지나자 러셀이라는 곳을 지나는데 돌아올 때 들린다고 한다. 시원하게 파도를 가르고 바다를 향해서 달리는 배는 거의 두 시간만에 게헤이 베이(Gehei Bay)라는 곳에 도착한다. 바닷가 가운데 있는 아주 조용한 섬인데 관광객들을 위해서 아주 잘 다듬어진 섬이다.

배를 내리자마자 곧 바다 속을 구경하는 잠수함을 탔다. 잠수함은 해군 잠수함처럼 물 속으로 들어가는 것이 아니고 위 부분은 떠 있으나 아래 부분이 물 속에 잠기고 모두 투명한 유리로 되어 있어 수중을 바라볼 수 있는 관광선이다. 배 밑으로 들어가면 한 쪽에 15명씩 앉을 수 있고 양 쪽으로 30명이 앉을 수 있는 의자가 있고 그 양 쪽에는 투명유리이기 때문에 바다 속을 환히 들여다 볼 수 있는 구조로 되어 있다. 배가 출발하여서 얼마 가지 않아 바다풀이 보이기 시작하고 이어서 물고기들이 나타나기 시작한다. 평생 보지 못했던 태평양 바닥이 보이고, 평소에 보지 못했던 특이한 물고기들이 바로 눈 앞에서 노닐며 다가온

▶ 파이히아에서 유람선을 타고 떠나는 다도해 관광

다. 상당히 특이하고 재미있는 관광선이다.

20분 정도 바다 밑을 구경하고 돌아와서 부두에 내린 뒤에도 여러 가지 재미있는 것을 볼 수 있었다. 물이 대단히 맑기 때문에 물 속에서 노니는 고기떼들을 한 눈에 볼 수 있고, 그 고기를 잡는 낚시꾼의 낚시도 보이고 고기를 무는 광경까지도 그대로 보였으며, 그 고기를 잡아먹기 위해서 물 속을 헤엄쳐 휘젓고 다니는 새도 마치 영화에서 특수하게 수중 촬영한 것처럼 들여다 보였다.

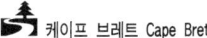 케이프 브레트 Cape Brett
베이오브아일랜드에서 가장 유명한 관광코스로 파이히아(paihia)에서 페리를 타고 우루푸카푸카 섬에 들러 점심을 한 후 케이프 브레트의 바다에 있는 홀 인 더 록(hole in the rock)을 통과하여 파이히아로 귀환하는 일정이다.

다도해의 구멍섬

이번 다도해 관광 중에서 역시 가장 피크를 이룬 것은 구멍섬을 통과하는 것이다. 이게 바로 홀 인 더 락(Hole in the rock)이라고 하는데, 거의 100명 이상이 타는 큰 배가 섬 중앙에 있는 구멍을 통과하는 대단히 흥미진진한 모험이었다. 이 섬의 이름은 마투코카코(Matukokako)라고 부른다. 영어로는 피어씨 아

100명 이상이 타는 큰 배가 섬 중앙의 구멍을 통과하는 구멍섬 관광

일랜드(Piercy Island)라고 하는데 피어씨라는 말은 구멍이 뚫렸다는 말이니까 구멍섬이라고 할 수 있다. 1970년대 초 필자가 울릉도에 갔을 때 이런 구멍섬을 통과해 본 경험이 있는데, 울릉도 북부에 있는 구멍섬은 규모는 더 작지만 작은 보트로 지나기 때문에 파도가 훨씬 심하고 더 큰 박력을 느꼈던 기억이 난다. 여기는 구멍이 크고, 배도 훨씬 크기 때문에 더 안전했었다.

▶러셀은 뉴질랜드 최초의 수도였다.

2시가 다되어 러셀에 도착을 하였다. 러셀은 비록 일곱 달만에 다른 곳으로 옮겼지만 뉴질랜드 최초의 수도였으며, 그 후에도 포경선의 기지로써 사용되었던 섬이다. 돌아오는 길에 여기에서 20~30분간 쉬기 때문에 시내구경을 한 뒤 2시에 러셀을 출발했다. 이때 보트 한 대가 맹렬하게 우리 배를 쫓아오면서 가까이 왔다 좌로 갔다, 우로 갔다 하며 아슬아슬한 해상곡예를 벌이기 시작하였다. 우리가 탄 배가 갈라놓은 파도 위를 춤을 추듯이 넘어갔다 하면서 거의 환상적인 곡예를 해 가면서 우리 배에 접근을 한 보트는 선원들에게 무엇인가를 전해주고 사라졌다. 바로 이 배를 몰고 온 사람이 우리가 떠날 때 사진을 찍었던 사진사로서 그 사진을 빼서 배에다 전해 준 것이다. 물론 도착했을 때 줄 수도 있겠지만 이처럼 배에 타고 있는 전체 관광객들에게 즐거움을 선사하며 멋있게 장사하는 것도 하나의 상술이 아닌가 하는 생각이 들었다.

북섬 관광을 하루만에 마치다니

배는 2시 7분 파이히아에 도착하였다. 우리는 생선튀김과 주스를 사서 간단하게 식사를 하고 또 다시 여행을 계속 했다. 3시에 와이탕기(waitangi)에 도착하였다. 이 와이탕기는 1832년 영국이 이 곳에 최초로 이주한 뒤, 1840년 2월 6일 최초로 이주해 온 제임스 버스바이(James Busby) 집 정원에서 45인의 마오리족 추장과 영국 정부사이에 조약을 체결한 것으로 유명하다. 이 조약에 의해 마오리족은 영국의 주권을 인정하고, 영국 국민으로서 권리와 의무가 주어지며, 토지소유권의 보호를 받게 되었다. 지금도 뉴질랜드 공휴일 가운데 2월 6일은 바로 와이탕기 데이(Waitangi Day)라고 해서 기념일로 지정되어 있다. 와이탕기라는 말은 와이(wai)는 물이라는 뜻이고 탕기(tangi)는 시끄럽다는 뜻이라고 한다. 지금도 그 정원에는 박물관으로 개조되어 당시에 사용되었던 책이나 가구 등이 전시되어 있으며, 넓은 잔디가 깔린 아름다운 바닷가 언덕 위에는 마오리 집회소와 카누가 전시되어 있다.

>
> **와이탕기조약**
> 유럽의 식민정책으로 인해 유럽인이 진출하자 원주민인 마오리족과의 충돌이 일어났다. 그것을 해결하기 위해 체결한 조약이 와이탕기 조약이다.
> 1840년 2월 6일, 와이탕기에서 영국을 대표하는 윌리엄 홉슨과 마오리족의 수장들 사이에 체결되었다(이 날은 뉴질랜드 건국 기념일 '와이탕기데이'로서 국민의 축일로 되어 있다).

3시 45분까지 와이탕기를 보고 나서 4시 20분에 캐리캐리에 도착하였다. 캐리캐리 가까운 곳에 민속촌이 두 군데가 있는데, 우리는 그 가운데서 야외 박물관인 레워즈 빌리지(Rewa's Village)를 구경하였다. 옛날 원주민들의 생활상을 복원해놓은 것인데, 특히 뉴질랜드 전국에 있는 각종 식물들을 옮겨 심어 놓고 거기에 설명과 원주민이 사용했던 이름들을 붙여놓아 뉴질랜드의 식물을 전체적으로 보는데 큰 도움이 되었다.

▲캐리캐리 근처의 야외 박물관 레워즈 빌리지 Rewa's Village

5시에 푸케티(Puketi)숲에 도착했다. 이 푸케티 숲에는 우리 양팔로 재서 다섯, 여섯 아름 되는 엄청난 나무들이 꽉 찬 숲이다. 푸케티 숲은 카우리소나무로 가득 차 있는데, 이 카우리 나무는 굉장히 오래 사는 소나무과의 식물로서 수액을 채취해서 사용하고 또 나무도 재질이 좋아 목재로도 사용된다. 여기서 조금 더 떨어진 타네마우타(Tanemahuta)라는 곳에 있는 것 가운데서 가장 큰 것은 둘레가 13m 77cm이고 높이가 무려 51m 51cm라고 하며 나이가 1200년이나 된 것도 있다고 한다. 여기에도 그 만큼은 크지 않지만 거의 비슷한 나무들이 수없이 빽빽하게 차 있는 카우리 숲이 바로 이 푸케티 숲인 것이다.

찾아오는 사람들이 그다지 많지 않기 때문에 호젓한 길을 가다가 가끔 사람들을 만나면 서로 반가워하였다. 휘들러 씨는 나의 카메라 가방을 어깨에 둘러메고 다니면서 "나는 건강하다"라고 부르짖으며 아무리 가방을 달라고 해도 절대 주지 않을 정도로 노익장을 과시했다. 사실 75세의 노인이 하루 종일 운전하고, 관광하고, 걷고 한다는 것 자체가 무리인데 카메라 가방까지 메고 다니는 그 노익장은 부럽기 한이 없었다. 캐리캐리 숲에서 만난 한 아주머니는 나에게 물었다. "어디서 왔느냐, 며칠간이나 여기서 보냈느냐?", 내가 "오늘 하루보고 내일은 호주로 떠나야 한다"고 했더니 "이 북쪽(북섬의 북쪽)을 하루에 보다니 호주로 가는 것을 취소하고 더 머물러 보세요, 이곳 경치는 호주하고 비교할 수 없습니다. 호주는 호주 사람 아닌 사람이 구경 다니는 곳이예요."라고 자신 있게 뉴질랜드 북섬의 아름다움을 자랑하였다.

5시 40분 출발하여 귀가 길에 들어섰다. 6시 15분쯤 오랜만에 만난 마을 모에레와(Moerewa)의 한 슈퍼에 들어가서 환타를 사서 마셨다. 3시간 동안 돌아다니면서 마실 것을 살 수가 없어서 둘이 모두 엄청나게 목이 마른 상태였다. 나도 그렇지만 세 시간 동안 물 한 모금 마시지 않고 운전하고 걸어다니는 노인이 크게 걱정이 되었다. 모에레와를 떠나서 10분쯤 지나자 카라왜라(Karawera)라는 마을을 지나게 되었다. 카라왜라 시내를 들어서서 한참 달리던 휘들러씨는 길바닥을 보라고 한다. 길바닥을

와이탕기 Waitangi

파이히아의 북쪽에 있으며 1840년 2월6일 영국과 마오리 족이 역사적인 조약을 맺었던 곳이다. 뉴질랜드의 건국을 이룬 도시로 역사적인 장소들이 남아있으며 와이탕기 조약 기념관이 있다. 이 기념관은 1832년 당시 영국 공사였던 제임스 버스비가 살던 곳으로 1840년 마오리 추장과 영국 외교관들이 이 곳에서 조약을 체결하였다. 길이 35m로 80명의 전사들이 탔던 전쟁용 카누인 나토키마타와오루아(ngatokimatawhaorua)가 볼 만하다.

보니 거기에 기차 레일이 깔려 있었다. 이 레일은 시내를 다니는 전차의 레일이 아니고 기차가 도시 한 복판을 지나가고 있다. 이 도시는 바로 그 대로를 따라 기차가 달리는 것으로 유명한 도시라고 한다. 우리가 지나는 동안에는 기차가 지나가는 것을 못 봤지만 기차가 지나갈 때 거기를 달리던 자동차들은 어떻게 하는지 보고 싶었다. 여러 가지 모양의 기암괴석을 모아 놓은 히꾸랑기(Hikurangi)를 지나서 7시에 휘들러 씨 집에 도착하였다.

지금 마우리족이 어디 있느냐?

휘들러씨 부인은 이미 맛있는 호박죽을 쑤어 놓고 기다리고 있었다. 파란 숲으로 꽉 찬 계곡을 바라보면서 뜰에서 저녁식사를 하며 휘들러 씨 집안 얘기를 들었다. 부인은 68세로서 남편보다 7살이 아래인데, 40년 전 28살에 35살인 휘들러 씨와 결혼을 했다고 한다. 아들 둘에 딸 둘을 두었는데 맏아들은 멜보른에 있고, 둘째 아들은 미국에서 박사학위를 따서 남아 있고, 큰딸은 시드니에, 막내는 오클랜드에서 아직도 공부를 하고 있다고 한다. 자식이 넷이 있지만 역시 마지막을 함께 보내는 것은 부부밖에 없구나 하는 생각이 들었다. 휘들러 씨는 원래 지방법원의 판사였는데 정년퇴직을 한 뒤 지금은 법률고문으로서 일주일에 12시간만 일하고 부인은 간호원이라고 한다. 얼마 전에 방광암으로 고생하다가 수술로 떼어내고 인공방광을 달고 다닌다고 하는데 그 몸을 가지고 하루종일 대장정을 함께 했었다는 것이 기적만 같다.

저녁 식사를 마치고도 한가지 일이 더 남아 있었다. 바로 옆집에 마오리족이 살고 있다고 해서 어제 저녁 부인에게 그 마오리족 가정을 방문할 수 있도록 부탁을 했는데, 부인이 이미 주선해 놓았던 것이다. 휘들러 씨가 통역 겸 안내로 같이 갔다. 아주

케이프 렝아 Cape Reinga
뉴질랜드 최북단에 위치한 곳으로 북섬에서 가장 아름다운 해변인 90마일 해변을 차로 달려가는 곳이다. 90마일 비치는 실제로는 64마일 밖에 되지 않는다. 모래가 바닷물 때문에 굳어져서 버스가 지나갈 수 있다. 주변의 모래언덕에서 썰매를 탈 수도 있다. 케이프 렝아에는 북섬의 끝임을 나타내는 흰 등대가 있으며 태즈먼 해와 태평양이 만나는 바다를 내려다 볼 수 있다. 죽은 자의 혼이 고향인 하와이키로 돌아가는 여행이 시작되는 곳이라는 마오리의 전설이 서려있어 성지로 추앙 받는 곳이다.

뉴질랜드 사회

뉴질랜드의 전체인구는 약 350만 명으로 그 대부분은 백인이며 약 10% 정도를 마오리족이 차지하고 있다. 일상용어는 영어(뉴질랜드 영어)를 사용하며 마오리어가 공용어로 사용되고 있다. 종교는 성공회가 24.3%이다. 뉴질랜드는 다른 선진국과 마찬가지로 사회복지제도가 잘 되어 있으며 현재는 복지 예산을 삭감하고 있는 단계이나 아직도 세계적인 수준을 유지하고 있다.

호탕하고 강력한 목소리와 인상을 가진 젊은 주인이 나와서 반갑게 맞아 준다. 집안에는 부인과 나이 든 아버지, 그리고 여섯 아이들이 있었다. 물론 여섯 아이들 모두 자기 집 아이들이 아니지만 다른 사람에 비해서는 상당히 대가족이라는 생각이 들었다. 주인은 자기를 마이컬(Michael)이라고 소개했다. 이름 뒤에 마우하에레 카케(Mauhaere Kake)가 더 추가되는데, 여기서 '올라가다' 라는 뜻을 가진 '카케' 가 성이고 '마우하에레' 는 바로 자기 아버지의 이름이며, 그리고 주인의 이름 마이컬은 사실 영국식 이름인 것이다.

마오리족도 족보를 가지고 있는데 이 족보를 파카파파(fakapapa)라고 한다. 오클랜드의 전체 마오리족들은 나풀티(Ngapuhi)족이라고 하는데, 그 가운데 여자들을 나티 하우(ngati hau)라고 하고, 남자들을 나티 파키(Ngati paki)라고 한다고 한다. 그런데 실제로 현재 뉴질랜드 북섬에서 살고 있는 마오리족들은 약 2만 명 정도 밖에 안 된다고 한다. 그에 비해 호주로 이민 간 마오리들이 대단히 많아서 시드니에만 20만 명의 마오리들이 살고 있어서 오히려 북섬보다 더 많이 있다고 한다. 그래서 그런지 나이든 아버지는 이렇게 소리 지른다. "지금 마오리가 어디 있느냐? 진짜 마오리는 없다." 라고 단언하고 있었다.

▶부인과 나이든 아버지, 여섯 아이들이 있는 팡가레이의 마오리 가족은 상당한 대가족이다

부인은 여호와의 증인을 믿어 나에게도 여호와의 증인을 설명하느라 열심이었다. 집 안에는 아이들이 여섯이나 있었는데 다른 친척 일가가 두 세 명이고 아마 그 집 아이들은 세 명이나 네 명이었던 걸로 기억하고 있다. 그러나 일반적으로 생각했을 때 작은 가정은 아니고 대가족에 속하지 않느냐 생각이 들었다. 10시 10분쯤 돌아와서 마지막 밤, 얘기를 좀 나누다 피곤하여 일찍 잤다.

조용한 공항, 정겨운 이별

1월 9일, 6시 25분 기상하여 여유 있게 식사도 하고, 계곡을 바라보고 휘들러 씨와 함께 앨범도 보았으며, 집에서 내려다 보이는 자기 회사도 가르쳐 주며 아침을 즐겁게 먹었다. 자기 직업에 대해서 화제가 되자 휘들러 씨는 얘기를 했다.

"내 일생동안 많은 월급을 받지는 못했다. 그러나 대단히 흥미로운 일이 많았다."

다시 말해서 돈을 버는 것이 인생의 목적이 아니라 자기가 바라고 재미있고 흥미로운 일에 더 가치를 두고 살았다는 얘기가 되는 것이다. 20년 전에 자기가 탔던 피아트 자동차

◀ "내 일생동안 많은 월급을 받지는 못했다. 그러나 대단히 흥미로운 일이 많았다." — 휘들러씨는 자기가 좋아하는 것을 즐기며 살고 있다.

를 아직도 집 안에 두고 마치 전시하는 것처럼 아끼고 있는 것을 보면 자기가 좋아하는 것을 즐기며 인생을 살고 있다는 것을 알 수 있다. 현재는 부속품이 없어서 깨끗하게 닦아서 전시해 놓고 있지만 처음 살 때만 해도 전 뉴질랜드에서 가장 비싼 차였다고 자랑을 한다.

7시 8분 쯤 집을 출발, 20분 쯤 공항에 도착하여 7시 30분 비행기를 기다린다. 여기에서 출발하는 비행기는 대부분 10명 이

내의 적은 인원이 타는 비행기이기 때문에 함께 비행기를 타는 사람이 많지 않다. 그래서 그런지 공항에는 떠나는 사람을 위해 많은 배웅객들이 나와서 즐겁게 얘기하고 앉았었는데, 사람들이 많지 않기 때문에 아무리 배웅객이 많이 와도 한가로워 보이고 정겹게 보인다. 최근 우리는 공항에 마중이나 배웅을 나가는 것을 후진국의 한 형태로 보고, 될 수 있으면 삼가도록 캠페인까지 벌이는 상황인데, 한가롭고 정겨운 배웅 광경을 보면서 '너무 많이 살아서 문제이지 공항에 마중 나오는 것이 무엇이 나쁜가' 라는 생각이 들었다. 결국은 사람들이 너무 많이 살고 복잡하게 살다보니까 가까운 사람이 떠날 때 배웅해 주고 사람이 올 때 마중 나오는 아름다운 풍습이 마치 잘못된 것처럼 잘 못 되어 가고 있는 것이다.

비행기가 떠올라서 멀어질 때까지 휘들러 씨를 비롯한 환송객들이 계속 손을 흔들고 있었다. 시골 비행장에서만 볼 수 있는 아름다운 풍경이었다. 비행기가 떠오르자 곧 바다 위를 선회하여 남쪽으로 기수를 돌렸다. 그리고 또 다시 푸른 목장 위를 지나가기 시작하였다. 8시 10분 쯤 오클랜드 공항에 도착하였다. 거기에서 뉴질랜드 대회에 참석하고 돌아오는 한무협 회장 일행을 기다려, 좀 늦게 도착한 두 분과 함께 오랜만에 호텔에 들었다. 오클랜드에 사는 에스페란토 회원들이 모두 대회에 참석하고 있기 때문에 민박이 불가능하기 때문이다.

오클랜드

오클랜드는 뉴질랜드의 최대의 도시이며 문화와 경제의 중심지이며 남·북섬의 균형있는 발전을 위해 웰링턴으로 수도를 옮겨가기 전까지 뉴질랜드의 수도였다. 인구는 약 32만이며 광역 오클랜드는 90만명이다. 시내의 모습은 미국 샌프란시스코를 닮아, 높은 언덕과 경사가 많고 두 육지가 하버브리지라고 하는 다리로 연결되어 있다. 뉴질랜드의 주요 관문 도시이기 때문에 매년 100만명 이상의 해외관광객이 방문하여 27억불 이상을 소비함으로써 관광산업이 활성화 되었고, 관광 관련 직장들이 많다.

오클랜드의 한국식당

호텔에 들어와서 좀 쉰 뒤에 오늘은 오래간만에 한국음식을 먹어보고 싶은 생각이 들어 우선 전화번호부를 뒤졌다. 뉴코아 코리아 레스토랑이라는 전화번호가 나와 전화를 걸었더니 호텔에서 가까운 곳이라고 한다. 아직 점심시간이 좀 이르지만 일찍 가서 자리를 잡고 식사를 시킨 뒤 식당 주인으로부터 한국에서 이민 오신 분들에 대한 얘기라든가 식당을 하게 된 동기 등을 들었다. 1993년 1월 당시 뉴질랜드 돈으로 25만 달러, 즉 우리 나라 돈으로 약 1억원 정도면 투자이민을 올 수 있다고 한다. 대체적으로 공산품은 외국에서 수입하기 때문에 서울에 비해서 비싸지만 전기, 물, 휘발유라든가 쌀, 감자 같은 것들은 대체적으로 한국보다도 싸다고 한다.

오클랜드의 기후
해양성 기후에 속하며 연평균 12℃, 여름18℃, 겨울11℃ 정도이다.

한국사람들이 이 곳에 와서 식당을 하는 사람들이 몇 명 있지만, 대체적으로 큰 상점은 일본인들이 하고, 중국인들은 사 가지고 나가서 먹는 테이크어웨이 식당을 하고, 작은 구멍가게는 주로 인도사람들이 한다고 한다. 아직 한국인들은 크게 자리를 잡지 못했기 때문에 대체적으로 식당을 하고 한국인들을 상대로 하는데, 점점 뉴질랜드 현지인들도 한국 음식에 대해서 관심을 갖고 먹기 시작한다고 한다. 한국음식점을 시작한 주인 이창원 씨는 1991년 2월에 이민 와서 1992년 7월 15일 식당을 개업했다는데 원래 한국에서도 민물장어구이집을 했었던 사람이라고 한다. 뉴질랜드에 와서 한국과 같은 장어구이집을 해보기 위해서 장어를 조사해 보았더니 아주 질이 우수한 장어가 생산되어 장어구이 집을 냈다고 한다. 마오리족들도 먹고 영국으로 수출까지 할만큼 질이 좋지만, 아직 장어구이의 참 맛을 모르는 뉴질랜드 사람들이 처음에는 와서 먹으려고 하지 않았으나 넉고

◀마치 한국에서 먹는 것처럼 음식들이 다양하고 가격도 한국과 비슷한 오클랜드의 한국식당

오클랜드 공항-시내 교통

택시가 가장 빠르고 편리한 교통수단으로 약 20분 소요에 요금은 N$40 정도이며, 셔틀버스는 주요 호텔까지 N$20 정도이다. 이밖에 다운타운 에어터미널까지 가는 녹색미니버스는 더욱 저렴한 교통수단이다.

오클랜드의 식당

★뉴코아
장어요리·불고기·김치찌개·된장찌개 등 특히 장어구이가 유명한 집으로 디저트 서비스까지 좋다. 오클랜드 최고의 한국식당.
주소 : Parnell Village
영업 : 11:00~23:00

★Prego
스파게티, 닭요리 일품인 이탈리아 식당
주소 : 226 Pronsonby Rd.
전화 : 09-376-3095
영업 : 12:00~00:30

나면 계속 온다고 한다.

한국에서 이민 온 사람들은 최근 선물가게라든가 또는 관광지에서 모텔이나 식당 같은 것들을 하기 시작했는데, 아직은 사업을 폭넓게 하지는 못하고 있는 상태라고 한다. 한국 관광객도 최근에는 많이 늘어났으며, 대체로 여름, 그러니까 한국의 겨울에 많이 온다고 한다. 오클랜드에는 현재 한국사람이 2,000명 정도 살고 있고, 크라이스트처치에 200명, 더니든에 20여 명, 로토루아에 20여 명, 그리고 웰링턴에 한 100명 정도 살고 있으나 아직은 한국사람들만으로 시장권이 형성되기에는 이민인구가 너무 적다고 한다. 오클랜드는 서울 넓이의 1.5배인데 인구는 90만 밖에 안 된다고 한다. 이것은 앞으로 한국사람들이 이민을 와서 정착을 할 수 있는 많은 가능성을 시사해 주고 있는 것이다. 보통 만 명 이상이 되면 스스로 상권을 형성할 수 있다고 하는데, 현재 중국인들은 3만명이 거주하고 있어 자기들끼리 시장권을 형성하여 중국인만을 상대로 하는 장사가 가능하다고 한다.

마치 한국에서 먹는 것처럼 음식들이 다양하고, 가격도 한국과 비슷했다. 된장국과 된장찌개가 12달러, 12달러면 4800원, 갈비탕이 15달러, 약 6000원 정도니까 한국보다 약간 비싼 감이 든다. 육계장 17 달러, 장어는 28달러 받고 불고기는 약 18달러이니까 8000원 정도이다. 볶음밥이 7달러, 그리고 오무라이스, 카레, 잡채, 김밥, 불고기덮밥 같은 것들은 5.5달러에서 9.5달러까지 다양한데 라면이 의외로 비쌌다. 6.5달러이니까 2400~2500원, 컵라면은 4.5달러, 한국에서 수입하니까 어쩔 수 없는 것이고 또 한국에서도 식당에서 먹을 때는 그런 정도 줘야 하니까 너무 비싸다는 생각은 들지 않았다. 냉면이 15달러, 김치는 따로 2달러씩을 받았다. 한국에서 양념을 모두 가져와야 되기 때문에 한국보다는 다소 비쌀 수밖에 없다는 것이 식당 주인 이씨의 얘기이다. 양념 값이 비싸기 때문에 한국에서 들어올 때 여러가지 양념이나 라면 같은 것을 많이 들여오는데 한국인들이 하도 특이한 것을 많이 가져오기 때문에 뉴질랜드 세관에서도 특별히 조사가 심하다고 한다. 고추장 같은 경우도 일반 고추장은 괜찮은데 고추장에 고기라든가 또는 다른 것이 섞여있을 때는 세관통과가 되지 않는다고 한다.

오클랜드 역사 한눈에 보는 박물관

식사를 끝낸 우리는 하루종일 마음대로 타고 내릴 수 있는 버스표를 사서 시내 구경을 하기로 했다. 버스를 몇 번이고 탔다 내렸다 하면서 시내를 구경하다가 2시 30분부터 4시 30분까지 두 시간 동안은 박물관을 구경하였다. 이 박물관은 상당히 규모가 크고 아주 잘 진열된 박물관이었다. 특히 오클랜드에 대하여 자세하고 친절하게 전시해 놓은 방은 나의 관심을 끌었다. 오클랜드의 현재 인구가 90만이라고 하는데 아주 재미있는 분석표가 있었다. 오클랜드 인구가 100만의 4분의 1, 즉 25만이 되는데 백년이 걸렸고, 100만의 절반이 되는데는 25년이 걸렸으며, 3/4인 75만 명이 되는데는 15년 밖에 걸리지 않았다고 한다. 그러나 영원히 100만 명은 채우지 못할 것이라고 못박고 있다. 왜냐하면 자연증가보다 더 많은 사람들이 오클랜드를 떠나고 있기 때문이다. 얼른 생각하면 몇 년만에 100만이 찰 것으로 생각했기 때문에 이와 같은 분석은 상당히 뜻밖이었다.

오클랜드 사람 가운데 3/4은 뉴질랜드 출생이고 나머지 25%는 전부 1950년 이후에 이민을 온 사람인데 그 가운데 영국 사람이 60%, 호주에서 20%, 태평양의 각 섬들에서 10%가 오고, 아시아에서 5%, 기타가 5%라고 한다. 그런데 태평양의 각 섬에서 온 사람들은 놀고 낚시나 하고 연금만 축낸다는 비판을 받고 있다. 오클랜드에는 그런 태평양에서 오는 폴리네시안들이 세계에서 가장 많은 도시였는데 지금은 2% 미만이라고 한다.

오클랜드 박물관

340,000㎡의 아름다운 잔디 공원의 오클랜드 도메인(Domain)에 자리잡고 있는 오클랜드 박물관. 관광자가 꼭 보아야 할 장소이다. 오클랜드 박물관도 구경거리지만 앞에 펼쳐져 있는 도메인의 잔디가 일품이다. 여름철에 오시는 분들은 이 잔디에서 한 번 뒹굴고 싶은 기분을 가질 것이다. 그리고 그 밑으로 식물원이 있는데 역시 주변 환경이 너무 아름답다. 마음이 탁 트이는 곳… 그곳이 오클랜드 도메인과 박물관이다.
시내에 위치하여 손쉽게 찾을 수 있다.
버스(63, 64, 65번)는 빙빙 돌아 감, 택시를 타면 기본요금에 해당.
전화 : 09-306-7067
개관 : 10:00~17:00
요금 : 무료(특별전은 유료)
3층으로 구성되어 있고, 1층에는 마오리족에 관한 것이 소개, 2층은, 과학에 관한 것을 중심으로 꾸며져 있음. 3층에는 이 박물관의 하이라이트인 근대전투에 관한 전시장임.

시립미술관
14세기경의 유럽미술품이 많으며 뉴질랜드의 근·현대 미술 소장품도 있다. 대단히 유명한 작품들이 있진 않지만, 뉴질랜드다운 미술을 느낄 수 있다.
전화 : 307-7700
요금 : 무료(기부)

북쪽을 돌아다닐 때 보았던 엄청난 크기의 카우리 나무에서 나오는 진(resin = Gunm)을 사용한다는 얘기를 들었지만 그 용도에 대해서 자세히 몰랐었는데 이 박물관에 그 용도가 자세히 전시되어 있어 크게 참고가 되었다. 19세기부터 20세기초까지 이 진을 채취해서 페인트나 니스 같은 도료의 원료로 사용했으며, 송진 같은 그 덩어리가 굉장히 맑고 투명하며, 그 모양이 아름답고 여러 가지 모양을 내서 그 자체가 마치 보석처럼 장식품으로 사용되고 있다는 것을 알 수 있었다. 이 박물관이 아니면 볼 수 없는 특이한 것이었다.

3층에는 군사박물관이다. 대부분 군사문제는 따로 박물관을 설립하는데 이 곳에는 박물관 3층을 온통 전쟁사로 만들어 당시 사용한 무기 등을 전시하고 있다. 특히 세계 각국의 주요 전쟁에 참전하여 전사한 모든 뉴질랜드 병사들의 명단을 전시하고 있는데 한국전에서 전사한 41명의 이름도 잘 다듬어진 돌에 새겨져 있다. 명단 위에는 이렇게 씌어 있다.

"이 벽에 새겨진 이름은 다른 사람들이 자유와 함께 살 수 있도록 자신의 목숨을 바친 뉴질랜드인들이다(The names inscribed on this wall are those New Zealanders who gave their lives so that others may live in freedom)"

그 외에 1층 아시아관에는 고려자기 등 한국에 관한 전시물도 전시되어 있는데, 일본이나 중국의 문화재에 비해서는 적었지만 인구 100만도 안 되는 도시가 이런 정도의 전시물을 모집했다는 것이 대단하다는 생각이 들었다.

수족관 켈리탈톤
1985년 개장한 뉴질랜드의 최고의 명소. 찾아가는 길이 아름다워 기분 좋은 곳. 남극탐험관……남극탐험역사를 주제로 한 전시관.
★찾아가는 길
시티와 불과 자동차로 5분 거리에 위치. 버스 72~76번 노선을 이용하시면 됨. 버스로 약 15분인 장소.
전화 : 09-528-0603
입장료 : 어른 $22, 어린이 $10
개장시간 : 09:00~21:00

이민 1세대, 현지 전문가가 되길

오후 4시 30분 박물관을 나와서 다시 버스를 타고 커스텀거리를 지나서 오클랜드의 가장 중심가라고 할 수 있는 퀸 스트리트를 걸어보았다. 오클랜드는 경사도가 심한 언덕이라 밑에서부터 위로 올라가기는 힘들기 때문에 버스를 타고 맨 위로 올라가서 걸어 내려오는 방법을 택했다. 출발한지 얼마 안 되어 480번지에 한국 상사와 일미집이라는 음식점이 있어서 들려 보았다.

일미에는 육계장, 만두국, 비빔밥이 6~7달러로 오히려 우리 나라 보다도 더 싸게 팔고 있어서 일본사람이나 현지사람들도 상당히 많이 찾아온다고 한다. 한국 상점에는 생활정보라는 게시판이 있어서 나그네의 눈길을 끌었다. 떡국판매 개시, 떡국용 1kg에 5불 50센트, 떡볶기용 500g에 3불 50센트. 피아노 개인지도 XX대 피아노 전공. 라

▲생활정보가 가득 걸려있는 한국 상점의 게시판

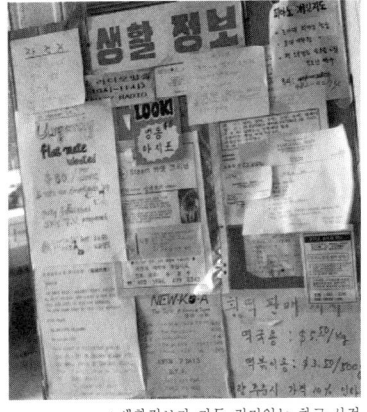

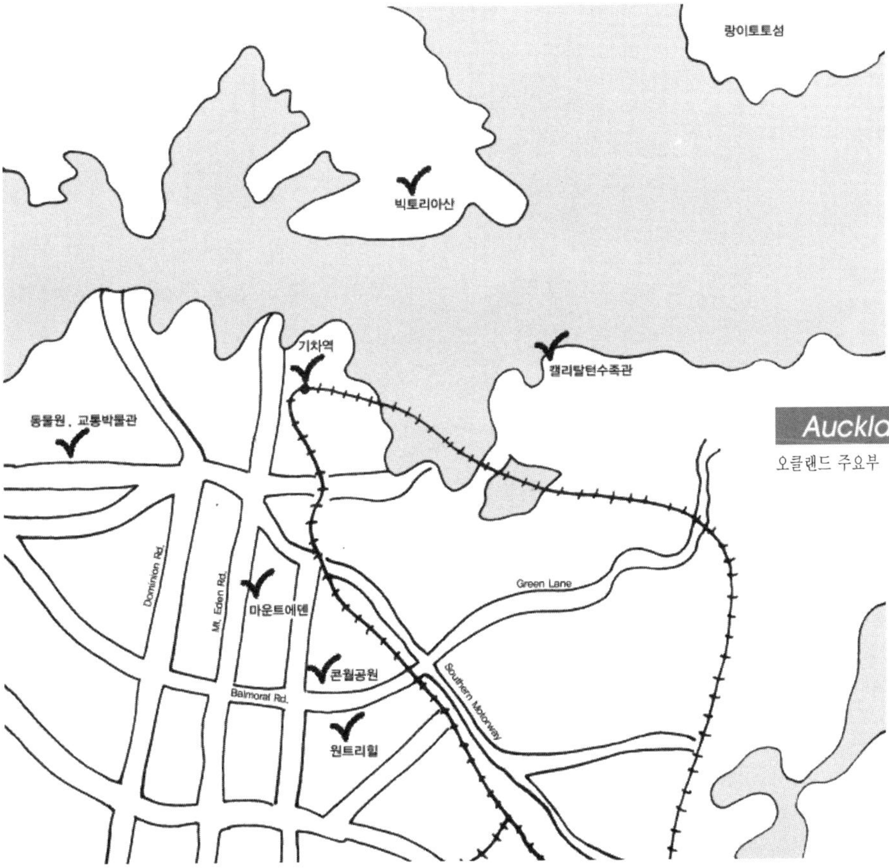

Auckland
오클랜드 주요부

디오 방송 10시에서 11시까지 등등 여러 가지 실제생활에 도움이 되는 정보가 가득 벽에 걸려 있었다. 한국상사에는 한국에서 들어오는 식품과 상품들이 거의 빠짐없이 있어서 한국에서 생활하는 것처럼 불편 없이 생활할 수 있을 것이라는 생각이 들었다. 그 외에도 녹용이나 꿀같이 한국에 비해 값이 싼 뉴질랜드 특산물들이 한국으로 고국방문을 가는 사람들의 선물용으로 파는 것들도 많이 있었다.

뉴질랜드 온 지 4년이 되었다는 윤용찬 씨가 경영하는 일미집은 소위 패스트 푸드 집이다. 점심 때 먹었던 식당보다 값이 싸지만 상당히 맛이 있고 가볍게 들 수 있는 곳이다. 이 곳에서 나는 뜻밖에 아주 젊은 청년들 세 사람을 만날 수 있었다. 부부인 신형철, 이현정 씨와 남편의 친구인 이유미 씨인데 모두 대학 동기라고 한다. 서울에서 일류대학을 나와서 어떻게 뉴질랜드로 이민 오게 되었는가 하는 문제에 대해 알고 싶어서 함께 이런 저런 얘기를 나누어 보았다.

처음에는 외국에 대한 막연한 동경에서 시작하여, '외국에 가서 공부를 하겠다', '친구가 가니까 같이 간다', 이런 생각으로 시작을 한다고 한다. 특히 미국 유학은 돈이 많이 들어 수학이 불가능하기 때문에 영어권인 호주나 뉴질랜드를 택하게 되는데, 최근에 호주 이민이 굉장히 어려워져 뉴질랜드로 오게 된다고 한다. 결국 이 젊은이들의 얘기는 여기서 공부도 하고 어느 정도 잘 돌아가면 다시 한국으로 돌아가거나 미국이나 하와이로 갈 수 있다는 생각을 갖고 있었다. 그러나 일단 이 뉴질랜

오클랜드의 숙소

★Auckland City YHA Hostel
주소 : Cnr. City Road & Liverpool Streets
전화 : 09-309-2802
숙박비 : 도미토리 N$19, 더블·트윈N$22
★YMCA
주소 : Pits StreeT & Grays Avenue
전화 : 09-379-3731
숙박비 : 도미토리 N$18
★Back Packers
주소 : Tuatangi Rd. Customs St.
전화 : 846-0096, 846-2800
도미토리 N$10, 더블 N$13

Backpacker 서상원 리포트 (6)

♬뉴질랜드의 진정한 밤하늘을 느끼고 싶다면!!!
Auckland Observatory(오클랜드 천문대)를 보려면 예약은 필요 없고 화요일과 목요일 오후 7시 30분부터 10시까지 연다. 어른은 6불이었고 애들은 3불, Senior Citizen은 4$이었다. 그리고 패밀리는 15$이었다. 전화는 (09) 625-6945이고 단체 예약은 (09) 624-1246이다. 크리스마스 휴일인 12월 20일부터 1월 3일까지였다. 이 곳은 월마다 주제가 있는데 12월은 The Night Sky였고 1월에는 Life on Board The Space Shuttles이다.

드라는 곳이 가능성이 있는 곳이라는 것엔 긍정을 한다. 다시 말하면 한국에 비해서 사업에 뛰어들기 쉽다는 것이다. 이제 한국에선 이미 자리가 잡혔기 때문에 새로운 사업을 하기 어렵고 설령 하려고 해도 한꺼번에 많은 자본이 필요한데 비해서 이 쪽에는 자본 단위가 적어도 사업을 시작하기 쉽고 또 한국에서는 아는 사람이 많아서 체면을 차리게 되지만 이 쪽에 오면 아는 사람이 없기 때문에 아무 것이나 바로 시작해 기반을 잡아서 사업을 점점 더 키울 수 있다는 것이다.

물론 젊은이들이 와서 영어도 배우고, 또 이런 가능성 있는 나라에 와서 사업을 시도 해보는 것도 좋다. 그러나 내가 그 날 젊은 사람들에게 하고 싶은 얘기는 간절했다. 여기에 와서 마치 지나가는 사람처럼 어느 정도 해서 자리가 잡히면 더 좋은 나라로 뜨겠다 이런 생각을 일단 접어두자. 그리고 젊은 혈기와 패기를 가지고 뉴질랜드에 관한 최고 전문가가 될 것을 권했다. 이민 올 사람들은 많지만 전문가는 드물다. 이민 초기 단계에서 지금 우리에게 필요한 것은 진정한 전문가인 것이다. 중국인들이 3만 명을 가지고 자체의 상권을 형성했다고 하면, 우리 한국 사람들은 3만 명 뿐만이 아니라 훨씬 더 많은 사람들이 이민을 와서 상권을 형성하고, 좀 더 극단적으로 얘기한다면 한국에서 350만

> **교통박물관**
> 시내에서 045 버스 이용.
> 오클랜드 동물원 옆.
> 모타트는 비행가 출신의 Richard Pearse 가 손수 만든 비행기를 비롯하여 옛날 증기 기관차, 인쇄기, 개척시대의 소방차들이 전시되어 있다. 또한 안쪽으로 들어가 보면 1840년대에서 1920년대의 마을 모습도 그대로 재현해 놓았다.
> 개관 : 오전 10시~오후 5시
> 전화 : 09-846-7020
> 요금 : N$8.50

◀오클랜드의 중심에 위치한 한국 식당

명이 온다면 뉴질랜드 인구하고 맞먹을 수 있지 않겠는가. 그러자면 젊고 능력 있는 각 방면의 전문가가 수 없이 많이 나와야한다. 뉴질랜드는 확실히 살기 좋은 땅이고, 넓은 땅이고, 가능성이 있는 땅이라면 돈벌어 떠나가는 정거장이 아니라 한국사람이 와서 살기 좋고 경제적으로 풍요한 나라로 만들어가며 살겠다는 각오가 필요한 것이다. 이것이 뉴질랜드를 위해서도 좋고, 한국을 위해서도 좋지 않겠느냐는 생산적인 의견을 제시했는데 젊은 사람들은 상당히 동의를 표시했다.

조금 가지고 부자로 사는 나라

일미집에서 저녁식사를 하고 젊은이들과 애기를 한 뒤, 두 분은 구경을 더 하고, 나는 오래간만에 호텔에 일찍 돌아와 쉬었다.

1월 10일(일), 새벽 5시 30분에 일어나 목욕하고, 짐 정리하고, 뉴질랜드를 떠날 준비를 하였다. 9시쯤 호텔 체크아웃하고 짐을 맡긴 뒤 걸어서 커스텀 거리를 갔더니 바로 I 포인트 앞에 서울식당이 있었다. 의외로 한국식당이 많다. 거기서 조금 돌아가니 버스 종점이 있어서 거기서 원 트리 힐(One Tree Hill) 가는 길을 물어서 빅토리아에 가서 버스를 탔다. 10시 40분 출발하여 11시에 원 트리 힐 대공원에 도착하였다.

83m의 산꼭대기에는 현존하는 것 가운데 가장 큰 파가 있는데 이 파라는 것은 마오리족의 요새를 말하는 것이다. 중턱에는 콘월공원이 펼쳐져 있고, 정상에는 이름 그대로 한 그루의 소나무가 서 있는데 오클랜드 교외에서 멀리 시내를 바라볼 수가 있었다. 걸어서 올라갔다 오는데 한 시간 정도 걸리는데 그다지 쉽지가 않았다. 구경을 마치고 어제 갔었던 일미집에 가서 점심식사를 하고, 택시로 하이얏트 호텔에 가서 짐을 싣고 공항에 도착하였다. 오후 3시 오클랜드를 출발한 콴타스 항공기로 14일간

원트리 힐 One Tree Hill

시티와 불과 자동차로 5분 거리. 시내에서 가는 버스 정류장은 빅토리아 거리와 퀸 거리의 교차점 옆에서 30번이나 31번 버스를 타면 됨. 원트리 힐 근처에는 National women's Hospital 병원이 있어 더욱 편리. 오클랜드 전체 지도에서 가장 심장부에 위치하고있는 이 원트리 힐과 공원은 누구나가 찾는 아름다운 공원이다. 입장료는 꽁짜!

개관시간 07:00~19:00

원트리 힐은 해발 183미터이고 전에 마오리 족들의 요새였다. 왜? 원 트리 힐이라면 말 그대로 정상에 나무 한 그루가 서 있다고 해서 One Tree Hill인 것이다. 전에 정신 이상자가 도끼 들고 정상에 있는 나무를 자르려고 하였는데 결국 많은 노력 끝에 나무는 살아났고 잘못하면 No Tree Hill(?)이 될 뻔한 적이 있었다. 꼭대기에는 오클랜드 시의 창시자인 로건 켐벨 경의 기념비가 서 있다. 올라가는 길인 콘웰(Cornwall Park)은 너무나도 아름다운 공원이다. 공원에는 양들과 소들을 방목하여 한 폭의 그림과 같은 공원이다.

의 뉴질랜드 여행을 모두 마치고 호주를 향하여 태즈먼 해를 날랐다.

　드디어 16일간의 뉴질랜드 여행을 마치고 이 나라를 떠난다. 비록 짧은 기간이었지만 전국을 비교적 자세하게 돌아보며 여러 사람들과 많은 대화를 나눌 수 있어 얻은 것이 많았다. 선진국이나 식민지를 겪었던 나라들을 제법 많이 다녀 본 나는 다른 나라에 비해 식민지 경영이 잔인하지 않았고 원주민인 마오리 문화를 잘 보존하고 있는 뉴질랜드에서 새로운 근대문화를 발견할 수 있었다는 것이 소득이었다. 현재의 세계지도에 그려진 down under(뉴질랜드가 가장 남쪽으로 그려져 있기 때문에 down under라고 한다)를 거꾸로 바꿔, 뉴질랜드를 세계의 상층에다 그린 지도와 엽서를 만들어서 팔며 자기의 자존심을 지

◀원트리 힐83m의 산꼭대기에는 현존하는 것 가운데 가장 큰 파가 있는데, 정상에는 이름 그대로 한 그루의 소나무가 서 있고 오클랜드 교외에서 멀리 시내를 바라볼 수 있다

키려고 노력하는 국민적 분위기도 인상깊었다. 결론적으로 작은 것을 가지고 아주 부자로 사는 국민이 아닌가 하는 생각이 들었다.

한국사람들이 처음 갈 때는 자동차 운전대가 거꾸로 되어 있기 때문에 조심해야 되겠고, 현지의 키위잉글리쉬라든가 마오리 문화에 대해서 기본적으로 연구를 하여 그 문화에 적응을 할 필요가 있지 않을까 하는 생각이 든다.

둘째 마당 : 호주

첫째마디
남호주

아델라이드로 가는 길

아델라이드 Adelaide

미개척지의 오지로 향하는 관문이자 축제의 주로 알려진 사우스 오스트레일리아주의 아델라이드는 세인트 빈센트 만에 접하여 있고, 인구 95만 명의 대도시로 호주에서 가장 한가하고 여유로운 도시로 알려져 있다. 독특한 스타일과 개성, 그리고 19세기의 역사의 흔적이 남아있는 고풍스런 도시이자 빅토리아, 에드워드 시대풍의 건물과 잎이 무성한 공원 등이 잘 조화되어 있는 도시이다. 또한 아델라이드는 휴양도시로서 유명하다. 아델라이드 시 근교의 포도농장에서는 호주 최고의 포도주를 생산하며, 남호주산 참치와 조개류는 항공편을 통해 수출되고 있다. 런들 스트리트(Rundle Street)를 따라 늘어서 있는 야외 카페들이 이국적인 정취를 느끼게 한다. 이 밖에도 아델라이드 축제(Adelaide Festival)는 세계적인 수준의 연극, 음악, 춤을 시민들에게 소개하는 장으로서, 현대 미술과 문화의 화려한 축제이다.

오후 3시 뉴질랜드 오클랜드를 출발한 비행기는 4시 25분 호주 시드니 공항에 도착하였다. 시간으로 보았을 때는 1시간 25분밖에 안 걸렸지만 사실은 시차가 2시간이 있었기 때문에 3시간 25분이 걸린 셈이다. 비행기가 뉴질랜드를 떠나자마자 3시 반을 1시 반으로 2시간을 뒤로 돌렸던 것이다. 국제선에 도착하여 여권을 검사하고 있는 관리들을 보니 그 인상이 뉴질랜드보다 더 날카롭게 보이는 것은 뉴질랜드에서 느꼈던 순한 인상 뒤에 오는 선입견이 아닐까!

국제선을 나와 순환버스를 타고 국내선으로 갔다. 국내선은 안세트항공(AN)을 지나서 오스트레일리아 항공(TN)으로 이어진다. 우선 호주 국내선 예약부터 확인하였다. 패스에는 예약 상황이 적혀 있지 않기 때문이다. 패스라는 것은 콴타스가 국내선인 TN을 인수해 가지고 국제선을 콴타스로 이용한 승객에 한해서 파격적인 싼 가격으로 판 국내선 항공패스를 말하는 것이다. 국내 항공료에 비해서는 상상할 수 없을 정도로 싼 가격이었기 때문에 이번 항공여행이 가능했던 것이다. 사실 호주는 큰 나라이기 때문에 유럽과는 달리 기차여행이나 버스여행이 그다지 편리하지 않다. 더군다나 짧은 시간에 전 호주를 여행해보고 싶은 나에게는 이 싼 항공표가 여행을 결심한 결정적인 동기가 되었다. 호주투어에 전화해 호텔 예약 상황을 확인하고 이층에서 6시 50분 아델라이드 행 비행기가 출발할 때까지 기다렸다.

그 동안에 뉴질랜드에서 호주

▶ 짧은 시간에 전체 호주를 여행하고 싶은 나에게는 파격적으로 싼 항공표가 여행을 결심한 결정적인 동기가 되었다.

호주 — 남호주
Australia - South Australia

로 오는 비행기 안에서 만난 서튼 여사와 함께 얘기하여 지루한 줄 모르고 보낼 수 있었다. 서튼 부인은 웰링턴에 갔을 때 민박을 해 준 할머니로서 아델라이드에서 열리는 에스페란토 여름학교에 참가하기 위해서 가는 중이었다. 적극적이고 활달한 성격은 여기서도 여전해서 주위 사람들과도 터놓고 얘기를 하고, 내가 무엇인가 알고싶어 하면 곧 알아주는 등 적극적으로 도와주었다. 우리 뒤에 앉은 신부의 인상이 대단히 특이하여 관심을 가졌더니 서튼 부인이 지체없이 다가가 말을 걸어서 궁금증을 해소해 준다. 상당히 낡은 신부복을 단정히 입고 큰 십자가를 허리에 두른 신부님의 인상은 매우 독특하였다. 희랍정교나 러시아 정교 신부 같았는데 확실치 않아서 물어보았던 것이다. 두껍고 따스한 손으로 내 손을 꼭 잡아주며 굵은 톤으로 얘기하는 신부님은 그러나 내 형편없는 영어보다 더 못했기 때문에 마음은 따뜻하게 통했지만 말은 잘 통하지는 않았다. 조금 있으면 영어 잘하는 아들이 올 것이라며 미안해했는데, 내가 알고자 한 것은 대강 알 수 있었다. 즉, 터키에서 온 동방정교회 신부라는 것으로 이해를 하였는데, 조금 뒤에 뚱뚱한 아들이 와 훌륭한 영어로서 설명을 해주었다. 호주에도 정교회 교회가 있어서 아버지는 그 교회에서 일하고 있는데 지금 멜버른에 사는 신도 가정에 문제가 있어서 가는 중이라고 한다.

6시 50분 시드니를 출발한 비행기는 8시 25분 아델라이드에 도착하였다. 아델라이드와 시드니는 시차가 30분이라고 한다. 세계 60개 나라를 다녔지만 시차가 30분 단위로 되어있는 곳은 처음이다. 호주는 시차가 세 단위로 나뉘어 동부와 서부가 세 시간 차이인데 동부하고 중부하고 30분 차이가 나기 때문에 중부와 서부는 한 시간 반 차이가 나는 아주 특이한 시차를 적용하고 있다. 거기에다가 섬머타임도 동쪽, 동쪽 중에서 남쪽만 실시한다던가, 하는 식으로 주에 따라 달리 실시하기 때문에 내 질문을 받은 스튜어디스도 헤매기는 마찬가지였다. 시간을 조정하지 않은 상태에서 8시 25

아델라이드 관광

아델라이드는 도시 정비가 잘되어 있어 초행의 여행자도 쉽게 지리를 파악할 수 있는 장점이 있다. 이 도시 관광을 준비하기에 제일 좋은 곳은 트래블 센터이며 시내 주요관광명소는 걸어서 둘러보기에 충분하다. 단 근교 여행은 교통이 조금 불편한 편이므로 투어를 이용한다.

분 도착하였으니 여기서 30분을 빼는 것이 현지 시간이 된다. 7시 55분 도착인 것이다. 아델라이드 에스페란토 회장인 마가렛 박사가 마중 나와 있었다. 우선 아퀴네스 칼리지에 가서 에스페란토 여름학교에 참가신청서를 내고 호텔에 와서 일찍 쉬었다.

아델라이드의 슈실한 강 트랜스는 호수다

1월 11일, 쿵쾅거리는 소리에 잠을 설치고 새벽 4시 30분 기상. 아침 일찍 한국에 전화 거는 법을 전화번호책에서 찾아보았다. Country Direct Call 번호가 001-4-88-1-820으로 아주 복잡하고 긴 숫자인데 공중전화에서는 시내 기본요금을 넣어야 하고 호텔에서 걸 때는 서비스요금으로 6달러를 받는다.

오늘부터 오스트레일리아 여름 에스페란토 학교에서 강의를 하는 날이다. 오전 중에는 초급반과 중급반을 맡았다. 초급반에서는 오스트레일리아에 대해서 스스로 말을 해보도록 유도하고 중급반에서는 개개인의 자기소개 시간을 가졌다. 중급반 10명은 호주 각지에서 온 각계각층의 사람이 모여 있어서 상당히 재미있었다. 41살의 시드니에서 온 태리 씨는 자전거 공장에서 일한다는

▶ 강이 없는 아델라이드에 강이 있는 것처럼 만들기 위해서 호수를 강이라 이름 붙인 트랜스강

데 아직도 총각인 이유를 이렇게 말했다. "자전거 타는게 취미인데 아직 자전거를 함께 탈 사람이 없다." 초등학교 선생인 베를로 씨는 58세에 달했을 때 나이를 잊어버려 그 때부터 지금까지 계속 58세라고 주장한다. 33세인 프랑크씨는 3년 전에 결혼하여 아직 아이는 없지만 집에 부인과 고양이와 말이 있다고 강조. 시드니에서 온 초등학교 교사 베티 씨는 다섯 명의 양자를 키우고 있다고 한다. 수학 선생인 33살의 클래어 아가씨는 집안 가족이 매우 다양하다. 고양이 3마리, 개 두 마리, 모르모트 8마리, 그리고 어항에 물고기가 6마리가 있다고 한다. 그리고 유모와 12살 난 딸이 하나 있다고 하는데 미스라고 한 것을 보면 아마 이혼을 한 모양이다. 브리스베인에서 온 덴마크계의 케이 할머니는 남편과 아들 셋이 있는 피아노 선생이다. 17살의 이본느 양은 고등학교를 졸업하면 화학을 전공하겠다는 학생. 강의를 문법이나 어학 위주로 하지 않고 회화 위주로 하기로 하고, 학생들도 다양하기 때문에 앞으로 훌륭한 수업이 되리라 본다.

점심식사 후 마가렛 회장 집으로 숙소를 옮겨 짐정리를 하였다. 2주 동안 강의를 맡으면서 지출을 줄이기 위해 회장 집에서 민박을 하기로 한 것이다.

오후 3시부터 학생들과 함께 시내구경을 나갔다. 여름학교가 열리고 있는 아퀴나스 칼리지는 아델라이드시 북쪽 Montefiore Hill에 있는 라이트 전망대 바로 옆에 위치하고 있나. 전망대에는 윌리엄 라이트 대령의 동상이 서 있는데 그 동상 뒤에는 "내가 수도를 잘 선택했는지 못 했는지는 후세 사람들이 판단할 것이다"라는 유명한 문구가 새겨져 있다. 아델라이드 사람들은 아델라이드 역사의 시작이 동부와는 다르다는 점에서 크게 차별화하는 것을 자랑으로 삼는다. 즉, 시드니를 비롯한 동부는 유럽의 죄수들이 실려와 현지 원주민들을 무자비하게 대량 학살하면서 도시를 세운 반면 아델라이드에 온 사람들은 뒤에 신사들이 정식으로 이민을 와 도시를 세웠기 때문에 교회의 도시가

 아델라이드의 교통

아델라이드는 바둑판의 눈금과 같이 깨끗하게 구획 정리되어 있어서 돌아다니는데 큰 지장은 없다. 아델라이드의 주요 교통수단은 버스와 트램(Tram), 비 라인(Bee-Line), 택시, 렌터카 등이 있다.

★공항교통
시내 중심까지 공항 버스(A$4) 또는 택시(A$11), 소요시간 25분

★버스
아델라이드의 공공 교통 기관인 STA(State Transport Authority) 에서 노선버스를 운행한다. STA의 요금은 존(Zone)제를 채용하고 있다.

★트램 Tram
아델라이드에는 시민들의 발이 되고 있는 빅토리아 광장과 글레넬그 비치를 약 30분만에 잇는 트램이 있다. 운행시간은 9:00에서 17:00까지 약 20분 간격으로 운행된다.

★비 라인 Bee-Line
STA가 운행하는 무료버스. 빅토리아 광장에서 출발하는 단거리 버스이다.

▲비 라인 버스 타는 곳

되었다고 자랑스러워한다.

천천히 걸어서 공원 같은 숲을 내려오면 트랜스강을 만난다. 아델라이드에서 유일한 강인데 사실은 강이 아니라 호수라고 한다. 강이 없는 이 도시에 강이 있는 것처럼 만들기 위해서 호수를 파고 강이란 이름을 붙였다고 한다. 흐르는 물이 아닌데다 유람선이 다니기 때문에 물이 더러웠다. 뉴질랜드에서 깨끗한 물만 보다 구리색 탁한 물을 보니 다른 나라에 왔구나 하는 생각이 들었다. 아델라이드 시내에서는 수도꼭지에서 나온 물로 식수를 할 수는 있지만 먹어보니 맛은 그렇게 좋지 않았다. 햇빛이 몹시 뜨거웠지만 가로수 그늘 때문에 상쾌한 산보를 할 수 있었다.

돌아와서 한 시간쯤 잤다. 저녁에는 친교시간을 갖고 서로 가까워지는 행사들을 하였다. 영어를 쓰는 나라에 와서 영어가 아닌 국제 공통어 에스페란토를 사용한다는 것은 영어에 미숙한 나로서는 신나는 일이었다.

▲아델라이드는 정식적으로 이민을 와 신사적으로 세운 도시이기 때문에 교회의 도시가 되었다고 자랑스러워 한다 - 아델라이드 시내 전경

슈명 학생들과의 2주간 수업

1월 12일, 오늘 오전에는 상급반 강의를 시작하며 우선 전체적인 참가 학생들의 소개를 들어보았다. 에스페란토를 나보다 더 오래 한 사람들도 있고, 각지에서 에스페란토를 가르치고 있는 사람들일 뿐만 아니라 오스트레일리아 에스페란토 협회의 임원들까지 참여하여 실제로 내가 외국사람이라는 것을 빼고 나면 학생이나 선생이나 실력 차가 없는 편이었다. 캔버라대 법대 교수이고 국회의원과 장관을 지낸 앤더비씨와 부인, 캠브리지대에서 불어와 독어를 가르치다 불과 5개월 전에 멜버른대학으로 온 비숍 교수와 부인 등 유명인사로부터 시작하여, 컴퓨터

를 가르치는 젊은 여선생 제이는 브리스베인에서, 컴퓨터 프로그래머로서 일본서 2년 근무했다는 청년 알렌은 시드니에서 왔고, 치과의사인 죠는 북쪽 도시인 다윈에서 왔다. 전화국 국장이라고 소개하는 에딩턴 씨는 서쪽 퍼스에서 왔으며 남부의 수도인 아델라이드에서도 몇 명이 참석하여 그야말로 전 호주 각지에서 참석하였다. 이미 어학실력이 완벽하고 또 사회경험도 풍부한 학생들이기 때문에 가르친다는 것보다는 함께 토론을 한다는 생각으로 2주일을 보내기로 하였다. 그래서 주로 동양사상에 대한 부분을 가지고 문제를 제기하면 그것에 대해서 깊

🦘 **라이트 전망대 Light's Vision**
우리나라의 남산처럼 시내를 조망하기에 가장 좋은 장소이다. 전망대에는 아델라이드를 건설한 윌리엄 라이트 대령의 동상이 서있으며, 아델라이드 시가지를 한눈에 볼 수 있다.

Adelaide
아델라이드 주요부

호주 — 남호주
Australia - South Australia

박물관

1856년에 설립된 건물로 오스트레일리아와 오세아니아 제도의 자연과 문화, 역사에 관한 자료를 방대하게 전시하고 있는 박물관이다. 특히 오스트레일리아의 원주민인 애버리지니에 관계된 다양한 생활 도구들과 작품을 통해서 독특한 전통 문화를 배울 수 있다.
장소 : North Terrace
개관 : 10:00~17:00
휴일 : 굿 프라이데이, 크리스마스
요금 : 무료
전화 : 08-8207-7500

이 토론하는 형식을 취했기 때문에 학생들은 동양사상을 접할 수 있는 기회를 갖게 되고 필자는 그러한 사상에 대한 호주인들의 관점을 들을 수 있어서 서로에게 큰 도움이 되었다.

내 수업은 주로 오전 중에만 있기 때문에 오후에는 시내 관광과 앞으로의 여행일정을 짜고 준비하는데 시간을 보낼 수 있었다. 오늘 오후 3시부터 5시까지는 박물관 구경을 갔다. 입구에 선 3미터 정도 높이의 나무 화석은 마치 아직도 고사된 나무처럼 서있고, 들어서기 전 왼쪽에 밖에서도 들여다보이는 창을 통하여 엄청나게 큰 고래 뼈대가 전시되어 있어 그것만 보고도 본전을 찾은 기분이었다. 내부에는 원주민인 애버리지니에 관계된 갖가지 수집품과 원주민들의 고향인 뉴기니, 멜라네시아 등에서 수집한 각종 민속품들, 그리고 오스트레일리아의 여러 가지 새나 동물에 대해서 아주 잘 전시되어 있었다. 회원 중에 한 사람이 박물관 안내원 자격증을 가지고 있어서 자세한 설명을 들을 수 있었던 것도 행운이었다.

남호주의 서울식당

저녁식사는 한국식당을 찾아가서 하기로 했다. 하이드(Hyde)

스트리트 63번지에 있는 유일한 한국 식당인 서울식당은 호주에 이민 온 지 20년이나 되는 김범길 씨가 운영하는 곳이었다. 하이드 스트리트는 번화한 거리가 아닌 조용한 곳인데 하이드 스트리트에 들어서자 바로 일층에 한식과 일식을 겸한 서울식당 간판이 보이고 이층에는 한문으로 무덕관이라고 쓴 태권도 도장이 있어 금방 찾을 수 있었다. 점심식사로는 불고기(7.2 달러) 잡채(6 달러) 등이고 저녁에는 같은 불고기라도 8달러를 받았으며 정식이 13달러인데 갈비정식도 13달러여서 의외로 고기가 싸다는 생각이 들었다. 불고기가 8달러인데 비해서 짬뽕 7.5달러, 비빔밥 9달러, 불고기 우동 7.5달러 등의 가격을 보면은 서울과는 약간 다르다는 느낌이 들었다.

김범길 씨는 이민 온 뒤 시드니에서 8년을 살다가 이곳 아델라이드에 온 지 12년이 됐다고 한다. 아델라이드 인구가 100만 정도 되는데 한국인은 유학생을 포함해서 300여 명 정도가 살고 있다고 한다. 시드니보다도 조용하고 깨끗한 도시이기 때문에 정착을 하였는데 장사를 하기에는 시드니보다 더 힘들다고 한다. 김범길 씨도 아델라이드가 노예도시가 아니고 교회도시라는 사실을 들면서, "물론 아델라이드가 시드니에 비해서 돈벌기는 좀 더 힘들지만 일 한 만큼 벌 수 있고 살기 좋은 곳"이라고 강조한다. 좌석이 70석으로 제법 큰 식당인데 튀김우동 같은 일식도 겸해서 하는 것은 한국 갔다온 일본인들이 김치를 먹으러 자주 오기 때문이라고 한다. 오늘은 공부도 하고 박물관 구경도 하고 한국음식도 맛있게 먹은 멋진 하루였다.

세인트 피터스 성당
고딕양식의 첨탑이 아름다운 세인트 피터스 성당은 1904년에 완성되었다. 밤이 되면 조명이 비추어지는데 환상적인 아름다움을 자아낸다.
장소 : King William St.
개관 : 13:00~17:00
휴일 : 토, 일요일
전화 : 08-8267-4551

아델라이드 - 음식
아델라이드에는 많은 수의 레스토랑이 있는데 그 중에서도 특히 레스토랑이 많이 모여 있는 곳은 하이드 스트리트와 구거 스트리트이다. 하이드 스트리트에는 값싸고 맛있는 레스토랑이 많고, 구거 스트리트에는 차이나타운이 위치해 있다.

▲하이드 스트리트의 서울식당과 태권도장인 무덕관

런들 몰 Rundle Mall
노스 테라스와 평행을 이루면서 조성되어 있는 런들 몰은 이 도시 최고의 쇼핑지역이라고 할 수 있다. 주변에는 백화점과 선물가게, 카페 등이 많은 아델라이드의 가장 번화한 거리이다.

아델라이드 – 쇼핑
아델라이드 시내에서 가장 유명한 쇼핑상가는 런들 몰(Rnudle Mall)이며 이곳에서는 아델라이드 주요 백화점과 대형상점들이 모여있다. 아델라이드의 주요 쇼핑품목은 남호주 포도 재배지역에서 생산된 세계적 수준의 포도주와 원주민의 예술품과 초콜릿, 과일 등이 있다.

일주일에 하루는 이렇게 마시고 논다

1월 13일, 오늘 오후는 동물원 구경을 갔다. 열대지방 동물이 많고, 우리나라에서는 볼 수 없는 동물들이 많기 때문에 새로운 구경이 되었다. 이 곳 동물원은 어린이들이 염소, 양, 송아지, 캥거루 등과 직접 놀 수 있도록 배려한 것이 참 특이하였다. 우리나라처럼 철창 안에 가두어 두고 멀리서 비스킷이나 던져주는 그런 형태가 아니고 직접 접촉하며 놀 수 있도록 하는 것은 자연과 친해질 수 있는 계기가 된다는 점에서 좋았다.

오늘은 선크림과 방충제를 사러 시내에 나갔다. 팔마씨(pharmacy)나 케미스트(chemist)라는 간판이 붙은 곳에 가면 된다. 이 곳에서는 오존층이 뚫리고 공기가 건조하기 때문에 반드시 선크림을 발라야 한다고 한다. 여기 사람들이 모자를 많이 쓰고 다니는 이유를 알았다. 매일 오후 돌아다니려면 나도 모자가 필요하다고 생각이 되어 모자를 사려고 했으나 모두 작아서 맞지가 않았다. 모자가 작은지 머리가 큰지.

저녁식사 이후에 윌리암 라이트 동상 앞에서 아무나 연설하는 시간을 가졌다. 모두들 자연스럽게 잔디밭에 둘러앉고 아무나 나가서 하고 싶은 얘기를 마음대로 한다. 나는 평소에 내 장

▶ 호주사람들은 일주일에 하루는 이렇게 모여서 이웃과 함께 마시고 놀며 즐긴다

기인 골빈당 당수 연설을 해서 많은 갈채를 받았다. 연설회가 끝나자 20여명이 가까운 술집으로 한꺼번에 몰려가 한 잔씩 하며 노래를 불렀다. 어느새 준비했는지 꼬마 아코디언, 바이올린, 숟가락 같은 것들이 등장하여 훌륭한 연주단을 만들었다.

아코디언은 피아노 선생님인 케이 할머니가 맡았는데 대단한 음악성을 가진 할머니였다. 세 아들을 장가보내고도 곱상하게 늙은 할머니는 나이에 걸맞지 않게 매사에 적극적이고 리더십이 좋았다. 홍콩에서 이민 온 2세라는 캄리 씨는 바이올린을 썩 잘 켰다. 가장 젊은 아줌마인 제이 선생은 맥주가 한 잔 들어가자 숟가락 악기를 신나게 두드려 댄다. 이 숟가락 악기는 밥 먹는 숟가락이 아니라 숟가락으로 만든 교묘한 악기이다. 한국의 술집 같으면 마시는 게 위주이고 거기서 노래가락이 곁들여지는데 여기서는 맥주 한 컵 씩 시켜놓고는 두 시간, 세 시간 놀아대는데 모두 다 한가락 씩 한다. "호주사람들은 일주일에 하루는 이렇게 마시고 논다"라는 필립씨의 말이 실감난다. 나는 "두류산 양단수를 예 듣고 이제 보니 도화 뜬 맑은 물에 산영조차 잠겼어라, 아이야 무릉이 어디냐 나는 옌가 하노라"라는 옛 시조를 우리가락에다 붙여 멋지게 불러 젖히고 난 뒤에 그 내용을 번역하고 우리의 음이 서양의 7음계와 달리 황·태·중·임·무 5음계라는 것을 설명을 하자 연이어 앙콜이 들어왔다. 앙콜이란 똑같은 노래를 다시 부르는 것이기 때문에 나는 또다시 "두류산…"을 불렀다. 내 노래와 설명을 들은 케이 할머니가 서양음악에서도 옛날 스코틀랜드에서는 7음계가 아니고 5음계였다며 직접 연주까지 해 보여 주었다. 나로서는 처음 들은 얘기였는데, 또 연주까지 들으면서 케이 할머니의 음악성에 다시 한번 놀랬다. 10시 30분까지 마시고 노는데 노래만 하는 것은 아니다. 주위에 서로 앉은 사람들과 대화도 진지하게 계속되었는데, 내 옆에 앉은 밥 씨가 덴마크와 영국을 오가며 살다 50년대에 호주로 이민 온 얘기를 진지하게 들려주어 호주의 이민사를 이해하는데 크게 도움이 되었다.

🦘 아델라이드 — 페스티벌

아델라이드는 문화적 자부심이 대단한 곳으로 매 짝수 해 3월에 개최되는 아델라이드 축제(Adelaide Festival)는 세계적인 수준의 연극, 음악, 춤을 시민들에게 소개하는 장으로서, 현대미술과 문화의 화려한 만남이 있는 축제이다.

★ 아델라이드 아트 페스티벌
짝수 해의 3월 하순부터 4월초까지 3주 동안 열리는 예술제이다. 페스티벌 센터를 비롯해 아델라이드 시내 전역에서 연극과 무용, 콘서트와 카니발이 흥겹게 공연되는 사우스 오스트레일리아 최대의 행사이다.

★ 우메들레이드 Womadelaide
우메들레이드는 아트 페스티벌의 일환으로 펼쳐졌던 것이 독립된 행사로 발전한 야외 월드뮤직페스티벌이다.

★ 바로사밸리 빈티지 페스티벌
Barossa Valley Vintage Festival
오스트레일리아에서 최고급 양주를 생산하는 바로사 밸리의 타눈다(Tanunda), 누리우파(Nurioopa), 앵거스톤(Angastone) 등을 중심으로 홀수 해에 열리는 축제.

호주에서는 모자를 쓰자

1월 14일, 오늘은 폴랜드에서 5명이 더 도착하여 식구가 더 늘었다. 아침 8시 30분부터 약 한 시간 동안 윌리엄 라이트 동상 앞에서 텔레비전 녹화가 있었다. 주로 호주, 특히 남호주에 대한 여행과 한국에 관한 것, 그리고 에스페란토에 관한 것 등등을 얘기하였다. 내가 에스페란토로 얘기하면, 엔더비 회장이 영어로 번역을 하였다.

9시 30분에 교실에 들어오자 학생들이 갑자기 어제 술집에서 불렀던 노래가 듣고 싶다고 하며 한 번 불러 달라고 요청했다. 엊저녁의 유명한 "두류산…"이 학교에 쫙 퍼진 것이다. 나는 주저 없이 "두류산…"을 시작하였다. 이 두류산은 나중에 호주의 텔레비전에서도 나왔다고 한다. 5시 뉴스에 나왔다고 하는데 녹화해 놓았다니 나중에 한번 봐야겠다.

점심때는 오늘 저녁 강연을 하기 위해서 온 랄프 해리 씨와 대화를 나누었다. 해리 씨는 UN 대사를 두 번 지내고 월남전 때는 월남 대사를 한 유명인사다. 자기가 UN 대사로 있을 때 한국이 남한에서만 정부수립을 하기 위해 투표하려는 것을 반대표를 던졌다고 술회한다. 물론 본국의 훈령대로 한 것이지만 지금도 잘한 것이라고 확신을 갖고 있다. 그 당시 이미 남북 분단이 고착화될 때 생기는 문제점을 예견했었기 때문이라고 한다. 그 이외에도 한국 문제에 대해서 해박한 해리 씨와 많은 얘기를 나누었다.

오늘 오후에는 서호주 관광안내소에 가서 몽키마이아(Monkey Mia)에 가는 비행기편을 알아보았다. 아델라이드에 있는 동안에 한국에서 구할 수 없었던 서호주와 북호주 및 중앙호주에 관한 정보를 얻어 여행일정을 조정할 수 있어서 다행이었다. 몽키마이아로 가는 비행기는 일주일에 월·목·금 3번뿐이고 그것도 요금이 217불이나 된다고 한다. 217불이란 왕복요금이기 때문에 돌아오는 길은 자동차로 오면서 여러 관광지를 들러 보려고 편도만 부탁

아델라이드 — 생활정보

음료수 : 식수로 사용가능
시내전화요금 : 30¢
국제전화요금 : 한국까지 1분에 2.10
우편요금 : 오스트레일리아 국내서신 41¢, 국외, 한국까지 서신 80¢, 항공엽서 70¢, 그림엽서 70¢
시차 : 한국보다 30분 빠름.
전압, 주파수 : 240V/891㎐
한국어 TV, 라디오 방송(TV는 한국과 다른 PAL 시스템으로 한국 TV는 사용불가)
자동차정보 : 국제면허 사용가. 면허취득용이.

할 수 없느냐고 했더니 여기저기 장거리 전화를 해서 물어보고 월요일 다시 오면 가부를 일러 준다고 한다. Scinic Flight는 최소 2명 이상이어야 하는데 하루 관광이 480달러 정도라고 한다. 주근깨가 많은 한 아가씨가 장거리전화로 현지 관광회사에 직접 물어서 아주 친절하게 답해 주었다.

드디어 모자를 하나 샀다. 11.90달러라고 써 붙여진 것을 5달러에 샀다. 대단한 세일이다.

오늘 오후 6시 현재 이 곳 아델라이드는 섭씨 38도라고 한다. 한국에서라면 모두 문을 열고 괴로운 시간을 보낼텐데 다행히 여기는 습기가 많지 않아 견딜 수가 있다. 그런 날씨에 오후 내내 시내구경을 하였다. 물론 선크림을 발랐지만 주름살이 파인 속까지 많이 탔다. 수많은 백화점들이 중국 물건들을 엄청나게 들여와 세일을 하고 있었다. 그러나 이 곳 특산품은 역시 오팔이고, 인디안의 예술품도 유명하다.

저녁에는 새로 온 폴랜드 사람들과 함께 밤거리를 구경하고 아델라이드 남쪽의 산 중턱에 있는 윈디 포인트(Windy Point)에 가서 야경을 즐겼다. 바둑판같은 거리에 불빛들의 찬란한 야경도 아름다웠지만 처음으로 남십자성을 보았다는 사실이 특이할 만 하다.

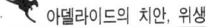 **아델라이드의 치안, 위생**
치안정보 : 시내 일부지역(Hindley St. Parkland 밤 등)에서 밤에 혼자 걷는 것은 피하는 것이 좋다. 그러나 일반적으로 치안이 잘되어 있어 안전하다.
위생정보 : 건강한 도시로 아무런 문제 없다.

◀ 아델라이드에서 에스페란토 회원들과 함께

오른쪽엔 목적, 왼쪽엔 머리

1월 15일, 오늘 오후는 쿠버페디(Coober Pedy)를 다녀오는 방법을 알아보았는데 쉽지가 않았다. 쿠버페디는 세계적인 오팔광산지로 유명한데 아델라이드에서 다녀오지 않으면 일정표에 넣기가 대단히 어렵다. 만일 여기서 강의를 마치고 에어즈록이 있는 중앙호주로 여행을 한다면 에어즈록 가는 기차도 있고 버스도 있기 때문에 중간에 하루 정도 머물렀다 가면 되지만, 내 일정은 서호주를 먼저 간 뒤에 에어즈록에 가야 되기 때문에 쿠버페디는 빠지게 되는 것이다. 내가 이 곳에서 활용할 수 있는 날짜는 강의가 없는 토요일과 일요일 뿐이다. 그런데 아델라이드 바로 옆에 있는 캥거루 섬 또한 빼놓을 수 없는 유명한 관광지이다. 시간은 충분하지 않고 두 곳은 꼭 가보아야 되겠고……. 이럴 때 이 문제를 해결하는 것은 돈을 더 들이는 길밖에 없다. 한국에서 쿠버페디나 캥거루섬을 가기 위해 다시 올 때의 비용을 생각하면 이곳에서 좀 많이 들더라도 비행기를 이용하는 것이 상책이다.

호주의 화폐
왼쪽 위에서부터 A$100, 50, 20, 10, 5(지폐), A$2, 1, ¢50, 20, 10, 5의 순서이다.

관광안내소에 가서 쿠버페디의 관광일정을 물어보았더니, 아침 11시 30분 비행기로 출발하여 2시 30분 도착한 뒤 하루를 자고 오도록 짜여 있는 일정 이외에 당일에 다녀오는 것은 없으며, 그렇게 비행기로 다녀오는 일정도 토요일·일요일 것은 이미 만원이라고 한다. 그러나 뜻이 있으면 길이 있는 것이다. 당일에 다녀올 수 있는 가능성을 여러가지로 논의하는 과정에서 기막힌 일정이 하나 튀어나왔다. 멜버른에서 쿠버페디를 거쳐 에어즈록에 갔다 돌아오는 단체관광객이 비행기를 전세 내서 가는데 그 단체에서 한 자리를 얻는 것이었다. 이 일정을 끌어내는데 서너 시간이 걸렸다. 어제 TV에 나온 덕분에 관광안내소의 담당 아가씨가 금방 나를 알아보고 많이 신경을 써주어 가능했으며, 거기다 20% 할인까지 받았다. 당일 아침에 출발하여 10시부터 1시 30분까지 3시간 30분 동안 관광을 하고 당일에 돌아오는 아주 알맞은 일정이었는데, 세 시간 동안의 단독관광도 현지에다 장거리 전화를 해서 하나하나 예약을 해 주고, 80달러짜리를 50달러로 할인까지 해 주었다. 한국에서 온 여행가에게 돌아가서 글을 잘 써달라고 특별히 최대의 서비스를 해 준 것이다. 호주에는 북호주, 서호주, 남호주 등 지방자치가 마치 독립국가처럼 시행되고 있어서 북호주(Northern Terrotory)의 관광청에서 개설된 사무실에서는 자기 지역의 관광지에 대한 PR에 대단히 적극적이었다.

저녁 7시부터는 에스페란토 대회가 열렸다. 공식 석상에는 한복을 입기 때문에 더울까봐 걱정을 했는데 그렇게 덥던 날씨가 다행히 바람이 강하게 불면서 시원해 졌다. 오늘 대회에 주제강연을 맡은 피터씨는 호주의 현재와 미래에 대해서, 한문의 '위기(危機)'라는 단어를 이용하면서 이 위기의 '위(危)'자는 위험함을 얘기하고 '기(機)'라는 것은 기회를 얘기한다며 가장 어려운 때가 곧 기회라는 동양사상을 인용하여 지금 호주가 맞고 있는 어려운 현실을 기회로 만들어 미래를 어떻게 창조할 것이냐에 대해서 생각해야 된다고 강조하였다. 그는 "오른쪽에는 목적, 왼쪽에는 머리"라는 말로 결론을 맺었는데 아마 우리말로 해석을 한다면 미래의 목표를 가지고 두뇌를 잘 활용해야 한다고 해석할 수 있을 것이다.

세계 오팔의 수도, 쿠버페디

1월 16일 9시 15분, 캔들 7 항공편은 아델라이드 공항을 떠나 서쪽 바다 위를 한참 날다가 기수를 북쪽으로 돌린 뒤 계속 한 방향으로 난다. 끝없이 이어지는 사막이다. 넓은 들판에 에어즈록으로 가는 기차 철로와 자동차 도로가 마치 자를 대고 그어놓은 것처럼 반듯하게 이어져 있을 뿐이다. 10시 30분쯤 엄청나게 큰 호수들이 나타나는데 물은 많지 않고 색깔이 하얗거나 또는 분홍색을 띤 곳도 있다. 이 하얀 호수는 너무 덥기 때문에 물이 증발해서 소금이 된 것이며, 붉은빛으로 보이는 것은 실리콘이라고 한다.

11시 30분 쿠버페디 공항에 도착하였다. 임시 조립주택처럼 지어진 공항은 사막 한복판에 있는 공항이라고는 하지만 실망스러울 만큼 볼품이 없다. 신청했던 관광회사에서 차를 보내 이미 기다리고 있었다. 차에는 에어컨을 틀었으나 문을 열어놓고 달린다. 섭씨 39도, 에어컨이 별 효과가 없단다. 바람이 남쪽에서 부느냐 북쪽에서 부느냐에 따라서 온도의 차이가 많이 달라지는데 오늘은 남쪽에서 불어오기 때문에 다행히 선선하지만 북쪽에서 불면 40도, 50도가 되어 현지인들 조차도 견디기 힘든 그야말로 사막의 더위라고 한다.

착륙하기 전 비행기에서 내려다 본 쿠버페디는 마치 땅바닥에 벌레들이 구멍을 뻥뻥 뚫어 놓고, 파낸 흙을 옆에 쌓아 놓은 그런 형태를 보였다. 도착해 보니 "Welcome to COOBER PEDY, Opal Capital of the World"라고 쓰여 있었다. 원래 이 곳에는 금을 캐러 다니는 사람들이 금을 캐러왔다가 보석을 발견하고 그것이 오팔이라는 것을 안 뒤에 광산으로 번창하기 시작되었다고 한다.

지금 이 곳은 여름이라서 그렇지 겨울에는 아침에는 4~5도 낮에도 22~26도로 아주 알맞은 기후가 되며, 봄에는 초록색

쿠버페디－교통
켄델 에어라인이 아델레이드에서 쿠버페디까지 운행, 2시간 소요.
버스 : 아델레이드에서 11시간 소요(A$ 81), 앨리스스프링스 8시간 소요(A$ 70)

▶세계 오팔의 수도, 쿠버페디에 오신 것을 환영합니다.

풀과 각종 꽃들이 아름답게 핀다고 한다. 이곳에 와서 함부로 다니다가는 곳곳에 구멍이 뚫려 있기 때문에 굉장히 위험하다고 한다. 오팔을 파기 위해서 땅속으로 똑바로 파 내려간 구멍들의 깊이가 보통 25m씩이나 되기 때문에 잘못하여 빠지면 살아날 수가 없다고 한다. 도착하여 관광하는 시간이 한낮이라 가장 더운 때라고 했더니, 안내인은 정오보다도 오후 3~4시가 가장 덥다고 한다.

차를 몰아 바로 오팔 광산으로 달렸다. 오팔 광산이라고 해서 따로 장소가 있는 것이 아니라 사막의 들판을 아무 데나 밑으로 파 들어가는 곳이다. 굴착기 같은 큰 기계인데 그 기계 끝에 금강석이 달려 있는 약 1미터쯤 넓은 통이 빙빙 돌면서 파 들어가다 그걸 끌어올린 뒤 통속에 든 흙모래를 털어 내 놓는다. 또는 땅 속에서 석탄 파듯 파낸 흙을 컴프레셔를 이용하여 통을 통해 밖으로 빨아내 오팔을 찾아내는 것이다. 이렇게 오팔을 찾아내고 난 뒤에 버린 흙 속에도 가끔 오팔이 남아있을 수 있기 때문에 원주민들은 일년에 50달러씩을 주고 그것을 뒤지는 권리를 사서 찾는 사람들이 많은데, 때때로 좋은 오팔을 찾는 경우도 있다고 한다. 한 스웨덴 젊은 친구는 6년째 휴가 때마다 이 곳에 와서 오팔을 찾으며 보낸다고 한다. 일반인들도 세금만 내면 누구나 찾을 수 있기 때문이다.

대개 여기서 일하는 광부들은 임금을 지불하지 않고 2~3명씩 짝을 지어 일하는데 오팔을 찾으면 그것을 나누어 갖는 식으로 한다고 한다. 보통 오팔을 발견하면 집으로 가져와 씻어서 분류를 해 가지고 파는데 대만이나 홍콩의 중국인들이 사간다고 한다. 마침 홍콩의 한 상인을 보았는데 007가방 하나만 들고 왔는데 안내인이 말하기를 "저 사람은 한 번에 10,

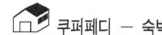

🏠 쿠퍼페디 — 숙박
★Tom's Backpadkers
위치 : Hutchison St.
전화 : (08)8672-5333
요금 : A$10~
★Unerground Motel
위치 : Umoona Rd.
전화 : (08)8672-5324
요금 : A$70

▲오팔을 파기 위해서 땅속으로 똑바로 파 내려간 구멍들의 깊이가 보통 25m씩이나 되기 때문에 잘못하여 빠지면 살아날 수가 없다고 한다

000달러에서 15,000달러 어치를 사간다"고 한다. 돌아올 때 이 홍콩의 오팔 상인과 같은 비행기를 탔는데 물어보니 한 달에 한두 번 이렇게 와서 사 가지고 가는데 홍콩에 가지고 가 가공을 해서 파는 형식으로 세계 오팔시장에 중요한 위치를 차지한다고 한다.

인구의 3분의 1이 지하에 산다

광산구경을 마치고 주위 관광을 나섰다. 간선도로를 따라 북쪽으로 달리다가 오른쪽으로 굽어 비포장도로를 한참 들어가니 나지막한 언덕들과 계곡들이 나온다. 이곳이 고생대에는 바다였다고 한다. 그러기 때문에 바다에서 나는 여러 가지 조개나 물고기가 오팔이란 보석으로 화석화 된 것이 많이 나온다고 한다.

쿠버페디 - 관광명소
대부분 투어가 빅 윈치(Big Winch)에서 오팔광산과 낮게 지은 덕아웃의 모습을 조망, 광산을 찾아서 오팔을 찾아보는 시간을 갖는다.
크로더스 걸리 로드(Croders Gully Rd.)의 올드 타이머스(Old Timers)광산, 허치슨 스트리트의 우무나(Umoona)광산 등이 있다. 마을의 북쪽에는 지하교회인 카타콤(Catacomb)교회도 자리잡고 있다.

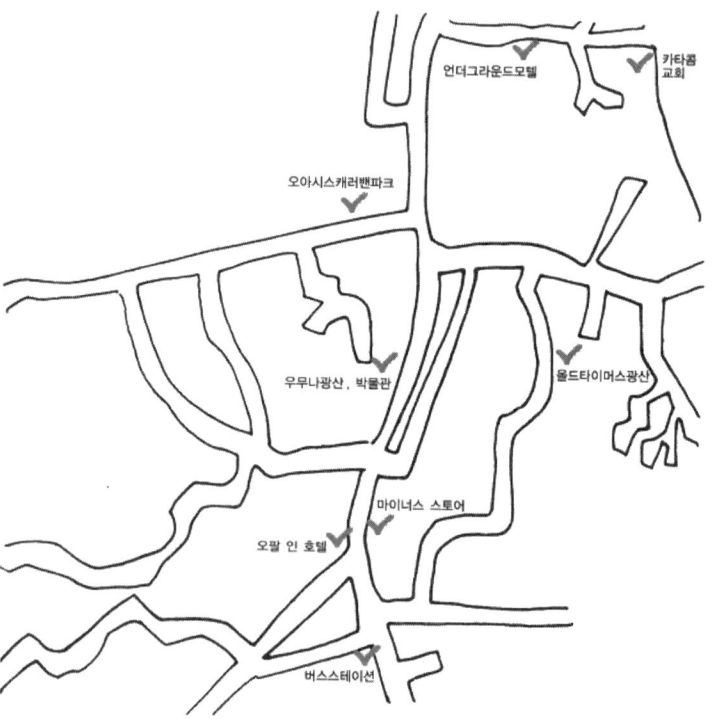

Coober Pedy
쿠버페디 주요부

황량한 들판에 나지막한 산들이 있지만 거기엔 나무도 없고 기암같은 것도 없어 별로 볼 것도 없지만 이 곳에서는 광산과 마을을 뺀 유일한 관광지인 것이다. 안내자는 이 곳에서 북쪽으로 9,600㎞나 되는 철조망이 쳐져있다고 한다. 이 철조망은 들개들을 막기 위해서 친 것인데 세계에서 가장 긴 담장으로 기네스북에까지 올라 있다고 한다. 이 들개들이 수많은 양을 잡아먹기 때문에 그 엄청난 비용을 들여서 철조망을 친 것이다.

보통 기차를 이용하여 쿠버페디에 오는 관광객들은 이른 꼭두새벽에 이 곳에 도착하기 때문에 바로 호텔에 들어야 한다. 배낭족들을 위해서 하루 8달러짜리 숙소도 있지만 지하호텔인 디저트케이브 호텔(Desert Cave Hotel)에서 하루 저녁 숙박하는데 싱글이 110달러, 더블이 130달러나 든다. 쿠버페디는 인구가 2,000에서 4,000명이라고 한다. 2,000명에서 4,000명까지 두 배로 늘 수 있는 것은 광산의 경기에 따라서 유동인구가 많기 때문이라고 한다.

이곳에서 제일 비싼 것은 전기와 물이다. 쿠버페디에 수도장치가 설치된 것은 1985년, 그 전에는 드럼통에 담겨진 물을 양동이로 떠다 먹었는데, 1970년까지는 2주에 한 드럼씩 제한하여 공급을 했다고 한다. 지금은 언덕 위에 엄청나게 큰 물탱크를 건설하고 수도를 놓았기 때문에 모두 마음껏 물을 쓸 수 있게 되었는데 그 대신 물 값이 무척 비싸다고 한다.

시내 안내를 맡은 톰씨는 어제만 해도 42도였는데 오늘은 39

▲오팔광산 입구

Backpacker 서상원 리포트 (7)

♪물을 파는 채굴장!!!

　AUMOONA Mine and Museum에 들어갔다. 그곳 전시장이라는 곳에는 전시물을 다 들어내고 아무것도 없었다. 단지 지금은 채굴장만 보여주는 모양인데 2$이다. 그 안에서 재미있는 것을 보았는데 바로 물을 파는 것이었다. 그대로 옮겨보면,

　　물값　　2250리터(500갤론) : 21$, 225리터(50갤론) : 2.1$, 45리터(10갤론) : 42센트
　　　　　　월～금 : 9:00am～12:00am, 1:00pm～5:00pm, 토 : 10:00am～12:00am

정말 재미있는 곳이다.

쿠버페디의 유래
쿠버페디라는 명칭은 애버리지널 어로 "하얀 사람들의 구멍(White fellow's in a hole)"이란 뜻의 쿠파 피티(Kupa Pit)에서 유래한다.

도로 선선한 날이라며 날더러 운이 좋은 사람이라고 한다. 이곳은 너무 덥기 때문에 전 인구의 3분의 1은 지하에서 살고 있다. 모두 지하에서 살고 싶지만 지하집이 모자라서 할 수 없이 지상에서 사는 사람들이 더 많다고 한다. 지하호텔을 구경하였는데, 이 도시를 설명하는 전시장도 있고 방도 구경할 수 있는데 벽이 모두 땅 속의 흙벽이어서 대단히 시원한 감을 주었다.

이탈리아계인 톰은 23년간 여기서 살면서, 관광안내 뿐만 아니라 오팔도 팔고, 여관도 하는 등 여러가지 것을 종합하여 경영하고 있다. 자기의 가게에 돌아와 오팔 원석을 갈아서 어떻게 가공하는지 직접 보여주었다. 물론 이것도 일일관광 안에 들어 있는 일정이다. 거의 쓸모가 없는 광석을 가지고 만든 것을 나에게 주면서 여러가지 오팔들을 내놓고 50% 싸게 줄 테니 사라고 권유하였다. 나는 10달러짜리 조개화석과 절반 정도 오팔이 된 조개화석을 거금 140달러를 주고 샀다. 여기가 바다였고 그 바다에서 살던 조개가 화석이 되는 과정에서 오팔이 되었다는 것을 볼 수 있는 불완전한 오팔이 나에게는 비싼 것보다 더욱 값지게 보였기 때문이다.

개인 집을 가보고 싶다고 했더니 교외 안내를 맡았던 피터씨의 집으로 안내하였다. 지하에 침대가 있고 양탄자도 깔려 있는 등 소박하지만 잘 갖추어진 방이었다. 피터 씨의 집에서 돌아오는 길에 지하에 있는 교회를 가보았다. 이곳에는 교회도 지하에 있는 것이다. 성당 앞에는 원주민들이 나무 밑에서 아무 것도 하지 않고 술이나 마시며 놀고 있는 것을 보았다. 정부에서는 원주

서상원의 Backpacker 보고서 (8)

♬쿠버페디에서 본 남십자성!!!
별자리표를 꺼내서 하늘을 맞추어보니 남십자성을 볼 수 있을 것 같았다. 너무나 밝은 별자리가 있어서 저것이 무슨 자리일까 하고 별자리 판을 봤더니 구궁! 바로 그것이 남십자성인 것이다. 너무나도 뚜렷한 남십자성을 보자 감동이 북받쳐 올랐다. 남십자성은 정말 밝은 별로 이루어진 아름다운 별자리였다. 시드니 천문대에서 배운대로 남십자성 곁에 두 개의 밝은 별이 밝게 또 빛나고 있었다.

민을 위해서 갖가지 사회복지제도를 만들었는데, 원주민들은 그 연금만 타먹고 놀기만 하여 문제가 된다고 한다. 톰이 운영하는 광산에 직접 가 보았다. 땅 속에 흙을 파 들어가다 보면 오팔이 있는 맥이 있다고 한다. 그곳을 파내서 땅 위로 뚫린 구멍을 통해 빨아올린 뒤 오팔을 골라내는 방법을 쓰고 있다. 파낸 흙을 떠서 흡입기에 넣는 작업을 직접 해볼 수 있었다.

광산을 보고 바로 공항으로 달렸다. 42도나 되는 더위이지만 밖에 있는 시간은 많지 않았기 때문에 의외로 견딜 만했다. 안내를 맡은 톰은 이탈리아식 발음이기 때문에 알아듣기도 쉽고 라틴계 특유의 친절 때문에 도움이 많이 되었다. 톰은 얘기했다.

"에어즈록보다는 이곳이 훨씬 볼 것이 많다. 에어즈록이야 큰 바위 하나밖에 없지 않는가?"

나를 안내했던 피터와 톰은 이 캔들 항공의 현지 대리점이기도 한다. 탑승수속도 밟고, 기름도 넣고, 짐도 운반하고, 비행기가 도착하여 문을 열면 발판을 놓는 것까지 모두 도맡아서 한다.

저녁에는 만찬에 참석하였다. 크리슈나무르를 추존하는 단체에서 운영하는 수련관이었는데 여기에서 제공하는 식사는 모두 채식주의자들을 위한 음식이기 때문에 육식이 전혀 없었으며, 봉사하는 수도자들도 모두 머리를 깎고 인도식으로 옷까지 입고 있어서 대단히 특이한 분위기를 느낄 수 있었다. 끝나고 나서 모두 춤추고 노래하고 놀았지만 나는 너무 피곤해서 숙소로 돌아와 11시 좀 넘어서 취침.

쿠퍼페디의 관광 투어
마을 관광을 시작하는 것이 좋은 방법. 오팔광산·크로커다일 해리의 동굴·지하동굴을 볼 수 있는 투어를 조스 투어(Joe's Tour)에서 주최한다.

서상원의 Backpacker 보고서 (9)

♪ **신기한 플라스틱 지폐!!!**

National Austrilia Bank가서 카드를 주니까 긁어서 확인하는 Easy Check같은 것이 없고 그냥 전화로 번호를 말해서 알아보는 것이었다. 아마 작은 도시여서 그런 원시적인 방법을 쓰는 것 같았다. 300$를 뽑았는데 어제 형에게서 100$짜리 지폐를 보고 신기해서 100$짜리 지폐를 한장 주고 나머지 50$짜리를 네장 달라고 했다. 그런데 50$짜리도 신기하게 프라스틱 지폐이다. 호주의 돈이 점차적으로 프라스틱 지폐로 바뀌는 중인데 내가 호주에 도착했을 때만 해도 50$짜리는 아직 종이 지폐였다. 그런데 얼마전 아델라이드에서 백패커스호스텔 주인이 노란색 50$짜리 프라스틱지폐를 지갑에서 꺼내는 것을 본 후로 가까이서는 처음 보는 것이었다. 정말 신기했다.

남부호주의 최고 절경 캥거루섬

캥거루섬
캥거루섬은 호주 남부 아델라이드에서 남쪽으로 112km 떨어져 있다. 4,351k㎡ 크기로 제주도의 약 2.5배. 여름, 겨울의 평균기온이 각각 섭씨 18.5도, 12도로 온화하다.

캥거루섬이란 이름은 1802년 영국의 탐험가 매튜 플린더스가 섬을 발견했을 당시 수많은 캥거루떼를 보고 지었다. 2차 세계대전 후 100여명의 군인가족들이 이주해 목축활동을 시작했다.

현재 4,200명 가량의 섬주민은 동쪽의 킹스코트, 페네쇼, 아메리칸리버 등 세 마을에 주로 거주한다. 킹스코트는 은행과 호텔 등이 분포하는 상업지역이며 페리가 도착하는 페네쇼에는 저렴한 숙소들이 많이 몰려 있다. 주민들은 자연보호의식으로 똘똘 뭉쳐 있다. 1,600여km에 이르는 섬 전체의 도로도 약 4분의 1 가량만 포장돼 있을 정도. 연간 16만여 명의 외국인 관광객이 다녀간다.

1월 17일, 아침 7시, 소형 비행기로 아델라이드를 출발하여 캥거루섬을 향했다. 비행기가 뜨자마자 바다 위를 나르고 조금 가자 이미 멀리 캥거루섬이 눈 안에 들어온다. 아침이라서 그런지 그다지 덥지 않았고, 구름이 좀 끼었으나 캥거루섬을 조망하는데는 그다지 힘들지 않았다. 오늘은 스웨덴에서 온 여자 회원이 함께 가게 되어 한결 부드럽다. 나이 60이 다 되어 가는 아주머니들이지만 유머 감각이 뛰어나고 해외여행 경험이 많아 함께 하는 시간이 더욱 즐거웠다.

도착하자마자 캥거루섬 최대의 마을인 킹스코트로 가서 단체관광에 합류하였다. 이곳에는 공공교통 수단이 없기 때문에 관광을 하려면 단체관광에 가입하는 것이 가장 좋은 수단이다. 아델라이드를 향해서 왔던 영국사람들이 처음에는 이 섬에다 도시를 세웠으나 물이 모자라 본토로 옮겼다고 한다. 현재 전 섬의 인구는 4,000명이고 킹스코트에는 1,400명이 살고 있다고 한다. 이 킹스코트는 엄청난 부자들이 살고 있어 집 한 채가 20만

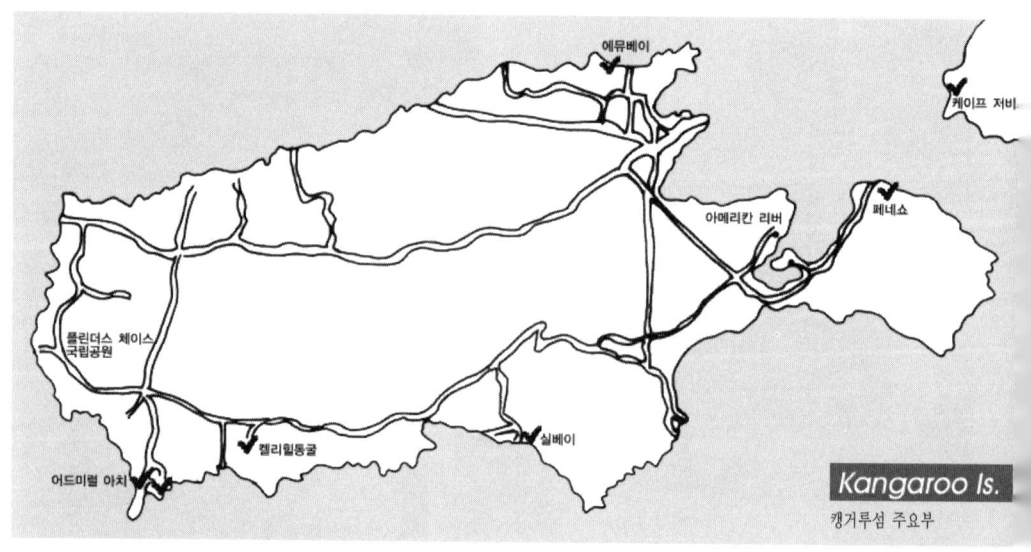

캥거루섬 주요부

달러씩 나가는 곳이며 건축자재는 모두 아델라이드에서 가져온 것이라고 한다.

이 섬은 1807년에 처음 발견되었고 그 뒤 1830년대 이후 사람들이 살기 시작했는데 호주에서 최초라는 것들이 많다. 1836년에 심은 뽕나무(mulberry tree)는 호주에 유럽인이 심은 최초의 나무이고, 1850년에 세운 오스트레일리아 첫 우체국도 여기에 있으며, 처음 도착한 두 사람의 묘소도 여기에 있으며, 동네 오른쪽 길은 호주의 첫 길이며, 박물관·등대 등 모두 다 호주에서 최초의 것이라고 관광안내원이 얘기하지만 진위는 잘 모르겠다.

가까운 바닷가에는 검은고니가 많다. 검은고니는 영어에서 'black swan = 아주 희귀하다'는 것을 나타내는 말로 쓰일 정도로 희귀하며 호주에만 있는 고니이다. 이곳에는 바다가 깊지 않기 때문에 고니의 밥이 많아서 검은 고니들이 많이 서식하고 있으며 강과 호수에서도 많이 살고 있다. 마을길을 따라서 가다보면 가로수에 붉은꽃이 예쁘게 피어있는데 현지에서는 플라워링 검(Flowering Gum)이라고 한다. 학교 앞에 가니 이 섬 전체에서 유일한 교통신호가 있기도 하다.

캥거루섬은 도시는 길이 150km, 너비 65km, 넓이 4,500km²로 이쪽 끝에서 저쪽 끝으로 가는데 2시간 정도 걸린다고 한다. 이

캥거루섬—교통

항공과 선박 두가지. 아델라이드 공항에서 에뮤에어라인(1800-182-353) 등 3개의 항공사가 프로펠러 경비행기로 하루 3~7차례 운행. 소요시간 30분. 편도요금은 어른 70달러(이하 호주달러·약 4만 8천원) 어린이 45달러 선. 선박은 케입저비스에서 출발하는 캥거루아일랜드 시링크(40분 소요. 편도 30달러·8211-8877)와 글레노글에서 출발하는 아메리칸 페리(2시간30분~4시간 소요·편도 43달러·8386-8300) 두 종류.

캥거루섬에는 대중교통이 없다. 렌터카(1일 55~105달러선)를 이용하거나 가이드가 4륜구동 지프로 농장, 해변 등 곳곳을 안내해 주는 투어(어른 하루 80달러선)를 신청해도 좋다. 호텔 등 숙박시설도 충분하다.

◀검은 고니는 영어에서 'black swan = 아주 희귀하다'는 것을 나타내는 말로 쓰일 정도로 희귀하며 호주에서만 있는 고니다

> **캥거루섬 — 준수사항**
>
> keep wildlife wild. 야생동식물을 야생 그대로…
>
> 길가에서, 농장입구에서 눈이 따갑도록 마주쳤던 표어가 잠시 볼일을 보러 들어간 화장실벽에도 붙어 있다. 태고의 신비, 천혜의 자연환경을 간직한 호주 캥거루섬에선 이 말만 명심하면 방문자 자격은 일단 합격이다.
>
> 야생동물들에게 절대 먹이를 주지 말것. 그들에게 가급적 스트레스(지나치게 가까이 다가가거나 소리나 카메라플래시 같은 것으로 놀래키는 등의 행위)를 주지 말것 등이다. 먹이를 주는 것은 자생력을 빼앗는다는 설명. 필요한 건 오로지 따스한 눈길뿐이다.

섬의 나무 중에서 주종을 이루고 있는 것은 유칼리나무로 흔히 영어로는 Gum Tree라고 한다. 이 섬의 주된 업은 농업과 목축업인데 특히 양을 많이 키우고 있다고 한다. 현재 170개 농장이 있는데 2차대전 때 참전하고 돌아온 병사들에게 땅을 나누어주고 나중에 갚도록 하였다고 한다.

10시가 넘자 하이웨이에 들어선다. 얼마를 달리자 비포장도로가 나오는데 포장을 하기 위해서 건설중이었다. 비포장이라고는 하지만 길이 좋아서 굉장히 빠른 속도로 달린다. 안내를 맡은 죤이라는 준수하게 생긴 아저씨가 오늘은 햇빛이 뜨겁지 않아 좋은 날씨라고 얘기를 하자 스웨덴의 두 아주머니는 펄쩍 뛴다. 햇빛이 부족한 나라에서 가능한 한 많은 햇빛을 받고 싶어서 이 곳에 온 스웨덴 아주머니들로써는 햇빛이 뜨겁지 않은 것이 유감스러운 것이다.

바다표범과 함께하는 실베이

10시 44분 실베이 왼쪽에 도착하여 실베이를 바라보았다. 국립공원인 이곳은 키 작은 유칼리나무들이 빽빽하게 덮여 있다. 실(seal)이란 바다표범, 물개, 강치 등을 지칭하는 영어인데 이런 바다표범이 호주에 약 만 마리가 살고 있으며 그 가운데 7,000마리가 바로 이 섬에서 살고 있다. 때때로 밀렵꾼들이 배로 이 바다표범을 잡으러 다니다 산호초에 걸려 침몰하는 경우도 많다고 한다. 암놈은 18개월만에 새끼를 낳는데 주로 여름과 겨울에 낳는다. 새끼들은 1년간 젖을 먹고 사는 포유동물이다.

11시부터 11시 41분까지는 강가 모래밭에 직접 나가서 바다표범 바로 가까이 접근하여 그들의 생태를 관찰할 수 있었다. 세계에서 유일하게 야생의 바다표범을 바로 옆에서 볼 수 있는 곳이라고 한다. 가까이 가기 전에 우선 감시인이 단단히 주의를 준다.

바다표범을 만지거나 너무 가까이 접근하거나 큰 소리로 놀라게 하면 위험하다는 것이다. 강치(Seal Lion)라고 부르는 바다표범은 상어의 공격을 받을 때가 있는데 상어보다도 더 빨리 도망간다고 한다. 그러기 때문에 낮잠을 자듯이 꼼짝 않고 드러누워 있는 바다표범이라 할지라도 극히 조심해야 한다는 것이다. 바닷가의 모래밭을 따라서 걸으며 해수욕을 하다 모래밭에 나와 모래찜질이나 일광욕을 즐기고 있는 사람들처럼 즐비하게 누워있는 바다표범을 바라보며, 옷을 입고 주인들이 자기 정원에서 즐기는 것을 바라보는 우리가 바로 이 방인이라는 생각이 들었다. 그 중에는 머리를 들고 흔드는 놈도 있고, 두 마리가 서로 춤을 추는(?) 바다표범도 있었다.

▲세계에서 유일하게 야생의 바다표범을 바로 옆에서 볼 수 있는 곳

실베이를 출발하여 남쪽 해안길을 따라 숲 속을 달리기 시작하였다. 12시 정각 이 근방에 하나밖에 없는 상점에 신문을 내려놓고 간다. 이 관광버스는 인적이 드문 이런 곳에서는 우편배달부까지 겸해서 하는 것이다. 12시 25분쯤 길가에 죽어있는 캥거루를 발견하였다. 이 섬의 이름이 캥거루섬이지만 캥거루보다는 다른 동물들이 더 유명하다. 캥거루도 수백마리가 있는데 우리가 동물원에서 본 것과 같은 큰 캥거루가 아니고 더 작은 것이 많다. 캥거루도 종류가 대단히 많다는 것을 이곳에 와서 처음 알았

▲캘리힐(Kelly Hill)자연보호공원에 있는 동굴(Kelly Hill Cave)에서

◀종유석들이 매우 아름다운 캘리힐 동굴 안

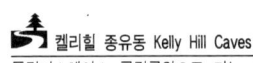

켈리힐 종유동 Kelly Hill Caves
플린더스체이스 국립공원으로 가는 도중에 있는 커다란 종유동. 주위는 켈리힐 종유동 자연보호공원으로 지정되어 있다. 동굴 안의 종유석과 석순들의 신비스럽고 아름다운 모습이 볼 만 하다.

다. 이 섬 안에는 뱀도 두 종류가 있는데 세계에서 가장 독종이라는 무시무시한 설명도 곁들여진다. 이 섬에 사는 야생고양이는 다른 동물들에게 병을 옮겨 큰 문제를 일으키고 있다고 한다. 특히 이 곳 산업의 주종을 이루는 양에게도 전염이 되어 이 섬의 양은 팔리지가 않아 큰 문제를 일으키고 있다고 한다.

12시 33분 학교와 교회가 있는 마을을 지나 37분에 캘리힐(Kelly Hill) 자연보호공원에 있는 동굴(Kelly Hill Cave)에 도착하였다. 이 동굴이 발견된 것은 불과 얼마 안된 1980년으로 캘리라는 말이 이 곳에 빠져서 구하다가 발견되었다고 해서 캘리힐 동굴이라고 부른다. 동굴은 굉장히 긴 편은 아니지만 종유석들이 대단히 아름다웠다.

바닷가 돌조각 작품전, 리마커블 록스

동굴구경을 마치고 점심식사를 하였다. 안내인 죠는 숲 속에 마련된 휴게실에서 능숙하게 요리를 시작하였다. 숲 속에는 피크닉 온 사람들이 직접 요리를 해 먹을 수 있는 시설을 해놓아 재료만 가져오면 누구나 따뜻한 음식을 지어먹을 수 있게 되어 있다. 자신은 호주사람이 아니라 캥거루섬 주민이라고 자랑스럽게 말하는 안내인 죠는 먹음직스런 요리를 하여 우리들 앞에 내어놓았다. 우리 일행은 일본인 3명, 중국인 1명, 영국인 1명, 그리고 나와 두 스웨덴 아줌마들을 합쳐 모두 8명이다. 마치 한 가족처럼 함께 점심을 들며 대화도 나누고 차도 마셨다.

식사를 마치고 주위를 산책하며 유칼리나무 위에 앉아 있는 예쁜 새들을 감상하였다. 매기파이(Magpie)라는 까맣고 하얀 새, 크림슨 로셀라(Krimson Rosella)라는 붉은 새 등은 우리나라에서는 흔히 볼 수 없는 아주

▲숲 속에는 피크닉 온 사람들이 직접 요리를 해 먹을 수 있는 시설을 해놓아 재료만 가져오면 누구나 따뜻한 음식을 지어먹을 수 있게 되어 있다

특이한 새였다. 식사를 하는 도중 가까이 와서 재롱을 피우는 캥거루와 함께 보내는 시간도 즐거움 중에 하나이다.

2시에 출발하여 조금 가니 유명한 플린더스체이스 국립공원(Flinderschase National Park)에 도착하였다. 빽빽한 숲 속에 똑바로 뚫린 길을 바라보면 마치 아프리카의 밀림을 지나는 듯한 느낌이 들었다. 길가에 죽어있는 캥거루를 너무 자주 보았으며 또 그 죽은 캥거루를 뜯어 먹는 동물들도 볼 수 있어 비정한 정글의 먹이사슬을 볼 수 있었다. 함께 간 스웨덴의 아니따 여사가 분개하여 부르짖는다.

▲죽은 캥거루를 뜯어먹는 동물들

"많지 않은 자동차 대수에 비하면 모든 운전사가 캥거루 한 마리씩을 죽였다. 모두 도살자들이다."

3시에 리마커블 록스(기묘한 바위들)에 도착하였다. 바닷가 큰 바위 위에 마치 조각가들이 수 천 년에 걸쳐 파놓은 예술품처럼 희한하게 생긴 바위들이 잘 전시되어 있었다. 갖가지 동물의 모양도 있고, 또 사람들이 들어갈 구멍이 뚫려져 있는 곳도 있는 등 시원한 바닷바람을 맞으며 감상하는 동안 떠나기 싫을 정도

리마커블 록스(기묘한 바위들)엔 바닷가 큰
바위 위에 마치 조각가들이 수 천년에 걸쳐
파놓은 예술품처럼 희한하게 생긴 바위들이
잘 전시되어 있었다

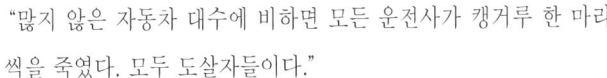

로 이상한 바위가 많았다. 3시 30분 기묘한 바위를 출발하여 4시에 에드미럴 아취(Admiral Arch, 제독의 활)에 도착하였다. 아취형으로 뚫린 바위틈 사이에 밀려오는 파도를 바라보며 정말 비경이라는 생각이 들었다.

애드미럴 아취를 떠나서 숲 속을 달리던 차가 천천히 속도를 낮추면서 이곳이 코알라가 많이 발견되는 곳이니 한번 찾아보라고 얘기하였다. 우리는 아예 차를 세우고 코알라를 찾아보기로 하였다. 이름이 캥거루섬이고 우리는 호주 하면 캥거루를 생각하지만 이곳에서 내세우고 있는 호주의 상징은 바로 이 코알라다. 우리는 물론 코알라를 찾아냈다. 낮잠을 자고 있는지 유칼리나무 잎 사이에서 꼼짝 않고 있는 이 코알라가 왜 그렇게 호주인들의 사랑을 받고 있는 것일까!

4시 30분 케이프 보다(Cape Borda)에 도착하였다. 섬의 가장 서쪽에 있는 등대에 도착하여 계단을 따라서 내려가다 보면 건너편 섬과 해안 가의 바위 위에 수많은 야생 바다표범들이 낮잠을 즐기고 있는 것을 볼 수가 있다. 여기서부터 공항까지 70 km는 아스팔트가 잘 깔린 하이웨이이다. 5시 45분 공항에 도착하여 6시에 킹스카우트를 출발한 비행기는 30분만에 아델라이드에 도착하였다.

🗻 리마커블 록스 Remarkable Rocks
높이 30m의 기암으로 유명한 리마커블 록스는 켈리힐 종유동의 남동쪽에 위치해 있으며, 파도와 바람의 침식으로 생긴 거대한 바윗덩이들이 마치 조각가들이 수 천년에 걸쳐 만들어 놓은 예술품처럼 갖가지 모양을 하고 있다.

▶ 갖가지 동물의 모양도 있고, 사람들이 들어갈 구멍이 뚫려져 있는 곳도 있는 리마커블 록스

마가렛 회장이 차로 마중을 나와 있었다. 우리 넷은 바로 한국식당으로 가서 비빔밥으로 훌륭한 저녁식사를 하였다. 식사하는 동안에 남호주 한인회 회장인 이윤 씨를 만나 현지 교포에 대한 자세한 얘기를 들었다. 퍼스에 있는 교포들의 연락처를 알 수 있었던 것도 큰 수확이었다. 캥거루섬은 정말 별천지 같은 세상이었고 마치 아프리카 대륙을 축소해서 옮겨놓은 것 같은 느낌이 들었다. 호주를 방문하는 사람들에게 정말 추천하고 싶은 곳 가운데 하나이다. 저녁에 돌아와 자기 전에 서북호주의 여행 일정을 다시 손질하였다.

수입 동물에 병들어 가는 환경

1월 18일, 오전 중 호주 전국으로 방영되는 SBS라는 TV방송국에서 녹화가 있었다. 그 통에 점심시간까지 놓쳐 에스페란토 회장하고 한국 식당에 가서 식사를 하였다. 불고기 맛이 아주 좋았다. 오후에는 시내에 나가서 비행기 시간을 전부 조정하고 서호주 관광 사무실에 가서 비행기에 대하여 문의했으나 대답이 분명치가 않아 다시 일정을 짰다. 이어서 국회 근방의 시내구경을 하였다.

저녁에는 회원들과 어제 다녀온 캥거루섬에 대해서 얘기를 하였다. 캥거루섬의 해로운 동물을 얘기하다가 오스트레일리아가 직면하고 있는 해로운 동식물에 대한 얘기가 시작되었다. 퀸 빅토리아 병원에서 방사능 담당의사로 근무하고 있는 마가렛 박사는 이 부분에 대해서 전문가였다. 자세한 얘기도 해 주고 자료도 구해 주어 이주민들이 가지고 온 동식물에 의한 환경파괴가 뜻밖에 심각하다는 것을 알 수 있었다.

영국인들이 가져온 고양이가 양에게 병을 옮기는

얘기는 이미 했지만 이 고양이가 캥거루를 해쳐 체구가 작은 캥거루는 거의 멸종 단계에 있고, 새나 도마뱀들도 해치고 있다. 유럽인들이 가지고 들어온 돼지가 야생이 되어 새들의 알이나 거북이 새끼, 파충류, 새들을 잡아먹어서 문제가 되고 있다. 원래 있었던 동물보다 발굽이 센 동물들이 숲이나 들판을 파괴하고 호수를 엉망진창으로 만든다. 말, 물소, 당나귀(뉴질랜드에서는 사슴), 돼지, 양 등이 모두 야생화되어 큰 문제가 발생되고 있는 것이다. 유럽에서 들어온 낙타, 새, 벌, 물고기, 토끼 등이 토종 동물들을 모두 몰아 낸 것이다.

쥐들은(뉴질랜드에서는 고슴도치) 짐승과 사람에게 병을 옮기는 벼룩을 가지고 있어서 해가 되고 있다. 캥거루 섬의 검은 앵무새는 유럽의 벌들이 나무에 있는 둥지들을 차지하고 쫓아내버려 거의 멸종위기에 있다. 영국인들이 가져온 여우와 고양이들은 이미 작은 유대류를 거의 잡아먹어 버리고, 매년 수백 마리의 새들과 박쥐와 파충류를 잡아먹는다.

호주 당국에서는 천적을 이용해 해로운 동식물을 없애보려고 하였다. 그러나 외국에서 들여온 천적들이 생각지 않는 문제들을 일으키고 있다. 예를 들면 유럽인들이 들여온 소들이 내놓은 배설물들이 너무 많아 토종 말똥구리와 박테리아만 가지고는 그걸 미쳐 썩힐 수가 없기 때문에 파리가 옮기는 전염병들이 심해졌다. 그래서 말똥구리를 외국에서 수입해 왔다. 그러나 외국

말똥구리는 습지대에서만 성공하였지 건조한 곳에서는 효과가 없었다. 호주의 민요에 이런 구절이 있다. "건조한 오스트레일리아의 중부지방은 살기가 좋은 곳이다. 왜냐하면 수많은 파리들이 보금자리를 잘 못 찾을 리가 없기 때문이다." 건조하고 파리가 많이 사는 중부 호주에는 효과가 없다는 것을 감안하지 않았던 것이다.

천적을 이용하여 잘못 퍼진 동물을 없애는 것은 한 때 성공한 적도 있지만 그것 때문에 또 문제가 발생되는 경우도 있었다. 한때 퀸스랜드에 수천 헥타아르를 덮어버린 남아메리카산 선인장을 제거하기 위하여 말똥구리를 사용하여 크게 성공하였다. 한편 사탕수수를 먹어치우는 장수풍뎅이를 없애기 위하여 큰 두꺼비를 수입하였다. 그런데 그 두꺼비가 이마에 독이 있어서 두꺼비를 공격하는 새와 파충류를 죽였다. 그 두꺼비는 이제 퀸스랜드에 퍼지고 점점 남쪽으로 퍼져 사탕수수를 먹어치우는 장수풍뎅이보다도 더 큰 문제가 되고 있다.

토끼와의 전쟁

고양이는 동물 애호가들이 죽이는 것을 결단코 반대하기 때문에 그 피해는 점점 커져 이제 토끼와 고양이 문제는 인간을 빼놓고 가장 자연환경을 해치는 동물로 되어 있다. 그렇게 되자 호주 반(反)토끼 연구재단이 생겨 야생토끼의 폐해를 홍보하고 그 박멸을 추진하고 있다. 이 연구재단과 정부의 동식물억제위원회가 배포하는 안내전단을 보면 그 심각성을 쉽게 알 수 있다.

토끼는 1788년 첫 이민선으로 호주에 들어왔다. 1859년 호주를 영국처럼 만든다는 계획에 따라 토끼도 추가 도입하면서 토끼가 크게 번식하기 시작하여 1940년대 광범위한 대륙을 황폐화시키면서 골칫거리가 되었다. 1950년대 초 점액종증

(myxamatosis)이라는 바이러스를 살포하여 토끼의 번식을 막고 그 숫자를 줄이는 전쟁이 시작되었으나 그 방법도 오래 가지 못하였다. 토끼가 면역성을 갖게 된 것이다. 현재는 독극물 살포, 서식지 파괴, 훈증소독 등을 추가하고 점액종증 살포도 더욱 강화하고 있다.

도대체 토끼가 뭘 어떻게 하였기에 이런 국가적 전쟁을 치러야 하는가. 이해가 가지 않았다. 그러나 관련 자료를 보니 상당히 심각하다는 것을 알 수 있었다.

이 자료는 '반토끼 연구재단'에서 발표한 것인데, 이 세상에 이런 재단이 있다는 것도 처음 듣는다.

"우리의 미래가 이래도 되는 것입니까? 발가벗은 모래밭 – 바람에 날리고 – 폭우에 씻겨가고 – 오래된 나무를 지속적으로 죽이고 – 새 나무는 나지 않고 – 끝내는 토끼 굴로 구멍투성이가 된다"

국민을 설득하여 모금을 하기 위해 내건 구호이다. 전단 끝에다 토끼가 토종 동식물을 모두 몰살하고 거만하게 서서 "내 쓰레기나 처먹어라" 하고 서 있는 토끼를 그려놓고 있다.

이제 오스트레일리아 사람들에게는 '저 보라색 꽃이 아름답다' 라던가 '토끼가 귀엽다' 는 소리를 해서는 안 된다. "들개와 영국남자들만이 대낮 햇볕아래 걸어다닌다" 라는 말도 있다. 별로 쓸모가 없고 혐오의 대상이 되는 들개와 영국 남자들이 어려운 더위에 더 잘 살아남는다는 뜻인데, 거기에 왜 영국 남자들이 들어있는지 모르겠다. 원주민들은 토끼고기를 좋아해 토끼를 문제삼지 않는다는데, 결국 이런 동물들을 없애는 데는 최고의 천적인 인간을 늘이는 길 밖에는 없지 않을까?

한 폴란드 이민 1세의 애환

1월 19일 저녁 6시 뉴스에는 어제 인터뷰 했던 우리들의 이야기가 상당히 자세하게 방송되었다고 한다. 오늘 오후는 내내 지기라는 이름을 가진 사람과 긴 얘기를 나누었다. 지기라는 사람은 폴랜드에서 이민 온 젊은이인데 그의 일생이 낯선 땅에 이민 온 사람의 어려움을 대변해주는 것 같아서 자세하게 이야기해 보았다.

1982년 친구를 따라 2살 아래인 동생과 함께 오스트리아를 거쳐 브리스베인으로 이민을 왔다. 처음 이민 올 때 50달러만 가져온 빈 털털이였기 때문에 구호금을 받고 살았다. 브리스베인에서 처음에는 일자리를 못 구하다가 3개월 후 미쓰비시 자동차에서 일을 하였다. 이 때만 해도 실업률이 굉장히 높았기 때문에 일자리를 구한다는 것이 굉장히 어려웠고, 그러기 때문에 미쓰비씨에 일한다는 것은 만족스러웠다. 그러나 반년 뒤 담석증 수술 때문에 다시 실업자가 되어 ATN에 간신히 취직을 했으나 영어 실력부족으로 그만 두어야 했다. 그 뒤 직업을 찾아 멜버른을 거쳐 아델라이드까지 흘러왔던 것이다.

동생 타데오는 1983년 아델라이드의 플라스틱 공장에 취직을 하였다. 두 형제는 1984년 노다지를 캐보자고 쿠버페디에 가서 4년간 일을 하였다. 잘 하면 돈을 벌 때도 있고 오팔을 발견하지 못하면 실업수당을 타서 간신히 먹고는 살았다. 기계를 빌려서 일을 하는데 번 돈에서 기계 값이 60~80% 나간다. 돈이 없을 때는 광산주가 파내 놓은 것을 채질하는 것이었다. 손으로 하는 기구를 사용하면 세금 5달러만 내면 되기 때문에 오팔을 발견하면 완전히 자기 것이 되는 투기인 것이다. 오팔을 발견하면 팔아서 2,000달러 하는 채굴기계를 사서 파고 또 돈 떨어지면 채질을 하는 그런 생활이 계속되었다.

몇 년 뒤 지하집(Dugout)을 지었다. 그때는 오팔을 발견해서 제법 돈을 벌었기 때문에 25,

▲낯선 땅에 이민 온 사람들의 어려움을 대변해주는 한 폴랜드 이민 1세의 애환

000달러를 들여서 집을 지었다. 차도 2대 사고 전기로 채질하는 기계도 두 대 샀다. 이민 와서 드디어 자리를 잡고 어느 정도의 부도 축적한 것이다. 그러나 그들의 행복은 오래 가지 않았다. 1988년 홍수가 나서 하루 아침에 알거지가 된 것이다. 이 곳에서는 7년에 한번씩 홍수가 온다고 한다. 그런데 이번에는 3년이 먼저 왔고, 그나마 낮은 둑이 무너져버렸다. 원주민에 따르면 이처럼 큰 홍수는 100년간 없었다고 한다. 이 때 몇 권의 책과 기구를 빼놓고는 완전히 다 버렸다. 사막에는 평소에 메말라 있지만 폭우가 쏟아지면 스며들지 않고 그대로 홍수가 나며, 사막 모래에는 소금기가 많아 홍수가 나면 모두 짠물이 되기 때문에 모든 기계가 파괴되어 살려볼 수가 없었다. 이 때문에 망한 사람이 부지기수였다.

나에게 기쁨이란 없었다.

트럭과 차를 빼놓고는 모두 잃어버린 지기 씨는 그 곳에 더 남아서 살고 싶지가 않았다. 막상 떠나려니 현금은 불과 350달러, 먹고 기름을 사야 갈 수 있기 때문에 중간 중간 일을 하면서 엘리스스프링을 거쳐 다윈으로 향했다. 몇 가지 남은 공구와 기계를 가지고 사금을 찾아서 떠난 것이다. 처음에 Tennant Creek에서 작업을 하다 Pine Creek를 거쳐, 다윈에서 45일간을 지냈는데 결국 돈만 쓰고 노다지를 캐지 못했다. 또 다시 차를 몰고 떠나는데 경찰이 세워 타이어가 너무 닳았다고 옐로우 카드를 제시, 이렇게 해서 차도 없어지고 동생이 모는 트럭만 남았다. 결국 돈을 못 벌어 채굴기구를 포함한 트럭을 팔아서 1,200달러를 받았다. 원래 1,500에서 1,700달러의 가치가 있는 것인데 헐값으로 넘긴 것이다. 차를 계속 가지고 있다가 바퀴라도 터지면 바퀴 하나에 380달러나 가고, 바퀴가 열 개나 달려 있기 때문에 버틸 수가 없어서 파는 것이 더 낫다는 것이다.

　카카두로 가서 노란 참외(Lock melon), 수박 등을 생산하는 과일농장에서 일을 찾았다. 이 과일농장에 멧돼지들이 공격해 오면 총으로 그 멧돼지를 잡는 일이었다. 그러나 모기들이 달려들어 그것도 쉬운 일이 아니었다. 2~3개월 지났는데 그 농장도 망해버렸다. 비행기가 파업을 하자 수출을 못해 농장주가 손을 들었던 것이다. 다시 다윈으로 나와서 그 사이에 배운 자동차정비 실력으로 돈을 좀 벌어서 트럭 판 돈과 합쳐서 차를 한 대 샀다. 폴란드 친구와 함께 장사를 하였는데 건조기라서 덥고 습해 일감이 많지가 않았다. 이것도 1년만에 고객들이 망해 함께 망했다. 지기 씨는 이런 생활역정을 이렇게 회고하였다.

"나에게 기쁨이란 없었다"

　아델라이드로 돌아가자고 생각하고 돌아오는 길에 엘리스 스프링에서 150km 떨어진 원트리힐(One Tree Hill)에서 포도수확을 하며 돈을 벌어 아델라이드까지 돌아왔다. 그러나 거기에도 일자리는 없었다. 포도수확지에서 간신히 먹고 살다가 자리가 없어 다시 다윈으로 갔다.

　"우리가 산 차는 1,500달러에 사고 1,500달러를 들여 고쳤는데 갑자기 기름 값이 올라 대형차 값이 폭락하는 통에 1,200달러에 팔았다. 수도인 시드니로 가는 도중 마운틴 이사(Isa), 타운스 빌 등을 거쳐서 광산으로 가려 했으나 장비도 없고 해서 대도시로 나가야 했다. 왜냐하면 실업수당은 대도시에서만 탈수 있었기 때문이다. 브리스베인, 록햄튼(Rockhampton)에서 알미늄 건축 일을 해서 번 돈을 합쳐 차를 사 가지고 시드니 멜버른을 거쳐 또 다시 아델라이드로 돌아왔다. 이것이 일년 조금 전의 일이다."

　거의 4년을 돌아다닌 것이다. 지금은 어떻게 지내는지 궁금하였다.

　"아직도 일을 못 찾았다. 실업수당을 모아서 Kalgoorilie 근방의 금광으로 갈려고 한다."

지기 씨의 인생은 정말 힘든 방황의 연속이었다.

"일을 실패했을 때는 이민 온 것을 무척 후회한 적이 많았다. 공산당이 무너질 줄 알았으면 폴란드에 그대로 있었을 것이다. 어쨌든 고향은 좋은 곳이 아닌가."

그럼 고향으로 돌아가겠는가 하는 질문에 "이제 영어도 할 줄 알고 이곳에 적응이 되니 호주도 멋진 나라다. 다시 돌아가고 싶지는 않다. 그러나 가족방문을 하고 싶고 폴란드와 무역도 하고 싶다"고 했으며, "결혼은 생각할 시간이 없었다. 캥거루와 함께 살 수는 없지 않는가!" 하고 씁쓸하게 웃는다.

앞으로는 어떻게 할 것인가를 묻자 이렇게 대답한다.

"비싸진 않지만 오팔을 좀 갖고 있다. 그리고 나만의 비밀도 가지고 있다. 이제 경험도 풍부하여 금을 발견할 자신이 있다. 이민이란 투쟁할 준비가 되어 있어야지 아니면 끝장이다."

수년간의 투쟁적 삶에서 나온 자신감과 모험정신을 보여주었는데 광활한 가능성의 대륙에서 그 투지가 성공을 거두기를 빈다.

한국보다 약간 비싼 대학 등록금

1월 20일(수), 오늘 오후에는 백화점에 전기코드를 사러 갔다. 우리나라에서 쓰는 전기코드는 110볼트와 220볼트용으로 꼽는 곳이 두 가닥만 나와있는데 호주의 전기코드는 세 가닥이기 때문에 여러가지 전기제품을 사용하는데 불편이 많았다. 그러나 백화점을 다 뒤져도 어디서 사는지 파는 곳을 알지 못해 헤매고 있는데 우연히 한국 사람을 만났다. 부산대학에서 유학 온 교수인데 호주에 머무는 동안 이 곳에서 전기제품을 샀기 때문에 귀국 후 한국에 맞는 전기코드를 사러 왔던 것이다. 자원경제학을 전공한다는 강세훈 교수의 안내로 여행자 코너에 가니 두 가닥에서 세 가닥으로 연결하는 전기코드를 살 수 있었다. 큰 백화점에 가면 외국여행자들을 위해서 특별히 만든 코너가 있는데 이곳에 가면 세계 각국의 물건들을 살 수 있다는 것이다.

아델라이드에는 세 개의 대학이 있는데 문과인 경우 등록금이 1년에 400만원으로 우리보다는 좀 비싸지만 시드니에 비해서는 싸다고 한다. 이곳은 특히 의과대학이 상당히 좋다고 한다. 약 20명의 유학생이 와 있는데 아직은 인심이 좋고 안전한 곳이라서 공부하기에 좋다고 한다. 방을 빌렸을 경우에 18평쯤 되는 방 두 개 짜리가 일주일에 105달러 정도이고 하숙을 할 경우에는 80달러 정도 간다고 한다. 가족이 모두 왔기 때문에 초등학교 다니는 아이들도 학교를 가는데 학비가 일년에 6만원 정도 든다고 하니 부담은 없는 편이다. 호주에는 사회복지제도가 잘 되어 있기 때문에 그것을 이용하여 자녀들 교육을 위해 이민 온 사람들도 많이 있다고 한다.

얘기하는 동안에 강 교수의 자동차에 주차위반 딱지를 붙여 교통에 대한 상식도 배우게 되었다. 주차지역 외에다가 세워서 딱지를 뗀 것이 아니고 시내에는 15분, 30분 등 장소에 따라서 주차시간이 한정되어 있기 때문에 그 시간이 넘으면 딱지를 떼는 것이다.

◀아델라이드에는 세 개의 대학이 있는데 문과인 경우 등록금이 1년에 400만원으로 우리보다는 좀 비싸지만 시드니에 비해서는 싸다고 한다

돌아오는 길에 북부호주지역 관광 대리점을 맡고 있는 국립 관광센터에서 에어즈록과 엘리스스프링에 관한 정보도 얻고 또 관광표도 신청하였다. 에어즈록은 24시간용 패스로 에어즈록을 포함한 주위의 모든 경치를 볼 수 있기 때문에 그 패스를 샀고, 에어즈록에서 킹스캐년을 거쳐 엘리스스프링까지 가는 1박 2일짜리 사파리 표를 샀다.

교통비 비싸 국내여행도 어렵다

1월 21일, 오늘 오후는 학생들 숙제 검사하고 늦게 관광센터에 가서 주로 카카두를 위시하여 다윈 등 북부 호주에 대하여 정보를 수집하고 관광표를 끊었다. 스웨덴 아주머니들의 부탁으로 엘리스스프링까지의 관광일정을 준비해 주었는데 아델라이드에서 엘리스스프링까지 버스표만 199달러, 왕복이 400달러에 가까우니 호텔경비까지 하면 보통 호주 국내인들도 여행하기에 대단히 비싼 액수라는 것을 알 수 있다. 호주 국내에는 사회간접자본투자가 미비한 곳이 많기 때문에 경제건설에 상당히 타격을 주고 있으며, 오히려 비행기가 쌀 경우가 많다. 명목상으로는 버스 회사가 세 곳이 있는데 이름만 다를 뿐 시간표도 똑같고 실질적으로 통합하여 운영하기 때문에 독점형식이 되었다. 엘리스스프링 가는 버스는 하루에 한 번 밖에 없기 때문에, 타는 손님이 많지 않고, 많이 타지 않아도 손해보지 않도록 하다보니 요금이 높아지며, 요금이 비싸니 대중교통 이용률이 낮게 되는 악순환이 계속되는 것이다.

국가가 운영하는 기차의 노선은 오히려 갈수록 줄어들고 있는 형편이다. 시드니에서 퍼스까지 가는 철도는 호주대륙을 횡단한다는 상징성 때문에 대단히 유명하고 호주인들이 사랑을 받고 있지만 그 기차노선도 폐쇄될 것이라고 한다. '상당히 로

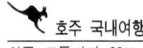
호주 국내여행
최근 교통비가 20% 정도 인상되어 더 많은 경비가 소요된다.

맨틱한 노선인데 아쉽다'는 지극히 애정어린 선에서 얘기되고 있지만 경제성이란 입장에서 보면 완전히 비효율적이라고 한다. 관광안내책에서 상당히 추천하고 있는 기차노선이기 때문에 나도 그 기차를 한번 타보고 싶었지만 너무 비싸서 값 싼 비행기를 탈 수 밖에 없었다. 중간에 큰 도시도 없고 경제권도 형성되어 있지 않기 때문에 중간에서 내리는 손님들이 없어 경제성이 떨어진 것이다.

저녁에 스웨덴의 아주머니들로부터 아프리카 탄자니아에 다녀온 얘기를 재미있게 들었다. 에어즈록과 엘리스스프링 계획을 짜주면서 아주머니 둘만 갈 수 있겠느냐고 걱정했는데 그건 기우였다. 아프리카를 여행한 대단한 모험가들이었다. 저녁 10시에 캥거루섬에 갔던 폴란드인들을 마중 갔었는데 예정시간보다 거의 한 시간이나 늦었다. 오늘은 웬일인지 몹시 피곤하여 아프리카 여행기를 읽다가 곯아떨어졌다.

각지의 회원들의 민박초대

1월 22일, 오늘은 수업의 마지막 날이다. 수업시간에 각 반별로 사진촬영도 하고 내일아침 헤어지는 한국의 참석자들과 한국식당에 가서 점심식사도 하였다. 아 아델라이드의 짬뽕맛이여!

오후에 관광센터에 가서 마지막으로 카카두 관광을 신청하고 5시에 한국으로 떠나는 두 분을 전송하러 비행장으로 나갔다. 비행장까지 수송을 담당한 자원봉사자는 나이가 제법 든 콜린 씨였다. 천연가스를 이용한 발전소 소장을 했다는 콜린 씨는 2남3녀를 모두 결혼시키고 5년 전에 정년퇴직한 젊은 노인이다. 정년퇴직 하자마자 외국어를 배우고 있는데 잘 외어지지가 않는다고 호인처럼 웃는다. 캥거루 가죽으로 허리띠, 지갑 같은 것을 만들고, 자원봉사자로 박물관 안내도 맡아서 하며, 중국인에게 일주일에 한번씩 영어강의를 하는 등 정말 시간이 없다며 엄살을 떤다. 캥거루나 애무(Emu)의 가죽은 비싸다며 가죽전문가의 행세를 하는 콜린 씨에게 종업원이 몇 명이냐고 묻자 "나 혼자 뿐이다"며 웃는다. 바쁜 말년, 깨끗한 말년을 보내는 콜린 씨에게 박수를 보낸다.

저녁에는 이번에 배운 모든 학생들이 반 별로 장기를 자랑하는 학예회를 열었다. 공부는 열심히 안 했지만 여러 가지 악기에 재능이 있는 한 젊은이는 혼자서 모든 프로그램의 배경음악을 연주하였다. 다섯 가지 악기는 물론 원주민들이 부는 코로보리(Corroboree)라는 악기도 연주할 줄 아는 만능이었다. 2주 동안 어학실력도 많이 늘었지만 표현력이 좋은 사람들이기 때문에 각 팀별로 대사도 직접 자신들이 쓰고 모든 구성까지 해서 아주 재미있는 단막극들을 보여주었다. 초보자들까지도 모두 에스페란토로 진행시키는 것을 보고 2주 동안의 강의 성과가 상당히 컸구나 하는 생각을 했다. 나는 한국의 노래와 명상법을 소개하였으며 코로보리를 연주(?)하여 많은 박수를 받았다.

2주 동안 이 곳에 머물면서 호주의 각지에서 온 회원들과 마음을 터놓고 대화를 하면서 여행하는 동안 피상적으로만 알 수

▶ 모든 학생들이 반 별로 장기를 자랑하는 학예회를 열었다

있는 호주에 대한 지식을 제대로 흡수할 수 있어서 좋았고, 그동안 친해진 여러 회원들이 모두 자기 도시에 초대를 하고 민박을 시켜주겠다고 나서서 나는 즐거운 비명을 질렀다. 이제 2주 동안의 정착을 마치고 내일부터는 다시 새로운 나그네길로 들어선다.

둘째마디
서호주

서호주 수도 퍼스의 첫날

 퍼스 Perth

호주의 서부해안을 따라 발달된 퍼스는 세계에서 가장 아름답고 매력적인 전경을 지닌 도시 중의 하나이다. 스완강을 따라 발달된 퍼스에는 약 4백 헥타르에 달하는 아름다운 공원이 자리잡고 있다. 퍼스는 연중 햇빛을 즐길 수 있는 지중해성 기후를 지니고 있으므로, 따뜻하고 건조한 여름과 온화한 겨울을 보낼 수 있는 도시이다. 건강한 삶의 모습과 적극적인 도시 분위기를 자아내는 이상적인 기후 덕분에 퍼스에 사는 사람들은 일년 내내 각종 여가 활동을 만끽하며 살아가고 있다. 공해에 전혀 물들지 않고 깨끗이 보존되어 완벽한 생활 환경을 지닌 퍼스는 한 번쯤 관광을 가 보고 싶다거나 또는 이 도시에서 영원히 정착하고 싶은 충동을 느끼게 하는 도시임에 틀림이 없다.

1월 23일, 9시 30분 쯤 비행장으로 가서 탑승수속을 하였다. 호주항공패스를 사용할 때 쿠폰이 A와 B 두 가지가 있다. 호주의 서부, 즉 퍼스를 갈 때에는 약 20%가 더 비싼 B쿠폰을 사용하고 그 나머지 지역은 A쿠폰을 사서 어디든지 갈 수 있는 그런 패스였다. 그런데 항공사 직원들도 이 쿠폰에 대한 것을 잘 몰라서 A와 B를 구분하지 않고 탑승수속을 하였다. 호주에서는 아직 이 패스 사용이 드문 경우여서 항공사 직원까지도 잘 모르고 있는 것이다.

10시 30분, 아델라이드를 출발한 비행기는 끝이 보이지 않는 대평원을 나른다. 산이 거의 없는 대평원에는 대부분 경작지이며 때때로 평야에 조성된 숲이 보이지만 왼쪽을 봐도 오른쪽을 봐도 끝없는 평원이 계속된다. 비행기 안에서 이번 여름학교에 참석했던 회원 한 명을 만났다. 호주 서남부의 알바니라는 도시에서 사는데 퍼스에서 4시간이면 갈 수 있는 곳이라며 꼭 한번 들려달라고 초청을 하였다. 여행이라는 것은 가 보고 싶은 곳을

세계에서 가장 아름답고 매력적인 전경을 지닌 도시 중의 하나인 퍼스의 시내전경

가보는 것도 좋지만 오라고 하는 곳을 가 보는 것도 상당히 재미 있는 일이다. 그러나 이번에는 이미 계획이 다 짜여져 있기 때문에 이 초청을 받아들이지 못해 아쉽다.

오후 1시 47분 쯤 되니 비행기가 내릴 준비를 한다. 안내방송에 현지 온도가 섭씨 44도라고 한다. 아직 섭씨 44도를 직접 체험해 보지 못했기 때문에 그 엄청난 더위가 벌써 걱정된다. 2시 정각에 서호주의 수도인 퍼스에 도착하였다. 아델라이드와는 2시간 30분의 시차가 나기 때문에 현지 시간으로는 11시 30분이다. 비행장에는 아델라이드 한인회 회장을 통해서 미리 연락한 한상철 선생이 마중을 나와 있었다. 우선 한 선생님 집에 가서 짐을 풀고 맛있는 꼬리곰탕과 김치로 점심식사를 하였다.

오후 2시에 퍼스 시내를 한 눈에 내려다 볼 수 있는 킹스파크에 올라갔다. 킹스파크를 올라가는 길 양편에는 아름드리 유칼리나무들이 멋진 가로수를 이루고 있는데 이 유칼리나무는 전몰장병 가족들이 한 집에서 한 그루씩 기념식수를 한 것이라고 한다. 나무 앞에는 식수를 한 사람들의 이름이 쓰여 있다. 공원 위에는 전몰장병 기념탑이 있고 그 주위는 잔디와 나무들로 조경을 아주 아름답게 잘 해 놓았다. 현대식 빌딩이 쑥쑥 솟아 있는 시가지와 엄청나게 큰 호수를 이루는 스완강을 바라볼 수 있었다. 스완강에서 고속으로 달리는 보트와 보트가 가리는 하얀 물결이 보는 사람으로 하여금 더위를 잊게 한다. 비행기에서 얘기했던 것과는 달리 온도가 30도 정도이며 생각보다 덥지가 않았다. 한 선생님의 설명에 따르면 퍼스는 온도가 높더라도 프리멘틀 쪽에서 약한 바람이 불어오기 때문에 시원하다고 한다. 공원 안에는 엄청나게 큰 카리(Karri)나무가 전시되어 있는데 이 카리나무는 뉴질랜드에서 보았던 카오리나무와 같은 것이다. 호주에서

🌲 킹스파크 Kings park
시내에 접해있는 엄청난 규모의 자연공원. 시드니나 멜버른처럼 인공적으로 잘 정돈해 놓은 것이 아니라 대륙성 기질처럼 그냥 마음껏 자라도록 만들어 놓은 듯한 느낌을 준다. 주말엔 시민들로 붐비며, 전망대에서 시내를 바라다 본 모습은 정말 아름답다.

▼공원 안에는 엄청나게 큰 카리나무가 전시되어 있는데, 이 카리나무는 뉴질랜드에서 보았던 카오리나무와 같은 것이

는 이 서남쪽에 가장 큰 카리숲들이 형성되어 있다고 한다.

공원을 내려와 시내로 내려갔다. 먼저 박물관을 구경하였는데 9m나 되는 거대한 고래뼈와 11톤이나 되는 운석 등 우리나라에서는 보기 드문 것들이 전시되어 있다. 오스트레일리아에서 가장 현대적 미술관이라는 서호주 아트 갤러리를 관람하였다. 피카소, 세잔느, 고흐 등 유럽의 거물급 화가들의 수장품도 볼만하지만 오스트레일리아 원주민인 애버리지니의 미술품들이 전시되어 있는 아트 오브 웨스턴 디저트 방도 아름답고 인상 깊은 곳이었다. 이 박물관과 아트 갤러리는 시내의 중심가에 있기 때문에 자연스럽게 시내구경을 할 수 있었다.

자동차가 다닐 수 없는 보행자 전용 상점가(mall)는 그 자체가 하나의 관광지로 되어 있다. 1937년에 이미 보행자 전용 상가를 만들었는데 장사만 하기 위한 상가가 아니라 그 건물이라던가 도시의 구조 자체가 상당히 특이하였다. 마치 전체가 유럽 중세의 요새처럼 지어져 있어 오르고 내리고 건너면서 물건도 사고 또 거리에서 벌어지는 거리의 악사 등 여러 가지 볼거리들을 만날 수 있다. 심지어는 손금을 보는 사람도 있어 나를 놀라게 했다. 천에다 파미스트(palmist)라고 써서 걸어놓고 한 젊은이의 손바닥을 쳐다보고 열심히 설명해 주는 관상가를 보고 호주는 어쩌면

웨스트 오스트레일리아 미술관
오스트레일리아 최대규모의 미술관으로 전통에서 근대미술까지 귀중한 콜렉션으로 유명하다. 관내 허가가 있어야만 촬영이 가능, 플래시나 비디오 촬영은 금지되어 있다.
위치 : Perth Cultural Centre
전화 : (08)9328-7233
개장 : 10:00~17:00
요금 : 무료

헤이 스트리트 몰 Hey Street mall
거리의 중심부, 윌리엄 스트리트(William St.)와 바락 스트리트(Barrack St.) 사이에 있는 거리. 빨간 벽돌 포장 도로에는 근대적인 빌딩과 개척시대의 면면이 남아 있는 건물이 서로 조화를 이루어 아름답다. 퍼스역에서 걸어서 8분.

런던코트 London Court
1937년 영국의 튜더 양식을 모방해서 만든 인기를 한 몸에 받는 관광 스포트로 헤이 스트리트 몰과 세인트 조지 테라스를 연결하는 작은 아케이드이다. 퍼스역에서 걸어서 8분

▶ 한 선생님 집으로 돌아와 가족들과 함께 저녁식사를 하였다

동양하고 더 가까운 것이 아닌가 하는 생각이 들었다.

일찍 한 선생님 집으로 돌아와 가족들과 함께 저녁 식사를 하였다. 한국에서 민화를 그렸다는 부인, 일본어를 전공하는 딸, 컴퓨터를 전공하는 아들과 함께 아주 단란하게 살아가는 가정이었다. 부인이 그린 민화가 걸려있고 책꽂이에는 수많은 한국 책들이 꽂혀 있는 것을 보면 이민 온 지 4년이라는 세월이 흘렀지만 모든 것이 지극히 한국적이었다. 뜻밖에도 한 선생님은 대단한 여행가였다. 부부가 미국을 자동차로 한 달 동안 일주할 만큼 베테랑 여행가였으며, 특히 아프리카에 다녀온 지 한달도 안 되었기 때문에 다음 여행지를 아프리카로 선택했던 나는 아프리카에 대해서 중요하고 또 최신의 정보를 많이 얻을 수 있었다. 케냐, 우간다, 르완다, 브룬디, 탄자니아 등에 관한 자세한 설명과 현지 물가 등 시간 가는 줄 모르고 얘기했다. 밤이 되자 마치 늦가을처럼 바람이 강하고 날씨도 제법 스산하다. 이상기온이라며 사모님이 제법 두터운 이불을 가져다주었다. 시차 때문인지 일찍 졸려 저녁 9시 쯤 취침하였다.

웨스턴 오스트레일리아 박물관
미술관 옆에 위치해 있으며, 서호주의 자연과 역사를 즐기면서 배울 수 있는 곳이다.
위치 : Perth Francis St.
전화 : (08)9328-4411
개장 : 10:00~17:00
요금 : 무료

파도바위 관광

1월 24일, 6시 30분 쯤 한 선생님이 인삿차를 가지고 내가 자는 방으로 와서 다시 아프리카 얘기가 시작되었다. 각종 과일과 채소, 그리고 샌드위치로 아침식사를 하였다. 사모님의 음식솜씨가 매우 좋다.

8시 피너클스 관광회사에 도착하여 8시 10분, 퍼스를 출발하였다. 오늘은 340km 떨어진 하이든 근방에 있는 파도바위를 구경하러 가는 날이다. 큰 숲과 많은 양들이 풀을 뜯는 들판을 지난다. 모두들 아침잠이 부족했는지 깨어있는 사람이 별로 없다. 9시 20분 퍼스 동쪽으로 80km떨어진 곳에 있는 요크에 도착하여 차를

 파도바위 Wave Rock
퍼스에서 345km 동쪽에 있으며 밀려오는 큰 파도가 일순간에 굳어 버린 것 같은 형상에서 이름이 붙여졌다. 수많은 시간동안 땅이 깎이고 깎여 파도 모양같이 멋진 모습이 연출되었다.
★웨이브 록 1일 투어
웨이브 록, 히포스 온 등 기암과 요크, 애버리지니 벽화 등을 보는 투어. 퍼스에서 출발.
(Pinnacles Tours and Travel Centre)
전화 : (08)9221-5411
가격 : 어른 A$82, 어린이 A$53
소요시간 : 12시간

한잔씩 마셨다. 요크는 역사적 건물이 많이 남아있는 곳으로 유명한 곳이다. 9시 50분 요크를 출발하여 12시 30분에 하이든을 지난다. 하이든을 지나서 약 10분 지나자 파도바위에 도착했다.

오늘 관광버스에는 한국에서 퍼스에 사는 가족방문을 온 일행 10명이 함께 타고, 일본사람도 3명이나 있어서 좀 분위기가 부드러웠다. 파도바위는 높이가 15m나 되는 바위인데 마치 파도가 치다가 굳어져 바위가 되어 버린 것 같은 모양을 하고 있어 굉장히 특이하다. 15m면 아파트 6~7층 높이이기 때문에 제법 높은 편이다. 경사도가 심하기 때문에 완만한 곳에서 뛰어가다 탄력을 이용해서 상당히 높은 곳까지 올라가 보곤 하면서 많은 사람들이 어린이들처럼 즐거워하였다.

2시 20분 파도바위를 출발하여 3시에 원주민들의 벽화가 있는 동굴을 구경하였다. 동굴 안에 들어가서 손전등으로 벽을 비추어보니 손자국이 많이 있었다. 물감을 입에다 머금은 뒤 손을 벽에다 대고 뿜어내서 그린 그림이다. 4시 30분쯤에는 소금호수에 도착하였다. 소금호수에서 100m만 가면 파란 담수호수가 있는데 어떻게 그 옆에 염도 98%의 하얀 소금으로만 된 호수가 있는지 참 신비하였다. 관광차를 모는 운전기사는 운전만 하는 게 아니라 모든 관광안내를 맡아서 일인이역을 하였다. 4시 40

▲파도바위는 높이가 15m나 되는 바위인데 마치 파도가 치다가 굳어져 바위가 되어 버린 것 같은 모양을 하고 있어 굉장히 특이하다.

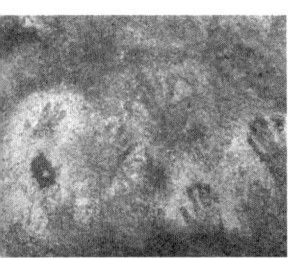

▲동굴 안에 들어가서 손전등으로 벽을 비추어 보니 물감을 입에다 머금은 뒤 손을 벽에다 대고 뿜어내서 그린 그림인 손자국이 많이 있었다

▶소금호수에서 100m만 가면 파란 담수호수가 있는데 어떻게 염도 98%의 하얀 소금으로만 된 호수가 있는지 신비하다

분 쯤 갑자기 수백 마리의 양떼들이 길을 가로
막는다. 목동과 개가 한가하게 몰이를 하다가
차가 오자 황급히 밭으로 몰아 넣지만 양들은
쉽게 말을 듣지 않는다. 이 때 가장 능숙한 목동
이 바로 관광버스 기사(coach captain)이다.
경적 한 번도 울리지 않고 서서히, 그러나 아주
가까이 접근하여 능숙하게 길을 터 가며 양떼를 옆으로 몰아내
는 솜씨는 아주 일품이었다.

▲갑자기 수백 마리의 양떼들이 길을 가로막는다

4시 50분 바바키니라는 곳에서 오후 차 마시는 시간을 가졌
다. 바바키니는 대단히 작은 마을이다. 성인 9명과 아이 9명만
살고 있고 농장에 노동자가 45명이 있으며, 현지와 이웃 마을에
서 온 초등학교 학생이 24명 산다고 한다. 현지 주민들은 주로
양, 돼지, 산양, 애뮤 같은 가축들을 키우고 사는데, 이 곳에서만
자라는 지하 난이 유명하다. 땅 속에서 자란다는 이 난은 희귀하
기 때문에 국가에서 철저하게 보호하고 있어 주민들도 보기 힘
들다고 한다. 관광객들도 사진만 보았다.

집 열쇠 건네주며 "마음대로 쓰시오"

관광을 마치고 돌아와서 오늘은 에스페란티스토 집에서 민박
을 하기로 하였다. 오늘 나를 재워준 크리스토퍼 딘 씨는 1914년
런던에서 태어났다. 쉽게 크리스라고 불리는 이 할아버지는 1949
년 당시 영국이 살기가 어려울 때이므로 오스트레일리아로 이민
을 왔다. 2차 세계대전 때는 가는귀가 먹어서 해군은 못 가고 공
군에 가서 늪의 물을 퍼내는 일을 맡아 했다고 했다. 1939년 결
혼하여 딸 한 명을 두었는데 이 딸이 대단한 효녀라고 한다.

젊어서 직업은 트랙터 운전사였는데 상당히 수입이 좋아 때
때로 세스나를 빌려서 비행을 즐길 정도였다고 한다. 주로 외국

사람이 오면 세스나를 빌려 퍼스 상공을 날았는데, 비행기를 타고 가며 부인이 저기 우리집이 보인다며 즐거워했다고 옛날을 회상한다. 비행기 운전을 잘 하느냐고 묻자 파일럿이 이착륙을 해주면 그 다음 1시간 반쯤 나는 것은 어렵지 않다며 "서 박사도 10년 전에 왔으면 함께 비행기를 탔을 것이다"라며 아쉬워했다. 지금은 혼자 조그마한 잡지를 내는 것과 시계를 만들고 수리를 하는 것이 취미라고 한다. 주위에 있는 시계를 보고 "이건 내가 만들고 저건 러시아제고……" 한참동안 자랑을 한다. 지금은 몸이 좋지 않아 걷기도 힘들기 때문에 주로 정원 손질과 독서로 소일하며 텔레비전은 뉴스만 본다고 한다. 딸이 매주 전화하고 가끔 방문하는 것이 가장 큰 낙이라고 한다.

두 달 전까지 자동차가 있었는데 최근 심장이 좋지 않아 면허증을 회수당했다고 한다. 몇 년 전만 해도 모임이 끝나면 크리스! 크리스! 하고 소리쳤다고 한다. 남을 데려다 주는 일이 모두 자기 일이었던 것이다. 그런데 이제 친구들이 자기를 데려다 주게 되었다고 쓸쓸하게 웃는다. 얘기를 계속 하던 팔십 노인은 열쇠를 하나 건네주며 앞으로 자기가 없더라도 집을 쓰고 싶은 대로 사용하라며 집 이곳, 저곳을 안내한다. 상당히 큰 집으로 복도 양 쪽에 방이 있는데 세 번째 방이 내가 잘 방이라고 한다. 왼쪽 첫 방은 조그마한 방인데 책장과 경대, 그리고 몇 가지 원주민 공예품이 장식되어 있다. 물소 뿔이나 원주민 창, 푸른 돌로 눈을 박은 도마뱀 같은 것들이 아름답다기보다는 어쩐지 으스스함을 느끼게 한다. 오른쪽 방과 현관에는 제법 많은 책들이 꽂힌 책장이 있는데 옛날에 다 읽었던 책이라며 "보고 싶은 책이 있으면 마음대로 뽑아 읽어라"고 했지만 책을 읽고 있을 만큼 한가한 시간은 없었다.

내가 샤워를 하는 동안에 크리스는 책을 읽고 있었는데 그 독서하는 광경마저도 혼자 사는 노인생활이 갖는 외로움을 더 해주는 것 같았다. 부인이 모은 조개껍질, 자기가 모은 각종 광석과 작은 돌들, 식당, 손님방, 텔레비전 등 제법 큰 방들을 소개해 주며 "혼자 살기에는 너무 큰 집이다"며 쓸쓸히 웃는다. 늙으면 결국 두 노인만 남고, 한 쪽이 먼저 가면 결국은 혼자 남게 되는데 우리는 일생동안 긁어모으는 데만 시간을 보내고 있지 않은가 하는 생각이 들었다. 냉장고를 열어 보이며 마시고 싶은 것 마시고, 옆 찬장에 비스킷과 빵이 있다며 먹고싶은 대로 꺼내 먹으란다. 멀리서 온 나그네는 오래 산 노인의 일생과 말년의 생활을 통해서 큰 공부를 할 수 있고 노인은 또 말벗을 맞이했으니 서로가 의미 있고 좋은 밤인 것 같다.

호주 경제의 현황과 문제점

1월 25일, 지난 밤은 모기 때문에 잠을 설쳤다. 아침에 일어나서 정원을 구경하였다. 귤과 레몬 등 과일나무와 각종 꽃나무가 가득하다. 정원 옆에는 방을 4개 들인 건물이 하나 있는데 부인이 싱가폴과 자바에서 온 유학생들을 하숙시키기 위해서 지은 것이라고 한다. 정원에 열린 귤을 따서 아침식사.

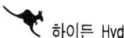
하이든 Hyden
퍼스에서 자동차로 4시간 거리에 있으며, 잘 알려진 웨이브 록(Wave Rock), 하마가 하품을 하는 듯한 히포스 욘(Hipp's Yawn), 험프(The Humps) 등 각종 독특한 모양의 바위들이 많다.

한 선생님이 차를 가지고 와서 한 선생님 집에 도착하니 '호주의 허상과 실상'이란 책을 지은 김형식 교수가 거의 같은 시각에 도착하였다. 부인이 준비한 샌드위치와 과일 채소 등을 먹으며 호주에 관한 얘기를 들었다. 한 선생님은 지난번 고운 선생님이 왔을 때도 이런 자리를 만들었다고 하는데 부인의 솜씨도 좋지만 이런 일을 스스로 맡아서 하는 맘씨가 더 좋은 것 같았다. 주로 호주 경제의 문제점에 대해 주요한 점들을 지적해 주어 이해하기가 쉬웠다. 그러나 더 많은 시간을 동양과 서양 학문을 접합하는데 있어서 우리 사상의 중요성에 대해서 얘기했는데 대부분 의견의 일치를 볼 수가 있었다. 참고로 얘기를 했던 것을 간단히 메모해 보면 다음과 같다.

호주의 경제

호주의 경제는 초기부터 양모 생산이 중심이며 또한 세계적인 양모산지로 유명하다. 현재는 다른 작물의 비중이 점점 높아지고 있는 추세로 쌀, 밀 등의 곡물, 과일과 채소가 오스트레일리아 경제의 중요한 부분을 차지하며 아울러 면 생산도 수출에 많이 기여하고 있다. 하지만 전성기가 지났음에도 불구하고 여전히 양털은 호주의 수출에서 중요한 역할을 담당하고 있다.

호주는 관광의 나라, 자연의 나라답게 관광업은 호주에서 빼놓을 수 없는 중요한 산업으로서 급속도의 성장을 보이며 호주의 경제난 극복에 크게 기여한 중심산업이다. 호주만의 특색 있는 기후, 아름답고 빼어난 자연 경관, 어느 나라에서도 찾을 수 없는 다양하고 개성 있는 문화, 친절한 호주 국민 등은 세계의 모든 관광객들을 매료시키고 있다. 매년 4백만 명 이상의 관광객들이 방문하고 있고 이 중 한국인 관광객은 대략 25만 명 가량이다.

1) 호주는 외채가 1600억 불로서 상당히 심각하다.

2) 실업률이 10~12%인데 청소년 실업자가 30%나 되어 훨씬 심각하고, 바로 이민 온 사람이나 여자들의 실업구조가 크다.

3) 혼합경제에서 개방경제로 넘어가는 사이에 아시아와의 혼합을 위한 갈등이 상당히 심하다. 호주인들은 스스로가 아시아인도 아니고 유럽인도 아닌 그런 상황에서 위치설정 문제로 상당한 갈등이 있다. 무역적자가 심하고 인구 1700만인 호주로서는 제조업으로 승부를 걸기가 대단히 어려우며 첨단 제조업은 일본 독일 미국과 경쟁을 해야하기 때문에 벅차다. 1차 산업이 상당히 주를 이루는데 1차 산업도 지하자원과 같은 가공수출은 일본과 미국에 많이 의존하고 있는 형편이다.

5) 물가가 비교적 안정되었다는 것이 그래도 다행스러운 일이다.

6) 물가는 안정되어 있는 것은 다행스러운 일이나 사회간접자본에 많은 자본을 투자해야 하기 때문에 침체가 가속화된다. 여기에 노동자들의 노조가 너무 막강하다는 것도 문제가 된다. 노동자들이 굉장히 분화되어 있고 노동조합의 기능이 잘 되어 있어 파업을 많이 하기 때문에 산업발전에 장애가 되는 부분도 있다.

7) 사회적으로는 이혼율이 30%가 넘고 청소년 범죄가 늘어나고 있다고 한다. 호주는 무폭력이 자랑이었는데 최근에 폭력이 늘고 있다. 다행히 아직도 퍼스는 폭력이 많지 않은 안전한 곳이다. 사회적으로 가장 큰 문제는 빈부의 격차가 크나 해결하려는 노력이 없다는 것이다.

8) 정부구조가 관료화되어 비효율적이며 지방자치제가 심해 전체가 없는 것도 문제가 되는 것이다. 아델라이드에서만 보더라도 서호주, 북호주, 동호주의 관광안내 출장소를 각각 둘 정도로 낭비가 많은 것이다.

9) 호주는 기독교 국가가 아니라고 하는 것도 나에게는 낯선

얘기였다. 기독교인이 22% 이하인 나라를 기독교 국가라고 할 수는 없다는 것이다.

대학생의 65%가 평생교육 받는 어른들

9시 30분쯤 애디스코언 대학의 준달로 캠퍼스에 갔다. 교외로 30분쯤 차로 달리니 숲 속에 새로 조성된 지 얼마 안 되는 캠퍼스가 나왔다. 넓은 곳이라서 높은 건물을 짓지 않고 숲과 어울리도록 잘 조화를 이루고 있었다. 새로 조성된 캠퍼스지만 큰 나무들이 우거져 있어 마치 오래된 캠퍼스 같았다. 캠퍼스 안에만 약 60마리의 야생 캥거루가 살고 있을 정도로 자연보호가 잘 되어 있다. 도서관에서 근무하는 데이비드 폴슨이란 에스페란토 회원을 만나서 여러 가지 얘기를 많이 들었다. 데이비드는 캥거루 똥을 보여주며 낮에는 낮잠 자고 밤에 활동하기 때문에 지금은 볼 수 없으나 아침저녁 출퇴근 때는 자주 본다고 한다.

이곳 대학은 35%만 젊은 학생들이고 나머지 65%는 모두 성인들을 교육시키는 평생교육 위주의 캠퍼스라고 한다. 국립이고 등록금이 싸기 때문에 많은 사람들이 야간에 다닌다고 한다. 그래서 학생들이 2만 명에 이른다고 한다. 많은 젊지 않은 학생들

◀넓은 곳이라서 높은 건물을 짓지 않고 숲과 어울리도록 잘 조화를 이룬 애디스코언 대학 캠퍼스에서

이 새 학기 등록을 하느라고 오가고 있었다. 데이비드는 폴란드인 부인과 함께 어떻게 살아가는가에 대해서 열심히 설명하였다. 월급으로는 잘 살기 힘들기 때문에 퇴근해서는 장사를 한다고 한다. 마치 피라미드 판매방식 비슷하다는 생각이 들었는데 1991년부터 시작하여 일주일에 4~5시간만 일하면 일년 수입이 2000불은 된다고 한다. 데이비드의 아르바이트 얘기를 듣고, 김 교수의 연구실에 들렸다가 함께 간단히 점심식사를 하였다.

퍼스를 식혀주는 프리멘틀 의사바람

점심식사가 끝난 뒤 대학교까지 차를 가지고 온 베라 선생과 프리멘틀 구경을 갔다. 베라 선생은 아델라이드에서 에스페란토 여름학교를 할 때 초급반을 맡았던 선생으로 오늘 오후는 자기가 안내를 맡겠다고 자원한 것이다. 프리멘틀에 가는 도중에 Under Water에서 수족관과 돌고래 쇼를 보여줬다. 마치 바다 속을 에스컬레이터를 타고 지나가는 것처럼 만든 수족관에는 상어, 가오리 같은 물고기들이 바로 머리 위를 지나가 실감나는 수족관이었다. 돌고래 쇼는 실내에서 하는 것이 아니라 아예 바다에다 무대를 만들어서 본격적으로 하고 있었다. 원래 동물원에 있는 돌고래 9마리를 사서 풀어주었는데 3마리가 바다로 가지 않고 있어서 그 돌고래를 보호하면서 돌고래에 대한 교육을 시키는데 주안점을 두고 있었다. 그렇기 때문에 돌고래 쇼가 목적이 아니고 돌고래로 박사학위를 따려는 미모의 아가씨가 돌고래의 습성에 대해서 자세히 설명하는 교육프로그램에 가까웠다. 베라 선생의 주선으로 사무실 사람들의 안내를 받아 특별히 수족관 뒷면까지 볼 수 있어 특이한 수족관을 이해하는데 큰 도움이 되었다.

프리멘틀에 가서 고풍스러운 건물들이 들어선 거리를 구경하고, 아이스크림도 사 먹고, 킹스캐년 캠핑에 대비하여 츄리닝 상

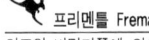

프리멘틀 Fremantle
인도양 바닷가쪽에 위치한 작은 도시이다. 무척이나 옛스러운, 전체가 박물관 같은 그런 느낌을 준다. 예전 식민지 시대 모습을 그대로 보존하기 위해 시에서도 열심히 노력하고 있는 것 같다. 해양박물관이 볼 만 하고(무료), Fremantle Market이 규모는 작지만, 아기자기하게 잘 꾸며져 있어 시골 시장 같은 정다움을 준다.

의도 하나 샀다. 섭씨 34도나 되는 데도 자동차를 떠나 그늘에만 들어서면 시원하다. 공기가 건조한 점도 있지만 프리멘틀 의사라는 바람 때문이라고 한다. 퍼스는 더운 곳이지만 프리멘틀 쪽에서 부는 시원한 바닷바람 때문에 그 더위를 견딜 수 있다고 한다. 그래서 퍼스사람들은 그 바람이 바로 아픔을 치료해주어 건강하고 편안하게 살 수 있다고 해서 '프리멘틀 의사 바람'이라고 한다고 한다. 돌아오는 길에 스완강에서 검은 고니를 보았다. 상당히 많은 검은 고니들이 노닐고 있었고 하얀 갈매기들이 무수하게 많이 날고 있어 좋은 조화를 이루고 있었다. 엊저녁 모기 때문에 잠을 잘 자지 못해 피곤했지만 베라 선생이 좋은 차를 가지고 와 편안히 구경할 수 있었다.

저녁식사는 베라 선생 집에서 하였다. 유고슬라비아 계통인 베라 선생은 아버지가 오스트레일리아에 정착하면서 세 살 때 이곳으로 이주했다고 한다. 아직도 어머니는 영어를 잘 못할 정도로 집에서는 철저하게 크로아티아어를 사용하고 있다고 한다. 자신도 상당히 나이가 들었지만 늙은 노모를 모시고 살 정도로

▼마치 바다 속을 에스컬레이터를 타고 지나가는 것처럼 만든 수족관에는 상어, 가오리 같은 물고기들이 바로 머리 위를 지나가 실감나는 수족관

롯네스트 아일랜드 Rottnest Island
퍼스 시민들에게 가장 사랑 받는 섬이다. 프리멘틀 19km 앞에 위치해 있고, 쿼카(Quokka)라는 큰 쥐(월라비 종류)가 사는 섬이라 이런 이름이 붙여졌다. 퍼스 시내에서 또는 프리멘틀에서 페리를 타고 떠나보자. 운 좋으면 가는 길에 돌고래나 고래를 직접 볼 수도 있다.

피나클스 Pinnacles
퍼스에서 약 257km 북쪽에 위치한 사막이다. 수많은 흙봉우리가 솟아 있어 자연의 경이로움을 느끼게 한다.

효녀이다. 가정에도 대단히 충실해서 중학교에서 영어와 문학을 가르치던 교사직을 일찍 그만두고 가정일과 에스페란토 등 자기 취미에만 충실하고 있다고 한다. 넓은 정원과 집, 그런 것들을 제대로 가꾸려면 직장생활이 어려울 것 같았다. 아마 늙었지만 정정한 어머니의 도움이 클 것으로 보인다. 집을 달아내서 어머니가 살 방을 만들고 에스페란토에 관한 자료만 모은 방도 따로 하나 갖고 있다. 주부가 자기 하는 일을 분명히 갖고 있는 것이 보기 좋았다. 베라 선생이 보살상을 하나 가져와 보여준다. 자신은 천주교인이지만 명상을 좋아해 일주일에 한 번은 이 보살상 앞에서 명상을 한다고 한다. 저녁식사는 닭고기 등 아주 푸짐했는데 남편이 더운 음식을 준비하지 않았다고 핀잔을 준다.

저녁식사를 마치고 킹스파크에 가서 산보를 하였다. 저녁에는 '특별히 관광도로에 주차를 허용하여 많은 사람들이 차를 몰고 와 휘황찬란한 시내와 스완강의 야경을 즐기고 있었다. 밤의 프리멘틀 의사바람은 약간 추위를 느낄 정도였다. 첫 우주인이 이 곳을 지날 때 모든 시내의 불을 켜 놓아 육안으로 퍼스를 식별할 수 있게 했다는데, 그 넓은 대륙 서쪽에 한 군데만 밝게 불을 켜 놓았으면 쉽게 찾을 수 있었을 것이다. 돌아오는 길에 며칠 뒤 현지 회원들과 만나기로 했던 한국음식점을 확인하였다. 중국, 월남, 이탈리아 음식점들이 이어져 있는 거리를 지나오는데 베라 선생의 사위와 딸이 우리를 발견하고 경적을 울리면서 따라와 30분 정도 대화하였다. 10시 쯤 돌아와 몸이 피곤하여 크리스 씨에게는 미안했지만 그냥 취침하였다.

호주에 효녀가 많다

1월 26일, 어제 저녁에는 모기 탓 안 하고 아주 잘 잤다. 아내가 죽은 뒤 한번도 쓰지 않았다는 식탁에는 파리를 막는 방충덮

개까지 그대로 보관하고 있다. 부인의 할아버지가 그렸다는 상당한 수준의 유화도 벽에 빽빽하다. 태국, 일본 등지에서 여행할 때 사온 모자, 자수 같은 기념품도 아직 깨끗하게 간수하고 있지만 혼자서 그런 것이 무슨 의미가 있는 것일까. 함께 할 수 없는 것들에 대한 의미를 되새기게 하고 인생에 대한 근본적인 질문을 갖게 하였다. 아침 식사는 콘프레이크와 토스트를 미리 준비해 놓고 기다리고 있었다. 식탁에는 어제 저녁에 베라 선생의 남편이 꺾어 주어서 가지고 온 Frange Pane이라는 꽃을 컵에다가 꽂아서 밥상에다 올려놓았다.

"오늘 저녁에는 딸이 데리러 와서 함께 딸집에 식사하러 가는데 저녁 식사는 어떻게 할 것인가요?"

"내일은 몽키마이어로 출발해야 하는데 한 선생님하고 같이 가야 하기 때문에 오늘 저녁에는 한 선생님 집에서 자기로 했습니다"

"몽키마이아에 가서 돌고래를 만질 때는 개를 사랑해주듯이 머리를 쓰다듬어 주는 것은 싫어하니 몸 쪽을 쓰다듬어 주세요"

"몽키마이어에 갈 때는 왼쪽으로 돌면 햇빛이 강합니다"

사실 여행하며 민박할 때는 이런 노인 집에서 자는 것이 가장 좋다. 경제적으로도 윤택하고, 시간이 많으며, 아는 것이 많고,

◀호주에서 효녀들을 자주 보게 되다니 뜻밖의 일이다

소설 같은 일생을 생생하게 들을 수 있기 때문이다.

"따님이 자주 초청합니까?"라고 묻자 "일주일에 한 번 정도는 와서 차로 데리고 가 식사를 함께 한다"고 대답한다. 참 효녀다. 호주에서 효녀들을 자주 보게 되다니 뜻밖의 일이다. 벽의 시계 하나가 늦게 가자 곧 밥을 주고 고친다. 시계 만들기가 취미라고 했는데 항상 할 일이 있어서 다행이구나 하는 생각이 들었다.

호주 서남해안 관광

7시 30분 정확하게 택시가 도착하였다. 엊저녁에 콜택시를 불러놓았는데 아침에 정확하게 그 시간에 도착한 것이다. 물론 값은 같다. 8시 관광버스는 정확하게 퍼스를 출발하였다. 오늘은 서남해안을 따라서 돌아오는 관광을 선택하였다. 국도 1호선을 타고 출발한 버스는 프리멘틀을 지나 곧바로 남쪽으로 달린다. 3차선의 시원한 Freeway를 달리는 차 안에는 영국, 싱가폴, 아일랜드 등 각국에서 온 관광객들이 함께 자리하고 있었다. 오늘은 맨 앞좌석에 앉아서 바깥 경치를 놓치지 않고 감상할 수 있었다. 외곽지역의 기와지붕들이 어쩐지 낯익어 보인다.

8시 40분 쯤 중공업 단지를 지나는데 BHP Steel, ICI Ceramic 등의 이름들이 보인다. 9시 15분에는 Mandurau라는 정년퇴직자들을 위한 도시를 지난다. 8시 40분쯤 깊은 숲 속에 밭이 보이는데 이곳은 날씨가 덥기 때문에 멀리서 물을 끌어 와 채소를 심어 주로 싱가폴에 수출한다고 한다.

9시 56분 애뮤농장에 도착하였다. 여기서 일단 휴식하며 오전차 마시는 시간을 갖는 것이다. 애뮤(Emu)는 타조와 비슷하게 생긴 아주 큰 새인데 날지를 못한다. 이 애뮤는 호주에만 있는 새로 서있을 땐 거의 2m 가까이 되는데 타조에 이어서 세계에서 2번째로 큰 새이며 보호대상 조류이다. 애뮤는 오스트레

▲애뮤(Emu)는 타조와 비슷하게 생긴 세계에서 2번째로 큰 새로 호주에만 있는 보호대상 조류이다

일리아의 전형적인 동물로서 이것을 농장에서 기르기 시작한 것은 이 농장이 처음이라고 한다. 1969년에 시작했으나 실패한 뒤 70년부터 85년까지 15년간 다시 노력하여 성공한 것이다. 퍼스에서 130km 떨어진 이 곳에 현재 250에이커의 땅에 만 마리의 애뮤를 기르고 타조까지 한꺼번에 기르고 있는 이 농장은 규모가 상당히 커서 이제는 성공한 농장 중 하나라고 한다. 애뮤는 가죽만 쓰는 게 아니라 고기도 먹으며, 특히 애뮤에서 나오는 기름은 상당히 고가의 약품으로 쓰인다고 한다. 골관절염, 류머티스성 관절염, 피부통, 햇빛에 탄 데 등등 상당히 중요한 약재의 원료가 된다고 한다.

11시에 벤버리(Bunbury)를 통과하여 시원한 바닷가를 한 시간쯤 달려서 옐링업(Yallingup) 국립공원에 도착하였다. 옐링업은 동굴의 세계라고 할 정도로 동굴이 많은데 옐링업 동굴 안에

에뮤에 대하여...

화식조목 에뮤과의 조류
분류 : 화식조목 에뮤과
분포지역 : 호주
서식장소 : 나무가 있는 사바나·덤불, 사방이 트인 초원

크기 : 몸길이 약 1.8m, 몸무게 36~54kg
현생종으로는 1종 뿐인 대형의 주조류(走鳥類)이다. 몸길이 약 1.8 m, 몸무게 36~54 kg 이다. 몸빛깔은 암회갈색이다. 목이 길며 다리도 길고 튼튼하다. 발가락은 둘째·셋째·넷째의 3개뿐이다. 발톱은 짧고 튼튼하다. 날개는 퇴화(退化)하여 짧다. 짐승의 털 같은 거친 깃털의 윗면은 검은색이나 아랫면은 연한 빛깔이다. 머리와 목에는 깃털이 거의 없으며 푸른색 피부가 노출되어 있다. 암수가 빛깔은 같으나 울음소리가 다르다. 무리 생활을 하며, 잘 뛰고 헤엄도 잘 치는 무리들은 갈수기(渴水期)에 개간지역을 침입한다. 주로 과실을 먹는데, 나뭇잎·풀뿌리·종자를 먹으며 곤충도 먹는다.
번식기에는 암컷의 목에 검은 생식깃털이 생기며 푸른 피부의 빛깔도 짙어진다. 교목 밑, 땅 위에 풀을 밟아 오목하게 만든 둥지에 한배에 9~20개의 알을 낳는다. 수컷이 58~61일간 포란한다. 부화 후 며칠이면 새끼는 둥지를 떠난다. 암수가 함께 포육(哺育)한다. 나무가 있는 사바나·덤불, 사방이 트인 초원 등지에 산다. 호주에 분포된 특산종이다. 에뮤과의 근연종으로 캥거루섬 및 킹섬에 서식한 흑에뮤(D. diemenianus)는 1800년대 초에 절멸되었다.

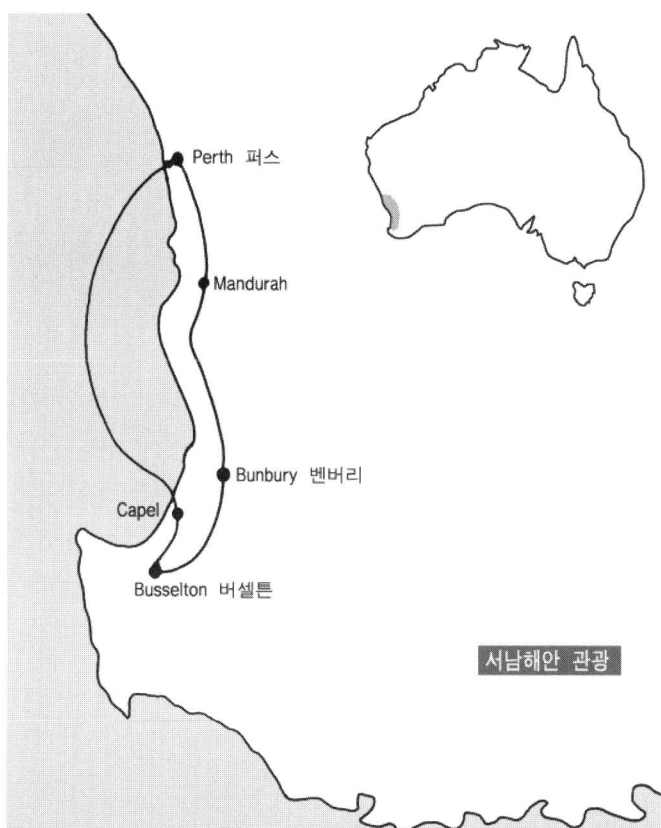

▲에뮤Airways라는 항공사도 있다.

는 피사의 사탑, 뱀모양, 또 거꾸로 매달린 책상 등등 기묘한 모양을 가진 종유석과 석순들이 조명에 비추어 찬란하게 빛나고 있었다. 종유동굴 구경을 마치고 옐링업 공원에서 식사를 하였다.

2시에 출발하여 해변으로 나갔다. 이 부근 일대는 서호주에서 파도가 센 곳으로 알려져 있다. 빛나는 모래 해안과 새파란 바다 위에 강렬한 햇빛이 역광으로 비추어 은빛으로 빛나는 바다 위에는 젊은이들이 서핑을 즐기고 있었으며 언덕 위에는 수많은 젊은이들이 행글라이더를 타고 해변가로 낙하하고 있었다. 햇빛은 강렬했지만 바람이 하도 세게 불어 긴팔 윗옷을 입어도 전혀 덥지가 않은 정도였다.

오후 4시 보란업 드라이브(Boranup Drive) 길에 도착하여 엄청난 규모의 카리숲을 구경하였다. 몇 아름드리나 되는 카리나무들이 하늘 높이 솟아 있어 딴 세상을 보는 것처럼 느껴졌다.

돌아올 때 버셀튼(Busselton)의 해변가에서 잠시 쉬었다. 바다 쪽으로 다리들이 길게 놓여 있는데 그 위에서 낚시도 하고 바다로 뛰어드는 사람들도 있었다. 8시 10분 카펠(Capel)이라는 곳에서 오후차를 마시고 9시에야 퍼스에 도착하였다. 한 선생님 집에 돌아와 케이크, 포도, 우유 등을 먹고 또 다시 아프리카 얘기를 하다가 간단히 내일 일정에 대해서 토의한 뒤 취침하였다.

▼몇 아름드리나 되는 카리나무들이 하늘 높이 솟아 있어 다른 세상을 보는 것처럼 느껴진다

한반도보다 12배 큰 서호주에 인구는 140만

1월 27일, 아침 일찍 한국의 라디오 방송국에 전화를 걸어 내 여행 감상을 리포트 하였다. 오늘은 주로 서호주와 퍼스에 대한 얘기를 하였다. 서호주는 면적이 2,525,000㎡로 호주의 1/3 정도 되는데, 남북한의 12배나 되고 남한의 25배가 넘은 엄청나게 큰 대륙이다. 그러나 인구는 140만 정도밖에 안되고 그 가운데서 백만이 전부 수도인 퍼스에서 살고 있다. 잘 꾸며진 나라지만 인구가 많지 않아 한가한 느낌을 준다. 베라 선생이 들려준 에피소드가 생각난다. 인구 2억을 가진 인도네시아에서 처음 온 사람에게 "호주에 온 인상이 어떻습니까" 하고 물었더니 "사람들이 다 어디 갔습니까?"라고 대답했다고 한다. 세계적으로 철광석, 다이아몬드, 금 같은 지하자원이 많이 나는 지역으로 손꼽히고 있다. 때문에 호주의 3만 3천명 백만장자들 가운데 절반 이상이 이 곳에 산다고 한다.

퍼스는 우리가 잘 알고 있는 시드니에서 직선인 비행기 길로 3,278km나 되어 비행기로도 5시간이 걸리고 기차나 버스로는 4,000km가 넘어 3박 4일이 걸리는 거리이다. 인도네시아 발리섬을 가는데는 3시간 정도 밖에 걸리지 않는데 시드니까지는 5시간이 걸리는 것이다. 비행기 값도 시드니를 다녀오는데 800달러가 드는데, 그 돈이면 싱가폴에 가서 10일간 여행을 하고 올 수 있는 돈이라고 한다. 자연히 서호주의 수도 퍼스는 그 생활권이 싱가폴이나 인도네시아나 가까운 아시아 국가들과 밀접한 관계를 갖게 된다.

방송 리포트 하느라고 출발이 늦어 9시 50분쯤 퍼스를 출발하였다. 2박 3일간의 이번 여행은 렌트카를 빌려서 출발하였는데 운전대가 한국과는 반대로 되어 있어서 내 국제면허증은 전혀 도움이 되지 않았다. 대부분 한 선생님이 전 구간을 운전하였고 함께 간 한 선생님의 아들 동균이가 잠깐 도와주기도 하였다. 이번

 퍼스 - 교통

★비행기
시드니 논스톱 편으로 약 4시간 소요. 브리스베인에서 4시간, 멜버른에서 3시간 40분, 아델라이드에서 3시간, 다윈에서 5시간 소요

★장거리 기차
인디언 퍼시픽(Indian Pacif-ic) : 시드니에서 65시간 45분, 멜버른에서 57시간 30분.
트랜스 오스트레일리아호 : 아델레이드에서 43시간 30분

★버스
그레이하운드 : 에들에이드에서 1일 1편, 다윈에서 1일 1편
소요시간 : 56시간, 퍼스와 몽키마이아를 12시간에 잇는 버스도 주 7일 운행.
위치 : Weatrail Centre, Eadt Perth
전화 : (08)9328-6677

롯네스트(Rottnest) 섬

이 모래 섬은 프리맨틀 연안에서 19㎞ 떨어져 있으며 쿼카스로 알려진 작은 토착 유대류들이 살고 있다. 이들은 1696년 네덜란드 탐험가인 드 블라밍이 이곳을 탐험할 때 쥐로 착각하여 이 섬의 이름을 'Rats Nest'로 지었다. 롯네스트 개척지는 19세기에 원주민 감옥으로 시작되었지만 1920년 이 감옥을 더 이상 사용하지 않으면서 퍼스 주민들의 탈출구가 되었다. 해변은 세계에서 가장 남쪽에 있는 산호초 중 일부와 수정처럼 맑은 바닷물을 가지고 있다. 프리맨틀 현지 주민들은 프레오(Freo)라고 부르는 프리맨틀 항구는 퍼스의 대도시권에 속해 있다. 프리맨틀은 많은 부분이 바뀌었으며 현재는 야외 카페나 유서 깊은 건물, 활기찬 시장들로 가득하고 예술적인 분위기를 느낄 수 있다. 주말에는 많은 사람들이 당일치기로 이곳에 놀러온다.

여행단은 모두 4명이었다. 존커틴 대학에서 화학을 전공하고 있는 아들 동균이와 친척방문을 온 서울대 사학과 정찬운 군이 함께 출발하게 된 것이다. 차 뒤 트렁크에 한 선생님 집에서 네 사람이 2박 3일 동안 먹을 수 있는 도시락, 식수, 쌀, 불고기, 채소, 김치, 국거리 등을 완벽하게 준비해 준 물품을 실었다. 우리는 시내를 벗어나자마자 부족한 과일을 사기 위해 포도밭에 가서 포도와 수박을 사서 실었다. 먹거리를 완벽하게 준비한 것이다.

11시 52분 세르반테스 입구를 통과하였다. 이 세르반테스(Cervantes)는 돌아오면서 들를 난봉국립공원의 더 피너클스(The Pinnacles)로 들어가는 입구이다. 1시가 넘자 점심식사 할 곳을 찾았으나 마땅치 않다. 황량한 들판을 달리면서 점심식사 할 곳을 찾다가 마침 큰 유칼리 나무가 서 있는 그늘을 찾아서 점심식탁을 차렸다. 엄청나게 더운 날이지만 그늘에는 시원한 바닷바람이 불어서 상쾌하였다. 김밥, 김치, 그리고 시원한 물로 훌륭한 점심을 할 수 있었다.

영상 47도의 혹서, 시원한 휴식을 주는 밤하늘

1시 50분 출발하여 2시 30분에 제럴튼(Geraldton)에 도착하였다. 이미 퍼스에서 430㎞를 달려온 것이다. 제럴튼은 새우잡이의 거점으로 번성한 항구도시인데 일명 선 시티로 알려져 시즌에는 공원과 해변에 관광객들이 많이 오는 곳이다. 제럴튼

▶ 해로운 동물들의 침입을 막기 위한 머치슨 울타리(Murchison Barrier Fence)

에서 45분을 더 가 3시 15분에 노샘프턴(Northampton)을 통과한다. 노샘프턴에서 한 20분 지나자 이번 여행 때 꼭 방문하려고 했던 허트리버왕국을 통과했다. 나중에 돌아올 때 들르기로 하였다. 차는 황량하고 더운 열기가 확확 풍기는 들판을 쉬지 않고 달려서 위로 위로 달린다.

제럴튼 Geraldton
퍼스에서 424km 북방에 있는 제럴튼은 프리맨틀 다음 가는 항구 도시이다. 선티(Sun City)라 불리는 제럴튼은 햇살 따가운 날에도 신선한 바람이 부는, 지내기 좋은 기후로 인해 봄·여름 시즌엔 해변과 공원에 항상 관광객들로 가득하다.

4시 30분, 길가에 안내표지판이 있어서 잠깐 쉬면서 구경하였다. 안내표지판을 기준으로 길 양쪽으로 제법 높은 철조망이 끝없이 쳐져 있었는데 머치슨 울타리(Murchison Barrier Fence)라고 쓰여 있다. 이것은 해로운 동물, 예를 들면 토끼 같은 것들이 침입하는 것을 막기 위한 울타리이다. 보통 Protect Pastanimal Fence라고 한다. 해로운 동물들 때문에 얼마나 신경을 쓰고 있는지 알 수 있는 현장이었다. 오후 5시에 오버랜더에 도착하여 기름을 넣었다. 자동차 밖을 나가자 마치 사우나실에서 불에 단 돌 옆에 가면 견디기 힘든 것처럼 뜨거움을 느꼈다. 주유소의 온도계를 보니 섭씨 47도, 내 생애에 처음으로 느껴본 높은 온도이다.

오버랜더에서는 큰길을 벗어나 왼쪽으로 들어섰다. 여기서부터 너무 오랫동안 운전해 지친 한 선생님 대신에 동균이가 운전을 맡았다. 이제부터는 샤크 베이(Shark Bay)에 좁게 뻗어 나온 반도를 따라 들어가는 길인데 조금 가다 오른쪽으로 하멜린 풀(Hamelin Pool)이라는 곳이 있어 들려보았다. 이 곳에는 지구에서 가장 오래된 생물인 스트로마톨라이트(Stromatolites,

▲오버랜더에 도착하여 기름을 넣었다

◀하멜린풀 — 지구에서 가장 오래된 생물인 스트로마톨라이트가 생존해 있는 곳

녹조류 활동에 의해서 생긴 박편상 석회암)가 생존해 있는 곳이라고 해서 가 본 것이다. 스트로마톨라이트는 지구의 생명 가운데 가장 오래된 것으로 다른 생명체가 형성되기 이전에 암초형태로 광범위하게 형성되어 현재 세계 각국의 화석층에 나타나고 있다. 오늘날 실제로 살아있는 스트로마톨라이트는 이곳 하멜린 풀과 바하마 군도, 두 군데 밖에 없다고 한다. 바하마 군도에 살고 있는 스트로마톨라이트는 이 곳과 비슷하지만 좀 더 넓고 깊은 물에 살며 보통의 염도에서 살고 있다고 한다. 스트로마톨라이트를 연구하는 학자들은 퇴적물층이 수 세기 동안의 기후변화를 보여 주는 것이기 때문에 그 퇴적물 층의 성장 나이테를 보고 살아온 시간의 길이, 태양의 각도, 지구의 회전율 같은 것을 알아낼 수 있다고 한다. 한 선생님 덕분에 뜻밖에 뜻 있는 곳을 찾아가 희귀한 지구 최초의 생물을 볼 수 있었다.

하멜린 풀을 출발해서 해변길을 달리는 사이에 인도양 속으로 사라진 새빨간 해는 정말 황홀한 경치를 연출하고 있었다. 7시 50분 샤크 베이(Shark Bay)에서 가장 큰 마을인 다남에 도착하였다. 여기에서 하룻밤을 지내기로 하고 밴(Van)을 하나 빌려서 짐을 풀었다. 오늘은 퍼스를 출발하여 하루종일 북쪽으로 달려오는 날이었다. 800㎞ 이상 되는 지루할 만큼 반듯이 뻗은 길을 뜨거운 열풍 속에 달렸지만 마지막 석양을 바라보며 하루의 피로를 잊을 수 있었다.

밤은 휴식을 주어 좋다. 47도에서도 살아남았다는 사실이 참 고맙다. 그 더위 속에서는 어떻게 이렇게 시원한 밤이 있다는 것을 실감할 수 있겠는가. 보석을 뿌려놓은 듯 하늘에 꽉 찬 별 가운데서 남십자성을 찾는 다는 것은 쉽지가 않았다. 책도 읽어보고 한 선생님과 이것저것 논의해 봤지만 결국 찾지를 못했다. 킹 스캐년의 캠핑에 가서 찾아보기로 뒤로 미루었다.

가운데다 화장실을 짓고 네 군데 문을 달아 4면에서 쓰도록 하고, 네 면에는 각각 벤을 한 대 씩 배치해 놓은 것이 오늘 우리가 잠잘 호텔이다. 널찍한 운동장 같은 곳에 띄엄띄엄 배치해 놓은 것이 참 여유 있어 보인다. 한 선생님 댁에서는 정말 많은 것을 준비했다. 점심에 김밥 도시락을 넷이 먹고도 남았다. 김치, 쌀, 밥통, 찌개거리, 양념한 불고기, 고추장, 양배추, 각종 통조림, 인스탄트 수프, 마른반찬, 아이스박스에 한 통 집어넣고도 또 넘치는 박스. 거기다가 중간에 산 씨 없는 수박 한 통까지 합쳐 하루 종일 먹고도 엄청나게 남아 저녁은 그야말로 대단한 만찬이었다. 불고기를 굽고 국을 끓이고 채소를 곁들여……

2000리가 넘는 대장정으로 하루를 보내고 시원한 바닷바람이 세차게 부는 벤에서 피곤한 몸을 눕힌다. 때때로 캥거루들이 성큼성큼 달아나는 모습이 떠오른다. 평소에 보지 못한 모습들이라 귀엽기도 하고 우습기도 하다. 11시쯤 취침하였다.

프랑스 청년, 자전거로 7년간 세계를

1월 28일, 6시에 기상하여 바닷가와 동네를 산책하였다. 근방에 있는 조개모래로 지은 식당 가게 등이 특이하였으며 특히 성공회의 교회도 모든 벽을 그 조개껍질 벽돌로 지은 것이 특이하였다. 아침에 찌개를 끓여 밥을 먹고 8시에 몽키마이아로 출발하였다. 몽키마이아는 샤크 베이에서 가장 끝에 있는 바닷가에 있는 곳으로 야생 돌고래가 하루에 한번씩 찾아와 사람들이 주는 먹이를 받아먹고 놀다가는 곳으로 유명하다. 그렇기 때문에 이 곳은 Dolphine Resort라고도 한다. 야생 돌고래이기 때문에 오느냐 안 오느냐 하는 것은 돌고래의 마음이다. 대체적으로 아침 9시 정도 되면 돌고래가 찾아오기 때문에 모두들 바닷가에 몰려와 돌고래가 나타나기를 기다리고 있었다.

11시가 다 되어도 돌고래는 나타나지 않았다. 그러나 나에게는 이 두 시간이 그렇게 지루한 시간은 아니었다. 우선 펠리컨이

 몽키마이아 Monkey Mia
세계에서 유일하게 야생 돌고래들을 만날 수 있는 곳으로 서해안에서 가장 인기 있는 관광지. 1960년대 초부터 돌고래가 이곳에 오기 시작하였다. 몽키마이아에 도착하면 먼저 돌핀 인포메이션 센터를 방문해 접촉하는 방법을 들은 후, 레인저의 지시에 따라 먹이를 줘야 한다.

라는 부리가 엄청나게 긴 새들이 해변가에서 사람들이 주는 먹이를 받아먹으며 재롱을 부리는 것이 싫증나지 않은 볼거리였으며, 여행가인 두 프랑스인과의 대화도 의미 있는 시간이었다.

부르노 풀롱이라는 프랑스 청년은 1986년 2월 26일 고향을 출발하여 자전거로 7년간 세계여행을 하고 있다고 한다. 유럽을 출발하여 북아프리카, 터키, 미국, 캐나다 등 21개국을 거쳐서 호주까지 왔는데 지금까지 7만km 이상을 달렸으며, 1700회 이상 민박을 하였고, 뼈가 12개나 부러졌다고 한다. 그러나 그는 웃으면서 얘기한다.

"I live the maximum everyday, no boss, no taxes, no house" 하루하루 최선을 다하지만, 사장도 없고, 세금도 없고 집도 없다고 자랑하면서, "around the world in a bike and a card" 라며 세계를 자전거와 카드 한 장으로 돌아다닌다고 한다.

풀롱 씨가 보여준 카드란 약 10cm×8cm 되는 노란 카드로 그 카드에는 이렇게 씌어 있다.

> I'm french.
> I'm biking
> around the World.
> May I camp in your yard tonight?

▶자전거로 7년간 세계여행을 하는 프랑스 청년 부르노 풀롱

길을 가다가 날이 저물면 아무 집이나 찾아가서 이 카드를 보여주는 것이다. "저는 프랑스인이고 자전거로 세계여행을 하고 있습니다. 오늘 저녁 댁의 마당에 텐트를 치게 해 주실 수 있겠습니까?" 이런 카드를 보여주면 대개는 숙식을 제공해 주는 것이 보통이라고 한다.

소처럼 우직하게 생긴 이 프랑스 청년은 터키와 퀘벡에서 두 번이나 사랑에 빠진 적이 있었다고 한다. 그럴 때는 5~6개월씩 머물기도 했지만 세계를 다 돌겠다는 그의 집념은 결국 한 곳에 머물 수가 없었다고 한다. 자전거에는 앞바퀴에 두 개의 백이 달려 있고, 뒷바퀴에도 두 개가 달려 있으며, 뒤 짐 싣는 곳에는 신발, 이부자리와 여러 가지 생활용품이 잔뜩 실려 있다. 페달 위에도 기름과 물통이 달려 있다. 한 번 들어보라고 해서 시도해 보았으나 꿈쩍도 하지 않을 만큼 무거운 자전거이다.

우리가 얘기하는 도중에 끼여든 스테판이라는 다른 프랑스 인은 호주만 6개월간 자전거여행을 하는 젊은이인데 3~4년씩 일하고 나서 6개월씩 휴가를 내어 호주만 여행을 하는 것이 취미라고 한다. 여기에서 서북호주를 자전거로 여행하려는 부르노에게 스테판은 한마디로 미친 짓이라고 잘라 말한다. 자전거로 싣고 갈 수 있는 물은 3ℓ가 최고인데 300km를 가는 동안에 물이 없는 곳이 많고 섭씨50도에 가까운 더위 때문에 자살행위나 마찬가지라고 하는 것이다. 더구나 갑자기 커다란 트럭들이 고속으로 질주하는 바람에 자전거와 함께 날려서 넘어지는 경우가 허다하다고 한다. 그러나 부르노는 "그래도 나는 한다"며 굳은 의지를 보였다. 어쨌든 이 두 프랑스 청년들은 인생을 모험으로 즐기는 멋이 있었고, 이런 것들이 유럽의 최강국 프랑스를 이루는 정신적 기반이 아닌가 하는 생각이 들었다.

▲두 프랑스 청년들은 인생을 모험으로 즐기는 멋이 있었고, 이런 것들이 유럽의 최강국 프랑스를 이루는 정신적 기반이 아닌가 하는 생각이 들었다.

인간과 돌고래의 악수

11시가 되도록 돌고래가 오지 않자 기다리다 못한 나는 수영을 하기 시작했는데 사람들이 갑자기 모여들기 시작했다. 돌고래 두 마리가 서서히 다가와 물놀이를 즐기기 시작한 것이다. 거의 30분 이상을 줄줄이 서서 기다리는 사람들을 세워놓고 인간들의 인내심을 시험한다. 나중에는 가까이 왔으나 만져보는 것은 쉽지가 않았다. 결국은 거기에서 근무하는 감시원들이 밥을 가져와 주자 가까이 왔다. 모두들 이 한순간을 보기 위해 그 멀리서 여기까지 온 것이다. 나도 돌고래에게 경비원이 준 고기 한 마리를 선물로 먹여 주었다. 우리가 돌고래를 보러 온 것이 아니라 돌고래가 우리를 보러 온 것이다. 그리고 그 돌고래는 일렬로 서서 조바심들을 내고 있는 인간들을 사열하고 난 뒤, 멀리 바다를 향해 유유히 사라졌다.

잠깐동안 수영을 하고 샤워를 하였다. 이 곳 모래는 정말 걷기 힘들 정도로 뜨거웠다. 몽키마이아를 출발하여 얼마 안 가서 왼쪽에 있는 쉘비치를 들렸다. 쉘비치는 문자 그대로 모든 해변이

▼우리가 돌고래를 보러 온 것이 아니라 돌고래가 우리를 보러 온 것같은 느낌이다

조개껍질로 되어 있는 곳이다. 3㎜ 정도로 아주 작은 조개껍질이 수천 수만년 동안 모여서 마치 해변의 모래처럼 넓고 긴 해변을 형성하였는데, 해변의 6~7m 밑까지 쌓인 조개껍질이 다져져 돌처럼 단단하게 굳어졌다고 한다. 바로 이 조개껍질 모래들을 잘라내어 벽돌로 쓰고 있는데 아침에 본 교회의 벽도 여기서 파낸 조개껍질 벽돌로 지은 것이다.

2시 19분에 오버랜더에 도착하여 기름을 넣고, 1번 국도를 따라 다시 퍼스쪽으로 내려오기 시작하였다. 2시 50분쯤 소시지, 파이 등으로 간단히 식사를 하였다. 아직도 남아있는 김밥은 좀 쉰 것 같아 아깝지만 반만 먹고 버렸다. 오후 6시 25분 칼바리 국립공원에 도착하였다. 사막과 같은 기후 때문에 크게 자라지 못한 유칼리 나무로 뒤덮은 이 곳에도 때때로 나타난 계곡에 물이 흘러 기암괴석이 아름다운 곳이 많았다. 이 칼바리는 머치슨강이 바다로 흘러 들어가는 곳으로 해변에는 파도가 제법 거세고 바다와 강이 만나는 호수에는 바다와 강을 즐기려는 많은 관광객들이 몰려와 있었다.

여기서부터는 허트리버 왕국을 찾아가기 위해서 지도를 자주 찾아보아야 했다. 7시 칠리모니 로드(Chilimony Rd)를 거쳐 7시 17분 빈누(Binnu)에 도착하였다. 빈누의 표지판에는 제럴튼 90㎞, 허트리버왕국 36㎞, 노샘프턴 38㎞라고 쓰여 있다. 빈누에서 기름을 넣고 허트리버를 향해서 달렸다. 길은 널찍하고, 차가 달리는 동안 수많은 토끼 새끼들이 길에서 놀다가 허겁지겁 도망가는 것을 볼 수 있다. 길가에는 이름 모를 꽃들과 식물들이 많이 있는데 특히 유명한 것이 방크시아(Banksia)라는 꽃이다. 그리고 블랙보이스(Black Boys, Xintaorrhoea preissii)도 대단히 이국적인 식물이다.

◀▲쉘비치는 3㎜ 정도로 아주 작은 조개껍질이 수천 수만년 동안 모여서 마치 해변의 모래처럼 넓고 긴 해변을 형성한 곳이다.

허트리버 왕국을 찾아서

쉽게 찾을 수 있으리라 생각했었는데 허트리버 왕국은 찾기가 쉽지 않았다. 표지판들이 거의 없고 날씨는 어두워져 길을 못 찾고 헤매다가 8시가 되어서야 왕국에 도착하였다. 허트리버왕국은 호주 속에 있는 유일한 다른 나라이다. 밀매상 때문에 국가와 다투던 한 농장주가 갑자기 독립을 선언하면서 생긴 나라인데, 물론 호주에서는 독립을 인정하지 않고 있다.

왕국에 들어서 인기척을 했으나 아무도 나타나지 않는다. 정문에는 허트리버 프로빈스(Hut River Province)라는 간판이 있고 바로 조금 들어가 왼쪽에 왕의 동상이 흙으로 만들어져 있다. 그리고 몇 동의 건물이 있는데 그 가운데 교회가 가장 잘 지어져 있다. 국경수비대도 없고 여권 검사나 세관 검열하는 사람도 없고, 수비하는 병력도 없다. 교회와 우체국에는 불이 켜져 있으나 아무도 없었다. 한참 구경을 하고 있었더니 할머니 한 분이 오신다. 자초지종을 얘기하고 왕을 알현하러 왔다고 했더니 조금 있다 왕이 직접 모습을 나타냈다.

빛이 좀 바랜 합섬섬유 남방의 옷차림(물론 티셔츠는 안 입고)에 땀을 흘려 밭에서 일하다가 바로 돌아온 농부 모습 그대로였다. 그 모습을 보고 나는 전혀 실망하지 않았다. 친구처럼 다정하고 있는 그대로 사는 왕이라는 것을 이미 알고 있었기 때문이다. 오히려 친근함을 느낄 수 있었고 국민의 세금을 축내어

▼허트리버 왕국의 간판과 흙으로 만들어 진 왕의 동상

외유나 하고 의전만 일삼는 왕보다 정말 삶 속에서 자기 먹을 것 보다 훨씬 더 많이 벌어들이는 훌륭한 왕이었다.

우체국 옆 방에 많은 수집품이 있고, 원래 그곳에서 외부손님을 접견하는데 오늘은 전기가 안 들어온다고 한다. 그렇다고 장관이나 당직자를 부르지도 않고, 간단히 불이 안 들어와 미안하다며 교회로 가자고 한다. 오른쪽 팔을 다쳐 깁스를 한 폼이 영락없이 시골 농장의 할아버지다. 우리는 왕의 안내를 받아서 우선 교회 안에 들어가 대화를 나누었다.

"이 교회는 어느 종파에도 속하지 않고 세계 누구든지 와서 예배할 수 있는 곳이다"

왕의 제일성이다. 1974년에 그린 명화들을 소개하는데 최후의 만찬이나 어부들과 얘기를 하는 그림들이 걸어져 있다. 전면 한 가운데 예수의 상이 그려져 있고, 연단 곁에는 큰 의자가 하나 놓여 있는데 국왕이 앉는 의자라며 날더러 앉아보라고 권한다. 국왕이 앉는 자리인데 함부로 앉아도 되느냐고 했더니 아무나 앉아도 된다면서 함께 앉자고 해서 영광스럽게도 일인석 의자에 국왕과 함께 앉아서 사진도 찍고 얘기도 하는 영광을 가졌다.

9시까지 약 1시간 동안 인터뷰를 하였다. 아무 문제나 주저하지 않고 솔직하게 대답하고 신이 나면 일어나서 걸어다니면서

▲영광스럽게도 일인석 의자에 국왕과 함께 앉아서 사진도 찍고 얘기도 하는 영광을 가졌다

◀이 교회는 어느 종파에도 속하지 않고 세계 누구든지 와서 예배할 수 있는 곳이다

얘기한다. 한국 국민에게 인사와 싸인을 부탁하자, 풀장수리를 하다가 다쳤다는 손으로 "잘 할 수는 없지만"이라고 하며 기꺼이 해준다. 나도 시민이 될 수 있느냐고 물었더니 "물론 환영한다"며, 신청서 내고 사진 두 장이 필요하다고 한다. 지금 가능하냐고 했더니 내일 하자고 했다. 아침 일찍 떠나야 하기 때문에 내일 아침 일찍 와도 되느냐고 물었더니, 6시면 모두 기상하기 때문에 아무 문제가 없다고 한다. 내일 아침 7시 쯤 사진 찍으러 다시 오기로 하고 노샘프턴의 호텔에 오니 10시 20분이다. 호텔에는 4명이 자면서 식사까지 할 수 있느는 시설이 되어 있어서 가족단위 여행에 아주 좋은 곳이다. 그 때부터 샤워하고 밥을 해 먹고 12시 20분에야 취침.

3만원에 허트리버 왕국 국민이 되다

1월 29일 5시 50분 기상, 곤하게 주무시는 한 선생님을 깨우기 미안했지만 국왕과의 약속을 지키기 위해 할 수 없이 6시 5분 쯤 깨워 냉장고에 넣어 두었던 수박을 꺼내 먹고 25분 출발하였다. 엊저녁 허트리버를 찾는데 고생을 많이 했기 때문에 허트리버로 가는 길을 좀 자세하게 기록하고자 한다.

노샘프턴에서 노스웨스트 코스트 하이웨이를 따라서 가다가 보니 7시 2분 칠리모니 입구가 나온다. 왼쪽으로 칠리모니를 따라서 들어간다. 2m에서 4m 높이의 유칼리나무들과 농장들이 계속 이어진다. 캥거루 부자가 도로를 가로질러 껑충껑충 뛰어 건너가는 모습이 보인다. 칠리모니에서 16km쯤 되는 거리를 차로 10분쯤 들어가면 비포장도로가 시작되면서 십자로가 나타난다. 여기서 좌회전을 해서 가면 농장들이 계속 나타나는데, 길이 포장은 안 되어 있지만 넓고 잘 정리되어 있어 80에서 100km까지 달릴 수 있다. 여기서 다시 18km만 가면 허트리버가 나온다.

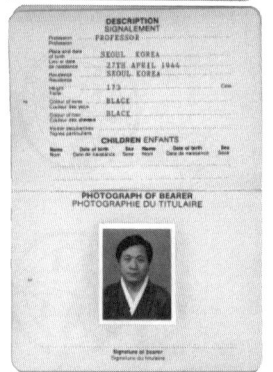
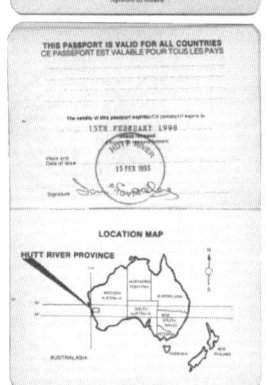

▲허트리버 왕국의 여권

7시 30분 허트리버에 도착하였다. 허트리버 왕국은 허트리버라는 강가에 있는 농장인데 물이 그다지 많지 않는 개천이었다. 문 앞에 들어서자 왕이 직접 영접을 나왔다. 우선 왕의 초상화 앞에서 같이 기념사진을 찍었다. 10년 전에 미국인 작가가 석회암으로 만들었다고 하는데, 여기를 찾아오는 부인들마다 팔짱을 낀다며 유쾌하게 웃는다. 우선 엊저녁 전깃불이 나가 못 보았던 집무실을 구경하였다. 세계 각국 사람들이 선사한 기념품들이 정돈되어 있는데 여러 곳에서 받은 훈장도 전시되어 있었다. 나는 여기서 시민이 되기 위하여 여권을 신청하였다. 이 곳에서는 외국사람이 시민이 되고 싶으면 시민권은 주지 않지만 여권은 가질 수가 있다. 약 3만원 정도와 사진을 주고 여권을 신청하였다.

왕국이 발행한 수표는 실제 사용되는가?

여권은 후에 2월 15일자로 발송해 왔는데 동봉한 편지에는 허트리버 프로빈스의 국왕, 프린스 레오나드라는 기명과 함께 싸인이 들어있었다. 여기서 프로빈스(Province)라는 것은 영국연방과 같은 것이고, 국왕이라는 표현은 sovereign이라고 해서 군주나 국왕을 나타내는 단어이다. 봉투에는 허트리버에서

◀왕의 집무실에는 세계 각국 사람들이 선사한 기념품들이 정돈되어 있는데, 여러 곳에서 받은 훈장도 전시되어 있었다

▲우표와 동전은 연간 10여만명씩 방문하는 관광객들에게 팔아서 수입을 올리는 주요 수입원이 된다(국왕께서 직접 장사하시는 국영상점)

발행하는 우표와 소인이 찍혀 있으며 다른 한 쪽에는 오스트레일리아의 소인이 찍혀있는데 오스트레일리아의 우표는 붙어있지 않았다. 허트리버 왕국에서는 자체적인 우표를 발행하고 호주달러와 1:1의 가치를 갖는 화폐도 발행하지만 과연 그 우표가 실제로 쓰일 수 있는가에 대해선 상당히 의문을 가지고 있었다.

우표와 동전은 연간 10여만명씩 방문하는 관광객들에게 팔아서 수입을 올리는 주요한 수입원이 된다. 그러나 실제로 이것을 국제적으로 쓸 수 있느냐 하는 문제는 큰 관심거리였다. 어찌되었든 호주 우표는 붙지 않고 허트리버 왕국의 우표만 붙여서 편지가 왔는데 오스트레일리아의 소인이 찍힌 것을 보면 오스트레일리아의 우체국과 어떠한 조약이 체결되어 있는 것 같았다. 집무실을 나와서 우선 국영상점에 가 우표와 화폐, 기념품 등을 구입하였다. 이것도 물론 국왕께서 직접 파신다.

밖으로 나와 건너편에 있는 공장을 향했다. 왕자님을 뵙기 위해서다. 왕자는 3km쯤 떨어진 곳에서 살고 있는데 허트리버의 주요산업 중의 하나인 꽃수출을 담당하고 있다. 5000에이커 땅에 야생화를 키워 유럽, 일본 등지에 수출하고 있다. 방크시아, Yellow Bells, Lams Wool(sages), Smoke Bush 등 야생화를 직접 재배하여 건조시켜 가지고 외국에 수출하는 업무를 담당

▼5000에이커 땅에 방크시아, Yellow Bells, Lams Wool(sages), Smoke Bush 등 야생화를 직접 재배하여 건조시켜 가지고 외국에 수출하고 있는데, 황태자가 직접 모든 작업을 맡아서 하고 있다

하고 있는데, 황태자가 직접 모든 작업을 맡아서 하고 있었다. 젊고 준수하게 생긴 황태자는 아주 겸손한 언사와 표정으로 공장 전체를 친절하게 안내해 주었다.

왕의 저택을 구경할 수 있는 영광도 얻었다. 30평쯤 될 만한 작은 주택인데 부엌, 침실, 거실 모든 것을 마음대로 볼 수 있었다. 거실 한 쪽에 장식장이 있고, 여러가지 장식과 텔레비전, 책들이 꽂혀 있으며, 그 옆에는 라디오가 놓여 있었다. 소파 주위에는 선풍기, 꽃병 등이 어지럽게 널려 있어 인간미를 느끼게까지 하였다. 왕과 왕비가 함께 식사하는 탁상에서 왕비가 직접 끓여 준 차를 마시며 비스킷에 치즈를 곁들인 스낵을 들었다. 앨범을 두세 권 가지고 와서 온 가족들을 소개할 때는 손자들을 사랑하는 시골 할머니와 하나도 다를 바가 없었다. 차를 마시면서 몇 가지 사실에 대하여 정식으로 인터뷰를 하였다.

▲차를 마시면서 몇 가지 사실에 대하여 정식으로 국왕폐하와 인터뷰를 하였다

국왕폐하 단독 인터뷰

―공식적인 국가 호칭은 어떻게 해야 하는가?
프로빈스라는 말을 쓴다. Republic of Hutt River(허트리버

▲왕의 저택을 구경할 수 있는 영광을 얻었다

공화국)라고 하면 문제가 많이 발생하기 때문에 프로빈스(Province), 즉 연방국의 한 회원국과 같은 이름을 쓰는 것이다.

―호주에다가 세금을 내는가 안 내는가?

호주에 한 푼의 세금도 내지 않고, 독립국가이기 때문에 세금을 낼 의무도 없다. 왕국 내에서도 일체의 세금이 없다.

―영토를 더 확장할 생각이 있는가?

현재 허트리버의 면적은 홍콩과 같은 면적이고 모나코의 58배의 크기이다. 필요하면 얼마든지 쓸 수 있기 때문에 영토확장은 필요 없다.

―군대는 있는가?

2명의 명예군인이 있다. 한 명은 태즈매니아의 군인인데 내가 태즈매니아에 가면 빌려준다. 다른 한 명은 여기서 사는데 총쏘는 군인이 아니고, 왕이 공식 나들이할 때 보좌하는 특별임무를 맡는다.

―외국에 15,000명의 시민이 있다고 했는데 만약에 본국에 돌아와서 살고 싶다면 어떻게 하겠는가?

모두 돌아온다면 곤란하다.

―내가 이 곳에 오기 위해서 계획하기 전까지는 허트리버 왕국이 있는지 없는지 몰랐었는데 더 홍보를 할 생각이 없는가?

앞으로 홍보를 할 작정이다. 라디오 방송을 해서 100마일까

▶왕과 왕비가 함께 식사하는 탁상에서 왕비가 직접 끓여 준 차를 마시며 비스킷에 치즈를 곁들인 스낵을 들었다

지 전파를 쐈는데 담당자가 멜버른으로 가버려서 설비는 되어 있지만 중단되어 버렸다.

―오스트레일리아 여권을 가지고 있지 않는가? 허트리버의 여권만 가지고 국제여행이 가능한가?

허트리버 왕국 여권을 가지고 싱가폴, 인도, 이집트, 이스라엘, 바티칸, 태평양의 각 섬 등에 입국할 수가 있었다. 외국 갈 때에는 멜버른에 있는 대사에게 전화해서 떠날 때 공항에서 생기는 문제를 해결하도록 한다. 이에 관해서는 많은 에피소드를 얘기하고 있었다. "소련에 들어갈 때 호주 것과 허트리버 것 두 여권을 제시했더니 허트리버 여권에다 도장을 찍어 주었다."

UN 가입신청을 냈다

―UN에 가입할 의사는 없는가?

이미 오래전부터 UN에 가입신청을 냈는데 호주정부가 방해해서 아직도 성공하지 못했다.

―국제적인 활동에서 제약을 받지 않고 더 자유스럽게 할 수 있는 방안은 없는가?

태평양에 있는 섬을 하나 사려고 한다. 미국 부자가 섬을 사서 왕국을 만들어 보자고 제안하고 있다.

헌법은 없고 법률은 있다

―경제발전을 증진시킬 방안이 있는가?

현재 최대 수입의 원천은 관광객들이 사가는 우표와 동전, 그리고 50달러씩에 팔고 있는 시민권에서 들어오는 수입이다. 관광객이 1년이면 45,000명 정도가 오는데 주로 영국, 독일, 네델

란드, 일본, 미국, 호주 등지에서 온다. 관광수입이 전체 수입의 85%를 차지한다. 5~6년 전만 해도 농업에서 얻은 수입이 더 컸는데 이제 관광수입이 농업수입을 능가한 것이다. 현재 15000 마리의 양을 키우고 있고, 밀, 보리, 귀리, 콩 등을 심고 있다.

앞으로 과학을 이용해 수입을 올리려고 한다. 시민들과 엔지니어들이 발명에 열중하고 있는데, 현재 제품이 가능한 것 가운데 자동차 부품이 있다. 디젤과 휘발유를 이온화하여 연료의 효율을 3분의 1 이상 올릴 수 있는데 이 제품이 상품화되어 몇 개국에서만 쓰면 우리 경제는 급속도로 발전할 것이다. 한국에서 투자자가 있으면 찾아달라. 나도 NASA의 물리학 잡지에 기사를 쓴다. 자격증은 없지만 많은 수학자 물리학자들과 토론을 하여 상당한 수준의 물리학 실력을 갖추고 있다. 호주 정부에 경제 회복을 할 수 있도록 조언을 해준다고 해도 호주에서 듣지를 않는다.

700 마일 지점에 동 광산이 있어 개발하면 경제가 크게 발전할 것이다.

─헌법이 있는가?

헌법은 없고 법률은 있다. 여러 대학과 국가에서 우리나라의 법률의 우수성을 인정하고 보내달라는 요구가 있어 보내주고 있다. 일본의 한 여자는 논문을 쓰러 이 곳에 와서 일주일간 머무른 적도 있다. 각 대학에서 열심히 연구하고 있고, 법적인 충고를 요구해 오는데 아직 한국에서는 그런 적이 없다. 그것 때문에 한국에서 생기는 사회적 문제는 본인이 책임지지 않겠다.

─호주 정부와의 관계는 어떤가?

Backpacker 서상원 리포트 (10)

♪1월 28일

허트리버 공화국에 전화를 했다. 나는 지난번에 York처럼 지역번호 099를 안붙여 그런줄 알았지만 그래도 그냥 여섯 자리만 눌러봤는데 이번에는 어떤 남자가 받는다. 왕인지 왕자인지는 모르겠지만 목소리가 어른 목소리였다. 내가 한국에서 왔고 방문하고 싶다고 하니까 어떤 길을 타고 쭉 오라고 말한다. 내가 렌트카가 없고 국제면허증도 없다고 하자 그러면 곤란하다고 해서 용기를 내서 오늘 노샘프턴에 올 계획이 없냐구 물었더니 sorry하면서 없다고 한다. 그래서 그냥 만나서 반가웠다고 하고 전화를 끊었다. 이제 허트리버 공화국에 갈 수 있는 방법은 없는 것이다.

건국 후 23년이 지났는데 처음 12년은 관계가 아주 좋지 않았다. 실제로 오스트레일리아 정부에서 상당히 압력을 가하기도 하였다. 그러나 나는 그런 것을 이겨내고 있다. 오스트레일리아 정부에서 전기를 끊어버리거나 건축을 규제하였다. 전기를 끊은 원인은 호주 법에서 전기는 내국인에게만 판매하지 국제적으로는 판매할 수 없기 때문이다. 그래서 직접 발전하는 법을 연구해서 쓰고 있다. 현재는 더 싸게 생산할 수 있다. 태양전지와 풍력을 이용해서 발전을 하고 또 전기분해를 통해서 생산을 한다는데 그 파워는 기술자가 잘 알고 있다. 치고 박고 싸우지는 않았지만 많이 투쟁하였다. 켐버러까지 가서 장관을 만나려고 하면 장관이 도망가버릴 정도였다.

―모두들 귀하를 미쳤다고 하는데 본인은 어떻게 생각하는가?

나도 알고 있다. 옛날에는 정신나간 사람이라고 했는데, 5분만 얘기하고 나서 나를 알고 나면 곧 이해한다.

―통치이념은?

정직한 정부, 경제적 지식을 가진 왕.

―이 왕국 만의 공휴일은?

내 생일인 8월 27일을 공휴일로 지정했는데 관광객들이 오면 일을 한다. 수입이 느니까.

이 곳에는 파리가 특히 많은데 왕은 말하는 동안 연방 파리를 쫓아가면서도 '파리와 친해야 산다' 는 철학적인 어록을 남겼다. 파리를 완전히 없앨 수 없다면 친하게(friendly) 사는 길 밖에 없고 그것이 가장 지혜로운 것 아닌가. 잠깐 들리려고 했었는데 시간이 이미 두 시간을 넘어 가는데 끝이 나지를 않는다. 나도 질문할 것이 많지만 오히려 한 선생님이 더 열심이다.

10시 30분이 되서야 호텔에 도착하여 10시 50분 호텔을 출발하였다. 호텔비용이 65$인데 가족이 같이 왔을 경우 어린아이 두 명까지는 15$를 더 받아 가족 2명을 더 추가하더라도

80$이니 아주 싼 편이다. 12시 30분쯤 호주에서 처음으로 기차를 보았다. 화물칸만 달고 달리는 기차였는데 서호주의 기차는 West Rail이라고 한다.

황야의 묘비, 사막의 돌기둥

오후 1시 쥬리안 25가에서 우회전하여 난봉국립공원으로 들어간다. 이때까지 자동차 계기판을 보니 1,960km를 달렸다. 1시 43분 세르반테스에 도착하여 식사를 하였다. 여기서 피너클스까지는 17km이다. 2시 30분에 피너클스에 도착하였다.

피너클스는 살벌한 모래가운데 수천 수만 개의 화석들이 숲을 이루고 있어 마치 딴 세상에 온 것 같은 감을 준다. 하도 넓기 때문에 차를 타고 다니면서 구경을 해야 한다. 오랫동안 석회암들이 땅 속에서 녹아들면서 이상한 현상들을 이루었는데 나중에 모래들이 바람에 날려 가면서 그 모양들이 드러나기 시작했다고 한다. 마치 사막의 신기루처럼 갖가지 모양을 하고 있고,

▼사막의 신기루처럼 갖가지 모양을 하고 있고, 높은 것은 5m나 되는 것도 있다

높은 것은 5m나 된 것도 있다. 어떤 사람이 이 바위들을 '황야의 묘비'라고 했다는데, 바위기둥 주위에는 모래가 쑥 들어가 있는 것도 있어 마치 지옥의 문과 같은 느낌을 주었다. 사막에 수천 수만 개의 무덤이 있고, 그 앞에 무덤을 표시하는 돌들을 세웠는데 오랜 세월 뒤 무덤은 다 없어지고 갖가지 비석만 남은 것과 같은 황량한 들판을 1시간 20분 동안 구경하고 3시 50분 피너클스를 출발하였다.

오후 4시 33분, 브랜드 하이웨이에 들어섰다. 여기서 퍼스까지는 192㎞, 마지막 주행을 마치고 미리 예약해 놓은 서울식당에 도착한 것은 6시 40분이었다. 이 곳에는 퍼스의 에스페란토 회원들이 20여 명 정도 모여 있었다. 나를 위해 환영모임을 한다고 해서 이왕이면 한국음식점에서 하자고 제안했더니 기꺼이 받아들인 것이다. 한국에서 먹을 수 있는 대부분의 음식이 있었다. 볶음밥, 잡채밥, 잡탕, 국밥, 냉면, 비빔밥, 낙지 볶음, 회덮밥, 짬뽕 등 그리고 밥, 김치, 나물, 상추쌈, 김구이 등은 1.5$에서 3$까지 더 내고 추가하는 방식이었다. 단체로 왔을 때는 패키지로 하는 것이 좋다고 한다. 물론 아무거나 시킬 수 있지만 현지인들은 불고기가 좋다고 한다. 중국식을 약간 가미해서 낮밥은 3코스로 해서 16.5$, 저녁밥은 5코스 해서 18.5$를 주면 세 가지, 다섯 가지 음식을 차례로 가져다준다. 회원들은 모두 한국음식에 대해서 만족해했고, 힘들게 젓가락질을 배우느라고 즐거워했는데, 특히 미역국이 맛있다고 했다. 손님들은 많은 편이었는데 주인은 손님이 많아서인지 정신이 없었다.

밤 10시, 3일간 2,320㎞(5,800리)의 대장정을 마치고 한 선생님 집으로 돌아왔다. 이번 여행은 적어도 일주일은 잡아야 될 일정이지만, 3일 안에 그것도 풍성하게 먹고 편안하게 자며 여행을 마칠 수 있었던 것은 모두가 한 선생님 가족들이 한가족처럼 대해 주었기 때문에 가능했고, 또 한 선생님이 여행에 대단한 프로였다는 점이 큰 도움이 되었다.

호주 서북부를 달린다 — 서상원 리포트

Roebuck Roadhouse의 음식값

★Breakfast
Bacon & Eggs	7$
Scrambled Eggs	6.5$
Sausages & Eggs	8$
Cerrals	2$
Glass of Milk	1$
Milkshakes	2.8$

★Burgers
Steak Burger	5.2$
Hamburger Plain	4.5$
Egg	5.3$
Chess	5.0$
Pine Apple	5.0$
Chicken Burger	4.5$
Hot Dog	3.5$

★Dinner
T-Bone Steak	14.5$
Fish & Chips & Salada	9.5$
1/4 Chicken & Chips	8.5$
1/2 Chicken & Chips	10$

1월 30일

브룸은 고속도로를 따라가다가 북쪽으로 뻗어 나온 곳에 있는 도시이다. 그렇기 때문에 이 Roadhouse에서 장거리 손님은 내려 놓고 브룸가는 손님만 태우고 브룸에 가서 브룸에서 새로운 손님을 싣고 출발해서 로드하우스에 와 장거리 승객을 또 태우고 달리는 것이다. 밖에는 밤이지만 더웠고 또 습한 기운이어서 불쾌지수가 높아져서 안에 들어왔다.

멀리 맥캐퍼티스가 브룸쪽으로 떠나는 모습이 보였다. 아마 맥캐퍼티스도 그레이하운드와 같이 통과승객은 이곳에 내렸다가 브룸에 들어가는 모양이었다.

이상하게 이 엄청난 거리를 달리는 그레이하운드 버스를 보면 감동이 밀려온다.

참! 이 Roebuck Roadhouse의 음식값은 매우 비싸다.

1월 31일

9시 29분 주 경계 도시인 Kununurra에 도착했다. 조금만 더 가면 이제 노던데리토리인 것이다. 조금 더 달렸을 때 시계를 1시간 30분 미루었다. 노던데리토리 들어가니까 정말 비가 그칠

▶이상하게 엄청난 거리를 달리는 그레이하운드 버스를 보면 감동이 밀려온다

기미가 안보였다. 1시 50분 경 앞에 차들이 많이 서있었다. 무릎까지 물이 찬다고 버스 기사가 직접 들어 가본 뒤 말한다. 우리는 버스이기 때문에 그 정도 깊이는 슬슬 통과할 수 있지만 승용차에게는 무리인 것처럼 보인다. 버스의 트렁크에서 모든 배낭 같은 짐을 꺼내서 통로에 논 다음에 트렁크 문을 활짝 열고 통과하기 시작했다. 아마 트렁크 안에 물차면 빠져나가라고 트렁크 문을 활짝 열어놓고 달리는 것 같았다. 산 넘어 산이라고 2시 14분에는 더 깊은 곳에 도착했다. 그곳에서 잠시 머뭇하다가 기사 한 분이 또 직접 걸어서 통과해본 뒤 버스가 간신히 건널 수 있다고 판단되었는지 2시 20분 또 슬슬 통과를 했다. 그런데 2시 23분 이번에는 눈으로 보기에도 엄청나게 깊은 곳이다. 원래 Timber Creek를 오후 2시 40분에 출발하기로 시간표에는 되어있는데 3시 19분에 출발하게 되었다.

드디어 대망의 캐서린에 도착했다. 버스에서 내리자마자 내가 예약 한 곳의 Palm Court의 버스가 보였다. 그 버스를 타기

▼13개의 험한 계곡으로 이뤄진 캐서린 협곡은 톱 엔드 관광의 하이라이트라고 할 수 있다. 높이 90m에 달하는 협곡 아래로 27km의 캐서린 강이 흐르고 있어, 카누를 타고 강을 거슬러 올라가면서 거칠게 깎아지른 듯한 단애절벽의 장관을 살펴볼 수 있다.

전에 Travel North에 들어가서 캐서린 정보를 뽑았다. 캐서린 계곡 투어는 내일 아침 7시 30분 경에 가는지, 가게되면 얼마만큼 가게되는지가 확정된다고 한다. 그리고 8시 15분에 출발하니까 그 사이에 예약을 해야한다고 한다.

절경의 13계곡, 캐서린

2월 1일

굉장히 추워서 깨었다. 에어콘을 틀어놓으니까 춥기는 춥나보다. 시계를 보니 약 6시 45분정도였다.

버스는 많이 늦은 8시 31분에 도착했다. 표를 주고 출발을 했는데 30분도 안 되는 거리이다. 왕복 15$은 정말 바가지라는 느낌이 들었다. 9시 약간 넘어서 우리가 탄 배는 출발했다. 배라기 보다는 유람선이다. Travel North에서 말고도 여러 투어에서 모여서 사람이 꽤 되었다. 계곡은 다른 곳과 크게 차이가 나지 않았다. 두 명의 직원이 타는데 운전을 하지 않는 사람에게 물어보니 제13계곡까지 있다고 한다. 그런데 우리는 제1계곡까지만 가니 캐서린 계곡의 이렇다할 곳은 못 가보는 것 같았다. 그리고 또 이곳사람은 George를 '고지'라고 발음해서 읽는다.

▶ 카카두 국립공원의 Yellow water 크루즈

계곡을 거슬러 올라가는데 물살이 점점 세다. 멀리 엄청난 물살이 보여서 역시 더 이상 가는 것은 무리이겠구나 하는 생각이 들었다. 약 35분 정도를 크루즈를 해서 애보리지날 벽화가 있는 곳에 도착했다.

캐서린에서 카카두로

2월 2일

아침에 시계 종소리를 듣고 일어났다. 오늘은 6시 20분에 픽업을 해준다고 했기 때문이다. 시계는 6시 5분쯤에 울렸다.

▲애보리지날 원주민 Art를 감상했다

어제 밤 그렇게 비가 내리더니 아까 아침에 일어나서는 계속 하늘이 맑았다. 또 태양이 뜬 것이다. 정말 운이 좋다. 내가 노던 데리토리에 와서 밖에 나올 때면 꼭 맑은 하늘이 나를 맞아준다. 버스 기사가 와서 체크인을 하는데 이곳에서 15$짜리 공원입장료를 사는 거라고 한다. 그래서 이곳에서 공원입장료를 냈다.

버스는 6시 45분을 약간 넘어서 출발했다. 한참을 달려서 공원 입구가 나타났다. 어른은 15$이고 애들은 무료, 유효기간은 14일이라고 적힌 큰 간판이 보였다. 한참 달리다가 9시 5분 경에 거대한 거미집에서 내려서 구경을 시켜준다. 팀과 합류해서 애보리지날 원주민의 Art 등을 보고 다시 디 원팀과 같이 쿠인다로 돌아와서 Yellow Water 크루즈를 하는 것이다. 10시 12분, 놀란지 록으로 들어가는 지선 도로에 들어서니 재미있게도 다윈에서 출발한 그레이하운드 버스가 바로 앞에 있다.

3시 40분에 출발해서 잠깐 Jabiru에 내려서 이곳에서 내릴 사람과 탈 사람을 태운 다음에 4시 13분 이제는 정말로 다윈을 향했다. 오늘 좀 피곤했는지 약 6시 30분까지 정신 없이 잤다. 그리고 7시경 다윈에 내렸다.

세째마디
북호주

에어즈록으로 가는 길

에어즈록 Ayers Rock

호주대륙의 거의 중앙에 위치해 지구의 배꼽이라 일컬어지는 에어즈록은 지구상에서 가장 큰 단일 바위로 호주의 상징이다. 둘레 9km, 해발 867m로 거대한 바위산을 이룬다. 에어즈록에 가려면 우선 타운즈빌이나 북쪽 도시 다윈에서 버스 또는 자동차를 이용하거나 아델라이드에서 기차를 타고 앨리스 스프링까지 가야 한다. 물론 여러 도시에서 앨리스 스프링 까지 항공편이 있다. 앨리스 스프링에서 에어즈록까지 당일에 갔다 오는 것은 거의 불가능하므로 최소한 사막 도시 율라라(YULARA)에서 1박을 해야 한다. 율라라는 한정된 숙박 시설에 관광객이 붐비므로 미리 숙소 예약을 하고 가야 한다. 제일 저렴한 곳은 캠핑 그라운드이다. 차를 갖고 간 사람은 소정의 주차비를 지불하고 차 안에서 잘 수 있으며 텐트를 치거나 이미 설치되어 있는 텐트에서 잘 수도 있다. 에어즈록 등반은 휴식시간 포함 왕복 2시간을 잡으면 충분하다. 석양 무렵 선셋뷰(SUNSET VIEW)에 가면 시시각각으로 색이 변해가는 에어즈록의 장엄한 모습을 볼 수 있다. 선셋 뷰까지도 차나 버스를 이용해야 한다. 에어즈록까지 간 김에 인근에 있는 올가 산(Mt.OLGA)까지 구경하면 좋다. 에어즈록 관광 프로그램에는 대부분 올가 산이 포함되어 있다.

1월 30일, 새벽 2시에 한번 일어났다가 다시 잤는데 4시가 되니 한 선생님이 인삼차 한잔을 들고 들어와 깨운다. 비행기가 너무 일찍 출발하기 때문에 엊저녁 부인에게 미리 인사를 해두려고 했는데 깜빡 잊었더니, 결국 부부 모두 새벽잠을 못 자게 만든 것이다. 4시 15분 쯤 출발하여 40분 쯤 공항에 도착하였다. 항공패스라는 것을 처음 본 항공사 직원이 표에 아무 것도 없다며 안으로 물어보러 간다. 미국에서 많이 쓰고 있는 패스제도를 도입은 했으나 전혀 일반화되지 않아 가는 곳마다 야단이다. 한참만에 쿠폰 한 장을 떼어내고 에어즈록까지 보딩패스 두 장을 준다. 앨리스 스프링까지 가서 다시 바꿔 타고 에어즈록으로 가는 것이다.

5시 30분 이륙하자 6시 바로 아침식사가 시작된다. 너무 이른 아침이라고 생각하며 도착지인 앨리스 스프링 시간으로 시계를 맞추니 8시 30분이다. 이른 아침이 아니라 늦은 아침 식사를 하게 되는 것이다. 9시 40분에 앨리스스프링에 도착하여 다음 비행기를 기다리는 동안에 돋보기를 새로 샀다.

11시 20분 출발한 비행기는 다시 사막 한복판을 달려서 한 시간쯤 달리자 사막 한복판에 마치 배꼽처럼 큰 바위산이 모습을 드러낸다.

'에어즈록이다!'

끝없이 펼쳐진 황량한 사막 한복판에 갑자기 우뚝 나타나는 어마어마한 바위산, 에어즈록을 지구의 배꼽이라고 한 이유를 알 만하다. 에어즈록을 위에서 내려다 본 첫인상은 한마디로 빨간색이다.

'어쩌면 이렇게 바닥과 바위들이 모두 빨간색일까!'

안내서에 이 곳의 날씨가 무척 덥다고 되어 있어 은근히 겁을 먹었으나 도착하여 보니 기온은 33도, 뜻밖에 덥지 않고 바람도 붙어 좋았다. 다만 구름이 잔뜩 끼어있어 구경하는데 방해가 될까봐 걱정이 된다.

12시 30분 공항을 출발하여 호텔에 도착하였으나 한꺼번에 많은 사람들이 도착하여 체크인이 늦었다. 호텔 프론트에는 아델라이드에서 예약했던 관광티켓과 현지의 관광담당자가 만나자는 메시지가 있었다. 에어즈록에 대한 정보를 얻기 위해서 먼저 비지터스 센터(Visiters Center)에 다녀오고 슈퍼를 닫기 전에 내일 아침거리 사 오고 하다보니 이미 오후 관광 출발시간인 2시 30분이 되었다.

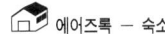
에어즈록 - 숙소
에어즈록으로 가려는 사람들은 에어즈록으로 가기 최소한 2~3일 전에는 반드시 예약을 해야 한다(여행 시즌에는 일주일전 쯤에 하는 것이 좋다). 캠프 그라운드는 자신의 텐트가 있어야 하기 때문에 실질적으로는 젊은이들을 위한 저렴한 숙소는 아웃백 파이어니어 호텔에 딸려 있는 아웃백 파이어니어 로지 뿐으로 예약을 하지 않으면 숙소를 잡을 길이 없다. 에어즈록에서는 노숙을 할 수가 없기 때문에 예약을 하지 않으면 낭패를 볼 수 있음을 명심해야 한다.

마운틴 울가와 석양의 에어즈록

오후 관광은 올가산과 에어즈록의 해 지는 광경을 보는 것이었다. 호텔이 있는 곳은 율라라 관광지라고 하는데 이 율라라에서 22km를 가면 올가산이 나온다. 약 30여개의 잘 다듬어진 바위가 모여서 된 올가산은 마치 흙으로 뭉텅뭉텅 다듬어서 그냥 늘어놓은 것처럼 사막 한가운데 펼쳐져 있다. 관광하는 동안에 한국에서 온 박재형이라는 중학교 졸업생 조카를 구경시켜주려

◀끝없이 펼쳐진 황량한 사막 한복판에 우뚝 솟은 어마어마한 바위산, 에어즈록!

고 시드니에서 온 양화자 씨를 만났다. 호주에 관광 오는 한국인들은 대부분 시드니를 중심으로 한 동부에만 왔다가 가곤 해서 다른 오지에서는 만나기가 쉽지 않기 때문에 대단히 반가웠다. 올가산의 골짜기까지 걸어갔다 돌아오는 코스가 상당히 먼 거리였지만 거리에 따라서 변하는 올가산의 모습 때문에 지루하다는 생각은 들지 않았다. 더구나 끊임없이 달려드는 파리떼를 쫓느라고 한가한 생각을 할 시간이 없다. 파리가 하도 귀찮게 달라붙어 모기장으로 만든 망을 사서 쓰고 다녔다. 허트리버 왕국의 왕이 파리와 벗해야 한다고 했는데 이 곳의 파리와 친해지기는 정말 힘들 정도로 지긋지긋하고 귀찮다.

해지는 시간이 가까워지자 에어즈록에서 좀 떨어진 주변에는 수많은 사람들이 몰려들어 석양의 에어즈록을 감상하고 있었다. 해가 넘어가면서 시간에 따라 세계의 배꼽은 색깔을 달리하

▼ 30여개의 잘 다듬어진 바위가 모여서 된 올가산은 마치 흙으로 뭉텅뭉텅 다듬어서 그냥 늘어놓은 것처럼 사막 한가운데 펼쳐져 있다

고 있었다. 해 지는 모습을 보는 것도 장엄하지만 그걸 놓치지 않고 보려는 수많은 사람들의 모습도 진지하고 볼 만하였다. 사막의 한복판에서 일어나는 신비한 자연의 변화에 모두들 넋을 잃고 있었다. 진짜 호주의 참 맛을 알려면 이런 곳을 놓쳐서는 안 된다는 생각이 들었다.

저녁에는 10불 짜리 싼 바비큐를 오후에 만난 두 한국인과 함께 즐겼다. 여기서는 캥거루 고기도 팔고 있었으나 캥거루 고기를 주문할 용기가 나지 않았다. "캥거루 고기를 먹는 것은 우리 보신탕 먹는 것과 같다"는 한국청년의 얘기는 반드시 맞다고 하지 않더라도 상당히 수긍이 갔다. 관광버스 운전사는 고기가 두껍지 않고 질기지 않아 "뷰티풀"이라고 수차 강조했지만 역시 선뜻 주문하기 어려웠다. 식사하는 동안에 다른 한국인 두 명을 더 만났다. 더운 기후에서 자동차 주행실험을 하러 온 송길호 차장과 함께 온 미국 교포, 모두 5명이 함께 즐거운 저녁시간을 가졌다. 주로 이민 생활에 대해서 많은 얘기를 나누었는데 이민 생활 하면서 받는 차별은 사실상 상당부분이 자신의 열등의식에서 스스로 만든 것이라는데 의견을 같이 했다.

▲저녁에는 10불 짜리 싼 바비큐를 오후에 만난 두 한국인과 함께 즐겼다

◀해지는 모습이 장엄한 에어즈록

Backpacker 서상원 리포트 (11)

♬유용한 빠나클로 투어 회사 전화번호!!!
TRAVEL ABOUT 4WD FUN : 244-1200, SAFARI Treks : 271-1271
SAFARI Tours 4WD : 310-4858, Australian Pacific Tours 4WD : 13-13-04
웨이브록 투어와 비교했을 때 빼나클 투어가 훨씬 더 다채롭고 더 신기하다. 만약 시간이 없어서 하루만 있게 된다면 빼나클 투어를 권하고 싶다.

호텔에 돌아오니 이미 10시가 다 되었다. 내일 새벽 4시 30분으로 모닝콜을 해놓고 짐 정리를 하였다. 내일 4시 45분 출발하여 해돋이, 에어즈록 등반 그리고 그 주위관광까지 마치고 나면 11시 30분 쯤이 되고, 돌아와 1시에 바로 다시 다음 목적지로 출발하여야 하기 때문에 미리서 체크아웃할 준비를 모두 마친 것이다. 밤 11시 30분쯤 취침.

신비한 에어즈록의 해맞이

1월 31일, 2시 쯤 한 번 깼다가 4시 10분 쯤 기상. 호텔 밖에 나가보니 수많은 사람들이 각 호텔에서 쏟아져 나오고 있었다. 이 꼭두새벽에 이렇게 많은 사람들이 쏟아져 나오는 것은 여기 온 사람들 모두가 새벽 해뜰 때의 에어즈록, 그 한 순간을 보기 위해 왔기 때문이다. 5시 13분에 관광버스가 출발하였다. "I like to you good evening" 오늘 하루는 기사의 농담으로부터 시작되었다. 5시 20분쯤에 해가 뜰 것이라고 하니까 서둘러야 한다. 어제는 제법 더웠으나 오늘은 이른 아침이라 차 안에서도 약간 한기를 느낄 정도이다. 5시 30분 에어즈록 가까이에 도착하였다.

우리가 도착하기 이전에 이미 바위를 오르는 극성파들이 들고 가는 손전등의 불빛이 몇 가닥 보인다. 에어즈록 꼭대기에서 해돋이를 맞으려는 극성파들인 것이다. 나도 단체관광에 참여하지 않고 내 차를 가지고 있었더라면 틀림없이 그 무리에 끼었

에어즈록 일출과 일몰

에어즈록의 신비로움은 일출과 일몰 시간에 만끽 할 수 있다. 에어즈록의 일출은 에어즈록 둘레의 순환도로 동쪽에 있는 선라이즈 포인트에서 잘 볼 수 있다. 만약 일출과 일몰을 다 볼 수 없다면 일몰 모습을 보는 것이 좋다. 저녁 노을을 받아 시시각각으로 붉게 물드는 에어즈록의 모습은 신비로움 그 자체로 많은 사람들의 탄성을 자아낸다. 에어즈록의 일몰은 에어즈록에서 남쪽으로 6km 떨어진 곳에 있는 전망대에서 가장 잘 볼 수 있으며 엽서에 나오는 대부분의 에어즈록 사진이 이 곳에서 찍은 일몰 모습이다. 모든 투어 버스들이 선라이즈와 선셋 뷰잉 투어를 취급하고 있다.

Backpacker 서상원 리포트 (12)

♪ 에어즈록 Ayers Rock

　멀리서 보았을 때는 붉은 모래산 같다는 생각을 했는데 가까이서 보니까 정말 거대한 하나의 바위산이었다. 그런뒤에 Sunset View Point라는 곳에 왔다. 이곳에서 해질 때 에어즈록의 변하는 모습을 보는 것이었다. 나는 해지는 것을 뭐하러 보나 했는데 알고보니 해지는 것을 보는 것이 아니라 해질 때 에어즈록이 변하는 모습을 보는 것이었다.

을 거라는 생각이 든다. 한편 사진을 찍기 위해서는 해가 뜰 때 밑에서 에어즈록을 넣고 찍고, 해 뜬 뒤에 올라가 주위를 찍는 것도 좋다는 생각도 들었다.

동쪽을 보니 올가산의 수줍은 모습이 멀리 보인다. 오늘 아침에도 구름은 끼었으나 해 뜨는 부분에는 빠끔하게 열려 있어 다행이었다. 이 사막 한복판에 무엇이 이렇게 많은 사람들을 불러 모았는가? 그 답은 얼마 뒤 떠오르는 해의 각도에 따라 변화하는 에어즈록의 색깔이 해 주었다. 새벽의 엷은 빛에 비친 에어즈록의 신비한 아름다움은 물론이고 듬성듬성 키가 넘는 나무들이 서있는 부쉬(bush) 저 동쪽으로부터 빨갛게 떠오르는 해는 정말 아름답고 신비하였다. 시원한 바람은 걱정했던 것보다 참 좋은 기온이다. 사람들이 가는 곳은 다 살게 되어 있는 것이다. 6시 9분 주위를 알아볼 정도로 훤해지자 드디어 파리 떼들의 환영이 시작된다.

자, 오늘은 파리와 친해보자, 잘 될는지 모르겠다.

에어즈록 등반

높이 348m의 에어즈록은 상당히 가파르기 때문에 간편한 운동화를 신어야 오를 수 있다. 계단이 설치되어 있지 않고 단지 쇠사슬로 연결되어 있어 구두나 샌달을 신고 오르면 위험하다. 오후에는 날씨가 상당히 덥기 때문에 아침 9시 이전에 등반을 마치는 것이 좋다. 투어 버스를 이용하는 사람들은 오전 5시경에 숙소를 출발해서 일출 모습을 보고 7시경에 등반을 시작해서 9시경에 등반을 마치게 된다. 정상에 오르면 서쪽으로 마운트 올가가 보이고 주변은 온통 붉은 사막으로 둘러싸여 있음을 볼 수 있다. 에어즈록을 오를 때는 반드시 충분한 물을 준비해야 한다. 오르는데 힘이 들고 날씨가 상당히 덥기 때문에 물이 없으면 입이 바싹 타들어 간다. 카메라와 물을 등에 지는 조그만 배낭에 넣고 올라가는 것이 편하다.

사막에 우뚝 솟은 에어즈록을 오르다

6시 45분, 에어즈록 등반이 시작되었다. 호주 한 복판 황량한 사막에 서있는 에어즈록은 해발 867m이고 표고 342m이다. 하나로 된 바위로서 세계에서 가장 큰 에어즈록은 호주의 상징이고 또 호주의 긍지이기도 하다. 올가산이 음이고 암컷이라면 에

Backpacker 서상원 리포트 (13)

🎵 **올가산 Mt. Olga**

올가산은 사실 등반이 아니라 Mt Olga Gorge(올가산 계곡)이라는 곳을 들어갔다 나오는 것이었다. 약 한시간 Return코스였는데 바람도 별로 안불고 해서 시원하지 않았다. 끝까지 가서 그곳에 있는 계곡 전망대에서 좀 서 있었는데 해가 뜨겁게 내려 쬐고 있어서 그렇게 좋은 곳은 아니었다. 다시 걸어서 5시 46분경 도착했다. 도착하자마자 시원한 물을 또 마셨다. 한시간 Return코스라는데 그곳에서 쉰 시간을 포함해도 45분이 안걸렸다.

어즈록은 양이고 수컷이라는 생각이 들었다. 한국에서 설악산 울산바위를 올라갈 정도면 충분히 오를 수 있는 규모의 바위이다. 바위에 쇠말뚝을 박아 쇠줄로 연결해서 잡고 올라가도록 해 놓았지만 바위를 타보지 않은 사람에게는 약간 겁이 날 정도이다. 그러나 처음 20분간만 오르면 그 다음은 그다지 어렵지가 않다. 서울대에 다니는 한송이라는 학생이 합세해 한국인 5명은 모두 행동을 같이 했다.

드러누워 있는 소의 등 한 가운데를 따라 올라가듯 걸어 올라가다 엉덩이 부분만 올라서면 그 다음부터는 허리부분과 목부분까지 어렵지 않게 걸어갈 수 있다. 머리부분쯤 되는 곳에 정상이 있는데 기념으로 자기 이름을 적어 놓을 수 있는 플레이트가 놓여 있다. 이 정상에서 주위를 둘러보면 지금까지 올라오면서 쌓인 피로는 말끔히 가신다. 멀리 30㎞ 서쪽에 보이는 올가산을 빼 놓고는 아무것도 보이지 않는 이 황량한 사막. 그 넓이가 앨리스 스프링 지역만 해도 알라스카를 제외한 전 미국의 넓이만

▲거의 3시간 가까운 등반을 마치고 내려오자 기다리던 운전사가 시원한 물을 나누어주어 생기를 돌게 하였다

에어즈록 베이스 워크

에어즈록을 오르는 것도 좋지만 애버리진이 신성시하는 에어즈 록에서 그들의 선조가 살아온 흔적을 찾아보는 것도 큰 의미가 있다. 에어즈록 둘레에는 9.4km의 트랙이 있으며 이 곳을 따라 바위에 그려진 애버리진의 벽화, 동굴, 계곡과 연못 등을 살펴보다 보면 어떻게 이렇게 삭막한 사막에서 그들이 생존할 수 있었는가를 알 수 있게 된다. 버스 투어에 참가한 사람들은 가이드가 자세히 설명을 해주지만 혼자라면 레인저 스테이션에서 진행하는 무료 가이드 투어에 참가할 수 있다. 에어즈록 오르는 곳의 주차장에서 매일 10시에 출발하는 Mala Walk가 약 90분 동안 이어진다. 그리고 레인저 스테이션에서 등산지점(주차장)까지 걷는 Liru Walk는 왕복 2시간이 소요되며 역시 무료 애버리진 가이드가 설명을 한다(화, 목, 토요일 09:30분에 출발).

름 크다고 하는데 인구는 단 1500명밖에 안 된다고 하니 세계는 참 별스러운 곳도 많다는 생각이 든다.

7시 42분, 정상에 도착하여 마음껏 세계의 배꼽 꼭대기에서 느끼는 기분을 만끽하였다. 가끔 움푹 패인 곳에는 비가 내릴 때 담겨진 물이 있는 곳도 있지만 마실 수는 없다. 꼭대기는 우선 파리가 적은 편이어서 지상보다는 천국이다. 이 율라라 지방의 파리는 정말 대단하여 말하는 도중에 목구멍으로 넘어갈 정도로 목숨을 걸고 달려드는 파리는 상상을 초월한 것이었다. 며칠 사이에 파리와 친해진다는 것은 불가능하니 아예 망을 쓰고 다니는 것이 수다. 내려오는 도중에 이곳을 오르다 죽은 사람들의 이름이 쓰인 동판을 보았다. 처음 오르는 곳이 상당히 위험한 곳이고 더군다나 바람이 세찰 때는 잘못하면 날려갈 정도로 사막의 바람이 강하기 때문에 대단히 조심해야 된다고 한다. 거의 3시간 가까운 등반을 마치고 내려오자 기다리던 운전사가 시원한 물을 나누어주어 생기를 돌게 하였다.

9시 30분 하산하여 주위 관광(base tour)을 시작하였다. 에어즈록은 사막에 우뚝 선 단순한 돌산이 아니라 엄청나게 많은 동굴과 폭포 등이 있는 원주민들의 보금자리요 성지이다. 웅장하고 거만한 모습 뒤에 섬세하고 잔잔한 모습을 동시에 갖춘 거인이다. 자연에 순응하고 경외심을 가지고 사는 원주민들에게 이 바위산은 보금자리요, 정복의 대상으로 삼고 오만한 인간들에게는 무서운 경고의 장이다. 오늘의 세찬 바람은 그것을 더욱 잘 나타내 주고 있다. 겸손하지 못한 인간들에게 하는 경고로 자

Backpacker 서상원 리포트 (14)

♪ 에어즈록 베이스 투어란

베이스 투어란 에어즈록의 주변에 나있는 길을 따라 걷는 것이다. 아는 분의 말에 따르면 약 1시간 30분 걸리는 투어인데 너무 더워서 자기네 부부는 가지 않았다고 한다. 이 에어즈록은 그냥 바위산만 관광코스가 아니다. 이 에어즈록은 애버리진의 성역이기 때문에 산 밑에는 많은 애버리진의 유물들이 있다. 그래서 에어즈록을 밑에서 한바퀴 도는 베이스 투어도 있는 것이다. 하지만 이렇게 더운날(거의 40도가 넘어간다고 함) 한시간 30분 동안 걸을 용기는 나지 않는 모양이다.

연은 이미 이곳에서 5명의 생명을 앗아갔다고 한다. 수백 년 동안 원주민들이 아이들에게 교육을 시켰다는 메기스프링을 지나 한바퀴 도는 동안 동굴 속에 그려있는 원주민들의 벽화를 볼 수 있었으며 그 외에도 여러 곳에서 원주민들이 살며 남긴 흔적들이 역력히 나타나 있었다.

킹스캐년 사파리

 킹스캐년

에어즈록과 더불어 레드 센터 최고의 관광지로 오스트레일리아의 그랜드캐년으로 불리는 곳이다. 웅장한 절벽과 협곡, 마치 고대 도시의 유적터를 연상케 하는 바위군 등 환상적인 경치를 볼 수 있다. 킹스캐년을 돌아보는 방법은 계곡으로 올라가 6km에 이르는 서키트 워크를 도는 방법(3~4시간 소요)과 1시간 동안 계곡 골짜기를 돌아보는 방법이 있다. 보다 웅장한 경치를 보면서 험하지 않은 루트로 서키트 워크를 돌아보는 것이 좋다. 킹스캐년 계곡에는 수영을 할 수 있는 연못도 있으니 수영복을 입고 가는 것이 좋으며 간편한 복장에 충분한 물과 먹을 것을 준비해 가는 것이 좋다. 특히 여름에는 날씨가 너무 더워 갈증이 심하게 난다. 킹스캐년을 돌아보는 일반적인 방법은 앨리스 스프링스에서 투어에 참가하는 것이다.

11시 20분 에어즈록을 출발하여 호텔에 도착하니 12시가 다 되었다. 원래 호텔 체크아웃 시간이 10시인데 오전 관광하는 사람은 대부분 이 시간에 돌아오기 때문에 호텔측에서 봐준다. 12시 5분쯤 체크아웃하고 나니 송차장이 기다리고 있다. 함께 점심식사나 하며 이야기를 나누자고 한다. 진지하게 얘기하고 싶었던 것은 비지니스에 관한 것이었다. 허트리버 왕국에 갔을 때 왕이 자기가 발명한 연료분사기를 보여주며 투자자를 찾는다고 나에게 부탁을 하였다. 마침 자동차 관련업체에서 일하는 송차장에게 이 얘기를 했더니 관심을 가진 것이다.

1시 출발해야 될 킹스캐년 관광팀은 1시 20분이 넘어서야 가이드가 찾아왔다. 내가 다른 호텔에 있는 것으로 잘못 되어 있었

◀멀리서 보이는 사막의 신기루와 묘한 대조를 이루는 이름의 "사하라 아웃백 투어"

던 것이다. 넓은 모자에 수염을 기른 가이드가 내 짐을 들고 성큼성큼 앞서간다. 20여명이 타는 미니버스에는 이미 젊은이들로 가득 차 있었다.

"하이"

젊은이들답게 짧고 명랑하게 인사들을 나눈다. 지금까지의 관광버스와는 뭔가 분위기가 다르다. 모두 젊은이들인 데다가 사파리를 가는 동안에 같은 텐트에서 자야 하는 동지의식이 발동한 모양이다. 멀리 에어즈록이 아련히 멀어져 간다. 에어즈록이여 안녕. 이제 좀 자야할 시간이 아닌가. 젊은이들이라서 그런지 록음악을 시끄럽게 틀어 정신을 못 차릴 정도였지만 30분 정도를 아주 달게 잤다.

오후 2시부터 빗방울이 떨어지기 시작한다. 호주에서 만나는 최초의 비다. 2시 30분에 커틴 스프링에서 잠깐 정지하였다. 오른쪽에 굉장히 큰 바위산이 보여 지도에서 찾아보니 물가(Mulga) 공원이라고 되어 있는데 마치 세숫대야를 엎어놓은 것처럼 위가 평평하여 대단히 인상적이다. 차가 출발하자 여자들이 앞으로 가 음악을 바꾸어 넣자 운전하던 가이드가 왼손 엄지를 들어 보인다. 모래바람이 세차게 불어 물가공원 쪽이 온통 황사로 뒤덮여 자세하게는 보이지 않지만 마치 사막의 신기루처럼 아련하게 그 윤곽이 보였다.

'사하라 아웃백 투어(Sahara out back tour)'

 킹스캐넌-교통

그레이하운드 파이어니어 버스가 에어즈록에서 매일 한차례 운행을 하며 그레이하운드 패스 소지자라도 킹스캐넌 투어가 포함되지 않은 티켓을 소지한 사람은 별도로 요금을 지불해야 한다. 그리고 AAT Kings, Holiday AKT, 에어즈록 플러스 투어 버스 등이 킹스캐넌 투어를 운영하고 있다.

Backpacker 서상원 리포트 (14)

♬ **킹스캐넌 Kings Canyon**

킹스캐넌까지는 얼마 안 되는 거리이기 때문에 금방 킹스캐넌 입구에 도착하였다. 6시 52분부터 등반을 시작하였다. 이곳에는 킹스캐넌이라는 걷기 코스가 있고 킹스크리크라는 걷기 코스가 있다. 킹스캐넌은 6km로 킹스캐넌 윗쪽으로 등반을 한 다음에 걷는 것이고 킹스크리크는 계곡 안으로 들어가는 1시간 30분짜리 쉬운 코스이다. 킹스크리크는 올라가는 부분이 별로 없기 때문에 쉬운 것이다. 나는 어떤 것을 할까 약간만 고민했다. 체력을 생각해 보면 어제 에어즈록도 잘 못 올라갔는데 과연 킹스캐넌을 올라갈 수 있을까 하는 생각에서였다. 무작정 출발을 하고 갈림길까지 와서 그냥 킹스캐넌에 올라가기로 했다. 에어즈록의 경우는 그냥 바위여서 힘들었지만 킹스캐넌은 산이니까 그곳보다는 쉬울 것이라는 생각에서였다.

우리가 타고 가는 미니버스에 쓰인 투어의 이름이다. 멀리 보이는 사막의 신기루와 묘한 대조를 이루는 이름이다. 2시 48분 코너산을 바라보며 달리다 3시 6분에 큰 도로에서 왼쪽 비포장 도로로 접어드는 곳이 나온다. 이곳에 써있는 이정표를 보면 킹스캐년 167㎞, 앨리스 스프링 295㎞로 되어 있는데 여기서 차는 왼쪽으로 꺾어 오지를 향해서 달린다. 숲 속을 한참 달리던 우리 차는 4시 10분쯤 숲 속에다 차를 대고 가이드가 모든 대원들에게 명령한다.

"지금부터 오늘 저녁 밥할 때 쓸 땔나무들을 모은다"

가이드가 마치 외인부대 소대장처럼 보인다. 30여분 동안 숲 속에 죽어있는 나무들을 모아서 싣고 출발한 차는 5시 5분 킹스크리크(Kings Creek)에 도착하였다.

원주민 식사, 사막의 캠핑

도착하자마자 우리가 해 온 나무로 불을 피우고 한편은 감자 썰고 양파를 까서 국거리를 준비한다. 먼저 당일 저녁에 잘 텐트를 정했는데, 나는 일본 학생과 한 텐트에 들었다. 사흘 간 행동을 같이 하는 사파리 투어이기 때문에 모두 친해졌는데 하루 늦게 참가한 나만이 무엇을 할 줄 몰라 가이드에게 내가 할 임무를 물었더니 불 때는 것을 돕거나 아니면 보며 즐기라고 한다.

'그렇다고 뒷짐지고 보면서 즐기고만 있을 수는 없지 않은가!'

불 때는 일을 도우러 가보니, 발로 나무를 밟아 부러뜨리느라고 모두들 끙끙거리고 있었다. 내가 왕년의 경험을 살려 대단한 방법을 고안해 30여 분 동안 장작을 팼더니 모두 "Excellent" 하며 이제 충분하단다. 내가 쓴 방법은 사실 대단히 간단하면서 인간이 쓴 최초의 무기를 쓴 것이다. 즉 큰돌을 들어서 나무에

발로 나무를 밟아 부러트리느라 모두들 끙끙 거리고 있었다

던져 패는 원시적인 방법인데 아무도 그 방법을 모르고 발로 끙끙거리고 있었던 것이다. 석기시대도 상당히 발전된 시대라는 것을 알 수 있었다.

이 곳에서는 매일 불을 피우기 때문에 불씨가 남아있는 모양이다. 가이드가 재를 이리저리 재를 뒤지며 불씨를 찾았으나 찾지 못하자 할 수 없이 라이터를 쓴다. 우리가 요리하는 방법은 모두 호주의 원주민들이 해먹는 방식이라고 한다. 뎀퍼(Damper)라는 빵은 밀가루에다 기름을 넣고 건포도를 넣은 뒤, 맥주캔을 따서 한 모금 마신 뒤 나머지를 붓고 잘 이겨, 큰 냄비 같은 기구에 집어넣고 굽는다. 이 냄비를 장작이 타고난 뒤 생긴 알불 속에다가 집어넣는데, 먼저 알불을 파고 냄비를 낳은 뒤, 그 냄비 위에다 알불을 덮어 완전히 파묻어 버리는 것이다. 타카(Tucker)라는 찌개도 마찬가지로 알불로 완전히 덮어버린다. 뉴질랜드 출신의 스팁 씨가 총지휘하여 만든 원주민 음식은 진짜 별미였다.

7시 30분쯤 식사를 끝내고 삼삼오오 얘기의 꽃을 피웠다. 우리 대원들은 대단히 다양한 국적을 가지고 있었다. 일본사람 1명 브라질사람 2명, 독일사람 5명, 호주사람 3명 스위스사람 1명, 영국사람 4명, 네델란드사람 1명, 그리고 한국사람이 1명이

◀▲뎀퍼라는 **빵**은 밀가루에다 기름을 넣고 건포도를 넣은 뒤, 맥주깡을 따서 한 모금 마신 뒤 나머지를 붓고 잘 이겨, 큰 냄비 같은 기구에 집어넣고 굽는다

다. 도착해서부터 비가 내리기 시작했기 때문에 날씨가 으스스 하면서도 후덥지근하다. 별을 보고 사진을 찍겠다는 생각은 아예 버려야 했다. 그렇다면 일찍 잠이나 자야지. 텐트에 들어와 침낭을 만져보니 눅눅해서 도저히 속에 들어가 잘 수가 없었다. 할 수 없이 긴 바지를 꺼내 입고 위에는 츄리닝을 꺼내 입은 뒤 침낭을 깔고 그 위에서 잤다. 다른 청년들은 보통 호주에서 4개월에서 1년 이상 머무는 배낭족들이기 때문에 자신의 침낭들을 가지고 있어 웃통을 벗고 들어가 자는데 나는 회사에서 쳐놓은 텐트 안에 회사에서 준비해 준 침낭이라 어찌하는 수가 없었다. 한참만에 잠이 들었으나 바람이 어찌나 부는지 텐트가 날아갈 것 같아 쉽게 잠이 들 수가 없었다.

숨겨진 비경 킹스캐년

2월 1일, 5시 30분이 조금 넘자 가이드가 일어나라고 소리를 지른다. 세수를 한 뒤 콘푸레이크와 차로 아침식사는 끝. 6시 40분 모두에게 물통이 하나씩 지급된다. 중간에는 물을 먹을 곳이 전혀 없기 때문에 이 사막의 계곡을 가려면 물이 가장 중요하다. 6시 53분 킹스크리크를 출발하여 7시 30분 등반로 입구에 도착하였다.

> **킹스캐년 - 숙소**
> 킹스캐년에는 여행자를 위한 숙소가 킹스캐년 프론티어 로지 한 곳 뿐이다. 호텔룸과 백패커를 위한 도미토리 룸, 캠프 Site 등이 있는 아주 큰 규모의 숙소다. 이곳에 방을 잡지 못하면 근처에서는 잘 곳이 없기 때문에 반드시 예약을 해야 한다. 4명이 사용하는 도미토리는 아주 깨끗하고, 개인 시설과 물건을 놓을 수 있는 테이블과 로커가 있다. 각자의 침대 외에 개인 조명도 설치되어 있다. 주방을 이용하려면 리셉션에서 $20을 맡기고 식기를 받아야 한대식기를 반납하면 돈을 돌려준다). 시트와 담요는 무료로 제공해 준다. 4인용 도미토리는 A$36, 둘째 날부터는 조금 할인해 준다.
> 전화 : (08)8956 7442
> E-mail : rockres@ayersrock.aust.com

◀킹스캐년은 와타카(Watarka)국립공원에 있는 대협곡으로 자연의 신비함을 절감할 수 있는 신의 작품이다

지금부터는 진짜 아웃백(Out Back)의 세계를 탐험하기 시작하는 것이다. 아웃백이란 억세고 야생적인 자연의 세계이다. 호주사람들은 도시 주변의 자연을 부쉬(Bush)라고 한다. 우리말로 숲이라고 할 수 있는데 관목이 있는 들판을 말한다. 부쉬보다도 더 깊숙이 오지를 파고 들어간 곳을 아웃백이라고 한다. 아웃백 투어라는 것은 이런 곳을 찾아 들어가 직접 체험해 보는 것을 말하는데, 이 아웃백 관광 중에서 가장 훌륭한 곳이 바로 중앙 호주이고, 중앙 호주에서도 가장 장관인 경치가 바로 킹스캐년인 것이다. 죠지 길 산맥 줄기인 킹스캐년은 와타카(Watarka)국립공원에 있는 대협곡으로 자연의 신비함을 절감할 수 있는 신의 작품이라고 한다. 이 계곡은 크림색에서 진한 보라색까지 다채로운 바위가 깎아지른 듯이 서있는데 그 높이가 270m나 된다고 하니 그 웅장한 규모가 어느 정도인지 상상할 수 있을 것이다.

비교적 완만한 곳을 돌고 돌아서 올라가는 동안 안내인은 그곳의 자연생태에 대해서 자세하게 설명해 주었다. 약 30~40분

▼북벽과 남벽이 갈라진 지점인 Head If Canyon에서 계곡 사이로 불어오는 시원한 바람을 바람을 맞으며 사진을 찍으며 자연의 신비함을 만끽하였다

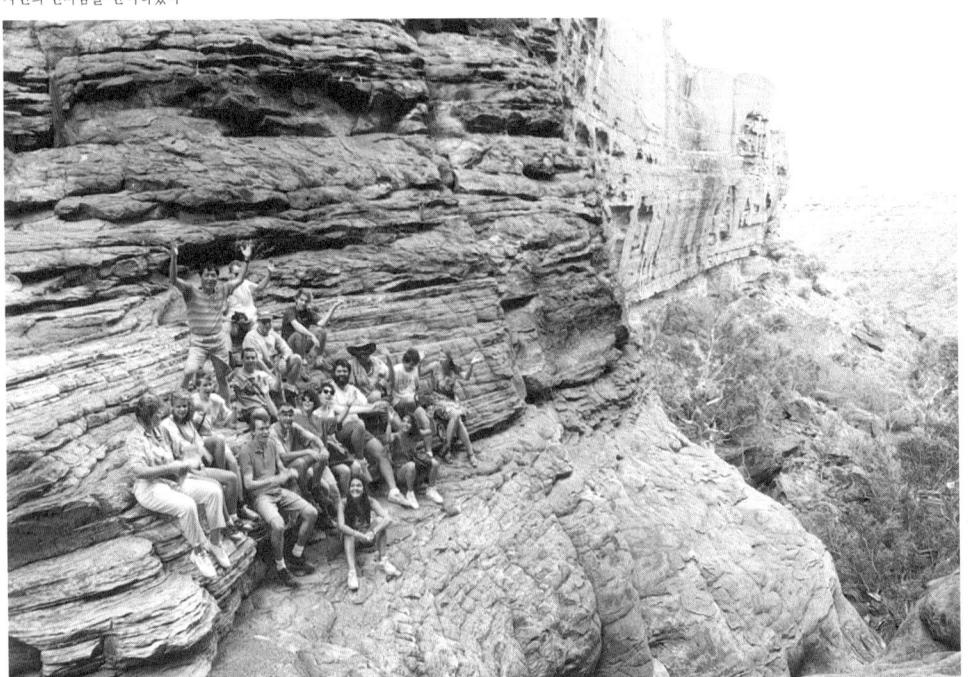

정도 바윗길을 걸어 올라가니 대협곡의 장엄한 경치가 눈에 들어온다. 꼭대기에 올라서자 엄청나게 큰 바위산을 신이 한번 쳐서 갈라놓은 것처럼 뻥 뚫린 협곡 양쪽은 그야말로 계곡 중의 계곡, 그래서 킹스캐년이라고 했는지 모르겠다. 위에 올라서 보는 장관은 그 동안 올라오면서 흘린 땀을 몇 배로 보상하고도 남을 만큼 만족스러운 것이었다. 우리가 올라선 곳은 협곡 가운데서 남벽인데 땅 속으로 똑바로 꺼진 그야말로 직벽이다.

에어즈록이 배꼽이라면 킹스케년은 배꼽 아래서 두 다리를 펴고 서있는 모양이고 우리가 도착한 곳은 왼쪽 무릎부분이다. 허벅지 부분을 따라 위로 올라가면 두 다리가 합쳐지는 부분부터는 비교적 낮은 계곡이 나타난다. 배꼽 밑 하단전 있는 곳까지 올라가 골짜기로 내려가게 된다. 물론 이 곳에는 튼튼한 계단을 잘 만들어 놓았기 때문에 어려운 점은 없다. 계곡에 내려가니 제법 큰

◀우리가 올라선 곳은 협곡 가운데서 남벽인데 땅속으로 똑바로 꺼진 그야말로 직벽이다

나무들이 살아있고 폭포가 나타났다. 이런 곳에 폭포가 있었다는 것은 상상할 수 없었던 것이다. 폭포를 지나 9시에 계곡의 북벽과 남벽이 갈라지는 지점인 Head of Canyon에 도착하였다. 바로 사타구니에 해당하는 지점이다. 계곡 사이로 불어오는 시원한 바람을 맞으며 사진을 찍고 소리를 지르며 그야말로 자연의 신비함을 만끽하였다. 스팁 씨가 가져온 케이크를 한 조각 씩 나누어주었다. 생각하지도 않던 케이크라 정말 맛있었다.

사막 골짜기에 감추어진 에덴동산

40분쯤 출발하여 다시 폭포를 지나 계곡 쪽으로 내려왔었던 지점에서 북벽쪽으로 올라붙었다. 북벽으로 올라가는 것도 계단이 잘 설치되어 있어 어려움은 없었지만 제법 높은 바위를 타는 것 같은 스릴이 있었다. 북쪽에는 아기자기하고 기이한 모습

에어즈록이 단순한 감을 주는 배꼽이라면 킹스캐년은 신비하고 비밀스러운 곳과 건강한 다리를 볼 수 있는 최고의 절경이 아닐 수 없다

을 한 바위들이 많았다. 잃어버린 도시, 에덴의 동산 등 세인들이 붙여놓은 이름들은 결코 과장된 것이 아니었다. 인간들이 예술이라는 이름으로 만든 작품들이 신의 작품에 비해 얼마나 하찮을 것 없는가를 실감하는 순간들이었다. 각종 신의 조각품들을 감상하며 북벽을 거의 다 내려왔을 때 북벽에 피톤을 박고 줄을 타고 밑으로 내려가는 등산가들도 볼 수 있었다. 남벽에서 보는 북벽, 북벽에서 보는 남벽, 이 서로 다른 경치와 감동은 정말 잊을 수 없는 추억으로 남는다. 에어즈록이 단순한 감을 주는 배꼽이라면 킹스캐넌은 신비하고 비밀스러운 곳과 건강한 다리를 볼 수 있는 최고의 절경이 아닐 수 없다.

11시 20분, 출발점에 도착하니 아이스박스에 넣어 두었던 시원한 물과 귤을 한 개 씩 주었다. 이 세상 어떤 음료수와 음식물이 이렇게 맛이 있겠는가. 차가 출발하여 내려오는 동안 시끄러운 음악도 경쾌하게 들린다. 큰일을 끝냈을 때 생기는 만족감이 주는 아량일 것이다. 11시 50분, 킹스크리크에 도착하여 간단히 점심식사를 한 뒤 텐트와 주위를 깨끗이 청소하고 1시 30분 앨리스 스프링을 향해 출발하였다.

출발한 뒤 한 40여분 동안은 세상 모르고 잤다. 2시 10분쯤 삼

Backpacker 서상원 리포트 (16)

♬ 앨리스스프링

뉼랄라는 국립공원 지역이기 때문에 아무도 함부로 선물 등을 지을 수 없어서 리조트 지역에 한해서 호텔과 쇼핑센터 등이 들어서 있는 것이다. 리조트 안에는 순환 도로가 있어서 각 호텔과 쇼핑센터를 연결하고 20분마다 무료 버스가 순환하고 있다. 내가 묵을 Out Back Pioneer Lodge는 제일 마지막 정류소이다. 버스에서 내리기 전에 버스 기사가 이곳 국립 공원 입장료는 10$이고 5일간 유효하다고 가르쳐 주었다. 나는 예산으로 12$를 이틀간 잡아놔서 24$를 지출할 예정이었는데 10$밖에 안 하고 이틀간 사는 것이 아니라 하루만 사면 이틀을 쓸 수 있다니 14$를 예산에서 절약한 셈이다. 어찌 되었든 기분이 좋았다. 약 2시 30분 정도에 도착해서 체크인을 하였다. 나는 에어콘이 나오는 시원한 Hotel 체크인 카운터에서 체크했는데 나중에 나와보니 도미토리 같이 싼 숙소는 건물 밖에 있는, 에어콘도 없는 그런 건물에서 체크인을 해야 하는 것이다. 사실은 어디서 해도 상관이 없는데 바보같은 사람들이 에어콘 나오는 시원한 그곳을 찾지 못한 것뿐이다. 체크인을 하고 짐을 두러 갔는데 내 침대 번호는 751번이다. 2층 침대 중에 2층인데 이곳은 케서린의 호스텔과 달리 삐걱거리지 않고 튼튼하다. 그래서 오늘 밤 마음대로 뒤척여도 될 것 같다. 이곳 방은 4개의 침대(두개의 2층 침대)마다 칸막이가 되어있고 약 20개 정도의 침대가 놓여 있다. 참! 리셉션에는 오늘 해 뜨는 시간과 해 지는 시간이 공지 되어있었다. 아마 이 울랄라의 거의 모든 관광객은 지구의 배꼽이라는 곳의 Sunset과 Sun Rising을 보러오기 때문인 것 같다.

거리가 나오는데 거기서 앨리스스프링이 226km라고 표시되어 있다. 사막 같은 곳을 계속 달리는데 가끔 원주민들이 손을 흔들어 준다. 3시 48분 스튜어트(Stuart)고속도로와 만나면서 깨끗한 아스팔트길로 들어선다. 얼마 안 가서 4시 20분쯤 캐러반공원(Karavan Park)에서 휴식을 가졌다. 여기서 앨리스 스프링까지는 90km가 남았다고 한다. 4시 37분 출발하여 40분쯤 가니 아델라이드에서 오는 기찻길과 만나고 5시 30분 드디어 앨리스스프링에 도착하였다.

중국집으로 저녁식사를 하러 갔는데 거기서 또 송 차장을 만나게 되어 내가 잡은 호텔에 함께 투숙하였다. 이 앨리스 스프링에도 볼만한 것이 많다. 그 가운데서도 이른 새벽에 기구를 타고 해돋이를 보는 것은 대단한 장관이라고 한다. 기구 타는 것을 신청해 놓고 저녁식사하고 돌아오니 날씨가 나빠서 기구 타는 것은 취소되었다는 연락이 와 있다.

긴 사막 여행을 마치고 오랜만에 호텔에 자리를 잡은 편안한 마음으로 집에 전화를 하였다. 그런데 학교에서 상당히 심각한 문제가 발생하였다는 얘기였다. 내용상으로 보아서는 가능한 빠른 시일 내에 귀국을 해야될 형편이다. 밤늦게까지 일정표를 조정하기 시작하였다. 예정된 일정에 따르면 2월 20일까지 앞으로도 20일이 남아 있는데, 바로 귀국하느냐 아니면 줄여서라도 중요한 곳은 보고 가느냐로 한참동안 고민하였다. 이미 민박을 하기로 확정된 몇 군데와 다시 와보기 힘든 북호주는 뺄 수가 없어서 일주일 정도로 줄이고 중요한 곳만 거쳐서 귀국하기로 하였다. 우선 한국에서 가장 가보기 쉽고 일반적으로 관광코스라고 할 수 있는 동북지역과 시간이 많이 걸리는 타즈마니아섬을 빼고 북호주와 동남지구를 위주로 밤늦게까지 대강 계획을 짠 뒤 늦게 취침하였다.

북호주의 수도 다윈

2월 2일, 아침 4시 15분 기상하여 전화를 붙들고 일단 중요한 일을 처리하기 시작하였다. 아침에는 송차장이 라면을 가지고 와서 그것으로 때웠다. 오전 내내 비행기 스케줄 바꾸고 예약을 다시 하고, 공항에 와서 보니 카카두에서 케언즈 행 비행기가 예정하는 날 없어서 일정을 멜버른으로 바꾸는 등 정말 정신이 없는 한나절이었다. 국제전화와 장거리 전화만 12통을 했더니 215불이라는 천문학적 예산이 지출되었다. 여행을 하다 보면 뜻밖의 사태가 벌어지듯 인생살이도 마찬가지가 아닌가. 그렇다고 여행을 중단할 수는 없다. 일단 닥치는 일은 사실 그대로 받아들이고 그 충격을 최소화하는 것이 최선이다.

11시 10분 앨리스 스프링을 출발하였다. 자다가 일어나 보니 그 빨갛던 대지가 갑자기 모두 파란색으로 바뀌어 있다. 북호주의 수도인 다윈에 도착한 것이 1시 5분이었다. 공항에 내리자 "서 박사입니까" 하고 찾는 사람이 있었다. 물론 처음 보는 사람이었다. 천만리 낯선 곳에서 누군가가 아는 척 해주는 것처럼 반가운 일은 없다. 경치도 좋지만 이런 인간적 만남이 있어 여행은 즐겁다. 여름학교에 참석했던 참가자 가운데 다윈에서 온 존

다윈

노던 테리토리의 수도인 다윈은 오스트레일리아에서 가장 슬픈 역사를 간직한 도시다. 제2차 세계대전 때는 브룸과 더불어 일본군의 집중 폭격을 받았고 1974년 크리스마스 아침에는 오스트레일리아 역사상 가장 최악의 재앙인 사이클론 트레이시로 인해 온 도시가 폐허로 변했던 기억이 남아 있다. 그러나 지금의 다윈은 이런 재앙을 딛고 아주 현대적이고 풍요로운 도시로 변했다. 다윈은 많은 인구가 살고 있는 동부의 도시와 떨어져 개발되어 왔고 40개국 이상에서 온 이주민들이 살고 있기 때문에 독특한 분위기를 풍긴다. 1년 내내 더운 날씨와 동남아에서 이주해온 사람들로 마치 동남아 같은 느낌이 들며 느긋함이 느껴진다. 어쩌면 다윈의 가장 커다란 매력은 이처럼 다른 도시에서 느낄 수 없는 독특한 분위기일 것이다. 동남아와 카카두 국립공원으로 가는 관문으로 언제나 많은 여행자들로 붐빈다.

다윈—여행안내소

다윈의 여행자료는 스미스 스트리트 몰의 중간에 있는 Darwin Region Tourist Association에서 얻을 수 있다. 현대적인 시설을 갖추고 있으며 지도를 비롯해서 버스 타임테이블 등 많은 자료를 얻을 수 있다.
개방시간 월~금요일 09:00~17:00,
토, 일요일 10:00~14:00.

◀땅 넓이가 전 호주의 1/6인데 반해 인구가 1%에 불과한 북호주의 수도 다윈의 시내 전경

다윈—주의 및 여행법

다윈의 해변에서는 10~5월경에는 절대로 수영을 하지 말 것. 이 기간 중에는 해파리가 나타나 사람을 공격하기 때문에 상처를 입거나 심한 경우는 죽을 수도 있다. 그리고 악어의 출몰 위험도 있으니 크로커다일 표시가 되어 있는 곳에서는 들어가지 말 것.

다윈은 노던 테리토리의 수도이기는 하나 조그만 도시로 다윈만 보려면 천천히 돌아보아도 2일이면 충분하다. 시간이 부족한 사람은 우선적으로 아쿠아신과 박물관, 워프 프리싱크트, 스미스 스트리트 몰 등을 돌아보면 된다. 다윈의 중심지는 스미스 스트리트 몰로 도로 양쪽으로 항공사, 레스토랑, 은행, 여행안내소와 기타 많은 상점이 들어서 있으며 몰의 끝에서 끝까지는 천천히 걸어도 5분도 안 걸린다. 그리고 트랜짓 센터가 있는 미첼 스트리트는 여행자들에게 가장 편리한 도로로 젊은이들이 많이 찾는 저렴한 숙소가 밀집되어 있다.

선생이 자기는 여름학교가 끝난 뒤 바로 중국으로 갔기 때문에 떠나면서 다른 사람에게 내 안내를 부탁한 것이다. 내미는 명함을 보니 이름은 그레함 니콜스, 직업은 크라운 카운슬(Crown Counsel, 재판소 판사)이다. 명함에 '지구는 하나이고, 사람은 모두 같은 시민이다'는 문구가 쓰여 있는 걸로 보아 바하이라는 종교의 신자임을 알 수 있었다. 시내로 들어와 호텔을 정하고 일단 현지사정을 점검해 보았다.

다윈은 북호주의 수도이다. 땅 넓이가 전 호주의 6분의 1인데 반해 인구는 1%에 불과하다고 한다. 인구 18만은 그리스, 중국, 월남까지 합해 모두 58개 민족으로 구성되어 있으며, 다윈에만 8만명이 몰려 살고 있으니 다른 지역의 인구밀도는 상상하고도 남을 것이다.

오후에는 시내구경을 하였다. 보행자 전용 상점가도 규모가 적고 볼 것이 별로 없으며, 시내가 모두 한산하다. 이 곳에는 우기를 맞아 완전히 비수기이기 때문에 거리나 상점이나 모두가

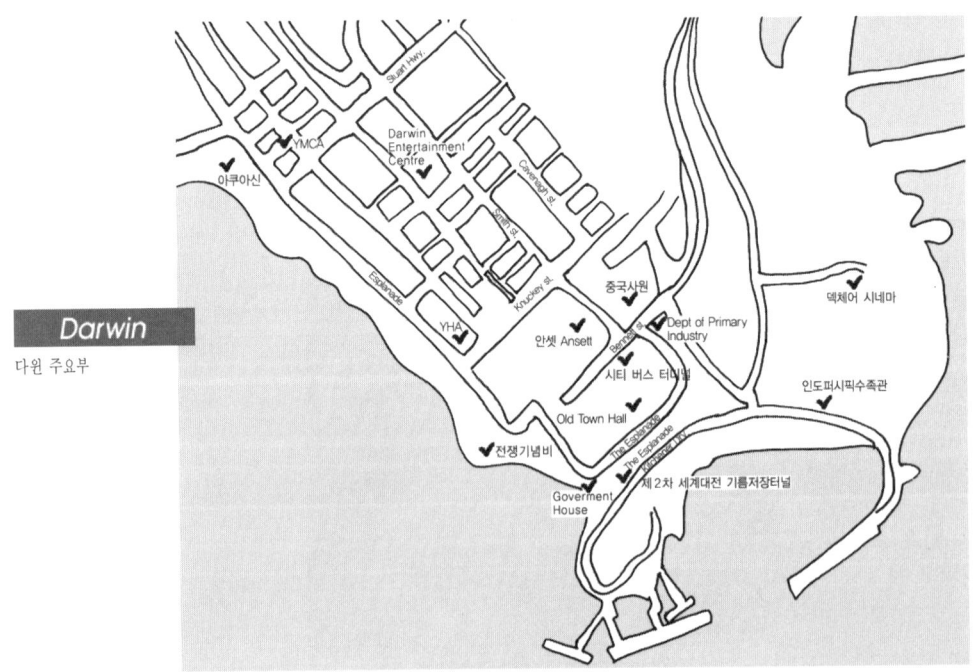

Darwin
다윈 주요부

한산한 것이다. 앨리스 스프링이나 에어즈록은 지금 한창 성수기인데 비행기 두 시간 타고 오니 갑자기 세상이 완전히 바뀌어 버린 것이다. 비수기에 다윈을 찾은 나는 완전히 때를 잘 못 맞춘 사람 중에 하나였다. 내가 갈려고 했었던 캐서린 계곡은 어제 하루동안 깊이 17m의 홍수 때문에 완전히 막혀버렸고, 2~3일 전만 해도 카카두 공원에 갔다가 물난리로 갇혀 못 나온 사람들이 있다고 한다. 그러나 비수기 때문에 완전히 반 가격으로 관광을 할 수 있는 장점도 없잖아 있다. 내가 신청한 노스투어(North Tour)는 취소되고 카카두 투어는 원주민 마을이 막혀서 구경할 수 없다는 단서아래 갈 수 있다고 한다. 그래서 내일은 카카두 공원을 관광하기로 하였다. 물론 내일 비가 안 온다는 전제조건이 딸려 있다.

저녁 식사 때에는 특별히 니콜슨 부부가 중국음식점으로 초대하였다. 복임문(福臨門)이란 식당인데 뜻밖에 그 주인은 몽고계로서 홍콩에서 살다 왔다고 한다. 그날 저녁 손님은 우리 셋 뿐, 그만큼 비수기의 다윈은 한적한 것이다. 니콜슨 부부도 지나만 다녔지 들어와 보지 못한 중국음식점에 아시아에서 온 손님을 대접하기 위해서 처음 들어왔다고 한다. 아주 조용한 분위기 속에서 저녁식사를 하면서 많은 얘기를 나누었다. 대단히 인텔리인 이 부인은 남편이 좋아서 하는 바하이라는 종교와 에스페란토를 모두 반대한다고 한다. 자기 주장이 대단히 강한 부인이다. 아들 둘에 딸이 하나인데 영국에 있는 아들은 공부를 안 해 일을 하고 있고, 둘째는 독일에서 공부하고 있으며, 딸은 의대를 나와 섬에서 일하고 있다고 한다.

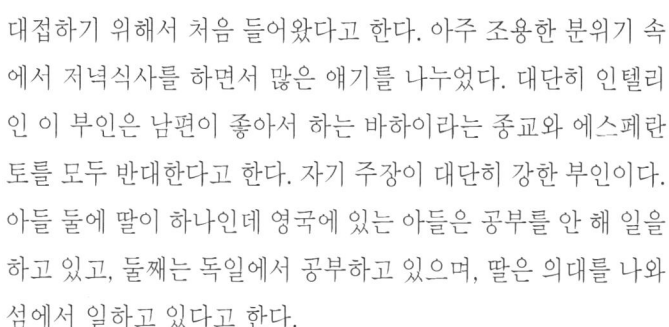

▲ 저녁식사 때 니콜슨 부부가 중국음식점으로 초대하였다

식사를 마치고 니콜슨씨의 하이언다이(여기서는 현대를 그렇게 부른다고 한다) 차를 타고 카지노를 가 보았다. 자기도 나 때문에 처음 와보았다고 한다. 슈퍼에 가서 다윈에서 머무르는 동안 아침에 먹을 포도, 요구르트, 물, 도너츠 등을 샀다. 그런데

🏛 노던 테리토리 박물관/미술관

애버리진 예술품, 자연사관, 해양관 등이 있으며 1974년 사이클론으로 인해 철저히 파괴되었던 다윈 시가지 모습을 사진과 필름 등을 통해 자세히 설명하고 있다. 4번 버스를 타고 운전사에게 박물관 앞에서 내려 달라고 하면 된다.
개방시간 : 월~금요일 09:00~17:00,
　　　　　　토, 일요일 10:00~17:00,
입장료 : 무료

카카두 국립공원

영원한 애버리진의 땅 카카두는 모든 애버리진의 마음의 고향이다. 오랜 옛날 그들의 조상들이 이 곳에 정착한 이후 지금도 많은 애버리진들이 전통생활을 고수하며 살아가고 있다. 카카두는 애버리진 록 아트의 보고로 곳곳에서 찾아볼 수 있는 록 아트는 2만년 이상의 역사를 지니고 있다. 이곳은 자연 그대로다. 울창한 숲을 이루고 있는 열대림과 아름다운 꽃, 이름도 알 수 없는 수많은 새, 웅장한 폭포 등을 만날 수 있다. 톱 앤드 최고의 매력으로 꼭 가 볼만한 곳이다.

자비루

자비루는 카카두의 유일한 도시로 현대적인 광산 타운이다. 카카두 국립공원에 근무하는 사람들의 생활 공간이기 때문에 은행, 쇼핑점, 우체국 등 모든 편의시설이 갖추어져 있다. 여행자를 위한 저렴한 숙박시설이 있는 카카두 프론티어 로지도 있다. 자비루 동쪽 6km 지점에는 공항도 있어 시닉 플라이트를 이용할 수 있고 근처의 투어($10)에 참가할 수도 있다.

카카두국립공원 - 주의사항

카카두 대부분의 샛강에는 크로코다일(악어)이 서식하고 있기 때문에 크로코다일 표시판이 붙어있는 물에는 절대로 함부로 들어가지 말아야 한다. 그리고 모기가 상당히 많기 때문에 날씨가 덥더라도 필히 긴팔 옷을 준비해야 한다.

호텔에 돌아와보니 호텔측에서 과일과 초코렛 등이 든 상자를 가져다 놓고, 조금 있으니까 또 '굳이브닝 쵸콜렛'이 두 개 들어온다. 이 모든 것이 성수기에는 볼 수 없는 비수기 손님에 대한 최고의 서비스인 것이다. 저녁에 식당에서 수돗물을 먹어보니 이곳 물은 대단히 좋아서 물을 따로 살 필요가 없었다.

이 곳에 오면서 가장 걱정이 되었던 것은 이곳의 열대 기후이다. 온도가 높고 습한 곳이라고 해서 관광 안내책에 잔뜩 겁을 주었기 때문에 각오를 단단히 했었다. 그런데 뜻밖에 온도는 29도였다. 그러나 역시 걸으니까 후덥지근하고 습도가 100%될 때도 있다니 견디기 쉬운 기온은 아니었다. 그래도 오늘은 상쾌한 호텔에서 최대의 서비스를 받으며 편안한 잠을 잘 수 있었다.

인류의 유산, 카카두 국립공원

2월 3일, 4시 30분 기상. 샤워하고, 일기 정리하고, 6시 좀 넘어 프론트에 내려가 기다리니 6시 30분 관광버스가 왔다. 구름이 잔뜩 끼어 있어 오늘 날씨가 어떻게 될지 걱정이 되어 자꾸 하늘을 쳐다보게 된다. 이 호텔, 저 호텔에서 모인 관광객들이 한 차에 타고 7시 정각 출발, 카카두 국립공원으로 향하는 안햄 하이웨이(Arnhem Highway)를 달린다. 도로가 낮은 곳에서는 아직도 물이 차 있어 차가 속도를 줄여야 했고 도로 주변 낮은 곳은 숲들이 물에 잠겨 물 속에서 나무들이 자라는 것 같다.

8시가 가까워지자 주위에 제법 큰 개미집들이 나타나기 시작한다. 8시가 넘으니 키가 넘는 개미집들이 마치 큰 비석들처럼 서 있는데 돌아오면서 구경한다고 한다. 8시 20분부터 45분까지 아침식사를 하고 조금 더 가서 9시 20분이 되니 입장권을 받는 곳이 나온다. 표지판에 자비루(Jabiru) 95km라고 되어 있다. 10시 20분 삼거리가 나와 오른쪽으로 방향을 튼다. 유칼리나무로 가득 찬 숲은 의외로 그렇게 큰 나무들은 아니다.

  10시 42분 쿠인다(Cooinda)에 도착하였다. 여기서 악어의 서식지로 유명한 황하(Yellow Water)를 유람하는 곳이다. 선착장에는 비가 너무 와서 모든 것이 잠겨 있었다. 물 위로 높이 올라와 있는 버스 길 안내판, 정차장 표지판들이 그곳이 육지라는 것을 알려줄 뿐 모든 것이 물에 잠겨 있었다. 몇 대의 버스에서 내린 손님들이 한 배에 올라탔고 40여명이 한꺼번에 유람을 시작하였다. 숲 속을 천천히 가다보면 물을 피해 나무 위로 올라와 있는 도마뱀, 뱀들이 보이고, 물위를 헤엄쳐 가는 물뱀도 보인다. 점입가경, 배가 안으로 들어갈수록 신기한 경치들이 나타나기 시작하였다. 부리가 큰 펠리컨, 머리가 빨간 물새, 물에 잠긴 나무 위에 웅크리고 쳐다보는 독수리 같은 진기한 새들도 많이 볼 수 있었다. 이 강은 악어의 서식지로 유명하다는데 기다리던 악어는 볼 수 없었다. 아마 홍수를 대피해서 어딘가 숨어 있는 모양이다.

  1시간 40분의 유람을 마치고 쿠인다에 돌아와 다시 버스를 타고 노란지 바위(Nourangie Rock)쪽으로 향하였다. 2시에 정류장에 도착하여 큰 바위산을 돌아 절벽 밑에 가 보니 원주민들이 바위에 그려 놓은 놀라운 추상화들이 선명하게 나타났다.

▲쿠인다(Cooinda) — 악어의 서식지로 유명한 황하(Yellow Water)를 유람하는 곳이다

▲물 위로 높이 올라와 있는 표지판들이 그곳이 육지라는 것을 알려줄 뿐 모든 것이 물에 잠겨 있었다

◀노란지 바위 — 큰 바위산을 돌아 절벽 밑에 가 보면 원주민들이 바위에 그려 놓은 놀라운 추상화들이 선명하게 남아 있다

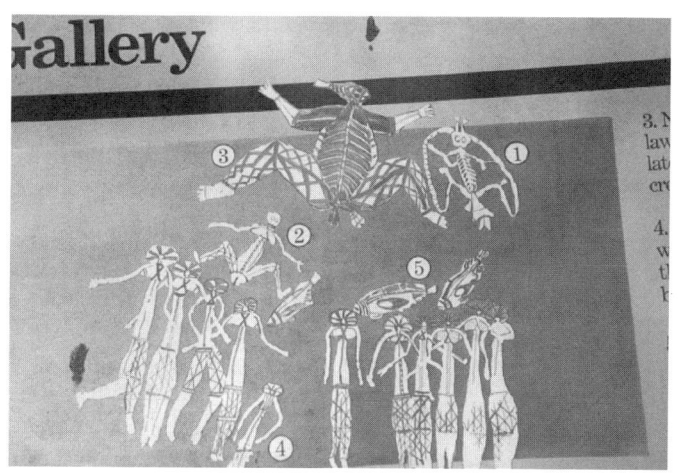

카카두국립공원 — 여행안내소

카카두에 관련된 모든 자료는 아넴 하이웨이에서 카카두 하이웨이 방향으로 2.5km 떨어진 곳에 있는 파크 헤트쿼터/비지터 센터에서 얻을 수 있다. 훌륭한 시설을 갖추고 있으며 카카두에 서식하고 있는 동물들이나 기타 자료를 입체적으로 전시해 놓고 있다. 업무시간 매일 08:00~17:00

이 곳은 호주에서도 가장 잘 보존 된 바위예술을 볼 수 있는 곳으로 유명하다. 호주가 백인에 의해서 침략당하기 이전 이곳 애버리진들은 독특한 물감을 사용하여 바위에다 여러가지 추상화들을 그렸던 것이다. 어떤 물감을 썼기에 야외에서 비바람을 맞으며 수천 년이 지났는데도 이처럼 선명하게 남아 있을 수 있었을까! 안내인에게 그 물감의 원료에 대해서 물었더니 바위가루를 나무에서 나오는 진에 이겨서 그렸다고 한다. 바위가루는 그 바위와 같은 성질의 것이고 나무진 또한 자연산 접착제이기 때문에 그렇게 오래 가는 것으로 생각된다. 이 카카두 공원이 유네스코가 정한 인류의 유산이 된 이유를 알 수 있었다.

우리를 안내한 기사는 아주 친절하게 하나하나 설명해 주었

Backpacker 서상원 리포트 (17)

♬ 악어공원(Crocodklus Park)

가랑비가 슬슬 내리기 시작했는데 아까부터 하늘을 보면 심상치 않은 부분이 있었고 맑은 부분이 있었는데 심상치 않은 부분이 우리를 향해 온 것이다. 노던데리토리에 와서 버스가 아닌 밖에서 처음으로 맞이하는 비였다. 하지만 아까 맑았을 때 멀리서는 번개도 치고 천둥소리도 들릴 정도였는데 막상 그 구름이 내 위에 오니까 가랑비만 뿌린다. 다행이라고 생각했다. 정확히 2시가 되어서 먹이 주는 사람이 나타났다. 어찌보면 애버리진 사람같기도 한데 백인같기도 했다. 먹이통을 보니 닭고기였다. 우선은 가장 큰 우리에 있는 악어들에게 먹이를 던져주었다. 무어라고 막 설명을 하는데 다는 못알아 들었지만 처음에 신경을 쓴 부분은 알아들었다. 이곳 제일 큰 곳의 연못에는 모두 70마리의 악어가 살고 있다고 한다. 그리고 아프리카 악어나 남아메리카 악어보다 이 호주의 악어가 가장 크고 위험하다는 것이다. 악어들은 먹이가 떨어지면 우선 경계심을 갖고 쳐다보는 것 같았다. 바로 달려들어 먹지를 않는다. 그러다가 어느 순간 갑자기 달려들어 먹는다. 아마 살아있는 생물인줄 알고 그러는 모양이다. 또 닭고기가 날아가자 한 악어가 받아 먹으려고 달려오는데 위치를 잘못 잡아서 닭고기가 떨어지는 부분보다 더 앞으로 나오게 되었다. 약간 뒤에 있는 닭고기를 발견하지 못하는지 그냥 안먹고 계속 있는다.

이제는 한 우리에 악어가 암수 한 마리씩만 들어가 있는 곳으로 자리를 옮겼다. 이곳에는 아까 큰 호수에 있는 악어보다 덩치도 훨신 크고 무게도 많이 나가는 악어들을 수용하는 곳이다. 이곳에서 닭고기를 실과 철사로 해서 막대기에 매단 뒤 물에 약간 담갔다 꺼냈다 하면 악어가 냄새를 맡고 온다. 이 때 약간 공중에서 약올리듯 빙빙 돌리면 악어가 점프를 해서 먹이를 나꾸어 채간다. 악어 먹이 주기의 하이라이트인 것이다. 1.2톤이나 나가는 몸으로, 물론 완전한 점프는 아니지만 일어서서 먹이를 나꾸어 채가는 모습은 정말 이곳이 아니면 볼 수 없는 것이라는 생각을 했다. 그렇게 몇번 더 보다가 시계를 보자 2시 30분이어서 나 혼자 나왔다. 더 봐도 이제 이상은 신기한 것이 없을 것 같고 영어 설명은 더 들어도 모를 것이기 때문이다. 또 2시 25분에 버스가 다른쪽 종점에서 출발하기 때문에 그 버스를 타기 위해 부지런히 걸었다. 그런데 거의 정류장에 다와서 2시 45분경 그 9번 버스가 허무하게 지나가는 것이다. 손을 흔들었지만 서주지 않는다. 다음 버스는 다른 쪽 종점에서 3시 출발하는 것이기 때문에 거의 35분을 기다려야 하는 것이다. 열받았지만 어쩔 수 없이 기다리기로 했다. 기다리는 사이 가랑비도 그쳤다. 해가 떠서 견딜 수 없을 만큼 더웠다. 노래 등을 부르면서 시간을 때우니까 시간이 빨리 갔다.

다. 사실 안내원이 설명해 주지 않더라도 각 그림 앞에는 제목과 설명이 곁들인 안내판이 친절하게 붙어 있다. 1000년 전에 그려진 바위예술은 다른 그림에 비해서 최근 것이라는 뜻에서 근대예술이라는 이름을 붙였고, 'Like to dance?' 라는 제목이 붙은 벽화에는 인간들이 자유분방하게 춤 추는 모습들을 마치 초등학생들이 추상화를 그리듯이 자유분방하게 그려져 있다. 갤러리라는 이름이 붙여진 바위예술은 다섯 가지 서로 다른 그림들이 모여 있어 그런 이름을 붙인 모양이다. 다섯 가지는 각각 그림에 따른 전설이 자세하게 적혀 있었다.

50분 동안 바위예술을 보는 동안 27도에서 29도의 바람이 불어서 참 멋진 날이었다. 안내인의 말에 따르면 영상 40도에 습도가 100%인 때도 있다고 한다. 그 동안 홍수가 나 계속 관광이 중지되었다가 9일만에 처음 온 것이라며 "You are lucky"를 여러 번 외친다. 우리나라 여름인 7~8월에 호주 남쪽지방은 겨울이라서 여행에 좋지 않은 반면 이 곳은 7~8월이 30에서 35도로 온도가 적당하고 습도도 20에서 30%로 쾌적하며 물이 말라 모든 경치를 볼 수 있으나, 우리나라의 겨울인 1~2월은 항상 장마비가 내려 좋지 않은 계절이라고 한다. 호주 안에서도 남북으로 나뉘어 1년 중 성수기와 비수기가 완전히 나뉘는 것이다. 다시 말해 우리나라의 겨울에는 남쪽을, 여름에는 이곳 북쪽 지역을 여행하면 알맞다는 것이 된다.

홍수 때문에 길이 막혀 카카두 공원 전체를 내려다 볼 수 있는 쿵가라 전망대는 포기하지 않을 수 없었다. 4시에 공원 안의 마을인 자비루에 도착하여 시내구경을 하였다. 악어호텔이 있는데 큰 호텔을 악어모양으로 지어놓아 악어의 고장이라는 인상을 멋있게 표현하고 있었다.

4시 40분쯤 출발하여 돌아오는 길에 개미집을 구경하였다. 어떤 안내책자에는 개미무덤(Ant Hill)이라고 하는데 길 양쪽에 셀 수 없이 많은 무덤들이 보인다. 게다가 사람의 키가 넘는 것은

 카카두국립공원 — 교통

그레이하운드 파이오니어 버스가 다윈과 캐서린에서 매일 1차례 카카두 국립공원의 자비루 와 쿠인다까지 운행을 하고 있다. 다윈에서는 매일 06:30에 캐서린에서는 07:15에 출발을 한다. 그러나 카카두 국립공원의 규모가 엄청나게 커서 차가 없으면 공원 내에서 움직이지 못하니 자신의 차가 없는 경우 돈이 들더라도 다윈에서 출발하는 투어에 참가하거나 4WD차량을 빌리는 것이 가장 편하다. 다윈의 모든 여행자 숙소에서 다양한 카카두 투어 프로그램을 진행하고 있으니 숙소에 예약을 하면 된다. 차를 빌리려면 일반 차량은 가기 힘든 곳이 있으니 4WD 차량을 빌려야 한다.

 특별한 볼거리······ 개미집

다윈 시내에서 카카두 국립공원으로 가는 길에서 가장 눈길을 끄는 것은 커다란 개미집들이다.
언뜻 보기에는 평지에 불쑥 솟아오른 바위덩어리 같지만 가까이 다가가서 살펴보면 무려 수백만 마리의 흰개미들이 모여 사는 생활의 터전이라는 것을 금세 알 수 있다. 흰개미들이 조금씩 흙을 물어다 자신의 몸에 서 나오는 체액과 반죽해서 쌓아 올린 4~5m 높이의 구조물들을 바라보고 있노라면 그저 감탄밖에 나오질 않는다.

물론 높이가 5미터나 되는 것도 있어 개미무덤은 생각하기에 따라서는 공포의 대상이 될 수도 있었다. 그 작은 개미들의 능력이 그러한 건축물을 세울 수 있다면 갑자기 도시에 그런 건축물이 쑥쑥 올라오는 것을 상상해 보라. 얼마나 무서운 일인가. 돌아오는 길에 한 곳에서 수천 마리, 아니 수십만 마리나 되는 새들이 한꺼번에 날아오르는 굉장한 광경을 볼 수 있어서 지루하지 않았다. 보통 우기에는 길 위로 물이 2미터씩이나 잠기기 때문에 폐쇄되는 날이 더 많다고 하는데 카카두 국립공원을 다녀올 수 있었던 것은 정말 행운이었다. 집에 전화를 하고 늦게 잤다.

▼ 사람키가 훨씬 넘는 개미집들이 마치 큰 비석들처럼 서있다

네째마디
동남호주

대륙을 가로질러 멜버른으로

 멜버른

멜버른은 처음에는 복잡한 느낌이 드는 도시다. 시내 중심지의 빽빽한 솟아오른 고층빌딩과 거미줄처럼 하늘을 가리고 있는 복잡한 트램선은 다소 숨막히는 분위기를 자아낸다. 그러나 멜버른은 품위와 매력을 지닌 아름다운 도시로 고풍스러움과 최첨단의 양면성을 지니고 있다. 멜버른은 기후와 건축양식 등 여러 가지 면에서 오스트레일리아에서 가장 영국과 흡사한 도시라는 평을 받고 있는 도시이다. 때문에 많은 영국 여행자들이 선호하는 도시이기도 하다.

 멜버른 – 교통

★비행기
멜버른은 오스트레일리아 제2의 도시답게 국내 대부분의 도시는 물론 오클랜드, 북경, 방콕, 프랑크푸르트, 홍콩, 싱가포르, 런던, LA 등 세계 주요도시와 잘 연결이 되고 있다. 우리나라에서는 직접 가는 항공편은 없고 동남아를 경유해서 가는 편만 있다.

★버스
매카퍼티스와 그레이하운드 파이어니어 버스가 시드니(12~17시간), 브리스베인(24시간), 아델레이드(10시간), 퍼스(48시간), 엘리스 스프링 등 주요 도시와 원활히 연결이 되고 있다.

★기차
장거리 열차는 모두 스펜서 스트리트 역에 도착한다. 시드니, 캔버라 등에서 연결이 되며 아델레이드와는 오버랜드가 운행을 한다. 빅토리아주의 다른 도시와는 V/Line 열차로 원활히 연결된다. 에추카(3시간 30분), 밀두라(6시간 15분), 벤디고(2시간), 발라라트(2시간) 등으로 스펜서 스트리트 역에서 매일 여러차례 운행을 하고 있다.

2월 4일, 어제 저녁 전화 받느라고 늦게 잤는데 일어나 보니 4시 30분이다. 목욕하고 뭘 좀 먹고 나서 TV뉴스를 보다가, 8시 일과가 시작되자 전화를 걸기 시작하였다. 변경된 일정을 확인한 뒤, 시드니에 전화해 보니 아직 8일날 귀국할 좌석이 안 된다고 한다. 계속 노력해 달라고 부탁하며 새로 짠 일정표와 비행기표 사본을 팩스로 보내고 있는데 니콜슨 판사가 왔다.

호텔 체크아웃을 하고 짐을 내려와 니콜슨 씨 차에다 싣고 시내구경을 떠났다. 먼저 박물관에 갔는데 원주민 예술품과 전쟁에 관한 것이 이곳의 특징이다. 호주에서도 특히 이 북쪽이 원주민들의 민예품에 대한 진수를 맛볼 수 있는 곳이고, 또 다윈은 2차대전때 일본의 폭격을 받았던 곳이기 때문에 자연히 박물관에서도 그러한 것들을 강조하고 있는 것이다. 삼면에 적이 전혀 없는 호주가 아시아의 국가와 인접해 있는 북쪽만은 가장 신경쓰는 곳이고, 중요한 군사기지도 모두 북쪽에 있기 마련이다. 다윈을 맨 끝이라고 해서 영어로 Top End라고 하는데 발리 섬에는 불과 반시간, 인도네시아 자카르타까지도 4시간이면 갈 수 있는 가까운 거리인 것이다. 시드니의 두 배나 크다는 항구를 구경하였다. 지금도 일본군이 격침시킨 군함이 그대로 가라앉아 있는 곳이기도 하다. 새벽부터 내린 비 때문인지 오히려 으스스해 사파리를 입고 다닐 정도였다. 점심은 6달러 짜리 인도식으

◀다윈에서 많은 도움을 준 니콜슨 씨. 고전음악을 좋아하고, 망고농장을 경영하고, 바하이란 종교를 믿고, 교수이면서 판사이고, 그리고 또 아는 사람이 많은 넉넉하게 생긴 이 북호주의 호인을 영원히 잊지 못할 것이다.

로 하였다. 식당주인으로부터 손님들에 이르기까지 많은 사람들을 아는 판사와 식사를 하다보니 인사하느라고 시간이 많이 걸린다.

식사를 마치자 니콜슨 씨가 공항에까지 차로 태워다 주었다. 뜻밖의 호의였다. 비록 바빠서 에스페란토는 열심히 하지 못한다지만 의사소통에는 불편이 없다. 고전음악을 좋아하고, 망고 농장을 경영하고, 바하이란 종교를 믿고, 교수이면서 판사이고, 그리고 또 아는 사람이 많은 넉넉하게 생긴 이 북호주의 호인을 영원히 잊지 못할 것이다.

오후 2시 다윈을 출발한 비행기가 30여 분도 못 가 하늘이 개이고 이어서 황량한 사막의 벌판이 이어진다. 물 때문에 몸서리를 쳤던 것이 불과 30분 전인데 1시간도 안 되어 그렇게 달라진 것이다. 3시 55분 앨리스 스프링에 도착. 섭씨 37도로 매우 덥다. 4시 20분 출발하여 7시 20분에 아델라이드에 도착하였다. 7시 55분 아델라이드를 출발한 뒤, 9시 30분 오늘의 종착지인 멜버른에 도착하였다. 중간에 두번을 쉬었지만 7시간 반 만에 오세아니아 대륙 북쪽 끝에서 동남쪽 구석으로 날아온 것이다.

공항에는 폴 디세일리 씨가 마중을 나와 있었다. 중국에서 공

멜버른 — 시내로의 이동
★공항에서
시내로 이동할 때는 스카이버스를 이용하는 것이 가장 편리하다. 05:40~23:30분까지 시내의 스펜서 스트리트 역과 프랭클린 스트리트 버스터미널까지 30분 간격으로 운행을 한다. 시내까지 약 35분이 걸리며 요금은 $9이다.

★버스터미널/기차역에서
장거리 기차와 매카퍼티스 버스는 스펜서 스트리트 역과 바로 옆에 있는 버스터미널에, 그리고 그레이하운드 파이어니어 버스는 프랭클린 스트리트 버스터미널에 도착한다. 두 곳 모두 시내에서 가까워 천천히 걸어서 10분이면 시내 중심지인 버크 스트리트 몰로 갈 수 있다.

◀멜버른은 품위와 매력을 지닌 아름다운 도시로 고풍스러움과 최첨단의 양면성을 지니고 있다

멜버른 – 주의 및 여행법

멜버른은 오스트레일리아 제2의 도시이나 시가지는 비교적 적고 바둑판처럼 잘 정돈이 되어 있어 충분히 걸어다닐 수 있다. 가장 번화가는 버크 스트리트 몰이며, 메인 도로는 스완스턴 스트리트로로, 이 도로는 많은 상점들이 있는 것은 물론 가장 많은 트램이 경유하는 교통의 중심지이기도 하다. 스완스턴 스트리트 외에 콜린스 스트리트, 플린더스 스트리트, 버크 스트리트, 엘리자베스 스트리트 등이 우선적으로 파악해야 하는 도로다. 여행자를 위한 저렴한 숙소, 카페, 해변 등이 몰려있는 세인트 킬다 지역은 특별한 볼거리는 없지만 여행자들에게는 편리한 지역으로 자주 찾게 되는 지역이다.

구를 수입하여 국내에 공급하고 있는 폴 씨는 작년 중국 청도에서 만났었고, 또 아델라이드의 여름학교 중급반에서 내 강의를 들었기 때문에 서로 재회를 기뻐하였다. 시내로 돌아오는 차 안에서 그는 자기 차를 이렇게 소개한다.

"영국 차에, 미국제 엔진에, 호주인이 모는 차니 에스페란토 차다"

20년이 되었다는 이 차는 아직도 달리고 있었다. 가스로 개조해 1리터에 5km를 가는데 차가 무거워 연료가 많이 든다고 한다. 그러나 가스 1리터가 15센트 밖에 가지 않기 때문에 1.5달러면 50km를 간다는 계산이다. 중국에서 만났을 때도 외국사람들은 모두 비싼 호텔에 억지로 재우는데 나하고 둘이서만 싼 여관에 들었던 역전의 용사였고, 5달러 짜리 책을 사기가 아까워

Melbourne
멜버른 시내 주요부

빌려서 읽고 돌려주는 친구이다. 호텔까지 데려다준 폴 씨는 10시에 상담이 있어 가야 하니 어려움이 있으면 전화를 하라며 명함을 남겨놓고 떠났다.

오늘은 상당히 호화판 호텔에 들었다. 도착하자마자 씻고 무조건 잠을 청했다. 대륙을 횡단하는 정말 먼 여정을 왔던 것이다.

세인트 킬다 로드

멜버른의 저렴한 여행자 숙소와 카페, 레스토랑이 가장 많이 몰려있는 지역이라 여행자들이 가장 많이 찾는 지역 중 하나다. $5~10이면 태국, 중국, 중동 등 세계각국의 요리를 맛볼 수 있다. 그리고 해안가에 위치한 에스플러네이드 거리에서는 일요일마다 노천시장이 열리는데 각종 수공예품, 옷, 가죽제품 등을 판매하고 있다(10:00~17:00). 하늘과 바다를 붉게 물들이는 일몰이 아름답다. 세인트 킬다 지역은 스완스턴 스트리트에서 16번 트램을 이용하거나 스펜서 스트리트에서 96번 트램을 이용해서 갈 수 있다(약 30분 소요).

필립섬의 팽귄 퍼레이드

2월 5일, 실컷 자고 시내관광차가 출발하는 곳으로 가서 멜버른 시내를 구경하였다. 짧은 시간에 시내를 돌아보는 데는 관광버스를 타는 것이 제일 좋다. 빅토리아주의 수도인 멜버른은 남태평양의 런던이라고 불릴 만큼 영국풍의 도시이다. 오지의 엄청난 자연을 돌아보고 온 직후라서 그런지 시내구경은 별다른 감흥이 없었다.

아침관광을 마치고 호텔에 돌아와 아침 겸 점심을 든 뒤 잠깐 쉬었다가 오후 두시 필립섬 관광을 떠났다. 두어 시간쯤 달려서 3시 55분 Wild Life Wonderland에 도착하였다. 캥거루, 웜뱃(Wombat, 곰 비슷한 호주산 유대동물)등 동물을 구경할 수 있으며, 특히 10피트(약 3미터)짜리 벌레를 구경할 수 있는 곳이다.

Backpacker 서상원 리포트 (18)

♪ 멜버른 박물관의 다양한 관람료!!!

박물관에 가니까 세가지 표를 팔고 있었다. 그냥 박물관만 보는 것과 박물관과 고래에 대한 박물관이 또 있는데 특별박물관인 것 같다. 그것 두가지를 보는 것과 박물관과 Planetarium을 보는 것, 이렇게 세 가지였다. ISIC할인이 되어서 단돈 4$에 들어갈 수 있었다. 가격표에서 가족 A는 어른이 두명에다가 애들이 4명까지이고 가족B는 어른이 한명에다가 애들이 4명까지였다. 가족 B제도는 처음 보는 것이라 신기했다. 이 국립 박물관의 공식 명칭은 Museum of Victoria이다.

	박물관+고래	박물관	박물관+Planetarium
어른	9.0	5.3	8.0
어린이/할인	4.5	2.6	4.0
가족 A	26.0	15.8	24.0
가족 B	17.0	10.5	16.0

필립 섬

멜버른 동남쪽 130km 지점, 매일 저녁 귀여운 페어리 펭귄이 뭍으로 올라와 퍼레이드를 벌이는 장소로 유명한 곳이다. 펭귄 퍼레이드 외에도 실 록에서 물개를 볼 수 있고 아름다운 서프 해변이 있어 매년 3백만 명에 가까운 사람들이 찾는다. 섬의 중심지는 카우즈 지역으로 다양한 여행자 숙소와 쇼핑가, 레스토랑 등이 몰려있다. 섬의 크기는 약 100㎢로 그리 큰 편은 아니지만 걸어 다니기는 힘들고 유스호스텔에서 자전거를 빌리거나 투어를 이용하는 것이 편리하다. 여행안내소는 섬으로 들어서는 다리를 건너자 마자 뉴헤븐에 있다.

필립 섬-교통

멜버른의 스펜서 스트리트 역에서 V/Line 버스를 이용해서 갈 수 있다. 매일 V/Line 버스가 필립 섬의 중심지인 카우즈까지 운행을 한다. 약 2시간 30분 소요. 그리고 필립 섬에서 숙박을 할 사람들은 필립 섬의 유스호스텔에서 운영하는 미니버스가 화, 금요일에 멜버른에서 무료로 픽업하니 그것을 이용해도 된다. 출발시간이 바뀔 수도 있으니 전화를 걸어 정확한 출발시간과 장소를 확인 할 것.

4시 55분 오늘의 목적지인 필립섬으로 들어가는 다리를 건너, 5시쯤 코알라 보호지구에 도착하여 코알라 구경을 나섰다. 유칼리 나무숲을 천천히 가면서 나무 위에 죽은 듯이 붙어 있는 코알라를 찾는 일이다. 호주에는 600종 이상의 유칼리 나무가 있다는데 이 곳 유칼리 나무는 상당히 큰 나무들이다. 결국 한 두 마리 코알라를 발견하자 모두들 환호를 올리고 모여들었다. 나도 열심히 찾아보려고 했지만 무엇 때문에 나무 위에 있는 코알라를 보려고 그렇게 야단들이고, 또 찾았을 때는 왜 그렇게 환호를 올리는지는 알 수가 없었다. 5시 50분 코우스 비치(Cowes)에 도착했다. 이곳에서 같은 관광버스를 탄 연세대학교의 서일 교수와 보사부의 정한덕 씨를 만나 함께 저녁식사를 하였다.

오후 7시 20분 출발하여 펭귄 퍼레이드가 시작된다는 섬머랜드 비치에 갔다. 섬머랜드 비치에는 많은 사람이 펭귄이 돌아오는 것을 보기 위해서 모여들기 때문에 아예 넓은 관람석을 계단식으로 만들어 놓았다. 모두들 입장료를 내고 펭귄 전시실을 구경한 뒤 관람석에 앉아 펭귄이 나타나기를 기다리고 있었다. 바닷바람이 몹시 차가웠다. 8시 50분이 되니 펭귄 몇 마리가 천천히 모래사장에서 파도타기를 즐기며 나타나기 시작한다. 가끔 뒤뚱거리며 모래 위에 서면 모두 박수를 친다. 정말 쇼다. 관중

▶섬머랜드 비치에는 많은 사람이 펭귄이 돌아오는 것을 보기 위해서 모여들기 때문에 아예 넓은 관람석을 계단식으로 만들어 놓았다

석에 불이 켜지고 영어 외에도 중국어 등으로 설명을 하기 시작한다. 8시 55분쯤 몇 마리가 다시 잠깐 나왔다가 웬일인지 다시 뛰어 들어가 버려 관중들의 웃음을 자아내기도 하였다. 9시쯤 되자 대여섯 마리씩 짝을 지어 올라오기 시작한다. 사람이 많아 부끄러운지 부지런히 양쪽 관중석을 지나간다. 오른쪽 저쪽으로 5마리 한 팀이 지나가고 그보다 더 멀리 불을 피해 수십마리가 올라간다. 펭귄들의 귀가는 인간들에게는 큰 볼거리와 쇼가 되었다.

돌아갈 시간이 거의 다 되어 떠나려는데 뒤쪽을 잘 살피라는 안내방송이 나온다. 하루종일 물 속에서 생활한 펭귄들은 모두 바닷가 덤불 밑이나 땅속에 집을 짓고 살아가기 때문에 밤늦게 귀가를 하는 것이다. 상상했던 것보다 너무 작은 펭귄에 실망스럽기도 했지만 귀엽기도 하였다. 뒤쪽으로 걸어나오면서 보니 아직도 집에 도착하지 못해 걸어가는 펭귄들도 있고, 잠자리에 들어있는 펭귄들이 판자로 짜서 특별히 만든 인도 옆 곳곳에 보인다. 캄캄한 바다 언덕 위에서 수평선 위에 떠있는 남십자성을 분명히 볼 수 있었다. 사진까지 찍었는데 잘 나올는지 모르겠다. 밤 12시가 넘어 호텔에 도착하여 1시에야 취침하였다.

페어리 펭귄 퍼레이드

필립 섬을 찾는 가장 큰 이유는 섬의 남서쪽에 있는 서머랜드 비치에서 벌어지는 페어리 펭귄의 퍼레이드를 보기 위해서다. 매일 저녁 바다에서 페어리 펭귄들이 보금자리를 찾아 무리를 지어 뭍으로 올라오는 신기한 현상들이 벌어진다. 조그만 펭귄들이 목을 치켜들고 두발로 뒤뚱거리며 걷는 모습이 우습기도 하고 귀엽기도 하다. 펭귄 퍼레이드를 볼 때 주의해야 할 점은 플래시를 이용해서 사진을 찍는 것을 금하고 있다는 점이다. 어두운 밤에 플래시를 터트리면 펭귄이 실명할 우려가 있다고 한다. 오스트레일리아 사람들은 규칙에 엄격하기 때문에 플래시를 사용해서 사진을 찍다가 걸리면 필름을 빼앗기고 쫓겨나거나 많은 벌금을 내야한다. 그리고 여름에도 밤에는 상당히 춥기 때문에 두툼한 옷을 준비해 가는 것이 좋다.

그레이트 오션 로드

2월 6일 8시 30분 비숍씨 부부가 차를 가지고 와 함께 서남해안 관광에 나섰다. 옥스포드 교수로 있다 멜버른 대학으로 직장을 옮긴 비숍 교수 부부는 아델라이드의 여름학교에서 맺은 인연 때문에 오늘 안내를 받게 된 것이다. 오늘 함께 가 볼 곳은 Great Ocean Road라고 해서 멜버른에서 토케이, 론, 아폴로 베이를 거쳐 포토 캄벨로 이어지는 해안으로 호주대륙이 바다로 가라앉는 진기한 풍경을 볼 수 있는 곳이라고 해서 유명한 곳이다. 9시 15분쯤 지롱(Geelong)정유공장을 지나면서 현재 호주의 심각한 실업문제에 대해 논의하였다. 10시 35분쯤 서핑의 도시인 앙글레슨을 통과한다.

10시 45분에 그레이트 오션 로드의 입구에 들어선다. 이 길은 1차대전 때 죽은 전몰장병들을 기념하기 위해서 건설한 것이라고 한다. 10시 55분쯤 론(Lorn)을 지나는데 10년 전 화재로 모두 타버려 새로 건축한 도시라고 한다. 오늘 오후에 시드니 가는 비행기를 타야 되기 때문에 시간이 모자라 끝까지 가지 못하고 아폴로 베이까지만 가기로 하였다. 아름다운 사이프러스 가로수가 늘어선 아폴로 베이에 도착한 것은 11시 42분이었다. 거기서 계속 위쪽으로 올라붙어 숲 속에 들어가니 파라다이스 피크닉 리저브라는 공원이 있었다. 피크닉 온 사람들이 요리를 해서 먹을 수 있도록 탁자와 의자들을 이곳 저곳에 만들어 놓았다. 비숍 부부가 미리 준비한 도시락을 꺼내놓고 아름드리 나무들이 하늘까지 뻗어 있는 숲 속에서 산림욕을 하면서 점심식사를 하였다. 식사하는 도중에 쿨쿠부라(Kulkuburra)라는 새와 함께 식사를 하지 않으면 안 되었다. 어떻게 열심히 달려들어 빼앗아 먹는지 이처럼 사람을 두려워하지 않는 새는 처음 보았다. 어쨌든 상쾌하고 즐거운 피크닉이었다.

▶▲비숍 부부와 함께 한 즐거운 산림욕 식사 (오른쪽). 그리고… 훼방꾼 쿨쿠부라 새(위)

2시 20분 정유공장으로 유명한 지롱에 도착하였다. 비숍 씨의 친구가 살고 있었기 때문이다. 영국에서 이민 온 사람인데 부동산을 해서 상당한 돈을 벌었다고 한다. 간단히 차 한잔하고 공항으로 달렸다. 3시 출발하는 시드니 행 비행기는 초등학생 하나와 나 둘만 타고 있어 마치 전세비행기를 타고 가는 것 같았다.

4시 30분, 시드니 공항에 도착하니 앤더비 씨 부부가 마중을 나와있었다. 턱수염이 유난히 멋있는 앤더비 씨는 전직 장관답게 무게는 있지만 거만한 티는 전혀 없는 사람이다. 오스트레일리아 에스페란토 협회 회장으로 작년에 샌프란시스코 주립대학에서 열린 에스페란토 여름학교에서 처음 만난 사람이다. 당시 내가 맡은 고급반에 부인과 함께 참석한 앤더비 씨는 아델라이드에서 열린 여름학교에 나를 강사로 초청한 장본인이기도 하다. 우선 앤더비 씨 집으로 가서 잠깐 쉰 뒤 한국음식점을 찾아나섰다. 나는 시드니에 살고 있는 우리 동포들의 소식과 그 동안 못 본 한국 신문을 보기 위해 가고싶었고, 앤더비 씨 부부도 한국음식을 먹어보고 싶어했기 때문이다. 캠시(Campsie)라는 거리에 있는 한국식당 아서원을 갔는데 시설도 좋고 손님들도 만원이었다. 캠시는 호주 이민 20년 동안에 한국인들이 이루어 놓

시드니

시드니의 매력은 아름다운 항구와 거리, 도회적인 스포츠, 해변, 파란 하늘 등 다양한 즐거움을 제공한다는 것이다.
시드니는 오래 머물수록 그 아름다움에 빠져드는 도시다. 처음에는 빼어난 조형미를 자랑하는 오페라 하우스와 웅장한 하버 브리지에 반하지만 시간이 흐를수록 편안하고 여유로운 생활방식에 빠져들게 된다. 태양을 받아 빛나는 아름다운 해변과 항만, 최첨단을 자랑하는 현대적인 건물, 역사의 체취를 느낄 수 있는 고풍스러움, 세계 각국에서 모인 다민족이 엮어내는 독특한 생활양식을 보여주는 도시다. 산뜻한 옷차림의 시민들의 표정에서는 세계에서 가장 아름다운 도시에 살고 있다는 자부심이 엿보인다. 서큘러 키나 시티 몰에서 쉽게 만날 수 있는 거리의 악사들과 재주꾼들의 묘기는 한순간 시간의 흐름을 잊을 정도로 흥미롭다. 또한 시드니의 밤은 조명을 받아 빛나는 오페라 하우스와 하버 브리지의 아름다움으로 오랫동안 잊혀지지 않는다.

◀앤더비 씨 부부와 함께 시드니 바다에서 항구로 들어오는 입구의 기암절벽의 절경을 구경했다

록스 비지터 센터
록스를 돌아보기 전에 가장 먼저 들러야 할 곳으로 각종 사진 자료와 설명, 비디오 등을 통해서 록스에 대해 알려주고 있다. 다양한 팜플렛과 지도를 얻을 수 있고 한국어로 된 설명서도 비치되어 있다. 매일 록스 워킹 투어도 진행을 하고 있다(어른 $10, 학생 $6.50).

은 한국인의 거리이다. 호주에 거주하는 한국인 3만명 가운데 3분의 2인 2만명이 시드니에 살고 있다고 한다. 음식도 맛있게 먹고 생활정보, 현지 신문, 한국 신문 등을 구해 가지고 돌아와 읽었다.

앤더비 씨는 원래 판사였는데 노동당 국회의원, 장관 등을 지낸 상류층이다. 집도 크고 요트까지 가지고 있으며 상당히 큰 농장도 가지고 있다고 한다. 이제 정년퇴직을 해서 비교적 시간이 많기 때문에 날더러 오래 머물며 함께 요트여행을 하고 가라고 했지만 내가 시간이 없었다.

시드니 구경

2월 7일 아침 6시 반 일어나 과일로 아침식사. 9시 반쯤 천천히 집을 출발하여 앤더비 씨 부부의 안내로 하루 종일 시드니 시내구경을 하였다. 우선 바다에서 항구로 들어오는 입구의 기암절벽을 구경하였는데, 바닷물에 씻겨 이루어진 기묘한 절벽들도 아름답고, 그쪽에서 항구 쪽을 바라봐도 수목에 휩싸인 해안의 그림이 정말 절경이었다. 과연 시드니는 세계 3대 미항 중의

▶ 오래 머물수록 아름다움에 빠져드는 도시 시드니 시가지.

하나라는 생각이 들었다. 이 거대한 도시 한쪽 해안에서는 해수욕을 즐기는 곳도 있어 시드니의 여러가지 면목을 보여주고 있었다.

하버 브리지

항구 구경을 하였다. 유명한 하버 브리지를 구경하고 그 밑에 있는 헌책방에서 오스트레일리아에 관한 책을 3권 샀다. 점심식사는 앤더비 씨의 친구이며 시드니 대학에서 경제사를 강의한 캔 버클리 씨와 같이 했다. 오페라하우스가 바라보이는 야외식당 'Doyles'에서 해산물로 점심을 하며 유익한 얘기를 많이 나누었다. 그 가운데서도 호주에 이민 온 영국인들의 배경을 경제사적으로 설명하여 흥미를 끌게 하였다.

영국에서도 장자상속이 있었다. 그래서 상속을 받지 못한 장자 이외의 형제들은 영국을 떠나 식민지를 만들거나 교회로 들어갔다는 것이다. 영국에 이런 말이 있었다고 한다.

"첫째 군대에 갈 수 없고, 둘째 교회에 갈 수 없으니, 셋째는 영국을 떠나(여왕을 위해) New South Wales를 지배하라"

그래서 막둥이들은 특히 식민지로 가는 경향이 많았다고 한다.

식사를 마친 뒤, 배를 타고 멘리까지 가서 해수욕장을 구경하였다. 맨리(manly)란 '남자다운' 이란 뜻으로 이곳에 처음 온 사람이 시드니보다 이곳 원주민이 더 남자답다고 생각하여 붙인 이름이라고 한다. 맨리 구경을 마치고 킹스크로스에 갔다. 남반구 최대의 환락가라는 킹스크로스에는 이미 한국인들도 많

길이 1,149m로 뉴욕에 있는 베이욘 다리에 이어 세계에서 두 번째로 긴 다리인 하버 브리지는 시드니 만 한가운데 그 아름다움을 뽐내며 서 있다. 8차선의 다리인 하버 브리지는 지금은 수많은 차량들의 통행을 감당하기 어려워 1992년 바로 바다 밑에 하버 터널을 뚫어 운영을 하고 있다. 하버 브리지 남동쪽 파이런 내부에는 다리 건설 당시의 모습을 알려주는 사진 자료와 멀티비전이 설치되어 있다. 전시관을 지나 계단으로 올라가면 파일런 전망대(개방시간 10:00~17:00, 입장료 $2)가 나온다. 이 곳에서는 오페라하우스와 시드니만의 아름다운 경치가 한눈에 들어온다.

오페라하우스

하버 브리지와 더불어 오스트레일리아의 상징과도 같은 건물로 그 아름다움으로 인해 오스트레일리아를 소개하는 안내책자에 빠짐없이 등장하는 건축물이다. 오페라 하우스는 건물 자체만으로도 빼어난 아름다움을 자랑하지만 시드니만의 푸른 물결과 뒤로 보이는 시내의 고층 빌딩들과 조화를 이루어 그 아름다움을 더한다. 내부에는 2700명을 수용하는 콘서트 홀과 1500명 정도를 수용할 수 있는 오페라극장, 영화, 연극 등을 공연할 수 있는 극장 등이 있다.

이 진출해 한국어 간판을 많이 볼 수 있었다. 1시간 정도 에스페란토 협회 사무실을 방문하여 대화를 나누었다.

8시 30분 아내의 친구인 영일이 엄마, 아빠가 찾아와 함께 그 집을 방문하였다. 10년 전 이민 초기 단계에 시드니로 와 자리를 잡은 가족으로부터 그 동안 겪은 이민생활의 즐거움과 어려운 점을 들을 수 있었고, 호주의 현실을 자세하게 들을 수 있어 매우 유익한 저녁이었다.

앤더비 씨의 집에 돌아오니 12시 30분. 미리 약속한 대로 문을 열어 놓은 채 잠들어 있었다.

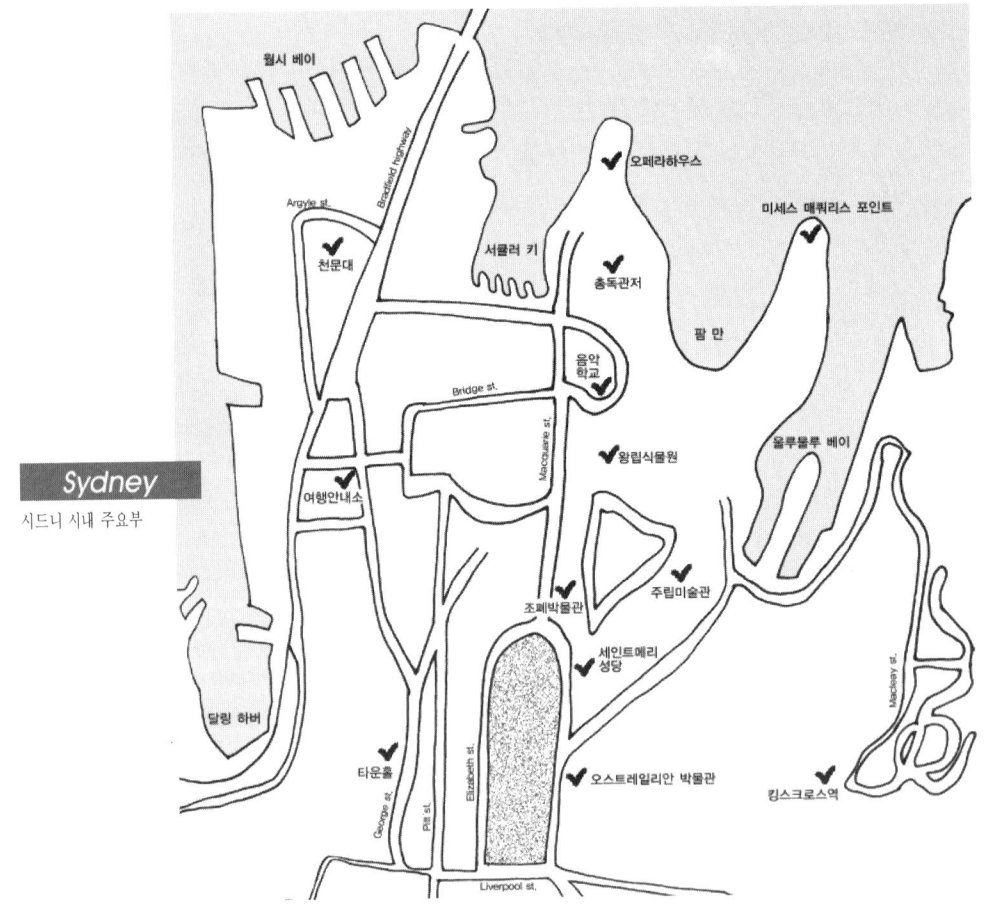

Sydney
시드니 시내 주요부

47일만에 서울로, 공항에서 뜨아닌 교육세미나

2월 8일 아침 7시, 앤더비 씨의 지프를 타고 공항에 도착하여 귀국길에 올랐다.

공항에서 출발시간을 기다리는 동안 자식들 공부시키느라고 호주에 다녀가는 학부모를 만나 얘기를 들어볼 수 있었다. 옛날에는 대학공부만 유학을 보냈는데, 이번에 만난 두 아주머니는 중학교 다니는 아이들 때문에 왔다 간다고 한다. 나는 중학생들에게 들어가는 학비 내력을 듣고 깜짝 놀랐다. 1년 등록금 10,000달러에 기숙사비 20,000달러, 이 돈만 해도 우리 돈 1,500만원이다. 호주 중학생들은 1년에 4번 방학이 있다고 한다. 4~

시드니 타워

해발 325m 높이의 타워로 시내중심부에 우뚝 솟아있어 어디서나 쉽게 찾아갈 수 있다. 300m 높이의 타워 전망대에서는 시드니 하버의 모습은 물론 날씨가 좋으면 동쪽으로는 태평양, 서쪽으로는 블루마운틴, 남쪽의 울런공까지 보인다. 낮에 보는 시드니 전경도 아름답지만 밤에 보는 모습은 환상적이다. 시내 중심부의 센터포인트 쇼핑센터에 있다.

개방시간 :
일요일~금요일 09:30~21:30,
토요일 09:30~23:30,
입장료 : $7

Backpacker 서상원 리포트 (19)

♪시드니⇒카툼바폭포!!!

Bush Walking 하기로 했다. 우선 Skyway와 Railway표를 끊었다. 하나에 왕복표가 4$씩이었다. 학생할인이 안된다고 해서 8$를 내고 표를 샀다. 추선 Railway를 타는 곳에 줄을 섰는데 단체 일본관광객들이 너무 많아 Skyway로 줄을 바꿨다. Skyway라는 것은 케이블카 같은 곳인데 갔다 오면서 세자매 기암이라던가 그외 협곡의 경치를 보는 것이다. 블루마운틴이란 바로 우리가 있는 곳이지 어디를 더 가야 있는 곳은 아니었다. Skyway는 반대편에 역이 없기 때문에 꼭 왕복표를 끊어야 하고 끝까지 가는 것이 아니라 가다가 약 10분의 1정도를 남기고 멈춘다. 그리고 다시 돌아오는 것이었다. 너무 빨리 끝나서 싱거웠지만 같이 탔던 안전요원겸 표받는 사람이 스스로 사람들을 불러서 사진기를 받아서 찍어주는 모습이 인상깊었다.

내린다음에 바로 Railway에 줄을 섰다. 별로 사람이 없어서 한 번에 탈수 있는 자리였다. 그런데 아직 이 Railway라는 것이 무엇인지 잘 몰랐다. 어떻게 생긴 차인지도 못 봤고 또 경사가 52도나 된다는데 청룡열차처럼 떨어지는 것인지 구니꼴라레처럼 가는 것인지 잘 파악도 못했다. 혹시 무서울지도 모른다는 생각에 약간의 두려움을 가졌는데 막상 타보니 무서운 것은 아니었다. 하지만 굉장한 열차였다. 탈 때는 약 10도경사로 되어있을 때 자리에 앉는다. 출발해지미지 기의 52도 경사로 내려가기 시작하는데 꽤 빠르게 내려가니까 스릴감이 넘쳤다. 여기에 오면 꼭 한 번 타 봐야 하는 탈것이었다. 또 반대편 역에서 내리면 바로 카툼바 폭포를 밑에서 보는 곳이 있기 때문에 꼭 타야하는 이유가 더 생긴다. 어찌됐든 굉장한 열차였다. 밑의 역에서 내리지 않고 그냥 다시 올라가는 사람도 있지만 나는 내려서 무엇이 있는지 좀 Bush Walking을 하기로 했다. 조금 걷다 보니까 금광을 찾기 위해 무심코 굴을 뚫고 나갔는데 지하수가 나왔다는 굴이 있었다. 사실 그런 설명이 영어로도 없었는데 지나가다 보니까 한국인 가이드가 할아버지 할머니들을 모아놓고 그렇게 설명하는 것이었다. 아까는 일본인 관광객들이 엄청나게 있더니 이번에는 한국인 관광객들밖에 없는 것 같았다. 한 번에 온 것은 아니고 한티에 15명씩 해서 내가 본 팀만 해도 5팀이 넘는다. 단체관광객들이 많이 오는 코스인 것 같았다.

알고보니 아까 카툼바 폭포 Bush Walking시작해서 내려오는 곳이 바로 이곳 Railway밑에 역에서 약 10분 걸어 들어가면 있는 카툼바 폭포 밑에서 보는곳과 일치했다. 즉 아까 그곳에서 걸어내려와서 올라갈때는 Railway밑에역에서 2$를 주고 편도 표를 끊어서 올라가면 편한 것이다. 괜찮은 코스라고 생각되었다. 하지만 내가 올라갈 때 느낀것인데 Railway라는 열차는 내려갈때가 더 스릴있고 재미있는 것 같았다. 올라갈때는 내려올때보다는 천천히 올라가서 스릴이 없다.

호주 — 동남호주
Australia - New South Wales

퀸 빅토리아 빌딩

오스트레일리아에서 가장 아름다운 쇼핑센터. 빅토리아 시대의 아름다운 빌딩으로 굳이 쇼핑을 하지 않더라도 가 볼 만한 가치가 있는 건물이다. 일반 백화점처럼 오픈된 공간이 아니고 건물 양쪽으로 보석, 의상실, 레스토랑, 카페 등 독립된 조그만 상점들이 많이 들어서 있다. 3층에는 영국 왕가의 왕관, 칼, 의상 등 모조장식이 전시되어 있다. George St.와 Druitt St.의 코너에 있다.

5월에 3주, 7~8월에 3주, 9~10월에 3주, 1~2월에 7주, 그런데 이 16주(약 4개월)는 기숙사가 문을 닫기 때문에 1년에 4번씩 어머니들이 와서 아파트를 빌려 아이들과 함께 살다가 돌아간다고 한다. 1년에 4번씩 호주에 와서 살다 보면 한국에 있는 집안 꼴이 말이 아니고, 비용도 엄청나게 든다. 비행기 값을 제외하고라도, 아파트를 빌리는데 1주에 500달러, 4주 단위로 빌리면 보통 2,000달러, 먹고 쓰고 하는 데 또 그만큼 비용이 든다. 그런데다 골프를 위시하여 각종 운동을 시키는데도 상당한 돈이 들어 적어도 1년이면 3,000만원은 들어간다고 한다.

 돈이야 있는 사람에게는 자식을 위해 이 정도 부담되지 않게 쓸 수 있을 것이다. 문제는 교육효과다. 매 방학 때마다 다니는 어머니들은 호주에 놀러 가는 것도 아니고 상당히 부담스러운 느낌을 가지고 솔직하게 현실을 얘기해 주었다. 비행기를 기다리던 여러 사람이 참여하여 이 문제를 주제로 때아닌 교육세미나가 열렸다. 대부분 한국에서 살려면 한국에서 공부하고, 호주에서 살려면 호주에서 공부하라는 결론이었는데, 호주에서 오랫동안 살았다는 한 젊은이는 잘라 말했다.

 "그래도 한국에서 대학 나오는 것이 좋다. 한국에서 대학 나와도 호주에서 살기 쉽다. 그러나 호주에서 공부한 사람이 한국에서 살기는 어렵다"

 예정보다 12일 먼저 돌아오기 때문에 케언즈, 브리스베인, 호

Backpacker 서상원 리포트 (20)

♪무료로 보기엔 너무 아까운 캔버라 전쟁기념관!!!

 전쟁기념관이 입장료는 무료였다. 정말 기분이 좋았다. 뉴질랜드가 참전했던 전쟁에 대해 디오라마, 각종 전시물, 영상매체, 마이크로 필름 등 다양하게 이용해서 전시를 했다. 마치 우리나라의 독립기념관 같았다. 우리나라 독립기념관도 좀 교통이 편리하게 했으면 많은 외국인 관광객이 다녀갔을 것이라는 생각을 해본다. 상상외로 굉장히 큰 박물관이었다. 나는 대개 박물관 같은 곳은 글을 잘 읽지 않고 대충 보는 성격인데 그렇게 대충 봐도 거의 40분이 넘게 걸렸다. 꼭 전쟁에 흥미가 없는 사람도 와보면 좋은 곳이라고 생각되었다. 한국전쟁에 참전을 한나라이기 때문에 한국전쟁에 대한 방이 하나 따로 있었다. 태극기가 크게 걸려 있어서 기분이 좋았다. 그런데 각 전시실을 도는 데 역시 비중이 큰 것은 제2차 세계대전이었다. 나는 자꾸 다른 사람들이 나를 일본인으로 보고 나쁜 일본 놈, 어딜 나타나 하고 생각하는 것 같아서 자꾸 내 티셔츠에 그려진 태극마크와 SEOULO라고 쓰여진 것을 보여주기 위해 노력했다.

바트 등을 못 보아 아쉬운 점이 많지만 이것은 호주를 다시 갈 수 있도록 기회를 준 것이라고 생각하며 위안을 삼았다. 저녁 7시 서울에 도착해 보니 한여름에서 갑자기 겨울로 변하여 날씨는 추웠고, 그 동안 시커멓게 탄 내 얼굴은 겨울동안 더욱 하얗게 된 다른 사람들과 너무 뚜렷한 대조를 이루어 마치 이방인 같았다.

다섯째마디
태즈매니아 · 동북호주

남극에서 가장 가까운 섬 태즈매니아

1993년 2월 갑작스러운 사정 때문에 58일간의 여행을 도중에 그만두고 열흘 일찍 귀국해야 했다. 2년 뒤 그 빠진 부분을 메우기 위해 다시 호주 땅을 밟는 필자의 마음은 마치 큰 빚을 갚는 것처럼 가볍다.

12월 6일, 아침 8시가 다 되어 비행기가 시드니 공항에 착륙하자 차고 있는 시계를 고쳐 2시간을 더하였다. 아침 10시, 바로 이 순간에 내가 타야 할 호바트행 비행기는 시드니 공항을 이륙하고 있을 것이다. 세계에서 가장 안전하다는 콴타스항공이 서울에서 2시간이나 늦게 출발하여 내 일정은 초반부터 차질이 생겼다. 원래 계획대로라면 10시에 시드니 공항을 떠나 비행기 안에서 점심식사를 하고 1시 15분에 호바트에 도착하면, 오후에 웰링턴산을 비롯하여 시내관광을 마치고 일찌감치 내일 일정까지도 준비할 수 있는 일정인데, 첫 비행기를 놓치고 오후 1시에 떠나는 다음 비행기를 타면 오후 4시 30분 도착이니 하루를 버리는 셈이 된다. 더 큰 문제는 1시 비행기에 좌석이 있느냐 하는 것이다. 만일 1시 비행기까지 놓치면 2박3일의 호바트 여행은 의미가 없어지기 때문에 포기해야 한다.

"우리 컴퓨터에는 콴타스와 뉴질랜드 항공 일정 밖에 나오지 않기 때문에 손님이 예약한 안세트항공의 연결편에 대해서는 도움을 드릴 수가 없습니다"

콴타스가 늦게 출발하여 연결편을 놓치게 되었으니 다음 편을 예약해 달라는 주문에 대한 남자 직원의 대답이다. 불안하여 떠나기 전 여자 직원에게 다시 한 번 예약을 부탁했으나 도착하여 확인해 보니 아무런 조치도 취하지 않았다. 서비스의 질을 높이기 위해 한국말로 영화를 보여주고 식사시간에 김치를 주는 것 보다 여행일정에 차질이 없도록 하는 것이 더 중요할 것이다.

아무런 검사도 없이 세관 검사대를 통과해 밖으로 나온 뒤, 왼

태즈매니아 Tasmania

태즈매니아는 일년 내내 강수량이 풍부하고, 자연 그대로의 숲과 비옥한 농토가 많아 호주에서 가장 '푸르른' 주로 알려져 있다. 또한 국립공원이 차지하고 있는 면적도 호주에서 가장 넓다. 섬인 태즈매니아는 지역적인 고립성으로 인해 다른 주에 비하여 상업화가 덜 이루어졌고 독특하고 고풍스런 분위기를 고스란히 간직하고 있다. 특히 식민지 시대의 유배 역사 유적이 가장 잘 보존되어 있으며, 포트 아서(Port Arthur ruins)와 같은 장소는 매우 유명하다

태즈매니아 – 교통

★항공

태즈매니아의 주요 공항은 호바트, 론체스턴, 데본 포트가 있다. 멜버른과 시드니를 경유해서 가는 것이 좋으며, 비행시간은 시드니에서 약 2시간 걸린다. 국제공항은 도심에서 약 22km 떨어져 있다. 호바트 공항에서 시내까지 버스로 30분 소요되며 요금은 약 7달러이다. 택시로는 시내중심까지 15분 정도 소요되며 약 25달러 정도 된다.

★배

TT Line 사의 Spirit of Tasmania가 멜버른과 데본포트를 주 3회 왕복하고 있다. 배 안에는 식당, 바, 게임방 등이 있고 약 14시간 30분 정도 소요.

쪽으로 조금 가니 국내선을 취급하는 창구가 있었다. 다행히 1시 비행기의 좌석이 있다. 비행기 좌석 때문에 신경을 쓰다 보니 여권검사대까지 오기 전에 있는 슈퍼에서 전기 플러그 사는 일을 깜박 잊어버렸다. 호주의 전기 플러그는 세 발짜리이기 때문에 비디오 전지 충전이나 면도를 쓸 때 한국의 플러그에 끼워 쓰는 세 발짜리를 사지 않으면 여러 가지로 불편하다. 지난번 여행 때 고생을 했기 때문에 이번에는 공항에서 꼭 살려고 했는데 또 잊어버린 것이다.

태즈매니아 - 지형과 위치

태즈매니아는 호주에서 가장 남쪽에 위치하고 있으며, 단일 섬이 하나의 주를 이루고 있는 유일한 곳이다. 이 주는 배스(Bass) 해협을 가로질러 빅토리아주에서 남쪽으로 240km 정도 거리에 위치하고 있으며, 많은 산지와 미개척 우림지대, 풍부한 농토로 이루어져 있다.

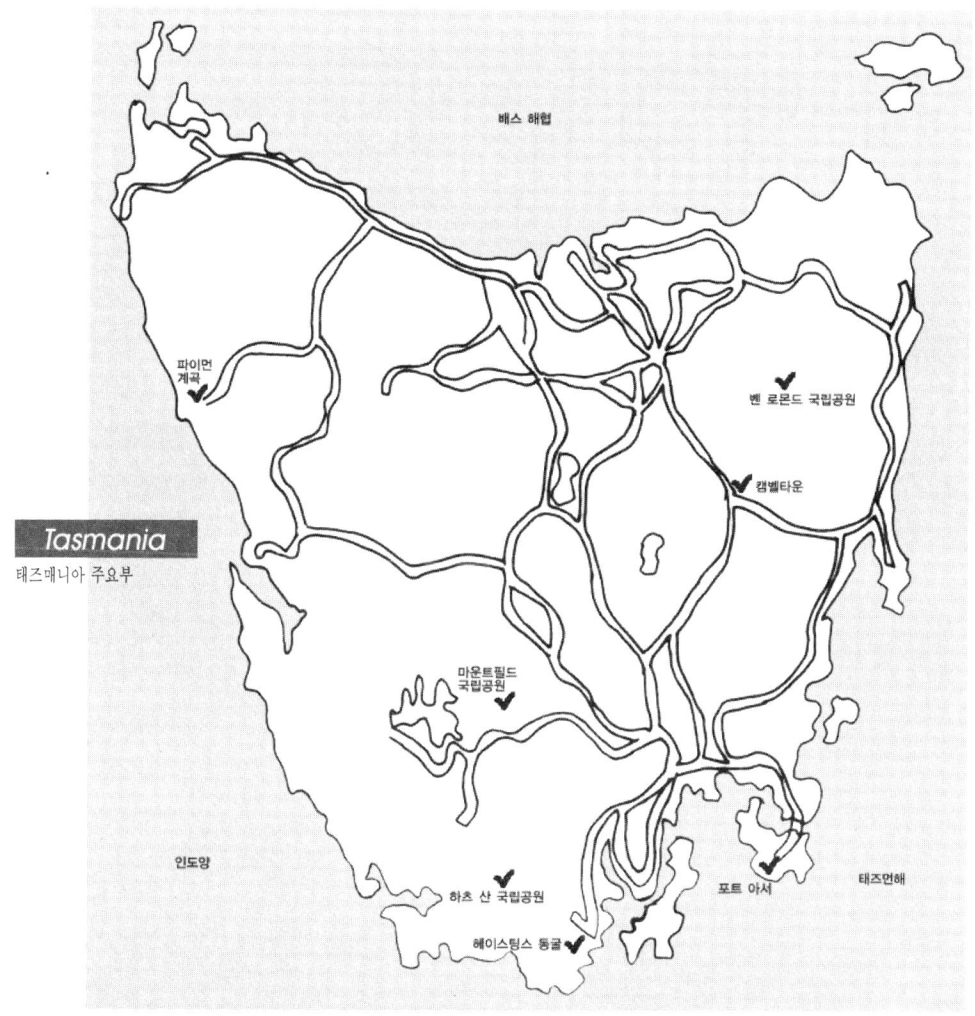

Tasmania
태즈매니아 주요부

호바트 Hobart

호주에서 가장 작은 주인 태즈매니아의 수도이다. 태즈매니아는 호주 대륙 동남 240km에 위치하고 있다. 사과의 산지로 유명하며 섬의 모양도 사과와 비슷하여 '사과의 섬'이라는 별칭을 가지고 있다. 호주에서도 가장 자연환경이 깨끗한 지역이며, 조용하고 아름다운 섬이다. 호바트는 1803년 호주에서 두번째로 유럽인의 이주가 시작되었던 유서 깊은 항구도시이다. 강한 해양문화 전통과 식민지 시대의 여러 유적지를 관광할 수 있다.

1642년 네델란드 탐험가 아벨 태즈먼에 의해 발견되었으며, 처음에는 동인도회사 총독의 이름을 따라 반 디멘스 랜드 (Van Diemen's land)라 불렸다. 그 후 영국이 식민지로 개척하면서 죄수들을 수용하기 위해 1803년부터 태즈매니아를 개발하였다. 초기 식민지의 주요산업으로는 포경업이 번성했는데 호바트를 중심으로 고래잡이의 원양어업을 통해 많은 발전을 이루었다. 1853년 죄수 이송이 멈추었다. 지금은 주 정부 관광국의 노력으로 관광지로 새롭게 부상하고 있다.

밖으로 나와 3번 대기소에서 무료 순환버스를 타고 국내선 청사로 갔다. 시드니의 하늘은 정말 맑은 색이다. 기온도 22도로 위에 입은 스웨터를 벗은 상태에서 아주 상쾌할 정도이다. 엊저녁까지만 해도 영하 5도의 강추위에 떠는 한 겨울이었는데 하루 저녁 날아오니 초여름 날씨인 것이다.

1시 5분이 지나서야 체크인을 하더니 호바트행 비행기도 30분이나 늦게 떠난다. 일정을 알리는 모니터를 보니 시드니 공항이 너무 붐벼서 이륙이 늦어진다는 알림이 계속 나타나는 것을 보고야 사정을 알 수 있었다. 2시 35분, 멜버른 주변의 숲 위를 나르던 비행기가 사뿐히 착륙, 50여분 동안에 손님을 갈아 태운다. 나는 이 시간을 이용하여 간단히 면도와 세수를 하였다.

3시 25분 멜버른을 떠난 보잉737기는 왼쪽으로 기수를 돌려 잠깐 날더니 곧 남쪽으로 방향을 튼다. 바다 위를 30분쯤 날자 거대한 태즈매니아섬이 나타난다. 4시 10분, 섬 안으로 들어선 비행기는 섬을 가로질러 계속 날아가더니 4시 30분 정각에 섬의 남쪽 끝에 있는 호바트에 도착하였다. 기내방송에 따르면 호바트의 기온이 15도라고 하니 시드니 보다 7, 8도가 낮은 봄날씨다.

여기도 한국음식점이

태즈매니아 - 기후

태즈매니아는 일년 내내 강수량이 일정하며, 비교적 서늘한 날씨를 보인다. 산악지대에는 겨울에 눈이 내리며 여름철 기온도 호주의 다른 지역에 비해 낮은 편으로, 여름철 평균기온은 섭씨 18도인데 이는 북부자치구의 겨울 기온과 같은 온도이다.

기다리고 있던 파킨슨 박사를 따라 주차장으로 갔다. 파킨슨 씨가 왼쪽 앞문을 여는 동안 나는 오른쪽 문을 열고 차를 타려고 했는데 그쪽이 운전석이었다.

'아차, 내가 깜박 잊었군'

호주는 영국이나 일본처럼 운전석이 오른쪽에 있다는 것을 알고 있었지만 아직 습관이 안된 것이다.

유카리나무 숲을 뚫고 뻗어있는 아스팔트길을 달려 얼마 가지 않아 고개를 넘자 웰링턴산을 배경으로 한 호바트시가 나타난다. 태즈매니아는 섬이라고는 하지만 넓이가 67,800㎢나 되니 남한 땅의 3분의 2가 넘는 큰 땅덩어리다.

"어제 웰링턴산 꼭대기에 눈이 내렸다"

파킨슨 씨의 말을 듣고 보니 이 곳은 아직 이른 봄인 것이다. 한국에서 북쪽으로 갈수록 추워지지만 이곳은 남쪽으로 갈수록 남극과 가까워지고 추워진다고 내 머리에 다시 입력을 시켜야 한다. 달리는 차에서 바라보는 숲 속의 집들은 그림처럼 아름답다. 양철지붕이 많은 것이 특징이다.

차가 복어 배처럼 가운데가 불쑥하게 솟아오른 태즈먼다리를 지난다.

"10년 전 배가 다리 교각을 들이받아 무너진 통에 배가 가라앉고 자동차가 떨어지고 사람도 10명이나 죽었다"

다리의 역사 이야기가 끝나자 바로 오른쪽에 식물원이 나타난다. 이어서 항구가 나타나고 호바트의 중심지를 달린다. 항구에는 일본의 참치 어선들도 많다. 이 곳이 일본인들이 좋아하는 참치를 공급하는 전진기지인 것이다. 옛날 보세창고였던 곳을 기념품가게의 거리로 만들었다는 살라만카를 거쳐 시내로 들어섰다. 그러나 오늘은 차로 간단히 시내를 둘러보고 집으로 가 짐을 풀기로 하였다. 어차피 내일 다시 구경을 해야 하기 때문이다. 시내를 지나다 갑자기 내 눈길을 멈추게 하는 것이 있었다. 태극마크로 장식한 한국식당이었다. 세계에서 가장 남쪽 도시이며 인구 17만의 이 곳 소도시에도 한국음식점이 있다니, 한국인들이 세계 구석구석 없는 곳이 없을 정도로 뛰고 있다는 것을 실감하는 순간이었다.

호바트 — 교통

뉴질랜드의 크라이스트처치에서 호바트까지는 국제선이 직항으로 운행하며, 이 밖에 대부분의 주나 빅토리아 주의 소규모 공항들로는 국내 항공이 운항되고 있다. 국내선은 호바트(Hobart), 론세스톤(Launceston), 데본포트(Devonport), 버니(Burnie), 스미스톤(Smithton), 플린더스섬(Flinders Island)과 킹 섬(King Island)에 착륙한다.

멜버른에서 데본포트까지는 배가 운항하는데, 자동차도 함께 실을 수 있다. The Sprit of Tasmania호는 고급여객선으로 유람하듯 운항하기 때문에 데본포트까지 도착하는 데에는 14시간 정도가 소요된다. The Devil Cat호는 빠른 속력으로 운항하는 거대한 쌍동선으로 6시간이면 목적지에 도착한다.

▼인구 17만의 이 곳 소도시에도 한국음식점이 있다니 — 한국인들이 세계 구석구석 없는 곳이 없을 정도로 뛰고 있다는 것을 실감하는 순간

150년 넘은 옛집에 140살 소나무가...

파킨슨씨 박사의 집에 도착하자 뚱뚱하면서도 활달해 보이는 부인 메리 여사가 반갑게 맞아 주었다. 금년 76세인 파킨슨 씨에 비해 훨씬 젊어 보이는 부인은 예상대로 남미의 페루 출신이고 나이도 8살이나 아래인 68세라고 한다. 우선 영국식으로 홍차를 한잔씩 마시면서 집안 얘기부터 들어보았다. 파킨슨 박사가 어떻게 남미 여자와 결혼했을까 하는 얘기부터가 궁금한 것이다.

▲파킨슨씨 박사의 집에 도착하자 뚱뚱하면서도 활달해 보이는 부인 메리 여사가 반갑게 맞아 주었다

파킨슨 박사가 미국의 명문인 존 홉킨스 대학에 유학 갔을 때 페루에서 유학 온 메리와 만나 1951년 결혼했다고 한다. 1954년 귀국한 부부는 남편의 전공인 지리물리학을 살려 광물자원청에 근무하면서 멜버른, 켄버라 등지에서 살았다. 파킨슨 박사 부부가 호바트로 온 것은 파킨슨 박사가 이곳 호바트 대학의 교수로 부임한 1966년 부터였다고 한다. 영국인 아버지와 호주인 어머니로부터 탄생한 퍼킨슨 박사는 무교회주의를 제창하는 퀘이커 교도인 반면 부인은 남미인 대부분이 그렇듯이 천주교인이다. "내가 죽기 전에 남편을 천주교인으로 만들겠다"고 부인이 큰 소리를 치지만 농담에 가깝고, 둘이서 서로 상대방의 종교를 존중하는 것 같았다.

12년 전 교수직에서 정년퇴직을 한 파킨슨 박사는 샌님처럼 조용한 반면 부인은 남미 특유의 낙천적 성질과 활달한 성격을 가지고 있었다. 마치 오래된 이웃처럼 부담 없이 이런 저런 얘기를 많이 했는데 부인은 말이 많은 것이 아니라 실제로 할 얘기가 많았다.

부인은 70을 바라보는 노인답지 않게 50대처럼 활동한다. 대학 때 전공한 교육학 실력을 살려 어린이들의 적성검사를 개발해서 상담하고 가르치는 선생으로 일하면서, 스페인어, 포르투

갈어, 이탈리아어, 불어 등 각국어로 통역·번역센터를 만들어 운영하고, 라틴계통 언어는 본인이 직접 맡아서 번역하고 통역을 한다고 한다. 거기다가 사업까지 한다. 사업이라고 하기에는 너무 작다는 생각이 들지만 68세의 할머니에게는 알맞은 사업이다. 태즈매니아의 유카리 나무 우림지대에서 나오는 각종 꽃과 잎으로 향수, 크림 같은 화장품을 만드는데, 생산은 물론 마케팅까지 직접 한다. 3평쯤 되는 작업장이 전부지만 집안에 공장도 가지고 있다.

자신이 가지고 있고, 하고 있는 모든 것을 숨김없이 내놓는 할머니의 안내를 받아 집을 둘러보기로 하였다. 약 1에이커(1224평) 정도의 대지에 1842년 센드스톤이라는 돌로 지었다는 2층 집이 아직도 튼튼하게 자리잡고 있으며, 길가 문 앞에는 140살이나 된 노픽소나무 한쌍이 하늘을 찌를 듯이 수문장 노릇을 하고 있다.

집 오른쪽에는 각종 나무와 꽃을 심고 못과 작은 폭포로 멋을 낸 정원이 있는데 난초, 수국, 카밀리아, 철쭉, 단풍나무 등이 꽉 차 있고 심지어는 호두나무까지 있다. 왼쪽 정원은 그 보다 훨씬 넓다. 길쭉한 별채에는 아들이 사진촬영실로 쓰는 작업장과 주차장, 그리고 화장품 만드는 공장이 있고, 집 가까이에 차고 2개

살라만카 Salamanca Place

아름다운 사암 건물들이 밀집해 있는 살라만카 부두는 호주 식민지 시대의 건축양식을 대표할 수 있는 관광지이다. 1830년대의 포경산업으로 인하여 호바트는 무역과 상업이 발달하게 되었으며, 그때 세워진 많은 건물들은 현재 갤러리, 레스토랑, 특산품과 공예품 상점으로 발전되었다. 신선한 농산물을 파는 살라만카의 오픈 마켓은 매주 토요일 아침에 개장한다.
매주 토요일 9:00~14:00

◀문 앞에는 140살이나 된 노픽소나무 한쌍이 하늘을 찌를 듯이 수문장 노릇을 하고 있다

와 자그마한 수영장이 있다. 그리고 1자로 지어진 집으로 나누어진 정원에는 사과, 복숭아, 레몬, 귤, 무화과, 살구 등 과일나무와 배추, 콩 등 농작물이 다채롭게 어울려 있다.

70이 가까운 노인이 이 모든 것을 맡아서 하고 있다. 물론 파출부 2명이 도와준다고 하지만 이 모든 것들을 관리하는 것만으로도 벅찬 일이 아닐 수 없다.

호주의 별미 캥거루 고기

캐스케이드 브루워리
호주에서 가장 오래된 양조장으로써 지금까지 질 좋은 맥주를 생산하고 있다. 맥주 원료와 맥주를 생산하는 과정을 견학할 수 있으며, 호바트 산 질 좋은 맥주를 직접 시음할 수도 있다.

"따뜻한 음식을 좋아하십니까, 찬 음식을 좋아하십니까?"
저녁 식사를 준비하기 위해 내 식성을 묻는다.
"따뜻한 것이 좋겠습니다"

두 노인은 곧 음식준비를 시작한다. 저녁 8시에 회원들을 초청해 놓았으니 그 안에 저녁식사를 마쳐야 하는 것이다.

두 분이 저녁식사 준비를 하는 사이에 나는 한국 식당에 전화를 걸었다. 전화번호책을 찾아 SEOUL(전화 : 34-7090)이란 이름을 찾아내어 전화를 걸었더니 주인 최린 씨가 받았다. 우선 내일 하루 관광지 안내를 부탁하고 현지의 우리 동포들에 대해서 물었다. 내일 아침 일찍 자기 차로 나를 안내하기로 하였으나 교민에 관한 것은 이 곳 호바트에서 가장 오래 산 강 선생을 찾으라고 했다. 갤러리를 한다는 강 선생은 전화를 했더니 출장을 가고 부인만 있었는데 내일 저녁 7시에 서울식당에서 만나기로 약속하였다.

저녁식사가 시작되었다. 맛있는 소스를 곁들인 고기는 질기지 않으면서 팍팍하지도 않아 맛이 좋았다. 브로콜리(Broccoli)와 홍당무 그리고 감자도 함께 나왔다. 보통 서양요리는 감자를 버터와 함께 요리하는 것인데 이 집에서는 소금을 넣었다고 한다. 후식으로 나온 파블로라(Pavlora)라는 케이크도 훌륭하다. 크림 위에 바나나, 딸기, 키위 같은 과일을 잘게 썰어 얹은 케이크인데, 처음에 유명한 러시아 댄서를 위해 만들었다고 해서 그 댄서의 이름인 파블로라를 따서 이름을 붙였다고 한다. 빵이 아니고 크림으로 만들어 이미 배가 불렀지만 크게 부담이 안되었다.

"조금 전에 먹은 고기가 무슨 고기인지 아십니까?"

식사를 마치자 파킨슨 박사가 물었다.

"소고기 같기도 하고 양고기 같기도 한데 확실한 것은 모르겠습니다" 라고 대답했더니,

"그것이 바로 캥거루 고기입니다. 무엇인가 특이한 것을 대접하고 싶어 준비했지요" 라는 대답이었다. 1993년 호주의 복판 사막에 있는 에어즈록에 갔을 때 여러 사람이 캥거루 고기를 먹어 보라고 권유했으나 어쩐지 마음에 내키지 않아 안 먹었는데 뜻밖에 이 곳에서 캥거루 고기를 맛 본 것이다. 만일 파킨슨 박사 부부가 미리서 캥거루 고기라는 사실을 얘기했더라면 안 먹었을지도 모른다. 그러나 묻지 않고 준 덕분에 먹게 되었는데, 솔직하게 말해서 캥거루 고기 맛은 소고기보다 훨씬 좋았다. 캥거루 고기를 어떻게 구했는지 궁금하였다.

"시골에 사는 친구가 이곳 대학에서 간호학을 공부하고 있는 딸을 통해서 보내 왔어요. 농장 주위에 캥거루가 많이 있기 때문에 아들이 잡아서 고기로 보내온 것이죠"

우리나라에서 노루나 토끼 사냥하듯이 잡아서 먹는다는 것이다. 어쨌든 캥거루 고기를 맛 본 것은 뜻밖에 얻은 좋은 경험이었다.

저녁 8시부터는 5명의 회원이 더 와서 모두 8명이 함께 대화를 나누었다. 독일 출신 부부와 농부, 전기 기술자, 남편이 어부라는 말레이시아 여자였다. 대화는 주로 처음 본 한국인에게 알고 싶은 것을 묻고 나는 대답하는 형식이었다.

웰링턴 산 Mt. Wellington
호바트에서 서쪽으로 20km 떨어진 곳에 있으며, 시내에서 자동차로 약 20분이 소요된다. 호바트시 뒷편에 거대하게 서 있는 이 산에 오르면 시내와 주변지역의 그림같은 모습을 감상할 수 있으며 크로스컨츄리 스키를 비롯하여 눈싸움, 암벽등반, 단순 방문 또는 탐험 목적의 부시워킹 등이 출발지이기도 하다.

▲저녁 8시부터는 5명의 회원이 더 와서 모두 8명이 함께 대화를 나누었다

캐드버리 슈엡스 쵸콜렛 공장
1921년에 지어진 호주 최대의 과자공장이며, 약 15헥타르에 이르는 방대한 면적을 자랑한다. 방문객들은 캐드버리의 역사를 자세하게 보여주는 비디오를 관람도 하고 공장 견학을 하면서 만들어지고 있는 쵸콜렛 샘플도 받을 수 있다.

"한국말은 일본말과 같은가?"
"한국에도 악어, 생선 등이 있는가?"

등 지극히 상식적인 또는 상식 이하의 질문이지만 그들에게는 완전히 딴 세상 같은 나라의 일이라 정말 몰라서 묻는 것이다. 그러나 한편으로는 최근에 일어난 구체적인 사건에 대한 질문도 있었다.

"한국에는 지금 전직 대통령이 두 명이나 부정부패로 구속되었다는데 어떻게 생각하는가?"

뉴스를 보았다는 것이다. 나는 '설사론'으로 대답했다.

"설사는 병인가 아닌가? 설사는 병이 아니다. 나쁜 균이 배로 들어가 퍼지면서 배가 아플 때가 큰 병이지 설사를 한다는 것은 그런 병균들을 밖으로 배출하는 것이므로 병이 낫는 중이고 회복되는 것이지 그 자체가 결코 병이 아니다. 현재의 한국 사태는 설사를 하고 있는 것이다"

한편 모임에 참석했던 한 전기기술자가 내가 가지고 있던 플러그를 펜치로 틀어서 호주 플러그에 맞도록 만들어 주어 큰 도움이 되었다. 2층 방에 마련해 둔 침대에서 11시 반쯤 취침하였다.

한국식당은 적자, 가축 값은 폭락

12월 7일, 출발시간 7시가 다 되어 주인 내외가 깨지 않도록 조용히 나오려 했으나 문이 열쇠로 잠겨있어 부득이 파킨슨 씨의 아침잠을 설치게 하였다. 아직도 7시가 되려면 시간이 좀 있어 주위를 둘러보았다. 이른 아침 거리는 한산하고, 가까이 있는 잔디 운동장에도 뛰는 사람이 없다. 다만 길 건너 주유소에만 가끔씩 들어오는 택시가 기름을 넣고 떠난다.

7시가 넘어도 최 선생이 나타나질 않는다. 7시 30분이 되어서는 어쩔 수 없이 전화를 걸었더니 이제 출발하려는 중이라는 것이다. 30분이 넘었는데도 하도 태연하게 대답을 해 다시 한 번 시계를 보았더니 아직 6시 30분밖에 되질 않았다. 시간을 1시간이나 잘 못 보아 찬 공기 속에서 1시간 이상을 헤맸더니 감기가 걸려버렸다. 전화 덕분에 최 선생이 조금 일찍 와 7시가 안되어 출발하였다. 태즈먼대교를 건너 비행장 옆을 지나더니 곧장 오늘의 목적지인 포트아더로 향해 죽 뻗은 고속도로를 달린다.

"언제 이민 오셨습니까?"

우리 교민을 만나면 맨 먼저 물어보는 질문이다.

"1991년 10월에 왔는데 아버지가 먼저 오셨기 때문에 제주도에서 이 곳으로 바로 왔습니다. 강선생님하고 식당을 함께 하다가 1년 전부터 완전히 인수를 받아서 하고 있습니다"

"식당은 잘 되십니까?"

"현재는 적자이지만 호바트에 하나밖에 없는 한국식당을 유지시켜 보려고 노력하고 있습니다. 이 곳에는 한국사람들이 별로 없기 때문에 가끔 들리는 일본인이나 현지 주민들이 주된 손님들입니다. 주문 받을 때 서양음식처럼, mild, medium, hot, very hot 단계로 나누어 받기 때문에 매운 맛 때문에 문제는 없고, 마늘을 안 먹는 사람들은 아예 오지 않기 때문에 큰 문제는 없습니다."

생각보다는 젊은 30대의 최선생은 아주 차를 편안하게 몰면서 필요한 말만 분명하게 대답해 준다.

"태즈매니아는 지구상에서 공기가 가장 깨끗한 곳입니다. 특히 서쪽에 있는 유엔지정 세계자연보호지역은 섬 전체의 3분의 1이나 되는 넓은 지역으로 완전한 원시우림지역입니다. 그 곳에서만 자라는 소나무도 있는데 그 소나무 톱밥을 장롱에 넣어두면 좀이 없어진다고 합니다. 시간 있으면 꼭 가보라고 권하고 싶은 최고의 관광지입니다."

이런 자랑도 현실 경제에 대한 얘기가 나오면 상황이 달라진다.

"목축업으로 크게 성공했던 이 곳 부자들도 요즈음 가축의 값이 떨어져 크게 고전하고 있습니다. 양 한 마리에 7~8달러(약 4,500원)이고 소도 500달러(40만원) 밖에 안 가니 무슨 경제성이 있겠습니까? 그렇다고 양고기가 싼 것도 아닙니다. 양 한마리 잡는 값이 25달러씩이나 드니까요. 요즈음은 목장을 사면 양은 값을 치지 않고 덤으로 줍니다. 심지어는 양을 쏴 죽여 묻어버리는 사람도 있어 목장들이 텅 비어 가고 있습니다."

옛날 같으면 길가에 늘어선 푸른 초원에 양들로 가득 찼었다면서 텅 빈 농장들을 가리킨다. 없어서 배고픈 것이 아니라 너무 많아서 가난해지는 자본주의의 본질적 특성이 그대로 나타나고 있는 것이다. 세계 인구 57억 가운데 15억이 절대빈곤 상태이고 매년 호주 전체 인구와 맞먹는 1천 8백만이 기아로 죽어간다. 한 시간에 28명이 굶주림으로 죽어간다는 말인데 세계의 다른 한 쪽에서 양을 총으로 쏴 죽여 땅에다 묻고 있는 것이다.

5년 동안 이 곳 생활을 하며 정착을 위해 분석한 현지 얘기를 들으며 가노라니 시간 가는 줄을 몰랐다. 때때로 길가에 죽어 넘어져 있는 캥거루, 웜벳, 월랍, 태즈매니아 테빌 같은 동물들 때문에 얘기가 끊기곤 하였다. 야행성 동물이라 밤에 차에 뛰어들어 죽는데, 1시간 가는 동안에도 10마리 이상을 볼 정도로 흔했다. 밤에는 갑자기 달려드는 동물에 놀래서 사고가 나는 경우도 많아서 조심해야 한다고 한다.

배터리 포인트 Battery Point
선창가 지역으로 발달한 배터리 포인트는 1804년 만들어졌으며 대부분 주택들로 이루어져 있고, 약 40여 개의 당시 건물들이 아직도 사용되고 있다. 초기 어부들의 오두막과 아름다운 정부 건물, 오래된 선술집 등이 있다.

죄수들의 한이 맺힌 이글혹

호바트에서 오늘의 목적지인 포트아더까지는 100㎞ 거리로 1시간 20분쯤 걸린다. 호바트에서 태즈먼반도를 따라서 달리다보면 마치 섬을 이어놓은 것처럼 짤록한 곳이 두 곳 있는데, 그 첫 번째가 두날리(Dunalley)이다. 이곳은 이제 운하를 파서 배가 다닐 수 있도록 하였다. 여기서 조그마한 섬을 지나면 다시 이글혹 넥(Eaglehawk Neck)이라는 아주 좁은 해협이 나온다. 호바트에서 여기까지가 1시간 거리, 이제 20분만 더 가면 된다. 도착하니 8시 반, 여기서 간단히 아침식사를 하고 가기로 하였다.

휴게소는 아직 개점 준비를 하는 중이고 손님은 우리 뿐이다. 주문을 하고 바다 쪽으로 나오니 '해적만(灣)'이란 뜻을 가진 파이릿쓰 베이(Pirates Bay)의 아름다운 경치가 한 눈에 들어온다. 남쪽으로는 테즈먼 블로우홀(Tasman Blowhole), 태즈먼 아치(Tasman Arch), 데빌스 키친(Devils Kitchen)이 북쪽으로는 모자이크한 포장도로라는 뜻을 가진 테설레이티드 페이브먼트(Tessellated Pavements)가 그림처럼 이어져 있다. 호주에서 가장 아름다운 해안이라는 찬사를 들을 만큼 환상적인 이 곳은 산과 절벽과 바다가 절묘하게 조화를 이루고 있다. 마치 겨울 바다처럼 바람이 불고 콧물이 심하게 나와 서둘러 사진 몇 장 찍고 휴게소로 돌아와 따뜻한 홍차로 찬 몸을 진정시켰다.

▲호주에서 가장 오래된 목재건물. 병영 안에다 세운 박물관을 들어가 보면 이 좁은 해협의 역할이 자세하게 전시되어 있다

이글혹, 이 곳 지명에 수리매라는 날카로운 새의 이름을 부친 것은 이곳에 죄수들의 한이 맺힌 곳이라는 역사적 사실을 알면 쉽게 수긍이 간다. 호주에서 가장 오래된 목재건물병영(1832년 건축) 안에다 세운 박물관을 들어 가 보면 이 좁은 해협의 역할이 자세하게 전시되어 있고, 박물관 바로 근처에는 도그라인(Dog line)이란 악명 높은 역사유적지가 있다. 포트아더의 죄수들이 도망가려면 반드시 이 곳을 지나야 하는데 이 곳에 사나운 개들을 배치해 놓았기 때문에 생긴 이름이다.

▼포트아더의 죄수들이 도망가려면 반드시 이곳을 지나야 하기 때문에 이곳에 사나운 개들을 배치해 놓아 생긴 악명 높은 이름의 도그라인(Dog line)

최 선생에게는 이 이글혹에 대한 남다른 경험이 있다. 이글혹의 동쪽이 파도타기와 고기잡이로 유명한 아름다운

파이릿쓰만이라면 그 서쪽은 좁고 긴 이글혹만이 운하처럼 이어진다. 이 이글혹만에 썰물때가 되면 전복, 게, 낙지들을 마음껏 주울 수 있다고 한다. 처음 왔을 때는 한국에서 그렇게 비싸던 전복을 공짜로 주울 수 있는 것을 보고 너무 좋아 잡아다 구어 먹고, 회쳐 먹고, 원 없이 먹었다고 한다. 이젠 하도 흔하니까 보기도 싫어졌다고 하는데, 여기에 이처럼 전복이 많이 남아 있을 수 있는 것은 현지인들은 전복을 좋아하지 않기 때문이다. 전복을 먹지 않는 호주사람들은 전복을 일본과 대만에 수출하여 돈을 버는 방법을 터득하여 큰 장사가 되기 때문에 이제 수출허가를 얻으려면 50만~100만 달러를 국가에 내야 한다고 한다. 그러나 수출용 전복은 모두 양식한 것이지 바닷가에서 잡은 것은 아니라고 한다. 마음대로 잡아먹어라, 그러나 상업용으로 수출할 때는 인공으로 길러서 팔아라. 그것도 1년 생산량이 철저하게 배당되어 있다. 이것이 호주의 철저한 자연사랑과 자원보호 원칙이다.

극악 범죄자들의 감옥, 포트아더

포트아더는 한적한 시골 도시처럼 아름다운 곳이었다. 이렇

▶포트아더는 한적한 시골 도시처럼 아름다운 곳이었다

게 아름다운 곳에 그처럼 잔혹한 역사의 현장이 남아 있다니 역사의 아이러니가 아닐 수 없다. 사실 포트아더가 있는 이 태즈먼반도는 1642년 아벨 태즈먼(Abel Tasman)이 처음 상륙한 바로 그 지점이며, 바로 그 점 때문에 이 섬의 이름이 태즈매니아가 된 것이다. 당시 아벨은 화란 동인도 회사의 이름으로 반 디멘(Van Diemen)의 땅이란 이름을 붙였다.

이 곳이 역사적 의미를 갖게 된 것은 1830년 이곳에 최대의 감옥을 세우면서부터이다. 시드니를 비롯한 호주의 초기 도시들은 영국에서 죄수들을 이주시키면서 시작되었다. 그런데 그 죄수들 가운데서 다시 죄를 지은 극악범죄자들을 격리시킬 감옥이 필요했다. 태즈매니아는 호주 대륙에서 떨어진 섬인데다가 이 곳 포트아더는 태즈매니아섬에도 귀퉁이에 쑥 뻗어 나온 태즈먼반도 끝에 있기 때문에 최적지였다. 도망자를 막는 일도 앞에서 본 이글훅만 막아버리면 섬이나 마찬가지이기 때문에 쉬웠다.

이 감옥이 생긴 뒤 1831년부터 1870년대까지 40여 년 동안 12,000명의 죄수가 수용되었는데 이 때부터 그 주위에는 목재 가공업, 석탄 광산이 개발되기 시작되었다. 죄수들이 직접 지은 감옥은 대부분 센드스톤이란 돌로 지었는데 이 돌은 가공하기는 쉽지만 세월이 가면 쉽게 마모된다. 이곳을 관광지로 개발하

▲이곳이 역사적 의미를 갖게 된 것은 1830년 이곳에 최대의 감옥을 세우면서부터이다

◀이 감옥이 생긴 뒤 1831년부터 1870년까지 40여년 동안 12,000명의 죄수가 수용되었는데 그 주위에는 목재 가공업, 석탄 광산이 개발되기 시작했다

기 위해 1979년부터 주 정부와 국가가 9백만 달러를 들여 재건하기 시작하였는데 재건사업은 아직도 계속되고 있다.

아름다운 항구 가에 서있는 엄청나게 큰 유카리 나무, 관리의 저택, 교회와 감옥 등을 모두 돌아보는데 한 시간이 안 걸렸다. 물론 여기서 당시의 목재가공 공장이 있었던 The Bush Mill에 가서 11시부터 매시간 운행하는 증기열차도 타보고 바닷가의 여러가지 환상적인 바위굴도 볼 수 있지만 가장 중요한 감옥만을 본 뒤 바로 떠나기로 하였다. 서쪽의 원시우림지대까지는 가볼 수 없다고 하더라도 마운트 필트(Mt. Field) 국립공원이라도 가보야 한다는 최 선생의 설명에 따라 부지런히 한 군데라도 더 가보기 위해서다.

100미터 짜리 거목 숲, 마운트 필드

차를 호바트쪽으로 몰아 다시 북쪽으로 35km를 가니 뉴 노퍽(New Norfolk)이란 아담한 도시를 지난다. 더웬트(Derwent)강가에 자리한 뉴 노퍽은 가장 영국적인 도시라고 한다. 맥주 원료인 호프밭, 산사나무 울타리, 마로니에 나무 등 영국을 꼭 닮았다고 해서 이름을 영국의 동부 주인 노퍽에다 뉴(new)만 더 붙인 모양이다.

▼뉴 노퍽에서 37km 서쪽으로 더 가면 마운트필드(MountField)국립공원이다

뉴 노퍽에서 37km만 서쪽으로 더 가면 바로 마운트 필드(Mount Field)국립공원이다. 공원 입구에서 호주식 햄버거로 간단히 식사를 하고 들어갔다. 이 곳 관광지는 크게 둘로 나누어진다. 첫째는 공원입구지역으로 간단하게 폭포와 우림 지대를 둘러보는 코스이고, 둘째는 이 곳에서 16km 비포장 도로를 더 들어가 돕슨(Dobson)호수에서부터 등산을 시작하거

나 스키를 타는 곳이다. 최선생이 3시까지 돌아가야 하기 때문에 우리는 입구지역만 보기로 하였다.

입구에서 럿셀폭포까지는 좁지만 휠체어를 탄 사람도 갈 수 있도록 콘크리트 포장을 해 놓아 정말 한가하게 산책하는 기분으로 걸어 들어갔다. 걷기 쉽다고 해서 옅은 숲이라는 얘기는 아니다. 들어서자마자 하늘을 찌를 듯한 유카리나무와 그 밑에 은매화(myrtles), 양치류들이 빽빽이 들어 차 있어 엄청난 밀림에 들어온 것을 실감나게 한다. 10분 정도 가니 넘어진 유카리나무가 하나 있는데 높이가 100미터나 된다고 한다. 100미터라면 아파트 40층이 넘는 높이이니 가히 상상을 불허한다. 좀 더 밀림을 들어가면 100미터씩 되는 나무들이 꽉 차 있다고 한다. 잘린 밑둥만 보아도 그 나무의 역사를 쉽게 알 수 있다. 이 나무 하나만 보아도 이곳에 온 본전은 뽑은 셈이다.

▲그다지 큰 폭포는 아니지만 깊은 산 속에 조용히 쉬면서 즐길 수 있는 아담한 경치의 말굽폭포(Horseshoe Falls)

얼마 안 가 럿셀폭포가 나온다. 가물어서 그런지 수량이 많지 않아 웅장한 맛은 적었지만 다단계인데다가 실폭포같은 물줄기가 폭넓게 떨어져 비 온 뒤에 오면 장관을 볼 수 있을 것 같다.

▲한참동안 얼굴을 박고 있다가 조용해지면 살그머니 얼굴을 내밀고 기어가는 폼이 재미있는 야생 고슴도치

여기서부터 오른쪽으로 산을 올라 폭포 위에 다다르니 다시 평지가 나온다. 물길을 따라 조금 올라가니 말굽폭포(Horseshoe Falls)가 나온다. 그다지 큰 폭포는 아니지만 깊은 산 속에 조용히 쉬면서 즐길 수 있는 아담한 경치였다.

돌아오는 길은 럿셀폭포에서 다른 길을 선택하여 한참 가니 고슴도치 한 마리가 앞을 지나간다. 생전 처음으로 보는 야생 고슴도치 얼굴 한 번 보려고 열심히 따라 갔으나 얼굴을 한사코 땅에 묻고 움츠리는 바람에 시간이 많이 걸렸다. 한참동안 얼

100미터씩 되는 나무들이 꽉 차있는데, 잘린 밑둥만 보아도 그 나무의 역사를 쉽게 알 수 있다

굴을 박고 있다가 조용해지면 살그머니 얼굴을 내밀고 기어가는 폼이 참 재미있었다.

　오늘 못 가 본 돕슨 호수에서는 송어낚시가 최고라고 한다. 팔뚝만큼 큰 송어들이 잘 잡히는데, 마음대로 낚시질을 할 수 있지만 잡아서 파는 장사는 할 수 없다고 한다. 물론 상업적으로 팔고 사는 송어도 있다. 그러나 이것은 자연산이 아니라 인공으로 양식한 것이라고 한다. 자연보호를 위해 한번쯤 되새겨 볼 만한 정책이다.

▶ 가물어서 수량이 많지 않아 웅장한 맛은 적었지만 다단계로 실폭포같은 물줄기가 폭넓게 떨어져 비 온 뒤에 오면 장관을 볼 수 있을 것 같은 럿셀폭포

시내관광에서 만난 한국 대학생들

오후 3시가 조금 못 되어 호바트로 돌아왔다. 최 선생은 3시에 예약손님이 있어서 식당으로 돌아가고 혼자서 본격적인 호바트 시내관광을 시작하였다.

우선 안내센터에서 중요한 정보를 모은 뒤, 가까운 박물관에 가서 1880년대 이민의 역사를 보았다. 이민 초기에 마치 사냥하듯이 원주민을 죽였다는데 그러한 역사적 사실을 그대로 보여주기보다는 원주민과 화합하는 내용을 강조해 놓은 것을 보면 역시 객관적 역사 서술은 불가능하다는 것을 알 수 있었다.

박물관에서 다시 인포메이션센터를 거쳐 5분 거리인 해안으로 나오니 수많은 유람선들이 손님을 부르고 있다. 이 곳에서 배를 타고 점심이나 저녁을 즐길 수도 있고 또 호바트의 명물인 케드버리 초콜렛공장에도 갈 수 있다. 가능하면 웰링턴산을 올라가 보려 했으나 시간이 부족하다. 페리터미날 옆에 오토바이로 웰링턴산을 안내하는 멋진 프로그램이 있었으나 감기가 심하고 날씨도 차서 포기하였다.

호바트의 관광 중심은 페리터미널에서 조금만 더 돌아가면 다다른 살라만카 시장거리이다. 파킨슨 씨 부부와 약속한 저녁식사 시간이 5시이니 그 시간에 맞추기 위해 여기저기 상점을 둘러보다가 우연히 한국 학생 둘을 만났다. 따끈한 커피 한 잔씩 들면서 한국 학생들의 타향살이에 대한 애환을 듣는다. 두 학생이 모두 좀 특이한 경우이다. 국내 명문대학에서 사회학을 전공하고 있는 주 군은 금년 8월부터 호주 정부가 내주고 있는 1년짜리 방학근로비자(Working holiday visa)를 받아서 이 곳에 와 어학연수를 하고 있다. 방학근로비자란 이 곳에서 아르바이트를 하며 공부할 수 있는 비자인데 사실상 일자리를 구할 길이 없어 가지고 온 돈만 까먹고 있다고 걱정이다. 1주일에 225달러 짜리 어학연수 8주만 해도 1720달러나 날아가, 가져온 5000

달러는 몇 달 경비도 안 된다는 것이다. 어쨌든 학교공부에만 매달리지 않고 세계를 돌아다니며 경험을 쌓고 어학연수도 할 수 있는 세대는 정말 행복한 세대이다. 필자가 1973년 처음 유럽에 갔을 때 일본 학생들이 학교를 휴학하고 2~3년씩 일하며 여행하는 것을 보고 부러워했는데 이제 우리나라도 그런 시대가 온 것이다.

와가와대학에서 5개월간 어학연수를 마치고 대학입학 자격을 얻어 이곳 전문대학에서 마케팅공부를 하러 왔다는 강양의 경우는 또 다르다. 한국에 있다면 부모님에게 어리광이나 부릴 나이인데 이 곳에 와서 자기 갈 길을 자신이 확실하게 정해 가는 자립심을 보여 주었다. 이 곳은 미국이나 영국의 영어와 차이가 많은데 나중에 문제가 없겠느냐는 질문에 강양은

"이 곳 선생님들은 영국이나 미국 사람이 많아 호주 발음이 아니다"

고 분명하게 대답하였다. 확실하게 자기 삶을 살아가는 두 젊은이를 만나서 즐거웠다.

이민, 충분히 생각하고 오라!

▼한국음식점 서울에서 파킨슨 씨 부부에게 한국음식을 대접하였다

5시 한국 음식점 서울에서 파킨슨 씨 부부에게 한국음식을 대접하였다. 우리보다 먼저 10여 명의 손님들이 식사를 하며 회의를 하고 있었다. 이 팀이 바로 3시에 예약한 손님들이다.

"이 회의는 회사 돈으로 저녁을 먹는 편법이다. 회사 돈으로 회식을 하면 개인에게 그 만큼 불로소득이 생기기 때문에 개인에게 그 만큼 세금을 추가시킨다. 그러나 3시간 이상 회의를 하면서 식사를 하면 면세가 된다."

파킨슨씨 부인의 설명이었다. 이른 저녁식사를 마치고, 파킨슨 씨 부부가 각기 자기 일을 보러 간 뒤, 7시 정각에 윤세순 씨가 왔다.

강정민, 윤세순 부부가 이 곳에 온 것은 이민이 아니라 사업목적이었다고 한다. 시아버지 때부터 인도네시아 싱가폴을 무대로 원목 수입업을 하고 있었는데 사업확장을 위해 이 곳에 왔다고 한다. 그러나 사업은 뜻대로 되지 않았다. 그래서 전복깡통공장, 전복 수출 등 여러 가지 일을 해보았고, 1987년부터는 화랑을 운영하기 시작하였으며, 서울식당도 1988년에 이 부부가 시작한 것이라고 한다. 3년 전부터는 처음 의도했던 원목수출도 가능해져 소나무 수출을 시작했다고 한다. 소나무는 조림한 것이기 때문에 원목수출이 가능하지만 자연산인 다른 원목은 수출을 할 수 없고 단지 그 원목을 가공하여 만든 제품만 수출이 가능하다고 한다. 자원보호와 아울러 자국의 산업을 보호하는 정책인 것이다.

"호바트에 처음 오니까 국제결혼한 여자와 전복껍질 사업하는 사람, 대학 공부하는 부부가 전부였습니다. 지금은 전도사님이 오시고 최근에 어학연수차 온 학생이 15명 정도, 해양미생물을 전공하는 박사과정 교수 등 모두 30여명 됩니다"

자기 주장이 분명한 윤세순 씨는 마치 외교관처럼 달변이다.

"한국에서 이민 오려는 사람들에게 해주고 싶은 말이 있다면"이라는 질문에 "쉬운 일은 아니다. 충분히 생각하고 오시라" 는 충고다.

조국과 현지 교육, 이중성이 아니라 다양성

"많은 사람들이 자식교육 때문에 이민 온다는데 그 자식 교육이 쉽지 않다"며 이 부분에 대해 특히 거듭 강조한다. 자신의 아이가 3살이 되었을 때 외국 생활에 대해 심하게 갈등을 느꼈다고 한다. 외국에 나간 아이들은 전형적인 한국인도 못되고, 완전한 현지인도 못되는 어정쩡한 아이가 되는 것이 보통인데 자신이 교사생활을 했기 때문에 많이 고민했다고 한다. 결국 아이들을 양쪽 문화에 모두 익숙하게 하기로 했다. 'A나 B가 되지 않고 A와 B를 모두 갖는 것은 이중성이 아니라 다양성이다'는 결론이 난 것이다. 이 다양성은 아이들이 장래 나름대로 행복할 수 있고 역사에 공헌할 수도 있다는 것이다. 흔히 외국에서의 교육이라고 하면 과외를 벗어난 자유로운 교육, 사회보장제도에 따른 부담 없는 교육들을 드는데 이 부부가 말하는 교육은 그 내용, 즉 기본방향에 대한 철학에 중점을 둔 것이었다.

"밖에서 살려면 조국과 현지, 두 가지 끈에서 벗어나지 않게 해야 한다. 두 나라 말을 다 하도록 하고 두 사회에 모두 적응할 수 있는 아이를 길러야 한다."

외국에서의 교육은 더 쉬운 것이 아니라 두 배, 세 배의 노력이 필요하다는 것이다. 따라서 이처럼 다양성을 갖는 교육을 시키는 데는 남보다 더 많은 노력과 자본이 든다. 우선 집에서는 온 가족이 모두 무조건 한국말만 쓰고, 그래도 부족하니 방학 때는 아이들을 한국에 보내 적응하도록 한다. 아이들은 매일 보는 TV나 밖에서 친구들과 얘기를 통해 영어는 문제없이 해결하더라는 것이다. 자연히 한국에 다니는 비용이 많이 들게 된다. 호주에 살면서 호주의 관습을 이해하고 한국에 가면 한국의 습관에도 적응하는 전천후 후세를 목표로 한다.

이처럼 자신이 바라는 자식으로 키우려면 부모 자신들이 노력을 많이 해야 한다고 한다.

"우선 언어학교에 가서 현지 언어에 통달하여 현지인과 접촉하려고 노력해야 합니다. 영어를 모르니까 자꾸 한국사람들끼리만 모여 살고 폐쇄적이 되거든요. 현지인들과 계속 사귀다 보면 나중에는 그 곳에서 재미와 보람을 느끼게 되죠."

이처럼 첫걸음부터 착실하게 적응하다 보니 화실운영에 도움이 되고, 그러한 실력을 바탕으로 자신의 학문적 성장을 위해서 대학원도 다니고 있는 맹렬여성인 윤 여사는

"외국이라서 어렵기만 한 것은 아닙니다. 항상 특수상황이기 때문에 나태해지지 않고 더욱 노력하기 때문에 오히려 더 쉬울 수도 있어요" 하며 자신감을 보이기도 하였다.

"마지막으로 만일 지금 한국으로 돌아가겠느냐 여기서 살겠느냐고 묻는다면?"

"외국에서 20년을 산 뒤 나의 대답은 '여기서 산다' 이다"라고 분명하게 대답하였다.

약속한 시간보다 훨씬 지났으나 돌아갈 때 데려가기로 한 파킨슨 부인이 오지 않고 윤 여사가 집까지 데려다 주었다. 10시 20분쯤 되어서야 돌아온 파킨슨씨 부인과 홍차 한 잔씩 나누며 얘기하다 11시쯤 취침. 참 따뜻한 이불이다.

호바트에서 케언즈로

케언즈

브리스베인(Brisbane)의 북쪽 약 1,700km 떨어진 곳에 위치하고 있으며 작고 매력적인 항구 도시이다. 인구는 약 10만 명으로 번화한 열대성 해변 휴양 도시이다. 아름다운 대보초 지역의 중심에 위치하고 있어 특히 다이빙과 낚시, 대보초 유람선 관광 등이 유명하다. 일년내내 더운 열대 기후로 최적의 방문 시기는 5월부터 11월까지이다.

케언즈 가는 길

★비행기
우리나라에서 케언즈로 직접 들어가는 직항노선은 없다. 경유편 중에서 서울 또는 부산발 일본항공을 이용하는 것이 가장 편리하다. 브리스베인이나 시드니에서 국내선을 이용하는 것도 한 가지 방법이다.

★철도
브리스베인에서 그레이트 배리어 리프의 해안을 따라서 1주일에 3회 연결하는 선랜더, 일요일에 브리스베인을 출발하는 퀸즐랜더, 더 스피리트 오브 더 트로픽스 등 장거리 철도가 케언즈역에 도착한다. 케언즈역은 거의 시 중심부 가까이에 위치하기 때문에 걸어서 시내까지 이동한다.

케언즈 — 기후

5월~11월까지 평균기온 18~28℃ 관광하기 최적의 기온.
11월~4월 덥고, 비가 많이 내림. 열대우림을 즐기고 싶은 사람들에게 좋다.

12월 8일, 5시에 정확하게 기상. 짐 준비를 하는데 파킨슨 박사가 문을 두드린다. 5시 25분에 집을 떠났는데 50분도 안 되어 공항에 도착했다. 파킨슨 박사에게 "너무 일찍 일어나게 해 미안하다"고 했더니 "이제부터 돌아가 다시 자면 된다"며 밝게 웃는다. 76세의 할아버지는 자신의 생활에 별로 죄 지을 일이 없을 것 같은 조용하고 깨끗한 인상이다. "오늘은 날씨가 좋으니 골프 치러 간다"고 소년처럼 좋아하는 파킨슨 씨의 얼굴이 오래도록 기억에 남는다.

아침 6시 25분에 호바트를 출발한 비행기는 낮 12시가 되어서야 목적지인 케언즈에 도착한다. 언뜻 생각하면 한나절 여행 같지만 비행기를 세 번이나 갈아타야 하고 거의 7시간이 걸리는 긴 여행이다. 그러나 멜버른과 브리스베인에서 쉴 때는 호주에 사는 아는 사람들에게 전화를 거느라 지루한 줄을 몰랐다. 브리스베인을 떠난 뒤 내 시계로는 도착 예정시간인 12시가 거의 다 되어 가는데 그때야 식사가 끝나고 차대접이 시작되어 어리둥절하였다. 한참만에야 남쪽 브리스베인과 북쪽인 퀸즈랜드는 1시간의 시차가 있다는 것을 알아차렸다. 시계를 1시간 앞당기고, 고친 시간으로 정각 12시 케언즈 공항에 도착하였다.

비행기 안에서 이미 스웨터를 벗었지만 갑자기 엄습하는 30도가 넘는 무더위 때문에 긴소매 난방도 거추장스럽게 느껴진다. 마중 나온 대명 홀리데이의 윤 과장과 함께 시내로 들어와 콘도형 모텔에다 짐을 풀었다. 호텔보다 널찍하고 취사도구 등 각종 시설이 갖추어져 있어 마음에 들었다. 우선 벗어 던지고 샤워부터 하였다. 호바트는 아주 춥지도 덥지도 않은 데다 밤낮의 기온 차가 크고 감기까지 걸려 목욕을 할 엄두를 못 냈는데 여기는 한 여름이라 편하다. 확 벗고 씻으니 시원하다.

나이 50이 넘어 번지점프라니, 미쳤군, 미쳤어!

자, 이제 일정을 어떻게 잡을 것인가. 내일 하루는 산호초 만리장성을 가기 위해 하루가 온통 다 필요하고 모레는 쿠란다(Kuranda)를 가기로 하였으니 문제는 오늘 오후이다. 한나절을 어떻게 가장 적절하게 보낼 수 있느냐 하는 것이다.

"래프팅을 하고 싶은데…"

"하루가 필요합니다."

"한나절짜리는 없습니까?"

"있기는 하지만 그건 거의 강에서 보트 타는 정도이고 래프팅이라고 할 수 있는 급류가 안됩니다. 그렇다면 번지점프를 해보시죠. 번지점프는 1~2시간이면 할 수 있으니까요"

"번지점프?"

진작부터 한 번 해보려 했으나 사실은 두려움 때문에 망설이는 것이었다.

'두려우면 두려워하라고 했지', 그리고 '할까 말까 망설일 때는 한다' 는 것이 내 기본 행동방식이다. 그 일 자체의 좋고 나쁘고 보다는 안 했다는 후회는 없어지기 때문이다.

"그래 한 번 뛰어 내리자"

마음을 굳게 먹고 우선 점심식사를 하러갔다. 윤 과장이 안내한 곳은 '다도' 라는 한국음식점이다. 제법 널찍한 홀인데 아직 시간이 일러서인지 한국 관광객들은 별로 없었다. 제니퍼 엄마, 주인 아주머니 존함을 물었더니 가르쳐준 이름이다.

"이민 온 것은 5년이 되었으나 집안 친척과 함께 이 식당을 인수한지 3개월 밖에 되지 않았습니다." 크지 않은 키에 억세게 생기지도 않았는데 어디서 나오는지 사업에 대한 열정은 대단해 보인다.

식사를 마치자 바로 번지점프하는 곳으로 달렸다. 현지 관광회사인 대명홀리데이에는 금년도 관광학과 졸업예정자인 김 군

시티 플레이스 City Place
레이크 거리와 쉴즈 거리의 교차점에 있는 광장. 차량통행이 금지된 시민들의 휴식처로서 잔디밭 가운데의 야외극장을 중심으로 여기저기에 벤치가 놓여 있다. 주위에는 식민지 시대의 우아한 목조건물이 보존되어 있다. 캐언즈의 모든 관공서와 레스토랑, 상점 등이 여기서 도보로 4, 5분 거리 안에 있다. 이 근처에서는 서민적인 슈퍼마켓 울워스(woolworth)가 유명하다. 천장이 높고 아무 장식이 없어 창고같은 공간에 일용품이 산더미 같이 쌓여 있다. 식료품 매장의 쇠고기와 신선한 과일은 믿어지지 않을 정도로 가격이 싸다. 또 티셔츠 같은 것을 한 무더기 사서 선물용으로 해도 될 만큼 엄청나게 싸다.

말린 선창 Marlin Jetty
그레이트배리어리프로 가는 유람선이나 요트, 대형 트롤선 등이 정박하는 곳이다. 특히 9~12월의 참치잡이 철이 되면 항구는 붐빈다. 근처에 살베이지 호를 개조하여 박물관 겸 레스토랑으로 쓰고 있는 트레니티베이 호가 있다.

포트 더글라스

케언즈의 북쪽으로 약 65km 떨어진 곳에 위치한 GBR로 가는 크루즈 기지로서 붐비는 리조트 타운이 포트 더글러스이다. 골드 러시 시대에 금을 실어나르는 항구로서 번영한 후에는 촌스러운 항구도시로 전락했었지만 대형 리조트, 셰라턴 미라지 건설과 함께 국제적인 비치 리조트로 붐비게 되었다. 케언즈가 서민적인 리조트 타운이라고 한다면 이 곳 포트 더글러스는 고급 리조트 타운이라 할 수 있다. 리조트가 세워진 4마일 비치에는 아름다운 백사장이 이어지고 있고, 퀵 실버의 모항이라서 이 곳에서도 아우터 리프로의 크루즈가 가능하다. 해수욕과 해양 스포츠를 즐기는 사람들에겐 최고의 휴양지이다. 포트 더글러스의 메인 스트리트는 4마일 비치와 안잭 파크를 잇는 마크로산 스트리트(Macrossan St.)이다. 이 도로를 중심으로 카페와 레스토랑, 은행 등이 모여 있다. 고급 부티크가 늘어선 마리나 미라지(Marina Mirage)를 비롯한 쇼핑 센터도 몇 개 있어서 한적한 쇼핑을 할 수 있다. 포트 더글러스 일대를 다니기에는 자전거가 좋다. 하루에 A$10이면 자전거 대여가 가능하다. 40 마크로산 스트리트의 포트 더글러스 바이크 하이어(Port Douglas Bike Hire)와 배낭 여행자들을 위한 유일한 숙소인 포트 오콜 로지(Port O'call Lodge)에서 대여해 준다. 케언즈의 트랜짓 센터에서 코럴 코치의 버스가 포트 더글러스, 모스맨까지 1~2시간에 1대 꼴로 출발하고 있다. 소요시간은 1시간 20분~2시간, 편도 A$14.20(왕복 A$27). 퀵 실버사의 보트가 케언즈와 포트 더글러스를 매일 운행하고 있으므로 이 편을 이용할 수도 있다. 편도 A$16(왕복 A$26). 포트 더글러스의 마리나 미라지 콤플렉스에 예약 사무실(070-99-5500)이 있다.

이 며칠 전 새로 배속을 받아왔는데 함께 동행하였다. 케언즈 시내를 벗어나 북으로 달리다 우선 Hertage homestead Markets란 거대한 백화점에서 반바지에 어울리는 슬리퍼와 강렬한 햇빛을 막아줄 선텐크림을 샀다. 저번에 왔을 때만 해도 가장 값싼 물건이 중국제였는데 이번에 보니 중국제보다 더 싼 필리핀제가 있어 필리핀제 슬리퍼를 한 켤레 샀다.

백화점에서 왼쪽으로 고속도로를 벗어나면 열대 우림으로 들어가는 길이 나온다. 그 길을 따라 조금 가면 오른쪽에 퀸즈랜드 대학의 케언즈 캠퍼스가 나오고 이내 숲 속으로 들어간다. 스미스필드 점프대는 숲으로 들어가는 계곡 입구에 있다. 많이 붐비지는 않지만 계속해서 뛰어내리고 있었다. 뜻밖에 한국사람들이 여러 명 있었다. 윤과장과 같은 회사의 미스 정이 안내를 맡은 그룹이다.

낙하의 공포가 영원한 감동으로

번지점프는 원래 뉴질랜드 원주민인 마오리족의 성년식에서 유래되었다고 한다. 당시는 칡넝쿨을 발목에 묶고 계곡에서 뛰어내리는 것인데 1979년 옥스포드 학생들이 샌프란시스코의 금문교에서 뛰어 내리면서 세상에 알려졌다고 하니 그다지 오래된 스포츠는 아니다.

'낙하의 공포가 하늘을 나는 현실로 다가올 때…'

'마지막 영혼같은 순간, 그 감동을 영원히 잊지 못할 것이다.'

'생전 처음 갖는 느낌, 거꾸로 매달린 중력의 장엄한 힘, 그리고 가장 상쾌한 방법으로 그에 도전한다.'

'점프가 아니면 그 무엇이 이런 감동을 줄 것인가'

'원시우림의 창공을 향해…'

'그린 아일랜드와 산호초 만리장성이 내려다보이고 빽빽한 열대 우림으로 둘러 쌓인 44m의 점프대...'

'열대 우림의 황홀한 마을, 공중에 완벽하게 자리잡은 이상적인 곳, 최대의 아드레날린 돌진, 예전에 전혀 맛보지 못했던 만족과 흥분, 마치 파아란 세상의 지붕 위를 나는 느낌을...'

번지점프를 하도록 꼬시는 수많은 선전문구들, 그래, 그것이 모두 사실이라고 하자, 문제는 구슬이 서 말이라고 꿰어야 보배라고 뛰어내리는 사람만이 느낄 수 있다는 것이다. 번지점프를 신청 받는 곳에는 두 가지 다른 현상이 함께 벌어지고 있다. 뛰어내리는데 성공한 사람의 함성과 흥분.

"정말 장난이 아니다, 대단하다"

"죽는 줄 알았다"

"뛰어내리기는 했는데 그 뒤로는 어떻게 했는지 기억이 나지 않는다"

한편으로는 올라갈 사람들의 두려움과 망설임이다. 아파트로 따지면 15층 높이나 되는 44m, 그런 고공에서 시속 90km 속도로 곤두박질해야 하는 입장에 서있는 사람들은 누구나 두려움을 벗어나기 힘들 것이다.

"걱정 마세요, 여자들도 뛰어내렸는데요"

미스 정이 나를 위로하기 위해 한 말이다. 그러나 극한상황에서는 여자들이 남자들보다 더 독하다는 것을 몰라서 하는 말이겠지, 더구나 한국 여인들은 모두 인당수에서 과감하게 몸을 던진 심청의 후배들이 아닌가!

"부부팀이 와서 남자들이 모두 뛰어내리는데 한 남자만 뜀틀까지 올라갔다가 포기하고 걸어 내려오자 함께 온 부인이 창피하다며 이혼을 요구한 적도 있었어요"

계속되는 미스 정의 스토리는 마음을 안정시키는데 크게 도움이 안 되었다. 그러나 나는 이미 뛰어내리기로 마음먹고 왔으니 물러서지는 않는다. 사실 안내서에 나온 다음 문구를 보면 먼

 케언즈 박물관 Cairns Museum
시티 플레이스에 있는 오래된 목조건물 2층에 있다. 선주민 애버리진에 관한 자료와 공예품, 개척시대의 채금도구 등이 전시되어 흥미를 끈다.

 트리니티 부두 Trinity Wharf
케언즈로 오는 대형 외항선이 입항하는 항구. 그레이하운드나 안센트파이어니어 등 대형 버스회사의 터미널도 겸하고 있다. 트레니티 만의 터미널 겸 쇼핑센타로서 여행자의 일용품은 무엇이든지 다 있다. 또 바닷가의 레스토랑이며, 외항선 선원들이 들르는 퍼브 등도 즐비한 항구도시의 관광명소이다.

 와일드 월드 Wild World
악어와 뱀의 컬렉션으로 유명한 관광용 동물원이다. 열대지방의 선명한 색상의 조류 컬렉션으로도 알려져 있다. 한 시간 마다 벌어지는 동물 쇼를 보고 있노라면 시간이 가는 줄 모르는 재미있는 곳이다.
위치 : Captain Cook Higway, Palm Cove
전화 : (07)4055-3669
입장료 : A$16(어린이 A$8)
개장 : 8:30~17:00
휴일 : 12월 25일

하틀리즈 크릭 악어농장

수백 마리의 바다 또는 민물 악어들이 서식하고 있으며, 먹이 주는 시간에 악어들이 움직이는 것을 볼 수 있다. 이곳에는 또한 열대환경에서 사는 호주산 동물들도 볼 수 있다. 오전 11시에 악어 먹이 주는 시간이 있고, 오후 1시에 코알라를 만져 볼 수 있는 시간, 오후 2시에 뱀 쇼, 오후 3시에 악어 쇼 등이 매일 있다.
입장료 : 어른 A$12, 어린이 A$6, 학생 A$9, 가족 A$30

지점프는 정말 안정된 스포츠다.

'엄밀하고 꼼꼼한 조작과정과 훈련을 마치고 1993년 개장하였다'

'호주·뉴질랜드의 표준협회에서 품질을 보증하였다'

'모든 장비는 사용년한의 20%가 지나면 바꾼다' (7,000명이 뛰어내리면 새 것으로 바꾼다고 한다)

등등의 안전성, 그 가운데서도

'지금까지 65만 명이 뛰어내렸으나 100% 안전, 사고가 없었다'

무엇을 두려워할 것인가. 65만 명이 자동차를 타고 달리면 하루에도 얼마나 많은 사고가 나겠는가? 그런데 사람들은 자동차에서는 두려워하지 않고 이 곳에서는 두려워하고 있다. 그렇다, 믿자, 그리고 신청하는 거다. "두려워할 것은 없다, 단지 두려워한다는 사실, 그 자체가 바로 공포다(Nothing to fear, but fear itself)", 산악자전거 세계참피언인 한스 레이도 말하지 않았던가!

함께 간 김 군과 함께 용감하게 신청하였다. 신청이 끝나자 몸무게를 재서 그 무게를 매직펜으로 손등에 써 주었다. 이 몸무게를 보고 발에 맬 줄의 길이를 조정한다. 그래야만 물 속에 빠지지 않고 수면 위에 닿을 듯 말 듯한 곳에서 다시 솟아오를 수 있는 것이다.

승강기가 없다고 투덜대며 15층 높이의 계단을 올라가며 중간중간에 뛰어내리는 사람들을 구경한다. 아무도 포기하지 않고 잘 뛰어내리는 것을 보면 안심이 된다. 꼭대기에 올라서니 뛰는 사람 외에도 구경꾼들이 상당히 많다. 뛰지 않더라도 공짜로 구경을 할 수 있기 때문에 이 미친 광경을 보기 위해 몰려오는 사람들도 있다고 한다. 한쪽 끝에는 사진과 비디오를 찍는 팀이 있다. 나도 미리 사진과 비디오를 다 신청하였다. 언제 또 해볼지 모르는데 확실하게 기록을 해 놓자는 것이다.

에스플러네이드 Esplanade

말린 선창에 이어지는 해안거리. 야자수가 시원한 바람에 흔들리고 바닷가의 잔디밭에는 탁자와 벤치가 줄지어 놓여 있다. 산책을 하기도 하고 벤치에 앉아 명상에 잠기기도 하는 낭만이 현세에 살아 있는 곳이다. 거리의 반대쪽에는 호텔, 레스토랑, 스텐드바 등이 즐비하여 밤이 되면 젊은이들과 함께 활기를 띤다.

데인트리 국립공원

케언스에서 케이프 요크(Cape York)까지는 광대한 열대우림 지대가 이어져 있다. 밀림 지역이라 전문 가이드의 안내로 움직이는 것이 안전하기 때문에 여행자 대부분이 투어로 움직이게 된다. 포트 더글라스의 북쪽 약 24㎞, 모스맨 협곡을 넘으면 데인트리 국립공원으로 들어간다. 이 곳의 관광 중심은 데인트리 강의 크루즈이다. 1시간 정도 배를 타고 강을 건너가면 야생의 크로커다일이 강가에서 움직이지도 않고 쉬는 모습이나 수면을 헤엄치는 모습을 바로 앞에서 볼 수 있다. 또한 큰 날개를 펼치고 하늘에서 먹이를 노리는 바다 독수리 등 평소에 좀처럼 볼 수 없는 생물을 만날 수 있다. 이 강을 건너면, 열대우림과 산호바다가 만나는 장소로서 이름 높은 케이프 트리뷰레이션이 펼쳐진다.

자, 뛰자 푸른 창공으로!

오래 기다리지 않고 할 수 있었다. 김 군과 서로 먼저 하라고 밀다가 결국 내가 먼저 하기로 하였다. 뜀틀 입구 양옆에 1m 높이의 대 위에 앉자 먼저 두 발목에 수건을 감고, 발 사이에다 줄을 넣어 수건을 묶는다.

'이것으로 79㎏ 내 몸무게를 지탱할 수 있을까?'

순간적으로 의심이 떠올랐지만 '65만명이 다 이렇게 해서 안전했다고 하지 않은가!'를 되새기며 철저하게 믿었다. 안 하려면 모르지만 하려면 철저하게 믿어야 하지 않겠는가.

꼭대기 층에서 조금 앞으로 튀어나온 뜀틀에 올라서서 발 밑을 내려다보니 정말 까마득하다. 지붕이 손바닥만하고 사람들이 콩알만하다. 왕년에 록클라이밍을 해본 몸이지만 자일에다 온 몸의 무게를 지탱할 때와는 판이하게 다르다. 발목에만 줄을 묶고 몸을 허공에 내던져야 하기 때문이다.

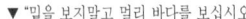
▼ "밑을 보지말고 멀리 바다를 보십시오"

'두려우면 두려워하라'고 하였다. 물론 객기를 부려 악을 쓰며 그 기운으로 뛰어내리는 방법도 있다. 그러나 나는 뛰어내릴 때 내 감정상태를 끝까지 보는 공부를 해보기로 하였다. 나는 담당자에게 "두려운데 어떡하죠?"라고 물었다.

'밑을 보지 말고 멀리 바다를 보십시오'

하면서 카메라맨을 보며 손을 흔들라고 한다. 그리곤 담당자가 권투시합 때 소개하는 사람처럼 무어라고 소리치더니 '점프'를 외친다. 한 번 망설이면 계속 망설인다고 한다.

'자, 뛰자, 출발'

몸이 공중으로 붕 떠오르더니 밑으로 곤두박질하기 시작한다. 얼마나 떨어질까? 나는 낙하산이 펼쳐지는 순간 굉장한 충격을 받는 것을 보았기 때문에 여기서는 다시 튀어 오를 때 얼마나 충격이 센가를 보기 위해 기다렸다. 대부분 고공에 대한 공포와 더불어 바로 이 순간에 대한 두려움이 클 것이다. 그러나 그것은 기우였다. 내가 생각했던 것보다 훨씬 빨리 튀어 올랐으며 마지막 순간의 충격을 거의 느끼지 못했다. 나중에 안 사실이지만 말레지아산 고무줄을 잘게 해서 1000가닥을 합쳐서 만든 줄이기 때문에 충격이 없다고 한다.

부드러운 줄 덕분에 나는 다시 튀어 올라 30미터 이상이나 솟아올랐다. 그리고 다시 떨어지면서 몸이 빙글빙글 돌기 시작하였다. 순간 빙글빙글 도는 것이 싫다는 생각이 들었다. 이 생각까지는 나의 감정을 놓치지 않고 볼 수 있었다. 그 다음부터는 몸에 힘을 빼는 일만 열중하였다. 나를 끝까지 관찰하지 못하고 도망을 친 것이다. 그 뒤로도 몇 번 오르내리다 수면에 가까워지자 보트에서 장대를 들어올렸다. 받아 내리는 사람이 장대를 끌어당겨 보트 위에 눕히고 발의 끈을 풀어 주었다.

주위에서 박수를 쳐주었다. 무엇보다도 해냈다는 만족감 때문에 뛸 듯이 기뻤다. 그 동안 주체하기 어려웠던 감기도 어디로 가버렸는지 몸이 가볍다.

 케이프 트리뷰레이션

데인트리 강을 건너서 다시 34㎞를 달리면 케이프 트리뷰레이션에 닿게 된다. 이 곳은 열대 우림과 산호초가 만나는 장소로 알려져 있다. 흰 모래사장의 코코넛 비치(Coconut Beach) 앞까지 열대 우림의 울창한 숲이 이어지고, 짙푸른 바다에는 산호초가 펼쳐져 있다(단, 해파리가 많기 때문에 수영은 금지되어 있다). 코럴 코치의 버스가 모스맨을 거쳐 이 곳까지 운행한다.

'갑자기 당신이 불가능하다고 생각하고 있던 일이 가능해진다. …당신이 할 수 있다고 믿지 않았던 일을 해냈다는 것을 상기하십시오, 그리고 이제 그 경험을 당신 삶 속의 다른 영역에다 응용해 보십시오.'

1987년 피리 에펠탑에서 뛰어내린 뒤 수많은 기록을 가지고 세계 각국에서 번지점프 사업을 하고 있는 하켓(A.J. Hackett)이 말한 번지점프의 철학이다. 번지점프는 확실히 짧은 시간에 자기의 가능성을 확신시켜주는 스포츠다.

사무실에서 번지점프에 성공했다는 증명서도 받고, 성공하는 사람에게만 주는 티셔츠도

▲잠깐 타보는 낙타지만 내 생애 처음 타보는 낙타라서 의미가 컸다

받았다. 한 쪽에서는 바로 내가 뛰어내리는 모습을 비디오로 보여주고 복사해 준다. 그럴 줄 알았더라면 좀 더 멋있게 뛰어 내릴걸, 폼이 엉망이다. 내 신발은 발에다 묶고 떨어졌기 때문에 괜찮았지만 사진기 가방을 가질러 다시 15층을 올라갔다 와야 했다. 그러나 뛰어내리는 것에 비하면 오르내리는 것은 이제 문제도 되지 않는 일이었다.

석양의 멋, 해변의 승마

자, 이 기분에 말이나 한 번 타 보자. 시간은 4시가 거의 다 되어 가고 있다. 물론 오늘은 번지점프만 했어도 기분 최고이고 본전 다 뽑았다. 그렇다고 벌써부터 호텔에 돌아가 무얼 할 것인가. 그래서 가까운 승마장으로 갔다. 번지점프 동창인 김 군과 함께 말을 타보기로 한 것이다. 승마가 시작되는 5시까지는 아직 시간이 있기 때문에 우리는 먼저 낙타를 타보기로 하였다. 잠깐 타보는 낙타지만 내 생애 처음 타보는 낙타라 의미가 컸다.

이 곳 농장은 밥이라는 주인과 부인, 그리고 아들, 딸들이 모두 이 사업에 매달리고 있었다. 어느 정도 돈을 벌었으면 사장님 태를 좀 낼 수 있으련만 직접 말도 몰고 마차도 모는 카우보이 그대로이다. 옷이나 좀 빨아 입었으면 할 정도이다. 열살 남짓 먹어 보이는 어린 딸도 맨발로 뛰어다니며 온통 참견이다. 말을 먹이는 사람들 중에는 상당수가 일본의 젊은 남녀들이다. 호바트에서 만난 한국 학생들이 일자리가 없다고 했는데 여기 일본 청년들처럼 더럽고 힘든 일을 마다하지 않는다면 할 일이 많으리라고 본다.

5시가 다 되자 20여명의 손님들이 관광버스를 타고 왔다. 주로 싱가폴, 홍콩 사람들에다 일본인 가족도 3명 있었다. 우리는 승마 리더가 말의 크기와 성질에 따라서 하나하나 지적해 주면 그 말을 올라타고 기다렸다. 모두 타고나자 간단히 말을 모는 방법에 대한 강의가 있다.

열대 우림지 Rainforestation
군용 수륙양용트럭을 타고 열대우림 깊은 곳까지 가서 오래된 야자수와 양치류 나무들, 많은 종류의 우림지대 야생동물들을 볼 수 있다. 드림타임 산책 관광에 참가해 과거로의 시간여행을 즐길 수 있으며, 부메랑 던지기와 파마지리 원주민 공연단들의 공연 관람도 할 수 있다.
입장료 : 어른 A$10.50, 어린이 A$5.25

드디어 출발. 목장 옆 개울을 따라가다 다리 밑을 통해 넓은 찻길을 건너 건너편 길가로 올라섰다. 중간중간 배고픈 말들이 풀을 뜯는 통에 갑자기 앞으로 기우뚱거려 위험할 때도 있었지만 말들이 온순하게 잘 훈련된 데다 5, 6명의 조교들이 사이사이에 따라오며 잘 이끌어주어 말을 처음 타는 사람들도 어려움이 없었다. 초등학교 1학년쯤 되는 어린이는 한 조교가 끝까지 고삐를 잡고 동행해 주었다.

20여분 동안 시내를 통과하는 동안 리더는 말들이 남의 잔디에 들어갈까 봐 몹시 신경을 썼다. 시내를 통과하자 시원하게 탁 트인 태평양이 우리를 맞이한다. 우리 부대는 리더가 이끄는 대로 물가로 나가 바닷가를 따라서 남쪽으로 행진하기 시작하였다. 밀려오는 파도에 말의 발목이 적실 정도로 바닷물 가까이 걸으면서 석양을 바라보는 기분은 정말 낭만적이었다. 국내에서는 말을 타볼 기회도 없지만 설령 기회가 주어진다 해도 돈이 많이 들어 꿈도 꾸기 어려운 스포츠인데 여기서는 몇 만원만 주면 능숙한 조교들의 도움을 받아가며 이 귀족스포츠를 즐길 수 있는 것이다. 그래서 자주는 못하지만 여행을 나오면 가끔 말을 탄다. 미국의 옐로스톤 국립공원에서는 산 속을, 뉴질랜드 티아나우에서는 들판을, 그리고 그랜드캐년의 하바수파이 인디언 마을에서는 계곡을 다녀보았지만 황혼 따라 바닷가를 달려보는 멋진 기분은 처음이다. 이번이 네 번째이므로 달리지는 못하더라도, 좀 빨리 가보고 싶었으나 리더가 앞을 막고 허락하지 않아 아쉬웠다.

해변을 가다보니 바다에 100여 미터 사방으로 망을 쳐 놓은 곳이 있다. 이곳이 바로 해수욕장이다. 여름철에는 이 부근에 독해파리(Box Jelly Fish)가 나타나 수영이 금지되어 있기 때문에 이처럼 망을 쳐놓고 수영을 한다고 한다. 다행이 해안을 떠나 멀리가면 그 위험이 적기 때문에 산호초 만리장성에서는 수영을 한다고 한다.

해안을 어느 정도 가다보니 날씨가 어둑어둑해진다. 다시 되짚어 돌아오니 저녁 7시, 어느덧 날은 저물고 어둠이 찾아와 있다. 밥 씨가 내준 최고급 승용차로 호텔로 돌아왔다. 오랜만에 슈퍼에서 각종 과일을 사다가 저녁을 대신했다. 김 군은 과일 가지고는 부족한지 컵라면을 하나 더 추가하였다.

이제 남은 시간은 공부를 하는 것이다. 호텔 로비에는 한 벽면이 모두 관광안내서로 차 있다. 지금까지 많은 여행을 했지만 이처럼 완벽하게 모든 정보를 갖춘 곳을 보지 못했다. 마치 관광안내센터 같았다. 자료를 한 보따리 가지고 와서 각종 정보를 얻으면서 나름대로의 일정을 잡아보는 순간은 실제 현장에 있을 때 못지 않게 흥미진진한 시간이다.

민박을 하면 새로운 것을 얻어서 좋지만 이렇게 호텔에서 혼자 큰 대자로 누어 쉬다 꿈나라고 가는 것도 쓸만하다. 이제 나도 늙어 가는가?

산호초 만리장성

12월 9일, 오늘은 '산호초 만리장성'을 가는 날이다. 케언즈 관광 최고의 꽃은 바로 '산호초 만리장성'이다.

'산호초 만리장성'

우선 이 개념부터 정리하고 넘어가야 하겠다. 왜냐하면 산호초 만리장성이란 바로 필자가 처음 만들어낸 용어이기 때문이다. 원래 현지에서는 'Great Barrier Reef'라고 하는데 지금까지 우리나라 관광안내서에는 모두 대보초(大堡礁)라고 기록되어 있다. 대보초란 무엇인가? 보통 이상으로 유식한 전문가가 아니면 아는 사람이 없다. 보초(堡礁)란 수준 높은 지리학 학술용어로서 '섬이나 육지의 언덕에서 떨어져 해안선에 평행으로 발달한 산호초'를 뜻하는 것이다. 보통사람으로서는 보초라고 해도 못 알아들을 판인데 '대' 자까지 붙여 무슨 풀이름처럼 대보초라고 하니 누가 감이나 잡겠는가? 필자는 호주여행 준비를 하기 시작하면서 여행안내서에 나온 이 대보초라고 직역된 단어에 강한 불만을 갖고 그 대안을 찾았으나 쉽지가 않았다. 그러나 현장에서 실제로 헬리콥터를 타고 내려다보고 스쿠버다이빙으로 물 속 10미터까지 내려가 산호초를 보는 순간 강하게 떠

Great Barrier Reef

호주에서의 가장 큰 자연 유산 중 하나로써 장엄한 Great Barrier Reef는 사실상 전체 퀸스랜드 해안선을 따라서 뻗어져 있다. 세계 자연의 불가사의 중 하나로 간주될 만큼 초자연의 경이를 느낄 수 있다. 이 산호초 지대에는 수백개의 섬이 있다. 그 중 20여 개는 리조트 시설이 되어 있다. Great Barrier Reef에서의 잊을 수 없는 관광지 중 하나는 화려하고 이국적인 창조물로써 셀 수 없을 정도로 많은 산호초를 가진 바다 및 탐험이다. Heron, Lady Elliot 그리고 Lizard섬들은 스쿠버 다이빙을 즐길 수 있는 좋은 기회를 제공한다.

◀아침 8시가 넘어서면 선창가(Trinity Wharf)는 산호초 만리장성을 가는 관광객들로 서서히 붐비기 시작한다

오르는 영감이 있었다.

'그래, 이거야말로 산호초의 만리장성이다.'

영어의 reef는 산호초를 말하는 것이고, barrier는 장벽, 방책, 국경의 요새 등을 뜻하는 것이니, 산호초장벽이나 산호초장성이 알맞은 번역일 것이고, 2000km가 넘는 규모는 과연 만리장성이 아니겠는가.

아침 8시가 넘어서면 선창가(Trinity Wharf)는 산호초 만리장성을 가는 관광객들로 서서히 붐비기 시작한다. 선로버(Sunlover)나 퀵실버(Quicksilver)처럼 수백 명이 탈 수 있는 배에서부터 몇 십 명이 탈 수 있는 소형 선박, 그린섬까지 사람을 실어 나르기만 하는 배가 있는가 하면 며칠간 스쿠버다이빙을 위해 떠나는 배, 등 다양한 배들이 각 호텔에서 쏟아져 나온 손님들을 싣고 부두를 떠난다. 9시가 되면 마치 출근시간처럼 여기저기서 출발한 크고 작은 배들이 포구를 빠져나가 각기 개발한 산호초섬으로 떠나느라고 장관을 이룬다.

내가 탄 선로버는 35미터 짜리 최신 쾌속 쌍동선(catamaran)인데 케언즈에서 가까운 산호초를 가는 코스이다. 이런 유람선 회사들은 경치가 좋은 산호초 근방에 밑이 넓은 너벅선(pontoon)을 띄워놓고 여러가지 시설들을 해놓았다. 선로버에서는 알링턴(Arlington)산호초와 무어(Moore)산호초에 전진기지인 너벅선을 만들어 놓았는데 필자는 무어산호초를 선택하였다. 모든 것은 함께 가는 윤 과장이 주선해 놓은 것이다. 배 안에는 각국어로 된 안내서와 함께 한국어로 된 일정표도 비치되어 있어 한국 관광객들도 상당히 많아졌다는 것을 알 수 있다.

자격증 없어도 스쿠버다이빙 가능하다!

배가 출발해서도 바쁘게 돌아갔다. 무엇보다도 먼저 스쿠버다이빙을 신청하였다. 원래 바다에서 스쿠버다이빙을 하려면 자격증이 있어야 하고 이 곳에서 자격증을 따려면 5일간 다이빙 학교에서 배워한다. 그 가운데 처음 이틀간은 수영장에서 연습하고 사흘째가 되어서야 비로소 바다로 나간다고 한다. 그런데 이 유람선에서는 처음 시도해 보는 사람도 안전하게 할 수 있도록 여러가지 안전장치를 하고 교사가 함께 끝까지 도와주기 때문에 자격증이 없는 초보자도 가능하다는 것이다.

'남이 하는 것은 나도 한다.'

무조건 신청하고 보는 것이다. 자격증 있는 사람은 60달러(36,000원), 나처럼 처음 하는 사람은 75달러(45,000원)였다. 스쿠버다이빙을 신청하고 나서 헬리콥터 관광을 신청하였다(75달러). 산호초 만리장성의 실체와 그 아름다움을 알기 위해서는 공중에서 내려다보아야 한다고 했기 때문이다.

배가 오늘의 첫 기항지인 핏츠로이섬(Fitzroy Island)에 도착한 것은 떠난 지 한 시간이 조금 못 된 10시 정도였다. 핏츠로이섬에서는 1시간 정도 머무르다 11시에 무어 산호초로 가는데, 1시간 동안 해변에서 수영을 하거나 열대우림 속을 산책하며 자유롭게 시간을 보낼 수 있고, 유료지만 진주조개양식장도 구경할 수 있다.

그러나 나는 하선하여 여유를 즐길 시간이 없었다. 도착하자마자 스쿠버다이빙에 대한 강습이 시작되었다. 필자는 일본사람들과 함께 일본어로 설명하는 그룹에 끼었는데 강의 도중 보여주는 교재에 한문이 많이 나와 오히려 영어보다 이해하기 쉬운 면이 있었다. 강의를 맡은 일본 아가씨는 작은 키에 깡마른데다가 매일 햇빛 아래서 일하기 때문에 얼굴이 시커멓지만 매우 친절하고 자상하였다. 호시노 노리꼬라는 귀여운 아가씨의 강의는 20여분 밖에 걸리지 않았지만 함께 신청한 일본인 한 사람이 하선을 해버리는 바람에 10~20분간 찾느라 시간을 빼앗겼다.

주된 강의 내용은 입으로 숨쉬는 방법과 잠수할 때 수압 때문에 귀와 머리에 느끼는 통증을 해소하는 방법이다. 물 속에서 30분 동안 산소통을 짊어지고 입으로만 숨을 쉬어야 한다는 두려움이 서서히 다가왔다. 강의를 들어보니 스쿠버다이빙은 상당한 실력과 주의가 필요한 운동이라는 것을 알 수 있었다. 번지점프는 눈 딱 감고 뛰어내리는 배짱만 있으면 되었지만 스쿠버다이빙은 강의 내용을 확실하게 이해해야 한다.

▲ 헬리콥터를 타고 내려다본 케언즈 관광 최고의 꽃인 "산호초 만리장성"

강습이 끝나고 나니 출발시간이 20~30분 밖에 남지 않았다. 그렇다고 이 황금같은 시간을 배 안에만 남아있을 수는 없지 않은가. 낮잠이나 자겠다는 윤과장을 배에 남겨두고 혼자서 섬에 올랐다. 남태평양의 섬답게 이름 모를 나무들과 깨끗한 해변은 정말 이국적이고 아름답다. 일찍 상륙한 사람들은 이미 숲으로 들어가거나 물 속에 뛰어들어 수영을 즐기고 있었으나 나는 시간이 많지 않기 때문에 바닷물에 무릎까지만 담그고 해변을 걷다가, 조용히 해변에 드러누워 즐거워하는 사람들의 모습도 보고, 하늘과 바다의 파란색이 어떻게 다른가도 보고, 짧지만 몹시 한가한 시간을 보냈다. 일본인 신혼부부들이 상당히 많았다.

하늘에서 바라보는 산호초 만리장성

11시 핏츠로이섬을 떠난 배는 해안을 벗어나 대양을 향해 달린다. 배가 달리는 동안 스쿠버다이빙하는 시간과 헬기 타는 시간이 중복되어 조정하느라고 한참 동안 뛰어 다녔다. 12시가 다 되어 너벅선에 도착하면 2시간 반쯤 자유시간이 있는데 두 시간 안에 헬기와 스쿠버다이빙 두 가지를 하려면 시간이 빠듯하여 점심시간을 놓칠 수가 있다. 매도 먼저 맞으라고 했듯이 도착하

자마자 약간 불안감을 가지고 있는 스쿠버다이빙을 끝내고, 그 뒤 느긋하게 헬기도 타고, 스노크링도 즐기려고 마음먹었다. 그러나 헬기는 신청을 늦게 해 첫 비행에만 빈자리가 있어, 두 가지를 다 하려면 헬기를 먼저 타야 했다. 스노크링(snorkelling)이란 스노클(snorkel)이라 부른 잠수용 플라스틱 관으로 숨을 쉬며 발에 물갈퀴를 신고 천천히 수영하며 바다 속을 구경하는 스포츠인데, 함께 온 대부분의 사람들은 두 시간 동안 스노크링을 하며 산호초를 구경한다.

쌍동선이 너벅선에 접안을 끝내자 모두들 배 안의 탈의실에서 수영복으로 갈아입고 너벅선으로 나간다. 우리도 호텔에서 가져온 큰 타월을 가지고 나가 우선 너벅선에 장치된 탁자에 자리를 잡고 스노크링 장비를 챙겼다. 늦게 챙기면 맞는 게 없을 수도 있으니 지금 안 쓰더라도 잽싸게 가져다 놓아야 한다는 윤 과장의 충고에 따른 것이다.

헬기로 가는 보트가 손님을 데리러 왔다. 반잠수함을 타고 바다 밑을 구경하는 사람도 있는데 나는 이미 뉴질랜드의 베이 오브 아일랜드에서 경험을 했기 때문에 욕심을 내지 않았다. 보트로 300미터쯤 가니 가로 10미터 세로 5미터 정도의 넓이를 가진 작은 헬기장이 물위에 떠 있었다. 육지에서 날아오는 헬기가 예정시간보다 늦게 도착하였다. 헬기가 착륙하자 착륙장으로 올라가 함께 간 일본인들의 양해를 얻어 사진 찍기 편리하도록 앞자리에 앉았다.

헬기에서 내려다 본 산호초 만리장성은 정말 장관이었다. 산호초 만리장성은 호주의 북동 해안을 따라 발달한 세계 최대의 산호초 장벽이다. 북쪽은 뉴기니 남쪽 해안의 플라이강 어귀에서 남쪽은 퀸즐란드의 레이디 에리오트(남위 24도)까지 이어져 있다. 길이는 약 2,400km쯤 되었으나 최근 공해 때문에 남쪽 끝 400km쯤은 황폐화되어 지금은 2,000km쯤 남아있다. 북쪽 끝은 해안으로부터 가까워 16km쯤 되는 곳도 있으나 남부는 해안에서 250km나 떨어져 있다. 산호초 만리장성은 대부분 바다에 잠겨 있으나 군데군데 조그마한 산호초가 바다 위로 무수히 나와 있어 대륙의 방파제 같은 모양을 하고 있다. 산호초 만리장성과 육지 사이에는 산호초 호수를 이루고 있는데 물깊이가 60m 이하의 대륙붕이고 바닥은 평탄하다. 동쪽 바다 쪽으로 나갈수록 약간 경사가 져 있는데 장성 바깥쪽은 급경사를 이루어 갑자기 깊어지고 파도가 높고 세다. 관광 너벅선은 산호초 호수 가운데 안전하고 산호초가 아름다운 곳을 택해 설치하였는데 브리스베인과 케언즈가 관광의 중심지이다. 최근 브리스베인 근방에는 공해가 심해 산호초가 많이 황폐화되어 케언즈가 단연 으뜸을 차지하고 있다. 산호초 호수는 깊고 낮은 곳이 있고 그 깊이에 따라 물색깔이 달라 헬기에서 보면 자연의 신비와 아름다움을 느낄 수 있는 여러 장면이 영화필름처럼 지나간다.

물 속의 신비를 캐는 스쿠버다이빙

너벅선에 돌아와 시간이 많이 늦어졌기 때문에 과일로 간단히 허기진 배를 달래고, 바로 잠수에 들어갔다. 우선 산소통을 짊어져 보니 쉽게 움직일 수 없을 정도로 무겁다. 물안경을 쓰고 물안경에 물이 들어왔을 때 뿜어내는 법을 배우고, 처음 입을 댈 때 물을 뿜어내는 법, 산소주둥이를 놓쳤을 때 다시 물거나 리더의 산소주둥이를 무는 법 등을 배웠다.

'자, 이제 시작이다'

너벅선 한쪽 구석에 마련된 계단을 통해서 천천히 밑으로 내려가니 그곳에 연습장을 만들어 놓았다. 무릎을 꿇으면 머리가 잠길 정도의 깊이에 손잡이를 만들어 놓아 안심하고 연습할

▲ '자, 이제 시작이다' —스쿠버다이빙

수 있게 해 놓았다. 이론으로만 배웠던 잠수기술을 호시노 양의 리드에 따라 하나하나 해보고, 다시 해보는 실습이 있었다. 리더 한 명이 4명을 가르치는 철저한 개인강습이다. 이 잠수는 문자 그대로 장난이 아니고 물 속 10미터를 내려가야 하는 실제 상황인 것이다.

 연습을 마치고 잠수가 시작되었다. 너벅선 밑에는 동아줄들이 바닥에 거의 닿을 정도로 내려뜨려 놓아져 있다. 한 사람이 줄 하나씩을 잡고 천천히 내려가기 시작한다. 손을 세 번 바꿀 때마다 한 번 씩 코를 잡고 힘을 넣어 귀속에 공기를 채웠다. 우리 머리 속의 빈 곳에는 공기가 들어있는데 밑으로 내려감에 따라 안과 밖의 기압이 달라 통증을 느끼기 때문에 공기를 불어 넣어 기압의 밸런스를 유지시켜 주기 위해서다. 5미터쯤 내려가니 천천히 내려가도 통증이 가시지 않을 때가 있었다. 그럴 때는

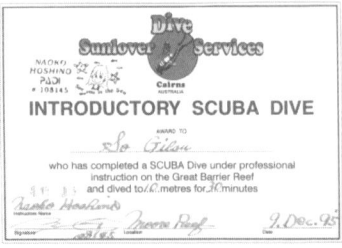

아픈 쪽 귀를 위로 향하고 공기를 불어넣고, 그래도 안되면 약간 다시 올라왔다 다시 내려가는 방법을 썼다. 높은 산을 올라갈 때나 비행기 탈 때 느끼는 현상과 같은 것이다. 5m쯤 들어가자 여유를 느끼기 시작하였다. 나머지 두 일본 아가씨들이 시간을 많이 잡아먹고 애를 먹고 있기 때문에 상대적으로 여유를 느낀 것이다.

바닥에 거의 다 다다르니 동아줄 끝에 큰 블록이 매달려 있다. 여기서부터는 물 속에서 헤엄을 쳐야 한다. 그러나 초보자는 균형을 잡기 어렵고, 물갈퀴 젓는 방법도 모르기 때문에 철저하게 리더에게 의지한다. 리더가 왼쪽에 한 사람 오른쪽에 두 사람의 손을 잡고 함께 수영하는 것이다. 가끔 너무 높이 올라왔다 잠수할 때 귀가 아픈 적도 있지만 물 속 깊이 들어가니 오히려 편안하고 두려움도 없어졌다. 조금 가니 각가지 아름다운 산호초들이 산을 이루고 있다. 영화에서만 보던 장면을 직접 볼 수 있다니 꿈만 같다.

얼마를 더 가니 큰 항아리 만한 조개가 바닥에 놓여 있다. 무릎을 꿇고 자세히 관찰하였다. 무릎을 꿇지 않으면 몸이 떠오르므로 바닥에 정지할 때는 반드시 무릎을 꿇어야 된다는 기본 규칙은 지켜야 한다는 것을 실감할 수 있었다. 마치 벨벳처럼 부드러워 보이는 속살을 살그머니 만져보니 그 큰 조개껍질이 움찔 움직이며 껍질을 오므린다. 정말 큰 조개였다. 조개에서 멀지 않은 곳에 사람 다리 만한 해삼이 바닥에 드러누워 있어 혼자 왔더라면 엄청난 공포 속에 휘말릴 수도 있겠구나 하는 생각이 들었다. 리더가 집어준 30~40㎝ 정도 되는 까만 바다 동물을 시키는 대로 얼굴에 대 보니 마치 물 밖에서 부드러운 베 조각을 대는 것 같았는데 무슨 동물인지 물어보지 못했다.

리더와의 대화는 물 속에서는 들어가기 전 간단히 배운 수화로 하고, 부득이한 경우는 리더가 허리에 달고 다니는 특수 책받침에다 글씨를 써서 보여 준다. 이름 모를 물고기들은 사람을 두려워하지 않고 우리와 함께 유유하게 움직인다. 크기도 다양하지만 그 아름다운 색깔들이 물 속의 신비를 더해 준다. 한참 가니 진짜 성벽 같은 절벽이 나타나는데 벽에는 수많은 산호초들이 꽃피어 있어 신나는 물속여행으로 시간가는 줄을 몰랐다. 리더가 수시로 산소량을 측정하고, 시간도 체크하고, 길도 안내해 주니 우리는 그저 즐기기만 하면 된다. 돌아올 때 생각해 보니 우리가 어느 쪽으로 갔다오는지 전혀 감이 잡히지 않는다.

축하합니다, 스쿠버다이빙도 성공!

올라올 때도 천천히, 물위가 가까워지자 스노크링을 하는 사람들의 밑면들이 보이기 시작하고 이어서 너벅선이 보인다.
"축하합니다!"
물위로 얼굴을 내밀자 리더가 약간 어색하지만 정확한 한국말로 축하를 해준다. 원래 일본에서는 전화국에서 근무했는데 전보칠 때 이 문구를 자주 보아 알고 있다고 한다. '축하합니다' 이 말은 짧지만 정말 적절한 표현이었다. 번지점프하고 나서는 시원하고 자랑스러웠지만 다시 해보고 싶은 생각은 없었다. 그런데 스쿠버다이빙을 마치고 나자 표현할 수 없는 기쁨과 함께 또 해보고 싶은 마음이 솟아오른다. 이것은 번지점프 했던 것보다는 확실히 다른 감동이었다.

잠수를 마치고 나니 벌써 2시 반이 다 되어, 출발 30분 전에 바다 속 극장에서 물고기에게 먹이를 주는 쇼도 못 보고 스노크링도 못했지만 그 모든 것을 합친 것보다 더 멋진 것을 직접 보고 왔으니 하나도 아쉬울 것이 없다. 너벅선 가에 준비된 샤워시설의 물도 다 떨어졌는지 시원치 않다. 적당히 씻고 수건으로 닦은 뒤 옷을 갈아입었다.

2시 45분 출발한 쌍동선은 핏츠로이섬에 잠깐 들러 갈 때 내려놓았던 손님들을 다시 싣고 돌아온다. 도중에 리더였던 호시노 양이 찾아와 두 개의 증명서를 건네준다. 전화카드처럼 생긴 플라스틱 증명서는 호주 스쿠버다이빙 협회인 PADI에서 주는 것이고, 종이로 된 증명서는 무어 산호초에서 10미터 물 속을 30분간 잠수했다는 증명을 해주는 것이다. 물론 정식 자격증은 아니지만 잠수 도중 받은 감동만큼 소중하고 큰 기념품이 아닐 수 없다. 지금까지 여행하면서 될 수 있으면 돈 안들이고 하는 것이 자랑이었지만 이제 필요할 때는 과감하게 투자해야 한다는 것을 깨달았다. 인내하는 여행의 즐거움도 있지만 새로운 세계를 즐기는 이러한 여행도 빠뜨려서는 안 된다는 생각이 든 것이다.

예정시간이었던 4시 반보다 조금 늦어져 5시 케언즈에 도착하였다. 내일은 떠나야 하기 때문에 오늘 인포메이션센터에 가서 파푸아뉴기니아 가는 관광을 알아보았으나 별다른 정보가 없다. 케언즈에서 파푸아뉴기니아까지는 비행기로 불과 1시간 거리이기 때문에 여기에 오면 싼 관광일정이 많고 관광안내소에 가보면 쉽게 정보를 얻을 수 있으리라고 믿었다. 그러나 그건 잘못된 판단이었다. 케언즈에서 가장 오랫동안 여행업을 한 코리아나 여행사를 찾아갔으나 정보가 없기는 마찬가지였다.

코리아나 여행사와 같은 건물에는 한국인이 운영하는 선물가게와 서울 플라자라는 식당이 있다. 선물가게를 운영하는 고재천 씨는 태권도 사범인데 파푸아뉴기니아에도 도장을 가지고 있어 자주 간다고 한다. 주로 승단심사가 있을 때 가는데 왕복 비행기 값을 물어보니 할인요금이 없어 너무 비싸다는 생각이 들었다. 파푸아뉴기니아는 아직 싸게 여행할만한 곳이 아니라는 것이 판명되었다. 한국인들이 많이 사가는 것이 무엇이냐고 물었더니 주로 건강식품이라고 한다. 호주의 꿀, 로얄제리가 유명한데 요즈음은 벌통 속에서 발견되는 천연항생제 프로폴리스도 많이 나간다고 한다. 상어 연골이나 직접 가공하는 오팔도 파

는데 아직은 문을 연지 얼마 되지 않아 결과를 점칠 수는 없다고 한다(여기서 카드로 산 로얄제리 값이 뒤에 두 번이나 청구되었다).

　선물가게 바로 옆 한국식당인 서울 플라자에서 저녁식사를 하였다. 주로 불고기 위주로 하는데 손님들은 일본사람들이 많았다. 식사를 마치고 카드로 결제를 하려 했더니 안 된다고 한다. 관광지 식당에서 카드가 안 된다는 것은 뜻밖이었다.

　저녁 9시쯤 돌아와 내일 갈 쿠란다에 대해 자료를 보다가 10시에 일찍 취침.

▼카나보니카호 터미널을 출발한 곤돌라는 잠깐 동안 완만한 경사를 달리다 곧 급하게 경사를 오른다

쿠란다로 가는 길, 스카이레일

　12월 10일, 오늘 갈 쿠란다로 가는 방법은 네 가지가 있다. 가장 빠르고 쉬운 방법은 케네디

▲스카이레일 터미널은 시내에서 11㎞ 떨어진 카라보니카 호수 (Caravonica Lakes)에 있는데 해발 5미터의 낮은 평지다

쿠란다

케언즈의 북서쪽 약 34km에 위치하는 쿠란다는 바론 강을 따라서 나 있는 열대우림 속의 작은 마을이다. 이 마을에서 가장 번화한 곳이 쿠란다 마켓 주변으로, 이 시장에서는 싼 가격의 다양한 선물용품을 구입할 수 있고, 광장의 연못에서는 쿠란다 번지 점프도 행해진다. 원주민의 자푸카이 댄스(Tjapukai Dance) 쇼도 매일 열린다. 그 외에 작은 동물원과, 나비 보호구역(A$10) 등 볼거리는 많다. 케언즈 역에서 출발하는 쿠란다행 철도는 열대우림과 웅대한 폭포 등을 여유롭게 감상할 수 있어서 여행객들에게 인기를 끌고 있다. 소요시간은 약 1시간 30분. 쿠란다 철도의 예매는 숙소의 투어 데스크나 퀸즐랜드 레일, 케언즈 역에서 할 수 있다.

데인트리 국립공원

케언즈에서 케이프 요크(Cape York)까지는 광대한 열대우림 지대가 이어져 있다. 밀림 지역이라 전문 가이드의 안내로 움직이는 것이 안전하기 때문에 여행자 대부분이 투어로 움직이게 된다. 포트 더글러스의 북쪽 약 24km, 모스맨 협곡을 넘으면 데인트리 국립공원으로 들어간다. 이 곳의 관광 중심은 데인트리 강의 크루즈이다. 1시간 정도 배를 타고 강을 건너가면 야생의 크로커다일이 강가에서 움직이지도 않고 쉬는 모습이나 수면을 헤엄치는 모습을 바로 앞에서 볼 수 있다. 또한 큰 날개를 펼치고 하늘에서 먹이를 노리는 바다 독수리 등 평소에 좀처럼 볼 수 없는 생물들을 만날 수 있다. 이 강을 건너면, 열대우림과 산호바다가 만나는 장소로서 이름 높은 케이프 트리뷰레이션이 펼쳐진다.

하이웨이를 따라 차로 가는 것인데 30분이면 도착한다. 지금까지 관광객들이 가장 많이 택하는 방법은 역시 기차로 가는 것이었다. 1882년 착공하여 10여년간의 어려운 공사를 거쳐 1891년에 개통되어 100년 이상을 운행한 이 기차는 34km의 짧은 거리를 1시간 반 동안이나 달리는 느림보 기차지만 관광객들이 기꺼이 이용하는 것은 바로 그 역사성 때문이다. 가장 현대적인 방법은 1995년에 새로 세운 스카이레일이라는 케이블카이다. 기차는 하루 한두 번씩 밖에 다니지 않아 일정이 바쁜 사람에게는 불편한 데 비해 한 번에 30분밖에 걸리지 않는 스카이레일은 47개의 곤돌라가 쉬지 않고 운행되기 때문에 가자마자 어제든지 출발할 수 있다는 것이 가장 큰 매력이다. 그러나 내가 처음 바랬던 것은 기구를 타고 가는 것이었다. 새벽 5시 출발, 해 뜨는 것을 바라보며 30분간 하늘을 날아 쿠란다에 도착하는 것이다. 그러나 기구비행은 이루어지지 않았다. 혼자 호텔에 신청하면 되지만 안내할 사람들을 새벽 4시부터 깨울 수 없기 때문이다.

8시 윤 과장과 미스 정이 호텔로 와 함께 스카이레일 터미널로 갔다. 스카이레일 터미널은 시내에서 11km 떨어진 카라보니카 호수(Caravonica Lakes)에 있는데 해발 5미터의 낮은 평지다. 한번 타는 요금이 23달러(13,500원)이고 왕복은 39달러(23,000원)로 기차삯과 거의 비슷하다. 윤 과장과 미스 정은 차로 올라가 쿠란다에서 기다리기로 하고 나 혼자 출발하였다.

8시 30분, 카라보니카호 터미널을 출발한 곤돌라는 잠깐동안 완만한 경사를 달리다 곧 급하게 경사를 오른다. 스카이레일은 최고 시속 18km로 달릴 수 있다는데 그 보다는 훨씬 천천히 달리는 것 같다(최저속도는 0.72km). 곤돌라 한 대에 탈 수 있는 정원은 6명이지만 이른 아침이라 그런지 손님들이 많지 않아 내가 탄 곤돌라에는 어린아이를 안은 부부와 나만이 탔다. 점점 올라갈수록 열대 우림은 무성해지고 멀리 시원한 바다가 시야에 들어온다. 케이블에는 300미터당 한 대의 곤돌라가 매달려 있기 때문에 올라가는 동안 내려오는 반대편 곤돌라들을 자주 만나는데 지금은 올라가는 시간이라서 그런지 거의 텅 비어 내려오고 있다. 첫 번째 역인 레드픽(Red Peak)역 까지는 2.7km로 약 9분 정도가 걸린다.

해발 545미터의 레드픽역에 다다르면 일단 내려서 바꾸어 타야 한다. 그러나 여기서 바로 다음 역으로 가는 곤돌라를 타는 사람은 없다. 역 주위에 열대 우림에 대한 간단한 상식을 공부할 수 있는 야외교실을 만들어 놓았는데 한 번 돌아 볼만한 가치가 있기 때문이다. 열대우림지대의 나무들이 서로 햇빛을 더 많이 받기 위해 투쟁하는 현상, 우림지대에 여기저기 구멍이 뚫려 있는 이유, 다른 나무에 기생해서 사는 식물 등을 간결하지만 아주 알기 쉽게 설명해 놓았으며 상당히 큰 카우리 나무도 감상할 수 있다.

친절한 안내원들의 안내를 따라 다시 곤돌라를 타고 바론폭포(Barron Falls)역까지 3.1km를 가는 데는 약 10분 정도가 걸린다. 역을 출발하여 산을 넘으면 바로 끝없이 넓은 고원이 펼쳐진다. 수십미터나 되는 거목들이 꽉 찬 숲을 지나며 숲속에 건설된 타워를 보노라면 저절로 감탄이 나온다. 세계에서 가장 길다는 7.5km 케이블을 떠받치고 있는 타워는 모두 32개인데 가장 높은 것은 40.5m나 된다고 한다. 그런데 이러한 높은 타워를 세울 때 모두 헬리콥터를 이용하여 숲을 10㎡씩만 베어내고 작업을 했다고 한다. 첨단 공법을 사용하기 위해 엄청난 자본이 들었지만 숲을 최소한으로 희생시키기 위해 엄청난 노력을 하였다는 흔적이 뚜렷하다. 실제 공사기간은 1년 좀 넘었지만 허가를 받는데 23개 정부기관의 허가를 얻느라고 7년

쿠란다 국립공원

호주의 대표적인 국립공원으로 케이즈 서쪽 50km 지점에 위치해 있다. 열대 우림과 협곡, 폭포 등 이색적인 열대림의 자연경관을 만끽할 수 있다. 케언즈에서 쿠란다까지는 기차로 90분 정도 소요되는데 구식 증기열차를 타고 즐기는 아서톤 테이블랜드 관광은 권할 만하다. 종점의 쿠란다 역은 "식물의 역"이란 별명이 있듯이 수많은 종류의 초목과 꽃들로 장식되어 있다. 쿠란다역 근처에 있는 차푸카이 원주민쇼 공연장에서는 원주민 문화를 올바르게 묘사하고 발전시키기 위한 곳으로 1시간에 걸친 원주민쇼를 관람할 수 있다.

바론협곡은 1040년 국립공원으로 지정되었고 1988년 세계의 유산 목록에 올랐으며, 세계의 유산안에는 1100종류 이상의 식물들이 살고 있다

🌲 **아서튼 고원**

쿠란다에서 더욱 남쪽으로 펼쳐진 해발 900m의 아서튼 고원은 열대의 기후와 열대우림, 화산 토양으로 인해서 퀸즐랜드의 다른 어느 지역보다 광대한 목초지와 호수, 폭포 등 변화가 풍부한 풍경을 즐길 수 있다. 고원지역이기 때문에 케언즈보다 기온이 약 3~4도 정도가 낮아서 쿨 트로피컬(Cool Tropical)로 불리운다. 볼거리로는 화산 호수인 바론(Barron) 호와 그 부근에 있는 커튼 피그트리라고 불리는 나무가 있다. 커튼처럼 생긴 나무의 뿌리가 15m나 내리쳐져 있는 이 나무는 무화과 나무로, 주위에 기생하고 있는 나무를 덩굴로 목졸라 죽이기 때문에 이런 이름이 붙여졌다고 한다. 이 외에도 세계에서도 소수인 록 포섬(Rock Possum) 등 진귀한 동식물이 이 곳에 서식하고 있다. 쿠란다 철도와 짝을 이룬 투어나 동물을 둘러보는 열대우림의 나이트 투어가 케언즈에서 매일 출발한다.

케이프 트리뷰레이션

데인트리 강을 건너서 다시 34㎞를 달리면 케이프 트리뷰레이션에 닿게 된다. 이 곳은 열대 우림과 산호초가 만나는 장소로 알려져 있다. 흰 모래사장의 코코넛 비치(Coconut Beach) 앞까지 열대 우림의 울창한 숲이 이어지고, 짙푸른 바다에는 산호초가 펼쳐져 있다단, 해파리가 많기 때문에 수영은 금지되어 있다). 코럴 코치의 버스가 모스맨을 거쳐 이 곳까지 운행하고 있다.

반이나 걸렸다는 것만 보아도 설치하면서 환경문제에 대해 얼마나 신경을 썼는지 알 수 있는 것이다.

곤돌라가 다음 역에 가까워질 무렵 멀리 바론강과 협곡이 보이고 협곡 허리에 난 철로 위를 달리는 기차가 시야에 들어왔다. 이어서 협곡 끝부분에 280m의 초대형 폭포가 모습을 나타냈으나 물이 많지 않아 폭포의 웅장함은 예상보다 별 감동을 주지 못했다.

바론협곡은 1940년 국립공원으로 지정되었고 1988년 세계의 유산 목록에 올랐다. 그만큼 보호할 가치가 있는 지역이라는 것을 말하는데 이 세계의 유산 안에는 1,100종류 이상의 식물들이 살고 있다. 그 가운데 6%만이 흔한 종류이고 그 이외는 모두 특수한 수종들이라고 한다. 캥거루, 앵무새, 나비, 개구리 등 희귀동물들도 많고, 화식조(火食鳥, cassowary)처럼 날지 못해 멸종 위기에 있는 새도 있어 특수한 동물들을 보호하는 살아 있는 박물관이다.

바론폭포역은 1930년대 바론강에 수력발전소를 세울 때 노동자 숙소가 있던 곳을 사용하였기 때문에 비교적 넓은 땅을 차지하였다. 계곡과 폭포를 내려다 볼 수 있는 길을 판자로 만들어 놓았고 산 속 쪽으로는 호주에서 손꼽히는 학술단체인 CSIRO에서 세운 우림정보센터(rainforest infomation centre)도 있다. 정보센터는 그다지 크지 않지만 현대적 전자기술을 도입하여 짧은 시간에 열대 우림을 공부할 수 있도록 잘 꾸며져 있었다.

바론폭포역을 떠나 마지막 역인 쿠란다 터미널까지는 1.7㎞로 불과 6분 밖에 걸리지 않는다. 출발한 지 얼마 안 되어 아서튼 고원(Atherton Tablelands)의 가장자리에 위치한 쿠란다 마을이 보이고 그 오른쪽으로 바론강이 보인다. 비가 왔었는지 물색은 완전히 황토색이다. 곤돌라가 터미널에 가까워지자 바로 오른쪽에 기차역이 보인다.

쿠란다, 고원의 원주민 춤

터미널에 도착하니 10시다. 기다리고 있는 윤 과장, 미스 정과 함께 터미널을 나오자 빨간 꽃으로 뒤덮인 나무가 반갑게 우리를 맞이한다. 뉴질랜드 웰링턴에서 보았던 크리스마스 트리와 같은 것 같다. 낮에 식사하며 현지인에게 물어보았더니 남미가 원산지인 포인시아나(Poinsiana)라고 한다. 참 정열적인 색깔인데 케엔즈에서도 자주 볼 수가 있었다.

▲부메랑 던지는 실습을 하였다. 몇 번 연습하니 실제 부메랑이 되돌아오는 때도 있었다

우선 쿠란다시장으로 갔다. 현지, 외지는 물론 외국에서 온 장사꾼들이 가죽, 목공, 도기, 그림, 쇠나 구리로 된 제품 등 수공예품을 파느라고 좁은 골목을 가득 메우고 있다. 상당히 수준 높고 특이한 제품과 즉석 과일주스를 비롯하여 먹을 것도 많다. 안으로 깊숙이 들어가면 호숫가에 번지점프대가 설치되어 있는데 스미스필드보다는 높이도 조금 낮고 기중기를 사용하고 있어

▼시내를 조금 벗어나니 숲속의 원주민 쇼를 하는 자푸카이 애버리진춤 극장이 조용히 자리잡고 있다

309

숲 속의 점프만은 못한 것 같았다.

시내를 조금 벗어나니 숲속에 원주민 쇼를 하는 자푸카이 애버리진춤 극장(Tjapukai Aboriginal Dance Theatre)이 조용히 자리잡고 있다. 호주 원주민인 애버리진들이 옛날 모습대로 온 몸에 하얀 색을 칠하고 옛날 복장을 한 채 안내를 한다. 먼저 부메랑 던지는 실습을 하였다. 몇 번 연습하니 실제 부메랑이 되돌아오는 때도 있었다. 이어서 창던지기, 가느다란 나무창인데 1m 정도로 특별 제작한 막대기에다 걸어서 던지니 절반 정도 더 나갔다.

원주민들의 음악과 춤이 시작되었다. 악기는 가늘고 긴 통을 불어서 소리를 내는 자푸카이(Tjapukai)와 북채같은 막대 두 개를 때려 소리를 내는 타악기, 두 가지 뿐이지만 손뼉 치는 소리, 발 굴르는 소리, 입으로 외치는 소리들이 훌륭하게 조화를 이루어 힘차고 절도 있는 춤과 음악을 만들어내고 있었다. 캥거루, 뱀, 에뮤같은 현지 동물들의 흉내를 내 예술화한 것이 많은데 여기서 원주민 에버리진들의 문화, 전통, 유머를 느낄 수 있었다.

이 곳에서는 수륙양용차를 이용하여 호주 대륙에서 가장 오래된 열대우림지대를 관광하는 코스(Army Duck Rainforest Tour)가 있다. 오후 1시부터 시작되기 때문에 신청을 해 놓고 그 사이에 점심식사를 하기로 하였다. 다시 쿠란다 시내로 돌아와 이란인이 운영하는 뷔페식 식당으로 들어갔다. 들어가 보니 길가에서 보는 것과는 전혀 다른 분위기다. 식당 뒤는 바로 열대우림지대로 울창한 나무와 아름다운 꽃들이 온통 들어차 있다. 식사 도중에 미국 마이애미에서 왔다는 노부부를 만났다. 한국에서 이민간 뒤 그 곳에서 정년퇴직하고 이제는 1년에 몇 번씩 이렇게 여행 다니는 것이 가장 큰 즐거움이라고 한다. 밥맛도 좋았고 분위기도 아주 좋은 점심식사였다.

오후 1시, 아미 덕(Army Duck)에 도착해 보니 손님은 모두 우리 세 명뿐이다. 말이 세 명이지 진짜 돈 낸 손님은 나 한 사람 뿐이고 두 사람이 가이드라는 진기한 상황이었다. 그러나 회사 측에서 더 열심히 안내해 주었다. 가이드야말로 미래의 단체손 님이기 때문이다. 규모나 내용 면에서 카카두 공원의 옐로리버 와는 비교가 안 될 정도로 소규모지만 자세한 안내서를 작성하 여 정글에서 자라는 식물을 하나 하나 공부할 수 있도록 배려하 였기 때문에 열대우림지대를 짧은 시간에 이해하기 좋은 곳이 었다. 다만 한국말로 된 안내서가 여러 번 복사를 해서인지 알아 보기 힘들 정도여서 아쉬웠다.

아미 덕을 보고 나서는 바로 케언즈 시내로 돌아와 떠날 준비를 하였다. 번지점프 했던 사진을 찾아보고 나서야 번지점프 할 때 좀 더 멋있게 뛰어내리지 못한 것이 후회가 되었다. 그래도 처음 뛰어 내릴 때는 폼이 봐줄 만 한데 두 번째 곤두박질칠 때 는 티셔츠가 거꾸로 흘러내리고 눈을 감은 것이 마치 기절한 것 같아 몰골이 그다지 좋지 않다.

4시가 다 되어서 공항에 도착, 그 동안 도와준 윤 과장, 미스 정과 마지막 인사를 나누었다. 대명은 케언즈에 진출한지 얼마 안 되었기 때문에 현지 관광상품을 파악하고 새로운 상품개발 을 위해 준비하는 단계인데 두 사람이 큰 역할을 하고 있었다.

4시 50분 케언즈 공항을 출발하여 2시간쯤 난 비행기는 7시 정각, 브리스베인공항에 도착하였다. 공항에는 제이와 다른 여 자 회원 한 명이 마중 나와 있었다. 8시, 오늘 저녁의 숙소인 케이 의 집에 도착하니 이미 7~8명의 회원들이 와서 기다리고 있었 다. 제이와 케이는 이름의 첫자만 따서 부르는 것이 아니고 공교 롭게도 두 사람의 이름이 모두 영어의 알파벳 한 글자와 같은 발 음이라 남의 이름 외우는데 능력이 없는 필자에게는 다행스러운 일이었다. 두 사람은 모두 아델라이드에서 있었던 에스페란토 강습 때 내가 가르쳤던 반 학생이었다. 케이의 집에서 나의 방문 에 맞추어 마련한 모임에는 강습 당시 가장 유쾌하게 주위를 웃

기던 필립 아저씨도 참석하여 오랜만에 옛날 친구들을 만나 10시까지 유쾌한 담소를 나누었다. 참가하는 사람들이 모두 과자나 케이크 같은 것을 성의껏 가져오기 때문에 주인은 홍차만 끓이면 되는 간소한 파티였다. 상다리가 부러지게 장만해야 하는 우리들의 손님 초대는 이제 오히려 부담이 되지 않는가 하는 생각이 들었다. 손자들이 사용한다는 2층 침대에서 밤11시 취침.

브리스베인의 케이 여사의 기막힌 사연

▲해맑은 웃음에 소녀 같은 천진함을 가진 브리스베인의 케이 여사

12월 11일, 아침 7시 15분 골드코스트 행 버스를 타기로 하였으니 아침시간이 아직 상당히 남아있어 케이 여사의 집안 얘기를 좀 듣기로 하였다. 한 층이 실평으로 25평쯤 되어 보이는 2층 집, 방 한 칸에는 아들의 사무실이 있고, 그 옆방에는 내가 잤던 손자들의 방이 있다. 그런데 식구들은 다 어딜 가고 혼자 이 큰집을 지키고 있는 것일까?

"남편은 요양원에 가 있고, 아들은 애인 집에 가서 자고, 아이들은 2주일에 한번씩 주말에 와서 자고 간다."

'부인과 자식이 있는 남편은 요양원에 가 있고, 결혼해서 자

▶한층이 실평으로 25평쯤 되어 보이는 2층 집 앞의 작고 아담한 케이여사의 빨간 차

식을 둘이나 둔 아들은 애인 집에 가서 자고, 그 손자들은 2주일에 한번씩 온다', 한국사람에게는 도저히 이해가 가지 않는 집안 얘기다. 염치 불구하고 좀 더 자세한 얘기를 들려달라고 부탁하였다.

남편은 58세인 자신보다 20세가 더 많은 78세, 둘이 모두 초등학교와 중학교 선생이었는데, 남편이 정년퇴직을 한 뒤 거동이 불편해지자 도울 사람이 필요해 자신도 일찍 퇴직을 했다고 한다. 그래서 그런지 해맑은 웃음에 소녀 같은 천진함을 가진 그녀도 나이보다는 더 늙어 보였다. '배우자의 나이를 닮아간다' 고 한 말도 맞는 모양이다. 얼마 전부터 남편은 주위 사람을 못 알아 볼 정도로 정신상의 문제가 생겨 요양원(nursing home)으로 옮겼다고 한다.

"국립요양원에는 빈자리가 나기 어려운데 다행히 들어갈 수가 있었다"

당당하게 얘기하는 케이 여사의 말을 듣고 실제로는 지옥처럼 서로 불만을 터트리면서도 의무감 때문에 마지못해 함께 사는 아내나 자식과 마지막 생을 보내는 것보다 오히려 깨끗하고 행복할지도 모른다는 생각이 들었다. 어차피 상대방을 잘 못 알아보는 상태가 아닌가. 그리고 20세나 나이가 아래인 아내도 나름대로의 삶을 살아야 할 것이고⋯⋯ 문제는 사회보장제도가 완벽하다는 호주도 이러한 노인들을 모두 수용하기에는 시설이 많이 부족하다고 한다. 그러나 요양원에 못 가는 노인들도 가족이 없으면 국가기관에서 식사, 의료, 청소, 목욕 등을 도와주며, 가족이 있을 경우에도 의료적 도움만은 준다고 한다. 국가기관의 부족함을 채워주는 것이 각 종교단체와 러시아인, 그리스인 등 이민단체가 운영하는 요양소들이다. 노인들, 특히 혼자가 된 노인들은 은퇴촌(retirement village)에서 살고 싶어한다고 한다. 은퇴촌이란 노인들만 모여 어려움 없이 말년을 살 수 있도록 모든 시설을 만든 실버타운을 얘기하는데 최근 우리나라에서도 이 산업이 시작되고 있는 현실로 보아 호주의 현실은 머지 않은 장래에 우리에게 다가올 미래인 것이다. 자, 이 경우 우리의 선택은 무엇인가? 그들의 사회보장제도를 배울 것인가, 아니면 우리의 전통 가운데서 장점을 세워 새로운 사회질서를 창조해 나갈 것인가?

이혼하면 남자는 거지가 된다

애인 집에서 잔다는 큰아들의 얘기는 약간 예상을 뒤엎는 케이스다. 37세인 맏아들은 부인이 떠나버려 이혼한 경우이다. 그런데 그 부인이 떠난 이유가 기막히다. 15년간 두 아이를 낳고 행복하게 살던 부부에게 문제가 생긴 것은 부인이 여자친구를 사귀기 시작하면서부터이다. 동성연애를 한 것이다. 결국 이혼한 아들은 다시 다른 여자를 사귀고 있지만 결혼은 하지 않고 동

Backpacker 서상원 리포트 (21)

♪풀냄새가 가득한 론파인에서!!!

론파인 입장료는 11$이고, 국제학생증이나 유스호스텔증으로 할인이 될까 생각하고 고개를 들었는데 "WELCOME ISIC" 보여주니까 9$에 입장을 시켜주었다. 들어가니 풀냄새가 가득하다. 지도를 보니까 꽤 많은 동물들이 어지럽게 배치되어 있었다. 우선 코알라를 직접 보기 위해 걸었다. 사진이나 TV에서는 많이 보았지만 실물을 본다니까 좀 기분이 색달랐다. 이 론파인에 있는 코알라의 수는 호주 전역의 코알라 수보다 더 많다고 한다. 코알라를 봤는데 귀엽다는 생각보다는 정말 게으른 성격일 것이라는 생각이 먼저 떠올랐다. 가만히 나무에 붙어서 움직이질 않는다. 좀 지나가니까 이중으로 된 철문을 열고 들어가야 했다. 바로 캥거루를 그냥 풀어 놓고 기르는 곳이었다. 캥거루를 보는 것도 신기한데 만져볼 수 있기까지 하다니 정말 기분이 좋았다. 물론 캥거루똥 지뢰(?)가 많이 매설되어 있었지만 그런 것은 개의치 않았다. 새끼를 가슴의 주머니에 넣고 있는 것을 정말 생생하게 볼 수 있었다. 타조도 그냥 야생으로 풀어서 기르고 있었다. 모든 것이 다 신기했다. 먹이를 어디선가 사와서 주는데 캥거루들이 배가 고픈지 사람들이 먹이를 먹이 봉지에서 꺼내기 위해 손을 봉지 안에 넣으면 그냥 돌진해와서 봉지를 뺏어가서 종이봉지를 막 찢어 먹는다. 그래도 좀 지능이 있다고 생각된다. 먹이 봉지안에 먹이가 있다는 것을 어떻게 알고 봉지를 뺏어 가는가... 그 곳을 나와서 좀 더 걸으니까 코알라들이 더 많이 있었다. 코알라를 안고 사진 찍는 곳도 있었는데 아무나 안는 것이 아니고 돈을 내고 안아야 하며 사진기도 아무 사진기로나 찍으면 안 되고 그 곳에 있는 폴라로이드 즉석사진기로만 찍어야 한다. 돈까지 내고 코알라를 안을 필요는 없을 것 같아 그냥 지나쳤다. 가격은 7$였고 코알라를 안았다는 증명서는 1$였다. 이 론파인에는 세계 각국 어느 동물원에서나 볼 수 있는 동물은 빼고 이 곳 호주에서만 볼 수 있는 동물만 있기 때문에 와 볼 가치가 충분히 있는 것 같았다. 또 호주에만 사는 동물의 공통점은 좀 게으르다는 것 이다.

거생활만 하고 있다는 것이다.

"여자들이 직장을 가지고 독립하면서부터 이혼이 늘어난 데다가, 옛날에는 부부 가운데 어느 한쪽에 잘못이 있어야 이혼이 가능했는데, 몇 년 전부터는 법이 개정되어 상대편에 잘못이 없어도 자기가 원치 않으면 언제든지 이혼할 수 있게 되어 이혼이 폭발적으로 늘어났다."

이렇게 극단적인 자유를 누리다 보니 호주는 이제 3가구 가운데서 2가구가 이혼을 할 정도로 이혼의 천국이 되었다고 한다.

"이혼을 하면 남자는 거지가 된다. 우선 재산을 똑같이 나누고, 부인은 자식들 몫을 더 받는데다, 아이들이 16세가 될 때까지 남편은 수입 가운데서 일정한 비율을 여자에게 양육비로 지불해야 한다."

그렇기 때문에 요즘 젊은이들은 18세가 되면 독립해서 동거하는 것이 보통이지만 결혼은 처음부터 피하는 것이 보통이라고 한다. 또한 이혼한 여자들도 재혼을 하지 않는다고 한다. 과부들은 국가로부터 집 빌리는 값, 아이들을 키우는 비용 등 상당한 도움을 받을 뿐 아니라, 남편으로부터 양육비도 받는다. 더구나 자유로운 남녀관계가 보장된 상태에서 이런 특혜를 버리고 결혼을 해버릴 바보는 없는 것이다.

"이혼한 전 며느리는 일하지 않고 산다. 데리고 간 아이가 둘인데다가 함께 사는 여자도 아이를 셋이나 가지고 있기 때문에 아이 다섯 명의 국가 보조금만으로도 충분히 살 수 있기 때문이다. 실재로는 동성부부 생활을 하고 있지만 법적으로는 둘이 다 과부이기 때문에 국가의 도움을 받아 살아가는 웃지 못할 일이 벌어지고 있다."

쓸쓸하게 얘기하는 케이 여사는 이제는 구세대가 된 할머니로서, 부당하게 당하고 있는 아들의 어머니로서 할 얘기가 많다. 케이 여사의 말에 따르면 이혼한 남자들은 자녀들과 함께 살 수 없다는 것 또한 참기 어려운 불행이라고 한다. 합의에 따라 기간

골드코스트

서양인의 역사관으로 보면 호주를 맨 처음 발견한 사람은 네델란드의 아벨 타스만(Abel Tasman)으로, 1616년의 일이다. 그때부터 154년 뒤인 1770년이 되어서야 비로소 동해안을 따라 탐험하던 제임스 쿡에 의해 퀸즐랜드가 세상에 알려지기 시작했다. 지금은 퀸즐랜드의 주요 관광지가 된 골드코스트 역시 이 시기에 이르러서야 서양에 하나둘 알려지게 되었다. 하지만 골드코스트에 서양인들이 본격적으로 이주하기 시작한 것은 19세기 중반부터다. 브리스베인에 정착했던 이민자들이 차츰 남으로 남으로 발을 넓혀가다가 원주민의 축제마당이었던 골드코스트까지 내려가게 된 것이다. 골드코스트의 최초 정착지는 사우스포트(Southport)였다. '남쪽에 있는 항구'라는 뜻 그대로 물자와 인적 교류에 알맞은 항구 사우스포트가 이민자들의 정착지가 되었던 것이다.

그뒤 100여 년에 걸친 지역 경제의 발전과 사람들의 가치관 변화에 따라 골드코스트의 위상이 달라졌다. 일만 하던 사람들이 차츰 자연과 휴식을 위해 천혜의 휴양지를 찾게 되면서 사람들의 시선을 받게 될 것이다. 대표적인 곳이 골드코스트의 대명사가 된 서퍼스 파라다이스로, 일 년 내내 여행객이 끊이질 않는다.

골드코스트로 가는 길

★비행기

골드코스트의 공항은 남쪽, 퀸즐랜드 주와 뉴사우스웨일스 주의 경계에 있는 쿠란가타에 있으며, 활주로도 이 두 개의 주에 걸쳐 있다. 일명 골드코스트 공항으로도 불리는 이곳으로는 케언즈, 브리스베인, 시드니, 멜버른 등 오스트레일리아의 다른 도시에서 하루 1~5편의 직항편이 운행된다. 소요시간은 시드니에서 약 1시간, 멜버른에서 약 2시간.

★철도

다른 도시에서 골드코스트까지 직접 연결되는 철도편은 없다. 시드니에서라면 하루에 한 차례 운행되는 머윌럼버(Murwillumber) XPT라는 급행열차를 타고 뉴사우스웨일스 주 경계 부근에 있는 머윌럼버에서 내려 연결 버스를 타고 골드코스트로 들어오는 것이 편리하다. 시드니~머윌럼버 구간은 소요시간이 약 13시간이며, 요금은 이코노미 클래스가 A$75, 퍼스트 클래스가 A$104다. 머윌럼버에서 골드코스트까지는 1시간 정도 걸린다.

★버스

시드니에서 브리스베인의 트랜짓 센터까지 그레이하운드 파이오니어 등 오스트레일리안 코치트랜스 사의 장거리 버스가 운행되며, 중간에 서퍼스 파라다이스를 경유한다. 시드니에서 서퍼스 파라다이스까지의 소요시간은 약 15시간이며, 요금은 A$60~A$70. 브리스베인에서 올 때는 코치트랜스 사의 에어포터(Airpoter) 버스가 30분 간격으로 운행되므로 이것을 이용하면 편리하다. 소요시간은 약 1시간 30분이며, 요금은 어른이 A$26. 서퍼스 파라다이스로 오는 대부분의 버스는 비치 로드(Beach Rd.)에 있는 버스 터미널로 모인다.

을 정해 가끔 함께 사는 생활에 만족해야 한다. 케이의 손자들도 그렇게 해서 2주일에 한번씩 이 집에 와서 자고 가는데, 아들의 사무실에서 가장 가까운 바로 옆방에 2층 침대까지 마련해 놓은 것을 보면 케이 여사의 마지막 말이 실감난다.

"호주 남자들은 불쌍하다."

일본 자본이 만든 골드코스트

7시 15분 브리스베인 남쪽의 골든 시티를 떠났다. 케이 여사는 작고 빨간 차로 정류장까지 태워다 주고, 버스 안까지 올라와 운전사가 잔돈이 없다고 곤란해하자 잔돈으로 내 차비까지 내주며, 운전사에게 잘 내려주라고 여러 번 당부한다.

골드코스트에 도착한 것은 8시 30분. 중간에 쉬는 시간을 빼면 1시간 정도 달리는 거리의 버스요금이 14달러(8,400원)이면 우리나라 우등고속 요금의 2배가 넘을 정도로 비싸다. 바로 오늘 함께 관광을 할 한국인들이 묵고 있는 호텔로 갔다. 오늘 합류하기로 한 사람들은 단순한 관광객들이 아니고 한국에서 부동산업을 하는 사람들로 이 곳 부동산투자 정보를 얻기 위해

▶자연과 휴식을 위해 천혜의 휴양지 골드코스트를 찾는 사람들이 많아진다

서 왔기 때문에 호주의 경제를 알 수 있는 좋은 기회였다. 현지의 유수한 부동산회사가 하루 종일 주택지, 상가, 콘도 등을 보여주며 자세하게 설명해 주었다.

골드코스트는 1985년 다이쿄(大京)라는 일본인 회사가 리조트로 개발하면서 각광을 받기 시작하였다. 그 뒤 1992년 다이쿄는 캐언즈 개발에도 손을 대, 현재 호텔 6개, 골프장 4개를 보유하며, 호주인 4,000여명을 고용하고 있다고 한다. 이 곳 개발에 절대적인 공헌을 한 일본 자본에 대해서는 원칙에 대해 까다롭기로 유명한 호주 정부에서도 함부로 하지 못한다고 한다. 원래 외국인의 수입이 50만 달러를 넘으면 정부에 신고하도록 되어 있는데 다이쿄가 이를 어겨서 제재를 가하려고 했는데 다이쿄에서는 자본을 철수하겠다고 맞서는 바람에 할 수 없이 호주 정부가 물러서고, 회장의 집 앞에 로얄 팜 트리를 심어 주었다고 한다. 자기 자본을 들여 개발하고 일본 관광객을 끌어들여 일단 성공한 일본 회사들은 2, 3년 전부터 천천히 철수하기 시작한다고 한다. 현지의 부동산 값이 오를 대로 올라 이제는 투자효과가 떨어지므로 다른 곳으로 옮겨 가려는 것이다. 일본 현지의 경기하락 때문이라는 말도 있지만 그 자본은 일본으로 돌아가기보다는 다시 외국의 어떤 새로운 개발 대상지에 투자되리라고 본다.

골드코스트는 10년만에 호주에서 8번째로 큰 도시로 성장하였고 지금도 매년 인구성장률이 0.8%로 호주에서 가장 높다고 한다. 관광 수입이 가장 주된 수입원인 이 곳에 1년이면 64만 명이 다녀가는 일본인들의 중요성은 새삼 강조할 필요가 없다. 그러나 최근 한국인들의 수도 만만치 않게 늘어나고 있다. 94년 11만이었던 한국 관광객 수가 1년만인 95년 두 배에 가까운 20만으로 늘었기 때문이다. 일본보다는 늦었지만 한국의 기업들도 주택건설이나 골프장 인수에 투자하기 시작하였고, 한국인 거주자 수도 500명을 넘었다. 시드니 3만명, 브리스베인 4천명에 비하면 한국인들의 수는 아직 적은 편이지만 개발된 지 10년

 디 애비뉴 The Avenue
낮에는 카페, 밤에는 펍. 오후 5시부터 8시까지는 해피 아워로, 맥주를 A$1.20에 마실 수 있다. 티셔츠, 운동화로는 입장이 곤란하다.

 서퍼스 파라다이스
골드코스트의 중심이며, 해변 휴양지이므로 도시 자체로는 특별한 볼거리가 없다. 이 곳에 도착하면 먼저 해변으로 나가 보자. 5km에 걸친 해안선은 골드코스트의 많은 비치 가운데서도 가장 길다. 바다는 서핑과 수영을 하는 사람들로, 해변은 일광욕이나 비치 불을 하는 사람들로 늘 붐빈다.

 피셔맨스 워프 Fisherman's Warf
시 월드에서 걸어서 5분 거리, 브로드워터에 면해 있는 쇼핑과 레스토랑 콤플렉스. 잔교 옆으로 요트와 어선, 크루즈 선이 정박하며, 수상 비행기도 이곳에서 출발한다. 또 바다 멀리로는 번지 점프 크레인도 보인다. 항구 옆으로 시푸드 레스토랑이 많으며, 신선한 어패류를 싼 가격에 살 수 있다.

🌲 시 월드 Sea World

메인 비치에서 북쪽으로 3km 정도 떨어진 곳에 있는 오스트레일리아 최대의 해양공원이자 골드코스트에서 가장 인기있는 테마 파크. 입구의 스탠드에서 하루에 두 차례 펼쳐지는 화려한 수상스키 쇼를 비롯하여 돌고래의 점프와 코믹한 물개 쇼가 열리며, 분화하는 화산 밑을 탐험하는 공포의 버뮤다 트라이앵글, 스릴 넘치는 수상 제트코스터, 점보 슬라이딩, 바이킹, 회전목마, 아이맥스 영화관 등 놀이시설도 다양하다. 일부를 제외하고는 입장료만으로 몇 번이라도 탈 수 있다. 또한 옥외에는 2개의 대형 워터 슬라이더가 있는 풀이 있어 어른과 어린이가 함께 즐길 수 있다. 레스토랑과 스낵 바가 있으며, 원내는 모노레일로 일주가 가능하다. 하늘에서 골드코스트를 한 눈에 바라볼 수 있는 헬리콥터 투어가 시 월드에서 출발한다. 4가지 코스가 있지만, 그 중 권할 만한 것은 10분간의 비행으로 시 월드에서 서퍼스 파라다이스를 지나 브로드 비치의 콘래드 인터내셔널 호텔 상공까지, 해안선을 따라 이어지는 고층 호텔과 콘도미니엄의 경관을 구경할 수 있는 코스. 요금은 1인당 A$58이다.

▼부동산회사에서는 점심까지 대접하며 열심히 안내를 하였다. 투자할 돈 30%만 내면 나머지 70%는 현지 부동산 회사가 금융대부를 소개하며, 은행이자는 관리 유지비로 취급해 주어 나중에 양도소득세에서 제하여 준다는 설명이었다

밖에 되지 않은 도시라는 것을 감안하면 적은 수가 아니다.

골드코스트의 부동산

처음 가 본 주택지는 50만 달러(3억원)이상의 집을 가진 상류층이 사는 동네에 있었다. 이 곳에서는 집이 바닷가에 있고 요트장이 설치되어 있어야만 좋은 집이라고 한다. 물론 수영장은 기본이다. 처음 가 본 2층집은 1층에 차고, 바가 달린 라운지, 사무실, 가족실, 세탁실 등이 있는 115평, 2층에 방 5개에 목욕탕, 화장실 등이 딸린 95평으로 건평만 210이 되는 초호화판 단독주택이다. 물론 요트장과 작지만 수영장도 있고, 바닥에 깔린 양탄자, 화장실의 욕조 등도 최고급을 사용하여 잘 지은 집이다. 가격은 125만불, 우리 돈으로 7억5천만원 정도가 된다. 시내를 좀 벗어나 골프장 안에 지은 50평 정도의 아담한 별장은 약 1억2천만원 정도로 한국보다 싼 편이었다. 만일 주택사업을 할 사람이 땅을 구입할 경우 42채를 지을 수 있는 4,700평 짜리 대지가 호화주택 한 채 값인 7억5천만원인데다 겨울이 없는 이 곳은 건축비가 적게 들기 때문에 대지를 사서 건축을 해도 승산이 있다는 설명이다. 26개 점포가 있고 120대의 차가 주차할 수 있는 2,220평 짜리 쇼핑센터는 32억 정도가 나가는데 1년 수입이 10분의 1인 3억2천만원 정도이고 최소한 1억2천만원은 보장된다고 한다.

골드코스트는 관광도시이므로 가장 관심 있는 것이 콘도형 아파트다. 우리가 가 본 아파트는 서퍼스 파라다이스 해변이 내려다보이는 가장 좋은 위치에 있는 18층 짜리 고층 아파트이다. 값은 층과 평수에 따라 다양한데, 아래층에

서재가 딸린 방 하나 짜리가 2억천만원 정도로 가장 싸고, 방이 하나 더 있고 10층이 넘는 것은 5억에 가까운 고가이다. 이런 집을 시즌에 빌리려면 방 한 개 짜리(2명)가 10만원 정도이고, 방 2개 짜리(4명)는 20만원 정도 줘야 빌릴 수 있는 중심가이다.

부동산회사에서는 점심까지 대접하며 열심히 안내를 하였다. 투자할 돈 30%만 내면 나머지 70%는 현지 부동산 회사가 금융 대부를 소개하며, 은행 이자는 관리유지비로 취급해 주어 나중에 양도소득세에서 제하여 준다는 설명이었다. 한편 부동산 경기는 7년을 주기로 부침하는데 현재가 바닥이고 7년 전에 경기가 좋았기 때문에 회복될 주기가 되었으며, 2000년에 시드니에서 올림픽을 열기 때문에 지금이 투자하는데 가장 적기라는 것이다. 함께 간 부동산업자들은 그 부동산을 사서 세를 놓았을 때의 수익과 서울에서의 수익을 계산하고 있었다. 사실 장기적으로 개발하여 사업을 할만한 기업의 부동산 관계자들은 이미 현지 파견 직원들을 찾아 빠져나간 상태이기 때문에 당장 투자를

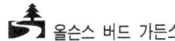
Olson's Bird Gardens
커럼빈 지구에 있다. 넓은 열대우림의 숲속에 1,000여 종류의 새와 캥거루, 코알라 등의 동물이 자연의 모습으로 살고 있다. 원내에는 자카란다, 하이비스커스 등 화려한 열대 식물과 꽃들이 피어 있고, 즉석에서 이들 식물을 파는 행사도 개최된다. 오스트레일리아의 풍부한 자연을 느낄 수 있는 곳이다.

▼골드코스트는 관광 도시이므로 가장 관심이 있는 것이 콘도형 아파트다. 우리가 본 아파트는 서퍼스 파라다이스 해변이 내려다보이는 가장 좋은 위치에 있는 18층 짜리 고층 아파트이다

기대하기는 어려운 상태였다. 부동산 임대 수입은 한국이 가장 잘 될지도 모르기 때문이다.

"자, 1,000달러만 내시면 일단 계약하는 것으로 하겠습니다. 누가 먼저 투자자가 되시겠습니까?"

돌아오는 차에서 조금은 싱겁게 생겼으나 사람 좋게 생긴 안내직원이 몇 차례 물었지만 1,000달러를 선뜻 내는 업자는 한 사람도 없었다. 필자가 그 안내인에게 "일본인들이 자본을 회수해 간다는데 어떻게 생각하느냐?"고 묻자 "I am happy"라며 어깨를 으쓱하며 "그 대신 싱가폴, 인도네시아, 말레지아에서 많이 투자한다"고 정색을 한다. 그러나 국가에서 발표한 통계를 보면 싱가폴의 투자는 그렇게 대단하지 않고 더구나 인도네시아나 말레이지아의 경제적 수준은 호주 경제에 크게 도움을 줄 수준은 아니라는 것을 본인도 잘 알고 있을 것이다.

무비 월드 Movie World

미국의 영화사 워너 브러더스가 할리우드의 영화 세계를 재현해 놓은 테마파크. 골드코스트의 북쪽 옥센포드(Oxenford)에 있다. 원내에서는 배트맨과 배트걸, 슈퍼우먼 등 영화 속의 여주인공과 남주인공들이 돌아다니면서 관광객들과 기념촬영을 하기도 한다. 넓은 공원 안에는 영화 카사블랑카, 배트맨, 폴리스 아카데미 등에 등장했던 세트 장치가 그대로 재현되어 있으며, 코믹한 폴리스 아카데미 스턴트 쇼나 서부극의 액션 쇼도 구경할 수 있다. 무비 월드에서 빼놓을 수 없는 것은 스튜디오 견학. 투어 기차를 타고 순회하면서 스튜디오의 사용 상황과 실제 세트를 둘러본다. 관객이 함께 참여하는 무비 매직에서는 슈퍼맨의 장면을 블루 스크린 효과로 체험하고 리셀 웨폰의 효과음향 삽입, 멤피스 벨에서 사용한 B17 폭격기 실물 크기 모형을 이용한 특수촬영이 행해진다. 이 외에도 영화 속에 등장했던 동물 캐릭터의 쇼, 유명 영화의 뒷장면을 보여주는 극장 등 다양한 볼거리와 즐길거리가 있다. 레스토랑은 카사블랑카의 릭스 카페(Rick's Cafe), 배트맨의 고덤 시티 카페(Gotham City Cafe) 등 유명 영화에 등장했던 건물들로 되어 있으며, 스낵 바와 로고 숍, 선물용품 가게도 있다.

싼 관광상품은 비지떡이다

느긋한 점심식사을 하고 오팔공장에 들리고 나니 이미 오후 4시가 다 된데다가 비가 오기 시작한다. 함께 간 부동산 업자들은 현지 부동산 시세를 보는 것도 중요했지만 세계적인 해변을 가진 골드코스트에서 수영 한번 해 보지 못한다는 것을 너무 억울해 한다. 여기서는 호주에서 가장 유명한 해변에서 수영이나 서핑을 즐기는 즐거움 외에도 바다의 세계를 볼 수 있는 씨월드, 최고의 놀이공원인 드림월드, 영화촬영의 모든 것을 볼 수 있는 워너브러더스 무비월드 등 우리나라에서는 볼 수 없는 즐거움이 하나 둘이 아니다.

비가 와도 해변으로 가겠다는 사람들과 마지막 날이니 상점에 가서 선물을 사겠다는 팀으로 나뉘었다. 나는 후자를 선택하였다. 필자에게는 골드코스트의 파라다이스들이 새로운 것이 아닐 뿐더러 이곳에 사는 우리 교포들을 만나 현지의 생생한 체험담을 들어보고 싶기 때문이다. 먼저 물건 사러 가는 팀과 함께 면세점으로 갔다가 가까이 있는 우리 교포 상점과 식당을 들려 보기로 하였다.

면세점에는 뜻밖에 한국사람들이 많았다. 시간대가 그런 시간인지 모르지만 절반 이상이 한국사람이라고 할 정도로 많은 한국인들이 면세품을 사느라고 바쁘다. 면세점에서 상당히 많은 한국인들을 판매원으로 고용하였기 때문에 언어상의 문제점이 없다. 여느 면세점과 다름이 없는 곳이라 특별히 살 물건도 없어 다음 목표로 이동하려고 하였으나 천둥번개를 동반한 폭우 때문에 한참동안 기다렸다가 비가 약간 뜸한 틈을 이용해 용감하게 뛰어 다음 목적지로 이동하였다.

면세점에서 한 블럭쯤에 있는 럭키면세백화점은 매장도 넓고 진열도 잘 되어 있었으나 너무 한적하다고 할만큼 손님이 없다.

"한국인들은 외국에 와서 한국 교포상점을 이용해 주지 않는다. 일본이나 중국 가게에 가서 산다"

럭키면세백화점의 엄 사장님이 내던진 불만이다.

"한국 상인들이 돈벌면 자식들에게 주지 호주사람에게 주겠느가? 관광버스를 3대 운영하고 있는데 한국인 여행사들이 우

드림월드 Dreamworld

서퍼스 파라다이스와 브리스베인 사이의 쿠메라(Coomera)에 있는 놀이공원으로, '오스트레일리아의 디즈니랜드'다. 녹음이 우거진 공원 안은 미니 증기 기관차와 스카이링크 체어리프트를 이용하여 이동한다. 골드 러시 컨트리는 오스트레일리아가 황금으로 전성기를 누리던 시대의 마을을 재현해 놓은 곳. 이 외에도 대형 풀과 워터 슬라이더가 있는 블루 라군, 드림월드에서 가장 인기 있는 로그 라이드(Log Ride)가 있는 로키 할로, 청룡열차가 있는 컨트리 페어 등 다양한 어트랙션을 갖춘 테마 동산이 있다. 또 리버 타운에서는 캡틴 스터트 호 증기선에 올라 오스트레일리아의 정서를 만끽하고, 코알라 컨트리에서는 코알라를 안고 기념사진을 찍거나(A$7.50) 캥거루에게 먹이를 줄 수 있다.

◀면세점에서 한 블럭쯤에 있는 럭키면세백화점은 매장도 넓고 진열도 잘 되어 있었으나 너무 한적하다고 할만큼 손님이 없다

골드코스트의 레포츠

골드코스트에서는 서핑, 세일링 등의 마린 스포츠에서부터 골프, 승마, 번지 점프, 스카이 라이딩까지 다양한 레포츠를 즐길 수 있다. 특히 최근에 우리나라에서도 시작된 번지점프는 증명서를 발급해 주므로 본고장에서 꼭 한 번 시도해 보자. 각종 스포츠나 투어의 참가 신청은 호텔의 투어 데스크나 여행사로 문의한다.

★ 서핑 Surfing

골드코스트는 오스트레일리아 서핑의 메카. 매년 버레이 헤즈에서 열리는 세계선수권 대회를 시작으로, 일년 내내 크고 작은 대회가 열린다. 30km가 넘게 이어지는 골드코스트 해변의 어디에서나 서핑이 가능하지만, 가장 권할 만한 곳은 중상급자라면 남쪽의 버레이 헤즈나 쿠란가타 입구의 키라 포인트(Kirra Point), 초심자라면 서퍼스 파라다이스나 커럼빈 록 주변이 적당하다.

★ 다이빙 Diving

그레이트 배리어 리프와 같은 아름다운 산호초는 없지만, 침몰선과 기복이 심한 해저와 물고기들을 감상할 수 있다. 주요 포인트는 스코티시 프린스와 나인 마일 리프, 트위드 헤즈 등이며, 마리나 미라지와 사우스 포트에서 배가 출항한다. 여러 투어 회사에서 장비의 렌털과 초보자를 위한 체험 다이빙, 라이센스 취득 코스를 실시하고 있다.

★ 수상 스키 Water Ski

모터보트의 강한 동력을 이용하여 물 위를 달리는 수상 스키. 조금 어렵기는 하지만 레슨을 받으면 하루 만에 탈 수 있다. 처음에는 2개의 스키로 훈련하다가 익숙해지면 1개의 스키에 도전해 보자. 브로드워터의 네랑 강은 파도가 없어 초보자들이 많이 이용하는 장소이다.

리 버스를 이용하지 않는다."

1988년 브리스베인에서 세계 라이온스대회가 열릴 때 이 곳에 정착했는데, 당시 보니 골드코스트와 브리스베인이 개발되어 연결될 것 같았기 때문에 그 전망을 보고 눌러 앉았다고 한다. 처음에는 한국에서 신발을 수입하여 돈을 번 뒤 하와이에 가서 선물가게 운영기법을 배우고 나서 골드코스트에 면세백화점을 개업했는데, 금년 64세인 엄 사장 자신이 일본어를 잘하고 부인도 일본어 자격증이 있어 주로 일본인 손님들을 많이 상대해 기반을 잡았다고 한다.

"일본인들은 조용하고 살 것은 사고 안 살 것은 안 산다. 그래서 전 세계가 일본 것이 된다"

그 동안 일본인들을 상대해 본 결과를 가지고 한국인들을 솔직하게 비판하는 것이다. 엄 사장의 이러한 솔직하고 직설적인 성질 때문에 주위에서 싫어하는 사람도 많다고 한다. 그러나 나는 자기 주장이 확실한 엄 사장으로부터 현지의 사정과 이민 온 동포들의 생활상을 솔직하게 들을 수가 있어 좋았다.

"조선일보가 교포상점에 가면 바가지를 쓴다고 보도한 뒤 가이드들이 오해받을까 봐 손님들을 데리고 오지 못한다"

결국 외국여행 갔을 때는 여행가이드들의 추천이 절대적인 영향을 미치는데 요즈음은 가이드들이 한국 상점에 가라는 소리를 못한다는 것이다. 조선일보에서 선물가게들이 가이드와 여행사에게 상품 판매액의 일부를 상납하기 때문에 다른 상점보다 비싸다는 것을 보도하므로 해서 그 여파가 오래 간다고 한다. 조선일보의 보도는 사실에 입각한 것이기 때문에 잘못이 없다. 다만 가게 운영자로서는 손님을 맞이할 수 있는 유일한 통로인 여행사를 외면할 수 없기 때문에 어쩔 수 없다. 그렇다면 여행사는 왜 그런 거래를 해야 하는가? 과당경쟁으로 인한 덤핑 때문에 불가피하다는 것이 그 이유다. 참고로 최근 신문에 난 7박8일 짜리 관광상품 3가지를 비교해 보았더니 크게는 100만원까지 차이가 난다.

문제는 소비자들이 내용을 모르고 무조건 싼 것만 찾는다는 것이다. 자주 가는 것도 아니고 일년에 한 두번 가는 여행을 값만 따질 것이 아니라 질도 따져야 한다. 덤핑을 한 여행사는 어떤 형태로든 손님들로부터 돈을 빼내야 하고 그 방법이 바로 선물가게이다. 이런 과정에서 선물가게는 불신을 받게 되고 손님은 옳지 않는 방법으로 돈을 빼앗기면서 불쾌한 여행을 하게 되는 것이다. 실제로 필자도 케언즈에 있는 한국인 선물가게에서 310 달러 짜리 로얄제리 원액 1kg을 10% 싸게 산다고 샀는데 시드니 공항에서 보니 240달러였고, 카드로 결제했는데 대금을 두 번이나 요구해 불쾌한 경험이 있다.

결국 이러한 문제를 해결하는 방법은 과당경쟁에 의한 덤핑을 피하고 여행사가 올바른 가격을 제시해야 하고, 소비자들은 '싼 게 비지떡이다' 는 평범한 진리를 따라 올바른 선택을 해야 한다. 그렇게 되면 동포 선물가게들이 현재 가격보다 30%나 더 싸게 팔 수 있어, 자연히 관광객들은 더 많은 양을 사게 될 것이다. 관광객들은 우리 구미에 맞는 선물들을 언어소통에 대한 어려움 없이 싸게 사면서 동시에 현지의 우리 동포들을 돕는 결과를 낳는 것이다. 이 방법만이 국제경쟁에서 모두 살아남는 방법이기 때문에 가까운 시일 안에 반드시 개선되어야 할 일이다.

 커럼빈 야생조류 보호구역
서퍼스 파라다이스에서 남쪽으로 18km 떨어진 커럼빈에 있는 야생조류 보호구역. 27ha의 넓은 공원 안에는 2,500여 마리의 야생조류와 캥거루, 코알라, 크로커다일 등 오스트레일리아 특유의 동물이 살고 있다. 특히 아침, 저녁으로 이루어지는 동물들에게 먹이주기가 인기 있는데, 먹이접시를 들고 서 있으면 앵무새들이 직접 날아와 앉는다.

 생튜어리 코브 Sanctuary Cove
골드코스트의 북쪽, 호프 섬에 있는 리조트. 하얏트 리젠시 호텔을 중심으로 골프 코스, 테니스 코트, 마리나, 숍 등이 있다. 특히 마린 빌리지로 불리는 일대는 푸드 마켓, 레스토랑, 바, 패션 숍 등이 모여 있다. 서퍼스 파라다이스에서 전용 셔틀 버스가 운행되며, 보트, 크루즈도 가능하다. 예약은 주요 호텔의 투어 데스크에서 한다.

이민의 목적은 경제뿐이다

엄 사장은 골드코스트에 이민 온 우리 동포 가운데 두 번째로 일찍 온 사람이고 또 성공한 케이스이므로 다음 이민 올 사람들을 위해서 몇 마디 도움말을 청했다.

"큰 것부터 시작하지 말라"

새로 이민 온 사람들이 가지고 온 돈을 무조건 한 곳에 투자했

파라다이스 컨트리

서퍼스 파라다이스에서 차로 약 20분. 오스트레일리아의 전통적인 목장 생활을 체험할 수 있는 곳이다. 양털깎기와 양치기 개의 쇼가 열리며, 승마와 우유 짜기에도 도전할 수 있다. 교통은 주요 호텔에서 셔틀 버스가 다니며, 요금에는 바비큐 런치가 포함된다.

래밍턴 국립공원

서퍼스 파라다이스에서 내륙으로 50km, 힌터랜드에 있는 열대우림 국립공원으로, 빈나 버라(Binna Burra), 그린 마운틴스(Green Mountains) 지역으로 구분된다. 2만 ha의 광대한 공원에는 총 길이 40km에 이르는 산책로와 길게 이어지는 푸른 목초지, 열대우림 수목이 무성한 깊은 계곡에 500개가 넘는 크고 작은 폭포가 있어 변화무쌍한 자연의 표정을 엿볼 수 있다. 또 오랜 옛날에 살았던 원주민 주거 유적도 남아 있어 흥미롭다.

다가 실패한 경우를 많이 보아왔기 때문에 하는 충고라고 한다. 한국에서 이민 온 사람은 무조건 땅이나 집을 산다고 한다.

"어떤 사람이 이민 오자마자 35만 달러(약 2억원)에 집을 세 채나 샀다가 팔려고 했으나 3년이 되어도 팔리지 않고 있어 애를 먹고 있다"고 자세한 예까지 들어주었다. 한국에서 이민 온 사람들이 주로 하는 사업은 가장 쉬운 것이 떡집, 식당인데 퀸즈랜드에만 120여개가 있다고 한다. 손쉬운 여행사를 등록한 사람들도 230여건이나 되지만 제대로 운영되는 것은 불과 몇 안 되는 실정이라고 한다. 호텔 같은 큰 사업을 하는 사람들도 있지만 젊은이들은 쓰레기 치우기, 수산시장, 농산물 도매센터 등에서 일하는 사람들이 대부분이라고 한다.

"2세를 위해 온다는 소리는 하지 마라. 사업해 볼 사람은 적성이 맞으면 수입 따지지 말고 도전해 보라. 일한 만큼은 보람이 있다. 한국인이 상·하의원 되려면 100년은 지나가야 한다. 지금은 경제뿐이다. 일본인도 돈으로 호주인을 부려먹는다. 이민 가서 경제 이상을 생각하는 것은 거짓말이다. 여기서는 영국 족보 아니면 변호사가 되어도 힘을 못쓴다. 실업수당 타먹고 살려면 한국 가서 살아야 한다."

"1년 정도 영어 회화공부를 열심히 해야 한다. 처음 이민 오면 야간청소라도 해야 하는데 이 때도 말이 통해야 한다. 시드니 등에서 야간청소 하는 사람이 이민 온 사람의 65%나 된다."

엄 사장의 충고는 단호하고 거침이 없다. 자신의 경험에서 우러나온 말이기 때문이다.

"나는 이민 온 것에 대해서 만족한다. 한국에서는 군벌이나 학벌 등 관계가 있어야 되는데 나는 그것이 없었다. 여기서는 노력하면 그 대가를 얻는다."

한 시간 정도 솔직한 얘기를 나누면서 이민 온 동포들의 생활에 대해 많은 것을 들을 수 있었다. 밖에 나오니 걷는데 부담이 가지 않을 정도로 이슬비로 바뀌어 있었다. 초원식당에 갔으나 시간이 너무 늦어 간신히 저녁식사 얻어먹고 '*주간 생활정보' 한 권을 얻어 호텔로 돌아왔다.

*현재는 비슷한 주간정보지가 5~6종류 있다.

호주는 거친 다이아몬드다

12월 12일, 3시 10분 기상하여 조금 있으니 포터가 짐을 가지러 왔다. 4시 조금 넘어 출발한 버스는 브리즈베인을 지나는데 건너가는 다리를 우리나라 현대건설에서 건설했다고 한다. 6시 25분 출발 예정인 비행기가 1시간이나 늦게 출발하였다. 시드니 공항에서도 출발이 지체되었다. 몇 사람이 늦게 탄 것이다. 퀸즈랜드에서 시드니로 온 사람들은 시계를 9시에서 10시로 바꾸어 놓아야 한다. 그런데 시차에 별 신경을 쓰지 않은 사람들은 한 시간 늦게 가는 시계를 차고 있으므로 느긋하게 물건을 사다가 늦는 경우가 많다. 콴타스 비행기 안에서 보여주는 에어쇼에 출발지와 도착지의 시간이 나오지 않아 그런 문제가 발생한 것이다. 지도에 소련을 CIS라고 표현한 것이라던가 도착지 안내 비디오가 너무 낡았고, 두 번째 영화 상영은 시작을 알리지도 않고 그것도 식사시간에 보여줘서 기내 시간운영이 좀 바뀌었으면 하는 생각이 들었다.

호주여행을 마치고 다시 겨울철 서울에 도착하니 마치 꿈 속에서 갑자기 현실로 돌아오는 느낌이 든다. 그것은 차가운 날씨 때문이기도 하지만 호주여행은 실제로 꿈 같은 나날이었기 때문이었다. 그런 꿈 속의 얘기들 가운데 생생하게 남은 한 유학생의 얘기가 되살아난다.

'호주는 거친 다이아몬드다. 여기 온 아시아인들이 잘 다듬길 바란다'

입학식 때 호주인 총장이 한 말이라고 한다.

■ 아버지 서길수 여행경로 — 뉴질랜드

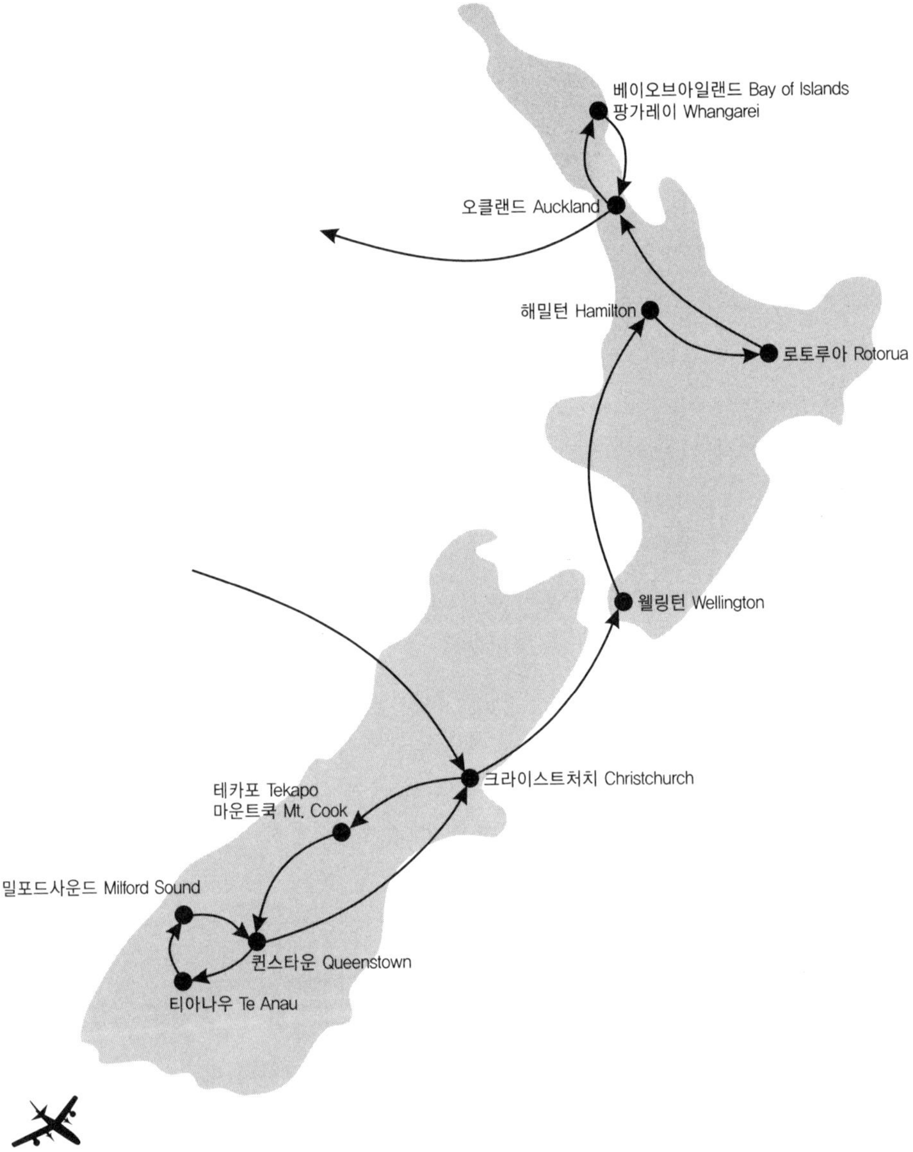

크라이스트처치(Christchurch) → 마운트쿡(Mt. Cook) → 테카포(Tekapo) → 퀸스타운(Queenstown) → 크라이스트처치(Christchurch) → 웰링턴(Wellington) → 해밀턴(Hamilton) → 로토루아(Rotorua) → 오클랜드(Auckland) → 팡가레이(Whangarei) → 베이오브아일랜드(Bay of Islands) → 오클랜드(Auckland)

■ 큰아들 서상원 여행경로 — 뉴질랜드

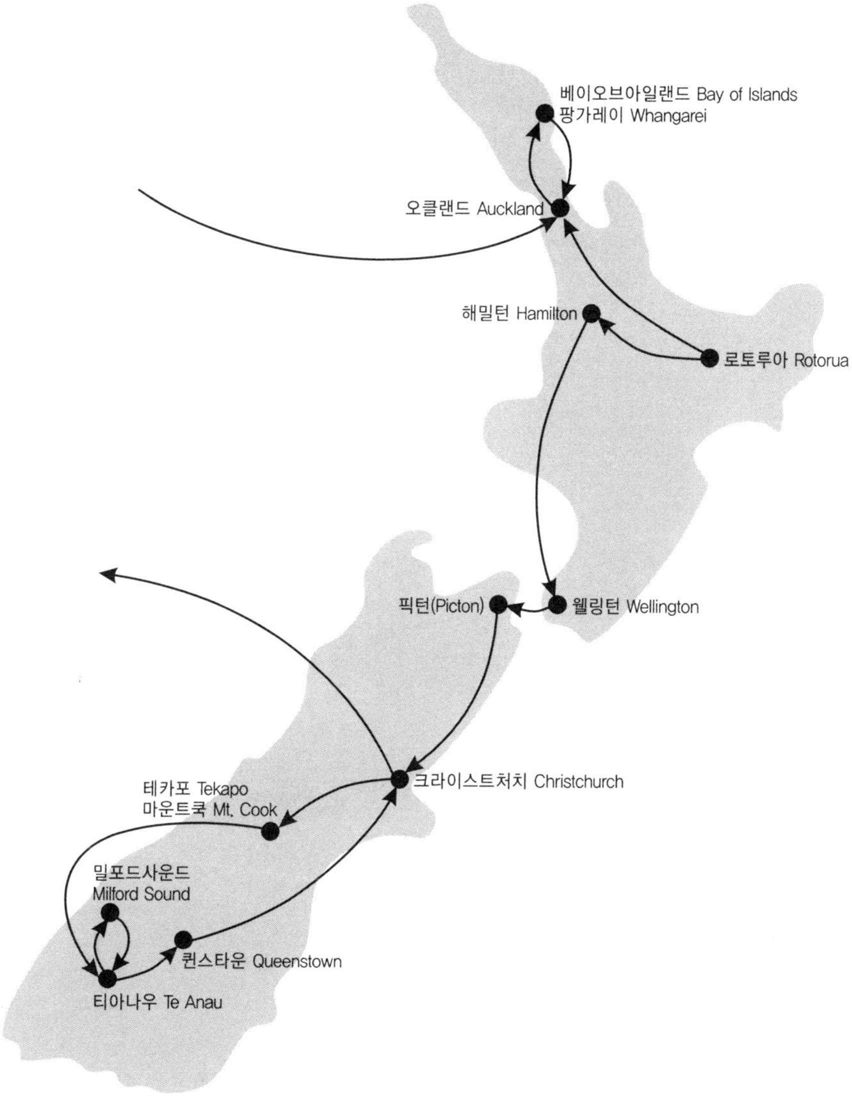

오클랜드(Auckland) → 팡가레이(Whangarei) → 로토루아(Rotorua) → 해밀턴(Hamilton)
→ 웰링턴(Wellington) → 픽턴(Picton) → 크라이스트처치(Christchurch) → 테카포(Tekapo)
→ 마운트쿡(Mt. Cook) → 티아나우(Te Anau) → 퀸스타운(Queenstown) → 티아나우(Te Anau)
→ 밀포드사운드(Milford Sound) → 티아나우(Te Anau) → 퀸스타운(Queenstown)
→ 크라이스트처치(Christchurch)

■ 아버지 서길수 여행경로 ─ 호주

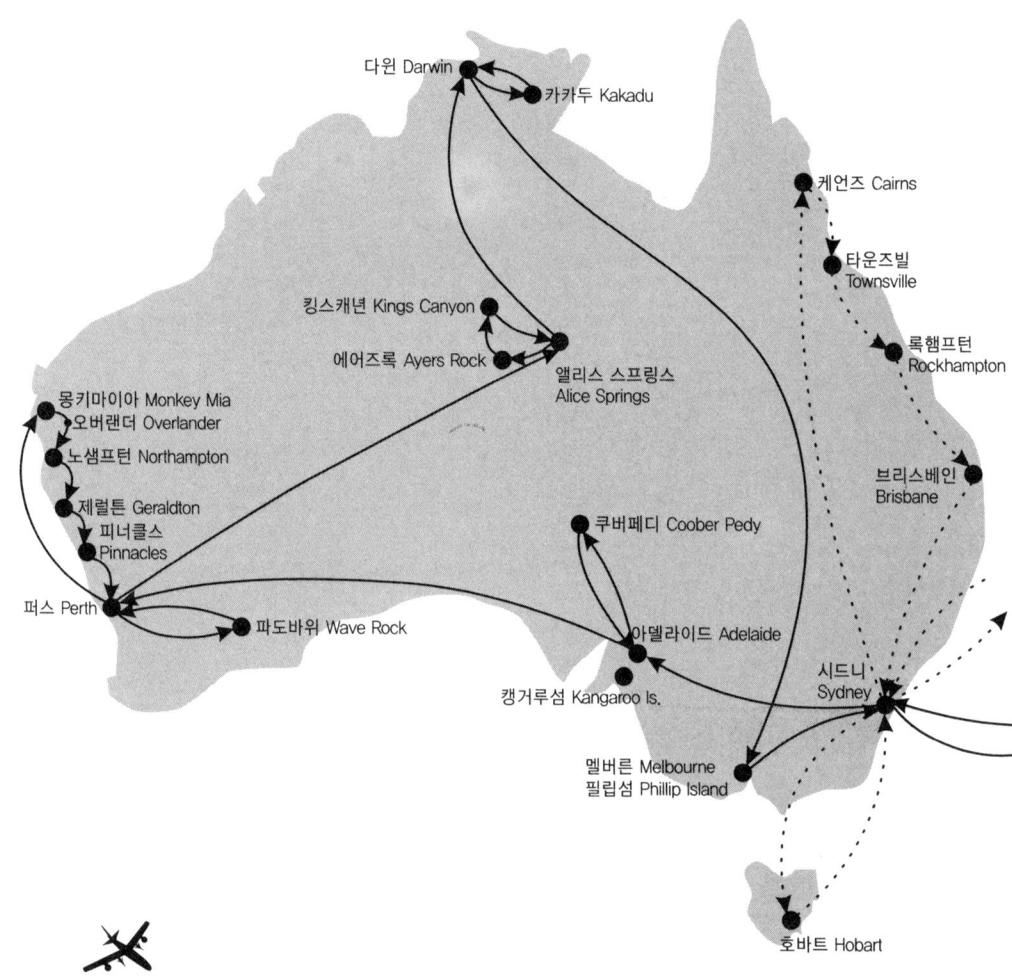

아델라이드(Adelaide) → 캥거루섬(Kangaroo Is.) → 아델라이드(Adelaide) → 쿠버페디(Coober Pedy)
→ 아델라이드(Adelaide) → 퍼스(Perth) → 몽키마이아(Monkey Mia) → 허트리버(Hutt River)
→ 노샘프턴(Northampton) → 제럴튼(Geraldton) → 피너클스(Pinnacles) → 퍼스(Perth)
→ 앨리스스프링스(Alice Springs) → 에어즈록(Ayers Rock) → 킹스캐년(Kings Canyon)
→ 앨리스스프링스(Alice Springs) → 다윈(Darwin) → 카카두(Kakadu) → 다윈(Darwin)
→ 멜버른(Melbourne) → 시드니(Sydney) → 서울

다시 찾은 호주 ······▶

시드니(Sydney) → 태즈매니아(Tasmania) → 시드니(Sydney) → 케언즈(Cairns)
→ 브리스베인(Brisbane) → 골드코스트(Gold Coast) → 시드니(Sydney) → 서울

■ 큰아들 서상원 여행경로 — 호주

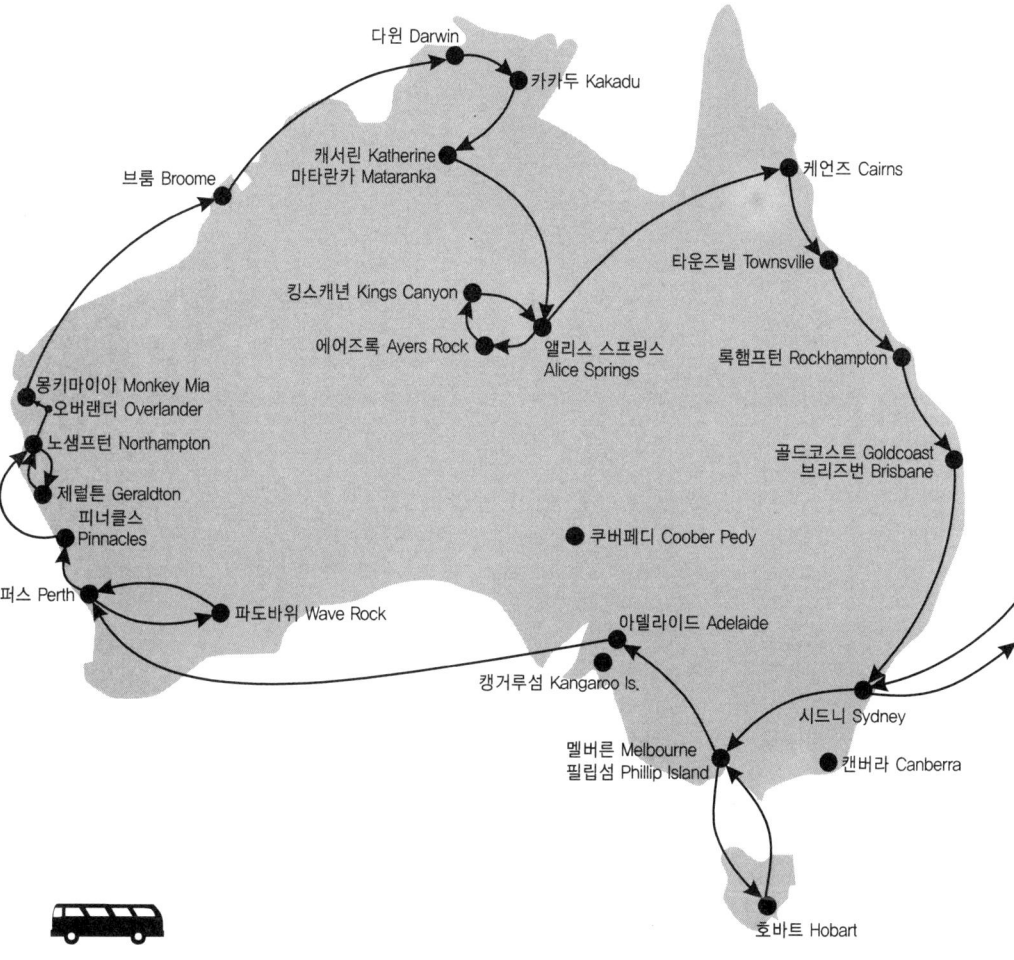

시드니(Sydney) → 멜버른(Melbourne), 필립섬(Phillip Is.) → 호바트(Hobart) → 멜버른(Melbourne)
→ 아델라이드(Adelaide), 캥거루섬(Kangaroo Is.) → 쿠버페디(Coober Pedy) → 퍼스(Perth)
→ 피나클스(Pinnacles) → 노샘프턴(Northampton) → 제럴튼(Geraldton) → 노샘프턴(Northampton)
→ 오버랜더(Overlander) → 몽키마이아(Monkey Mia) → 브룸(Broome) → 다윈(Darwin)
→ 카카두(Kakadu) → 다윈(Darwin) → 캐서린(Katherine), 마타란카(Mataranka)
→ 킹스캐년(Kings Canyon) → 앨리스 스프링스(Alice Springs) → 케언즈(Cairns) → 타운즈빌(Townsville)
→ 록햄프턴(Rockhampton) → 골드코스트(Goldcoast) → 브리즈번(Brisbane) → 시드니(Sydney)
→ 캔버라(Canberra) → 시드니(Sydney) → 서울(Seoul)

■ 아버지 서길수 여행일정

12월
- 26일(토) 서울 출발(21:00) -QF178-
- 27일(일) 시드니 도착(08:30)
  시드니 출발(11:15) -QF45- 크라이스트처치 도착(16:10)
- 28일(월) 크라이스트처치 관광
- 29일(화) 크라이스트처치 출발(08:30) - 버스편 - 테카포 도착(11:30)
  테카포 출발(12:15) - 버스편 - 마운트쿡 도착(14:30)
  Tasman 계곡, 마운트쿡, Skiplane Fun
- 30일(수) Hooker 빙하
  마운트쿡 출발(17:40) - 버스편 - 퀸스타운 도착(23:00)
- 31일(목) 퀸스타운 관광

1월
- 1일(금) 퀸스타운 출발(08:00) - 버스편 - 티아나우 도착(10:00)
  농장 방문
- 2일(토) 티아나우(08:00) - 밀포드사운드(11:00) - 키서미트(15:00)
  티아나우 Caves(20:00~23:00)
- 3일(일) 티아나우 출발(09:00) -ZQ170- 퀸스타운 도착(09:30)
  퀸스타운 출발(10:25) -AN884- 크라이스트처치 도착(11:10)
  크라이스트처치 출발(13:15) -AN764- 웰링턴 도착(14:00)
- 4일(월) 웰링턴 관광
- 5일(화) 웰링턴 출발(08:00) - 승용차 - 해밀턴 도착
- 6일(수) 뉴질랜드 에스페란토 대회 참가
- 7일(목) 로토루아 관광
  로토루아 출발(17:05) -NM6- 오클랜드 도착(17:45)
  오클랜드 출발(18:50) -AN790- 팡가레이 도착
- 8일(금) 팡가레이 주위 관광
- 9일(토) 팡가레이 출발(06:50) -AN6755- 오클랜드 도착(07:30)
  오클랜드 시내 관광

1월
- 10일(일) 오클랜드 출발(15:00) -QF344- 시드니 도착(16:25)
  시드니 출발(18:50) -TN12- 아델라이드 도착(20:15)
- 11일(월)~22일(금) 오스트레일리아 에스페란토 여름학교 강의
- 16일(토) 아델라이드 출발(09:15) - KENDEL7 - 쿠버페디 도착(11:30)
  쿠버페디 관광
  쿠버페디 출발(15:00) - 아델라이드 도착(17:15)
- 17일(일) 캥거루섬 관광
- 23일(토) 아델라이드 출발(10:30) - 퍼스 도착(11:20)
  오후 퍼스 관광

1월	24일(일)	파도바위 관광
	25일(월)	퍼스 관광
	26일(화)	서남해안 관광
		퍼스 출발(08:00) - 에뮤 농장 - Cave - 보란업 드라이브 - 카펠 관광
	27일(수)	퍼스 출발(09:50) - 세르반테스 입구 통과(11:52) - 제랄튼(14:30)
		- 노샘프턴(15:15) - 허트리버 통과(15:34) - 오버랜더(17:00)
		- 다남 도착(19:50)
	28일(목)	다남 출발(08:00) - 몽키마이어 출발(12:50) - Kalbari(18:25)
		- 허트리버(20:00) - 노샘프턴 도착(22:20)
	29일(금)	노샘프턴 출발(04:58) - 허트리버 방문 - 노샘프턴 출발(10:55)
		- 난붕 국립공원(13:00) - 피나클 도착(14:30) - 퍼스 도착(18:40)
	30일(토)	퍼스 출발(05:30) - 앨리스스프링 도착(09:40)
		앨리스스프링 출발(11:20) - 에어즈록 도착(12:00)
		마운트 올가와 에어즈록 해지기 관광
	31(일)	에어즈록 해돋이 관광(04:45) - 킹스캐년으로 출발(13:00)
		- 킹스크리크 도착(17:00)
2월	1일(월)	킹스캐년 등반 - 앨리스스프링 도착(17:30)
	2일(화)	엘리스스프링 출발(11:10) - TN22 - 다윈 도착(13:05)
		오후 다윈 시내 관광
	3일(수)	다윈 시내 관광
	4일(목)	카카두 국립공원
	5일(금)	Yellow Water 관광
	6일(토)	다윈 출발(06:20) - 케언즈 도착(10:20)
	8일(월)	케언즈 출발(05:55) - 브리즈번 도착(07:55)
	9일(화)	브리즈번 관광
	10일(수)	브리즈번 출발(15:00) - TN014 - 멜버른 도착(18:10)
	11일(목)	멜버른 관광
	12일(금)	그레이트 오션 로드, 필립섬
	13일(토)	멜버른 출발(08:30) - AN001 - 호바트 도착(09:25)
		호바트 관광
	14일(일)	호바트 출발(13:50) - TN592 - 시드니 도착(15:20)
	15일(월)	시드니 - 캔버라
	16일(화)	캔버라 - 시드니
	17일(수)	시드니 관광
	18일(목)	카툼바 블루 마운틴 관광
	19일(금)	Hawksberry River 공원, 시드니 구 시가
	20일(토)	시드니 출발(09:30) - QF178 - 서울 도착(19:10)

1월 3일(수) 카카두 국립공원 관광
4일(목) 오전 다윈 시내 관광
다윈 출발(14:00) - 엘리스 스프링 도착(15:55)
앨리스스프링 출발(16:20) - 아델라이드 도착(19:20)
아델라이드 출발(19:55) - 멜버른 도착(21:30)
5일(금) 오전 멜버른 시내 관광
오후 필립섬 관광
6일(토) 그레이트 오션 로드 관광
멜버른 출발(15:10) - 시드니 도착(16:30)
7일(일) 시드니 관광
8일(월) 시드니 출발(09:30) - QF178 - 서울 도착(19:10)

■ 큰아들 서상원 여행일정

12월
- 25일(월)   서울 출발(20:30) - KE661
- 26일(화)   -나디 도착(09:15), 나디 관광
- 27일(수)   나디 관광
- 28일(목)   나디 출발(10:15) - KE661 - 오클랜드 도착(14:15)
  오클랜드 관광
- 29일(금)   오클랜드 관광
  오클랜드 출발→ 팡가레이 도착(3시간)
- 30일(토)   팡가레이 주위 관광
- 31일(일)   팡가레이 출발→ 오클랜드 →로토루아 도착(10시간)

1월
- 1일(월)   로토루아 관광
- 2일(화)   로토루아 관광
  로토루아 → 해밀턴 (4시간)
  해밀턴 관광
  해밀턴 출발(23:21) - Northerner -
- 3일(수)   웰링턴 도착(08:30)
  웰링턴 관광
- 4일(목)   웰링턴 출발(08:00) - Ferry - 픽턴 도착(11:20)
  픽턴 관광
  픽턴 출발(14:00) - Coastal Pacific Express - 크라이스트처치 도착(19:25)
- 5일(금)   크라이스트 처치 관광
- 6일(토)   크라이스트 처치 출발(08:30) - 버스편 - 테카포 도착(11:30)
  테카포 출발(12:15) - 버스편 - 마운트 쿡 도착(14:30)
  Tasman계곡, 마운트 쿡, Skiplane Fun
- 7일(일)   Hooker 빙하
  마운트쿡 출발(17:40 - 버스편 - 티아나우 도착(10:09)
  티아나우 관광
- 9일(화)   번지점프, 래프팅
- 10일(수)   퀸즈타운 (08:00) - 버스편 - 티아나우 (10:00)
  티아나우 관광, 농장방문
- 11일(목)   티아나우(08:00) - 밀포드사운드(11:00) - 키서미트(15:00)
  티아나우 동굴(20:00~23:00)
- 12일(금)   테아나우 → 퀸즈타운(2시간)
  퀸즈타운 → 크라이스트처치(1시간 : 비행기)
  크라이스트 처치 → 시드니(3시간 30분 : 비행기)
  시드니 출발(18:40) - Intercity XPT -

2월		
	13일(토)	– 멜버른 도착(09:00)
		멜버른 관광, 필립섬
	14일(일)	멜버른 출발(08:30) – AN001 – 호바트 도착(09:25)
		호바트 관광
	15일(월)	호바트 출발 → 멜버른 도착(1시간)
	16일(화)	그레이트 오션 로드
		멜버른 출발(20:35) – The Overland –
	17일(수)	– 아델라이드 도착(08:05)
		아델라이드 관광
	18일(목)	캥거루섬 관광
	19일(금)	아델라이드 출발 –
	20일(토)	– 퍼스 도착(36.5시간)
	21일(일)	퍼스 관광
	22일(월)	파도바위 관광
	23일(화)	퍼스 관광
		퍼스 출발– 피너클스 – 노샘프턴 도착
	24일(수)	노샘프턴 –허트리버 왕국
	25일(목)	노샘프턴 관광 후 출발
	26일(금)	– 브룸 도착(20시간)
		브룸 관광 후 출발
	27일(토)	–다윈 도착(30시간)
		다윈 관광
	28일(일)	다윈 관광
	29일(월)	카카두 국립공원
	30일(화)	Yellow Water 관광
	31일(수)	다윈 출발 – 마타란카 도착(7시간)
2월	1일(목)	마타란카 정글탐험
	2일(금)	마타란카 출발 – 앨리스스프링 도착(14시간)
		앨리스스프링 관광
	3일(토)	앨리스스프링 출발(11:20) – 에어즈록 도착(12:00)
		마운트 올가와 에어즈록 해지기 관광
	4일(일)	에어즈 록 해돋이 관광(04:45)
		– 킹스캐년으로 출발(13:00) – 킹스크리크 도착(17:00)
	5일(월)	킹스캐년 등반 – 앨리스스프링 도착(17:30)
	6일(화)	앨리스스프링 출발 –
	7일(수)	– 케언즈 도착(34시간)
		케언즈 관광
	7일(수)	– 케언즈 도착(34시간)
		케언즈 관광

2월		
	8일(목)	케언즈 관광(대 암초울타리, 초록성 등)
	9일(금)	케언즈 출발 – 타운즈 빌 도착(5시간)
		타운즈 빌 관광
		타운즈 빌 출발 – 록햄프턴 도착(6시간)
	10일(토)	록햄프턴 관광
	11일(일)	록햄프턴 – 선샤인코스트, 골드코스트 – 브리즈번(15.5시간+관광시간)
	12일(월)	브리즈번 관광
	13일(화)	브리즈번 관광 후 출발
	14일(수)	–시드니 도착(17.5시간)
		시드니 관광
	15일(목)	시드니 관광
		시드니 출발 – 캔버라 도착
		캔버라 관광
	16일(금)	캔버라 관광
		캔버라 출발 – 시드니 도착
	17일(토)	카툼바 블루 마운틴 관광
	18일(일)	Hawksbeuuy River 공원, 시드니 구 시가
	19일(월)	시드니 관광
	20일(화)	시드니 관광
		시드니 출발(19:50) – KE674–
	21일(수)	– 서울 도착

무료로 숙박을 제공하는 국제조직
파스포르타 세르보(Pasporta Servo)

76개국에 1,075개의 주소가 들어 있는 조그만 핸드북이 있다. 모두가 여행자들을 무료로 재워 주겠다는 자원봉사자들이다. 조건은 단 한 가지 에스페란토로 말을 할 줄 알아야 한다는 것이다.

다음은 호주와 뉴질랜드에 있는 자원봉사자들과 조건들이다.

아델라이드

s-ino Gloria BRISTOW(19??), s-ro Clive(10??)
1명(받을 수 있는 수), 7일간(기간). 미디어에 관심. 교외에서 살고 있음, 우리집 잔디가 자랑. 에스페란토는 초보자입니다.

s-ino Barbara BRUER(1954)
2명, 2일. 자녀를 동반한 부부 환영(이 경우는 2명 이상)

s-ino Ella Stewart(1978)
3명, 3일. 잠자리와 아침식사 제공. 그리고 버스로 시내로 감

브리스베인 (시드니에서 북쪽으로 1000km)

s-ino Kay Andersen(1938)
2명, 2일. 간단한 아침식사 제공. 잠자리는 하나, 매트리스에서 잘 수 있으면 두 명.

s-ro Erhard Claus(1928)
2명, 2일. 시내에서 서쪽으로 25km 떨어진 곳임.

멜버른

s-ro Marcel Leereveld(1917), s-ino Alida
2명, 7일. 술취한 사람 사절. 에스페란토 가능한 사람만

Carol Lutz(1947), s-ro Geoff
2명, 2일. 가족 가운데 두 명만 에스페란토 가능. 멜버른에서 서북쪽 8km 떨어진 곳.

s-ro Zelmimir Pehar(1943), s-ino Jadwiga(1955), s-ro Danjel(1989)
3명, 5일. 성인 2명, 아이 1명까지만. 자주 자리를 비우니 답장을 기다릴 것.

오클랜드

s-ino Marieke Bax(19??)
2명 4일. 시 중심가에서 20㎞ 떨어진 곳. 간단한 아침식사 제공.

ges-roj Vrian & Jackie Fox(1929~1931)
2명 3일. 더 머무를 수 있음. 집을 자주 비우니 전화에 음성녹음을 남길 것.

s-ro Bradley Mcdonald(1950), s-ino Neelam(1960)
2명 3일. 전자메일이나 편지로 3주전 예약 바람.

s-ro Dennis Pease(1935)
간단한 아침식사만 제공. 시내와 공항에서 8㎞ 떨어진 곳임.

크라이스트처치

s-ino Rowena Macgill(1953)
4명. 크라이스트처치 남쪽에 있는 아름다운 목장임.

웰링턴

s-ino Jo M. Horton(1941)
2명 6일. 정년퇴임한 교사.

s-ino Gwenda Sutton(1924)
1명, 3일. 정년퇴임한 교사. ILEI, SES 뉴질랜드 대표, UEA 고문.

※ 모두 '담배 피우지 않는 사람'이어야 한다는 조건이 붙어 있다.

※ 주소와 연락처를 아는 방법
    아주 간단하다. Pasporta Servo 주소록을 사면 된다.
    값 : 13 유로화.
    사는 곳 : 한국에스페란토협회 문의.

한국에스페란토협회
121-703 서울시 마포구 마포동 350 강변한신코아 1601호
전화 : 02-717-6974, 팩스: 02-717-6975
http://www.esperanto.or.kr
e-mail : keast@soback.kornet.net, keast@hitel.net

■ 에스페란토란?

　폴란드 안과 의사 자멘호프(Ludoviko Lazaro Zamenhof, 1859~1917)박사에 의하여 1887년에 창안된 배우기 쉬운 국제 공용어.

　자멘호프가 태어난 폴란드의 비알리스토크는 당시 러시아의 지배 아래 있었으며, 유태인인 자멘호프는 유태인, 폴란드인, 독일인, 러시아인들이 서로 다른 언어를 사용함으로 인해 갈등과 불화가 생긴다고 판단하고, 모든 사람들이 쉽게 배울 수 있는 국제공통어를 고안하게 되었다. 유럽의 여러 언어에 능통하였던 그는 그들 언어의 공통점과 장점만을 모아 예외와 불규칙이 없는 문법과 알기 쉬운 어휘를 기초로 한 언어 에스페란토를 창안하였다. Esperanto는 그때 사용하였던 자멘호프의 필명으로 희망하는 사람이라는 뜻이며 나중에 이 언어의 이름이 되었다.

　에스페란토는 세계 거의 모든 나라에 협회가 형성되어 있어 이 언어를 구사할 수만 있다면 아주 경제적인 비용으로 세계의 풍속과 풍물을 민박 등 관광안내를 받으며 접할 수 있게 된다. 에스페란티스토(에스페란토를 하는 사람)들이 세계여행을 거의 국내 여행 수준으로 아주 저렴하게 할 수 있는 것은 에스페란티스토 상호간에 상대국을 방문하였을 때 서로 편의를 제공하는 우리나라의 계모임과 같은 제도를 형성하고 있기 때문이다. 이들은 자칭 세계 평화주의자라 하고 있을 만큼 언어·민족·사상을 모두 떠나 인류는 하나라고 하는 기본정신으로 서로 돕고 이해하는 모임을 유지하고 있다.

■ 에스페란토를 배우려면

　짧은 기간 내에 생활용어 수준의 간단한 회화가 가능하다. 특히 외국어를 공부하는 사람이나 외국어 공부에 실패한 사람은 쉽고 과학적인 언어를 습득하게 되면 다른 외국어 공부에도 많은 도움이 될 것이다.

서 길 수

1944년 전남 화순 출생
광주 사레지오고, 국제대, 단국대 석·박사
세계에스페란토협회 임원, 한국에스페란토협회 부회장 역임
경제사학회 부회장 역임
현 서경대 경제학과 교수, 사단법인 고구려연구회장, 문화재청 북한문화재 연구위원

1968년 대만·일본 여행을 시작으로 세계 60개 남짓한 나라들을 여행.

펴낸 여행기 시베리아 횡단열차
동유럽 민박여행 Ⅰ ― 불가리아·유고·헝가리
동유럽 민박여행 Ⅱ ― 폴란드·체코슬로바키아·동독
고구려 역사유적 답사

살루톤 호주 · 뉴질랜드

2001년 12월 15일 초판인쇄 / 2001년 12월 20일 초판발행
저자·서길수 / 발행인·김영준 / 발행처·경세원
ISBN 89-8341-052-3 / 정가 9,800원
레이아웃 : 김안셀모 / 북디자인 : 이대훈 / 교정 : 김혜련, 김성겸 / 일러스트레이터 : 김혜련

경세원 서울특별시 중구 정동 34-5 / 등록일·1978. 12. 14. No.1-57(倫)
전화·02-775-3900~2 / 팩스·02-773-8886
http://www.kyongsaewon.co.kr

본서 내용의 무단전재나 저작·편집권 침해를 금합니다.